푸틴시대 러시아정치외교와 극동개발

푸틴시대 러시아정치외교와 극동개발

우 평 균 지음

한국학술정보㈜

Russian Politics And Diplomacy Under
Putin's Rule & Development of Russian Far East

PYUNG KYUN WOO

Pajoo, Korea

2008

러시아의 21세기가 역동적으로 시작되어 충만한 에너지를 내외적으로 분출시키고 있다. 소연방 붕괴 과정과 러시아 출범 이후 겪었던 국가적 불명예와 국민적 고초를 단번에 만회라도 하려는 듯 러시아의 전체적인 움직임이 예사롭지 않다. 그동안 한국과 러시아의 관계도 변천을 거듭해왔다. 과거에는 접해보지 못했던 미지의 세계에 대한 관심과 접촉의 열망으로 관계를 열었지만, 열고 보니까 상호 공유하는 가치와 이익이 없음을 발견하고 냉각기를 갖다가 다시금 접촉의 기운을 되살리는 시점이 아닌가 한다. 표면적으로는 한·러 관계의 변천이 이와 같은 특징이 있지만 내면적으로 러시아는 사실 우리가 상대하기 쉽지 않은 벅찬 '인접국가'이다. 아마 러시아를 상대했던 거의 모든 한국인들이 러시아를 만만하게 보다가 큰 코를 다친 경험이 있을 것이다. 이것은 단순히 우리가 러시아에 대해 무지하기 때문에 연유하는 것만이 아니라, 한국과 러시아의 역사적 관계와 양국이 처한 지정학적, 지경학적 여건 및 상대에 대한 인식의 차 등 여러 가지 요인이 복합적으로 작용한 결과가 아닌가 생각해본다.

2008년을 기점으로 이제 한국과 러시아에 모두 신정부가 들어서고 양국관계를 이익과 실용의 관점에서 재정의하고 서로에게 한층 친밀하게 다가가는 계기를 만들려고 노력하고 있다. 한국은 절실한 에너지 자원의 확보를 위해, 러시아는 동북아에서의 러시아의 영향력 확대와 러시아에 필요한 한국과의 경협을 위해 적극성을 띠고자 한다. 그럼에도 불구하고 러시아는 한국에 에너지만을 공급하는 인접국가로 남고자 하지 않을 것이며, 한국 역시 러시아에 이익이 보장되지 않는 투자를 쉽게 하려하지 않을 것이다. 양국은 각자가 원하는 것이 아닌, 서로가 원하는 것 가운데 공통분모를 찾아야만 관계를 진전시킬 수 있다. 특히 한국은 통일과정에서 러시아의 전략적 지위를 염두에 두어 장기적인 외교목표와 전략을 수립해야 할 것이다. 독일통일에 대해 미국이 서독 콜 총리의 통일외교를 지원하여 이루어졌다기보다는 고르바초프 서기장이 독일통일을 방해하지 않아서 이루어졌다는 세간의 평가가 한반도에도 적용되지 말라는 법은 없을 것이다. 역사는 다른 장에서 되풀이되기에 러시아를 현재적 관점에서 우리가 취할 수 있는 단기적 이익 위주로만 평가하려는 태도는 심히 우려된다.

이 책은 서술한 것처럼, 한국이 러시아에 대해 가져야 할 기본 사고와 전략을 상기하면서 푸틴 시대 러시아정치와 극동지역 및 한반도와의 연관성을 다룬 내용들로 이루어져 있다. 지난 2002년에 1990년대 소연방의 붕괴와 옐친 시대의 러시아 정치에 관한 글들을 모아 첫 번째 저서를 낸 이래, 2000년대에 발표한 논문들을 모으니 자연히 연속성을 가진 주제 범위 내에서 한 권의 책이 될 만한 분량이 되었다. 분량이 충분하다고 해서 질적으로 검증받는 것은 당연히 아닐 것이다. 그럼에도 불구하고 또 한 권의 책으로 다시금 정리한 것은 2000년대 초반 푸틴 집권시기의 러시아는 향후에 전개될 러시아 정치사에서 중요한 전기가 될 것이고, 러시아 정치의 방향성을 제시하는 데도 하나의 시금석이 될 것이기에 이 시기를 적절하게 개관하는 것은 학문적으로도 의의가 있을 것으로 판단한 데 따른 것이다. 주제별로 모아 하나의 파트를 만들었고, 그중에는 영문도 포함되어있으나, 논지의 전개와 전달력을 고려하여 번역하지 않고 원문대로 실었다.

이 책은 일련의 논문들을 편찬한 것이지만, 그 과정에서 많은 선배와 동료, 후배 학도들의 도움으로 가능했다. 은사이신 고려대학교 정치외교학과 조정남 교수님을 비롯한 모든 분들께 감사드리며, 특히 자식을 늘 염려해 주시는 부모님과 가정에서도 연구 여건 조성을 위해 물심양면으로 배려해준 아내 이정민과 아직 어리지만 아빠에게 늘 즐거움을 주는 딸 예진이 있었기에 두 번째 저서도 무사히 발행하게 되었음을 전하고 싶다. 출판을 흔쾌히 허락해준 한국학술정보(주) 채종준 사장님과 책을 편찬하는 과정에서 수고를 아끼지 않은 편집부 여러분에게도 진심으로 감사드린다. 끝으로 10년 만에 환골탈퇴해가는 러시아의 현 모습과 10년 뒤 전개될 러시아와 한반도, 극동지역의 질서를 상상하면서 글을 맺고자 한다.

2008년 6월
우평균

제1부
현대 러시아정치의 특질과 시민사회

누가 러시아를 지배하는가*

- 푸틴과 집권세력 및 동향 분석 -

1. 머리말

러시아의 2000년대가 과거와 여러모로 다르게 변화가 가속되었다. 푸틴(V. Putin) 대통령은 2008년을 기짐으로 두 차례의 임기를 마치지만 그가 통치했던 2000년부터 2008년 상반기까지 8년 동안 러시아정치의 환경을 바꾸어 놓았다. 그는 2000년 취임 직후부터 변화의 단초를 마련하기 시작했으며, 2004년 대통령 재선 이후에는 미국을 위시한 서구와 대립각을 날카롭게 세우면서 러시아의 위용

---

* 본 장은 『국제평화』제4권 제1호 (2007), pp.245 - 275에 게재했던 논문을 보완하였음.

을 과시하기 시작했다. 이 과정에서 러시아의 대외 정책의 향방과 국내정치 현상에 대해 서구, 특히 미국과 마찰을 빚으면서 푸틴 제2기 집권하의 러시아가 국제적으로 주목의 대상이 되었다. 국내정치에 있어 푸틴의 통치가 지방권력의 중앙으로의 예속, 언론 통제, 선거 과정에서의 불공정성, 거대 석유회사 소유주 구속을 통한 사기업의 국가소유로의 강제 병합, 기업의 자율성 침해와 같은 요소들과 더불어 권위주의로 회귀하고 있다는 조짐을 보이고 있다는 점에 대해서 미국을 비롯한 서구의 비판이 제기되었으며, 푸틴 대통령의 의중대로 러시아가 일종의 '코포레이트 국가'(corporate state)로 바뀌고 있다는 지적도 있었다.[1]

푸틴 대통령은 2000년 취임 초부터 '강한 러시아'(Strong Russia)를 주창하며, 구소련의 붕괴와 더불어 이루어졌던 민영화 과정에서 민간에 소유권이 확립되었던 많은 기업들을 재국유화하는 조치를 취했다. 소유권 장악과 동시에 이들 기업들의 기관장에 측근들을 기용하면서 정치와 경제를 강하게 연동시키고, 이를 자신의 영향력하에 두었다. 이와 같은 상황은 소연방 붕괴 이후 옐친(B. Yeltsin) 대통령 통치하에서 불안하게나마 확립되어 온 러시아의 민주개혁의 성과와 제도의 기반을 침식하는 것으로 서구에서 우려를 자아낸 바 있다. 반면에 러시아 국내의 반응은 상이한 평가를 주로 내리고 있다. 러시아 권부와 지식인들 사이에서는 이른바 '주권 민주주의(sovereign democracy)' 개념[2]을 통해 푸틴 정부의 권력 행사가 정당하며 러시

---

1) *Financial Times,* June 19, 2006.

아의 국익을 지키고 국내적 안정을 이룩하는 데 주요한 성과가 있었음을 강조하기도 한다. 반면에 러시아 대중들은 옐친 통치기의 불안정을 극복하고 러시아가 국내외적으로 자신의 정체성을 확립하고 있다는 점에 있어 푸틴정부에 신뢰를 표할 뿐 아니라, 과두재벌인 올리가르히(oligarch)를 처벌하고 강력한 지배 그룹이 질서를 회복하는 데 앞장 서는 것에 반대하지 않는 경향이 농후하다.

2000년대 러시아 정치를 평가하는 데 있어 주체가 되는 요인으로는 단연 푸틴대통령 개인으로 꼽을 수 있다. 러시아에서 국가(state)는 대통령(president)이라는 인식을 갖게 할 정도로 푸틴 대통령 1인이 행사하는 영향력의 범위는 폭넓다고 할 수 있다. 그러나 그의 정책과 사고는 개인의사의 표현으로만 나타나는 것이 아니라, 정부의 주축을 이루고 있는 고위관료들과 대통령 측근 그룹이 공통적으로 공유하는 세계관과 그에 따른 정치적 행태를 중심으로 구체화되

---

2) 기존에 러시아의 관제 이념가들은 러시아 민주주의를 '관리 민주주의'(managed democracy)라고 지칭하여 왔다. 관리 민주주의는 의회를 압도하는 대통령의 권한, 시민사회에 대한 국가 통세를 득징으로 하며, 동시에 선거의 국가 통제 및 지방에 대한 중앙의 강화, 친정부 사회세력의 조직화를 추진하였다. 이에 비해 주권 민주주의는 주권과 민주주의가 둘 다 필요하며, 민주주의가 주권보다 더 중요하다는 인식을 배격한다. 그러나 실제로 주권민주주의가 강조하고자 하는 점은 "러시아는 러시아식 민주주의를 고수할 것이며 다른 나라(서방국가들)는 이를 존중해야 한다"는 메시지이다. 크렘린 당국은 2005년부터 주권 민주주의를 강조하기 시작했으며, 대통령 친위 여당격인 '통일 러시아(Unity Russia)'의 공식 이념으로 자리잡았다. 정한구, "「주권 민주주의」와 러시아" 『세종논평』, 제69호(2006. 12. 19).

고 있음을 알 수 있다. 즉 누가 푸틴시대 러시아를 지배하는가의 문제는 현대 러시아 정치를 이해하는 관건이 될 수 있으며, 이에 대한 해명을 통해 러시아 정치는 물론 경제적 측면 및 대외 전략에 대한 파악이 가능하다.

　제1장에서는 상기한 시각을 전제로 하여 푸틴 집권 이후 러시아를 중심으로 나타나고 있는 대내적인 정치현상들을 관류하는 흐름과 특징을 설명하고, 이를 통해 러시아의 정치적 환경과 민주주의에 관한 논란을 파악하고 평가하는 데 목적이 있다. 이를 위해 '누가 러시아를 지배하는가'의 시각에서 러시아 국내정치를 파악하는 것이 유용하다는 관점을 취하며, 푸틴 대통령의 성향, 개인 이력과 정치세력 형성의 문제, 권력 그룹간의 이권쟁취 투쟁, 비판적 미디어 지배와 올리가르히의 경영권 박탈 및 석유이권과 푸틴정권에 관한 내용으로 나누어 살펴보고자 한다. 그 결과, 논란의 여지가 있지만, 대체로 푸틴과 동향인 뻬쩨르부르그(St. Petersberg) 인맥 및 실로비키(Siloviki)로 불리는 군대, 경찰, 국가보안기구 등 전직 국가 무력기구 출신자들이 푸틴 집권 이후 권력의 고위층에 다수 포진하고 서로 연결의 망을 형성하면서 집단적인 이익을 관철시키려 한다는 의혹을 사기에 충분하며, 러시아 국내정치와 대외정치의 방향성이 이들의 뜻을 따라 결정되고 정책이 실행되고 있다는 점을 강조하고자 한다. 다만 실로비키의 내부적 연결망이 얼마나 조직적이며, 그들이 자신의 이익에 대해 얼마나 투철한가, 혹은 그들의 세계관이라고 할 정도로 정교한 이론적 틀을 가지고 있는가에 대해서는 해명되지 않은 문제

들이 존재한다. 이 점은 현대 러시아 정치질서를 주도하는 주요세력을 파악하는 데 관건이 되며, 푸틴 이후의 정치세력 관계 재편 및 유지 과정에도 영향을 미치는 요소로 남아있을 것으로 판단된다.

2. 푸틴의 개인 이력과 성향 및 집권세력의 특성

2004년 3월에 시행된 러시아 대통령 선거 결과는 푸틴 대통령의 안정적 통치 기반을 확인시켜주었을 뿐만 아니라,[3] 더 나아가서 당분간 러시아 정국에서의 심각한 정치적 균열로 인한 통치력의 손상이나 야당 세력의 정책적 반대 및 국민들의 저항이 일어날 가능성이 전혀 없다는 것을 대내외에 과시하였다.[4] 물론 이와 같은 정권

---

[3] 2004년 대선은 여당세력을 비롯한 정치권, 언론 및 시민사회의 유력자 그룹(예를 들어 올리가르히 등 경제인)의 총력적인 지원을 받은 푸틴만이 유일한 후보인 것처럼 부각되었고, 푸틴을 제외한 여타 후보들은 자신들의 존재를 국민들에게 제대로 알릴 기회조차 확보하지 못할 정도로 일방적이고 불공정한 측면이 드러나는 선거이기도 했다. 이와 같은 문제 내지는 경향성은 2008년의 대선에서도 재연될 것으로 일찌감치 전망되었다.

[4] 반면에 2007년 총선에서 여당 성향의 정당 특표율이 2003년처럼 괄목할 만한 성과를 거두지 못한다면 2008년 대선은 후보자들 간의 치열한 경쟁과 더불어 (여에서 야로의) 최초의 수평적인 정권교체의 가능성마저 엿보인다는 관측도 나온바 있었지만, 그 예측은 무위로 입증되었다. Henry E. Hale, "Russia's Presidential Election and the Fate of Democracy: Taking the Cake" *AAASS Newsnet*, Vol.44, No.3 (May 2004), p.5.

의 안정성은 집권 1기를 시작하면서 내걸었던 '강한 러시아'가 집권 기간 동안에 성과를 이룩한 데 대한 급부이기도 했다. 즉 서구에서 러시아의 민주주의의 취약성을 비판할지라도 러시아가 얻은 대내외적 성과와 과거에 손상되었던 국가적 자존심의 만회는 러시아 국민들은 물론, 기존의 야당세력과 상당수 지식인들로부터도 호평을 받고 있으며, 이 점은 푸틴대통령의 재선 시의 득표율이 첫 번째 참여했던 대선보다 20%나 높아진 71%였다는 사실이 입증하고 있다.

2007년 12월 2일 치러진 제5대 국가두마 선거 결과, 친여 '통합 러시아당'이 64.30%, '공산당'이 11.57%, '자유민주당'이 81.4%, '공평 러시아당'이 7.74%를 각각 획득하였고, 의석별로는 국가두마 450석 중 '통합 러시아당'이 315석, '공산당'이 57석, '자유민주당'이 40석, '공평 러시아당'이 38석을 얻었다. 이와 같은 총선 결과는 친여 '통합 러시아당'이 다수 국민의 지지를 확보함으로써 푸틴 대통령은 2008년 5월 자신의 퇴임에도 불구하고 그동안 추진해 온 정책들의 연속성을 확보하고 영향력을 계속 행사할 수 있는 기반을 마련하였다.[5]

사실 푸틴 정권의 안정도 자체는 인상적이며, 정부의 업무 수행 능력도 괄목할 만하다. 옐친 대통령이 집권했던 1990년대에 일상화

---

[5] 국가두마 내에서 친푸틴 세력은 더욱 광범위한데, 약 393석(약 87%)에 달한다고 볼 수 있다. 자유민주당의 지리노프스키(V. Zhrinovsky) 당수와 중도좌파인 공평러시아당의 미로노프(S. Mironov) 당수도 강력한 푸틴 지지자로 알려져 있다. 여인곤, 『러시아 총선(12.2) 결과분석』(서울: 통일연구원, 2007), pp.8 - 11.

되었던 국가 부문에서의 급여와 연금 미지급 및 지연사태는 사라지고 그 금액이 대폭 인상되었다. 국제 원유가의 폭등은 러시아의 대외 수입을 배가시켰으며, 이로 인해 확장된 재정 수입은 국내 부문에 여력을 주었다. 그 결과 GDP 신장률도 괄목할 만하다. 그럼에도 불구하고 서구에서 러시아에 제기하는 러시아 민주주의에 관한 일반적인 의구심과 비판을 별도로 하고, 다음과 같은 질문을 할 수 있다. 2000년대 러시아에서의 정치·사회적 변동은 푸틴 대통령 일개인의 집권과 권력 기반 구축을 통해 이루어진 결과인가? 개인의 권력행사의 결과가 아니라면, 구체적인 정치 세력들을 지칭할 수 있는가? 정치세력이 존재한다면 각 그룹의 세력 범위는 어디까지인가? 러시아를 지배하는 신흥 정치 세력은 구체적인 정책과 자신들만의 세계관이 있는가? 지배적인 정치세력과 푸틴의 관점은 서로 일치하는가? 이들의 이해관계는 어떤 점에서 일치하는가?

이와 같은 문제들은 시기적으로 푸틴이 지배하는 시기를 초월하여 향후에 형성될 러시아의 국가적 진로와도 깊은 연관을 맺게 될 것이다. 즉 '누가 러시아를 지배하는가'의 문제에서 비롯되는 러시아 정치의 본질 파악은 러시아의 미래 방향성에 대한 지침을 세공할 것이다.[6] 러시아 내부에서도 러시아가 향후 10년 내에 잘 갖춰진 산업대국이 될 것이며, 명실 공히 유럽의 강국으로 등장할 것이라고 자부심을 동반하는 예측이 나타나기 시작했다.[7]

---

[6] 러시아에서 인맥정치는 후견(patronage) 관행과 함께 구소련의 유산이자 특징을 이루며, 체제전환의 과정에서 정치 파벌 형성 등 정치지도자 개인과 인맥 집단 간 '정치투쟁'의 양상도 나타난다.

2000년대 러시아 정치의 판도를 이해하기위해서는 무엇보다도 러시아 정국에서 강력한 리더십을 구축하고 있는 지도자, 푸틴의 세계관과 개인 이력 및 그가 구축하고 있는 인맥으로부터 파악해야 할 것이다. 이미 알려져 있듯이 푸틴의 경력을 크게 대별하면 KGB 시절과 일반 행정부서에서의 경력으로 구분할 수 있다. 이 중에서 푸틴 자신이 언명했듯이 자신의 업무 능력 및 직업관과 국가관을 함양한 곳은 청년기부터 몸담았던 KGB라고 할 수 있다. 이와 관련하여 푸틴의 경력 중에서 상대적으로 덜 알려져 있지만, 소련사회에서 페레스트로이카가 제창되고 혼돈의 소용돌이 속으로 빠져들던 시기, 즉 소연방 말기인 1989년 독일 드레스덴(Dresden)에서 푸틴이 러시아로 돌아와 처음으로 몸담은 곳, 레닌그라드대학교 대외관계 자문역과 뻬쩨르부르그 시정부의 부시장에까지 이르는 행정부서에서의 초창기 경력도 사실은 KGB 경력의 연장이었다.8) 1990년 레닌그라드 대학에서의 주 업무는 KGB를 위해 학생을 선발하고 양성하는

---

7) 영국의 정치학자, 윌 후튼(Will Hutton)과 러시아 학자들과의 대담 중 블라디슬라프 이노젬쩨프(Vladislav Inozemtsev)의 주장. Round Table, "The World We're In" *International Affairs*, Vol.50, No.4 (2004), pp.120 – 121.

8) 푸틴의 레닌그라드에서의 경력을, 레닌그라드의 특성과 결부지어 개방적이고 서구지향적(Westernness)인 도시의 성향처럼, 개방성과 실용성을 익히고 경험한 시기로 파악하는 견해도 있다. Blair A. Ruble, "The Two Worlds of Vladimir Putin: Ⅱ. Leningrad" *Wilson Quaterly* (Spring 2000). pp.14 – 25: Samuel Charap, "The Petersburg Experience: Putin's Political Career and Russian Foreign Policy" *Problems of Post – Communism*, Vol.51, No.1 (January/Febuary 2004), pp.52 – 62.

것과 더불어, KGB의 전통적 임무인 외국인 학생을 감시하고 교수들의 대외활동을 파악하는 것이었다.[9]

레닌그라드 대학교 교수 아나톨리 소프차크(Anatolii Sobchak)가 레닌드라드(Leningrad)시의 시의회 의장이 되자 푸틴은 KGB를 사직하고 스승인 소프차크의 정치담당고문이 되었다. 이어서 1991년 여름에 소브차크가 시장으로 선출되자 푸틴은 3명의 부시장 중의 한 명으로, 동시에 신설된 대외관계위원회의 의장으로 임명되었다. 푸틴은 1996년 소브차크가 시장 재선에 실패할 때까지 부시장으로서 러시아 제2의 도시에서 2인자로 활동하였다. 푸틴이 시에 갈 당시에 러시아 사회에서 아직도 막강한 권부인 KGB 측의 협력을 바라는 소프차크 시장에게 KGB 레닌그라드 지부가 소프차크의 제자 중의 한 명이었던 푸틴을 측근으로 보냈다는 견해가 있으며 당시에 푸틴이 처해있던 정황으로 보아서 이 견해는 개연성이 높다고 할 수 있다.[10]

푸틴의 레닌그라드 시에서의 경력은 그가 러시아의 이른바 개혁

---

9) Andrew Jack, *Inside Putin's Russia* (London: Granta Books, 2005), pp.66 - 67.

10) 소브차크가 이미 사망하여 증언을 할 수 없는 상황에서, 당시에 왜 소브차크가 푸틴을 선택했는가에 대해서 논란이 있다. 푸틴의 가까운 친구들은 이미 푸틴이 KGB생활에 환멸을 느꼈고, 과거와 결별하고 새로운 세계에 몸담고 싶어 했다고 증언하였다. 반면에 다른 해석은 소브차크가 1990년대 초반의 무질서와 불안이 만연하던 시기에 급속히 성장하는 범죄적 부문으로부터 자신을 보호하고 질서를 유지하기 위해 보안 파트와 좋은 관계를 유지할 수 있는 인물로 푸틴을 선택했다는 설이다. Олег Влотский, *Владимир Путин: дорога к власть* (Москва: Осмос Пресс, 2002), с. 358.

세력과 밀접한 인적인 네트워크를 형성하는 밑바탕이 되었다.11) 특히 러시아 개혁파의 기수인 아나톨리 추바이스(Anatoly Chubais)와의 관계 설정은 사실상 그가 대통령이 되는데 근본적인 계기를 제공한 중대한 만남이었다. 추바이스는 러시아의 체제전환 과정에서 사유화와 경제 개혁 프로그램을 결정하고 추진하는 데 절대적인 역할을 한 경제전문가로서 쌍뜨 뻬제르부르그 인맥12)의 대부였으며, 옐친 집권 이후 권력의 핵심에서 활동했으며, 대통령과 권부에 직접 영향을 미칠 수 있는 거물이었다. 추바이스는 옐친 정부에서 부총리 겸 러시아국가자산위원회 의장으로 일하고 있었지만, 그도 쌍뜨 뻬제르부르그에서 경제담당 고문으로 일했던 경험이 있어 푸틴과 이미 동료로서 일을 했었고, 각자의 주장과 달리 서로 잘 알고 있을 가능성이 높다.13) 푸틴은 1996년 뻬쩨르부르그 시장 선거에 출마한 소브차크 시장이 낙선한 뒤 실직상태에 있었고 그때 모스크바(크렘린)에 먼저 가서 근무하고 있던 추바이스의 추천으로 크렘린 총무국 부국장으로 취임한 바 있다.

---

11) Ю.Борцов, *Владимир путин* (Москва; Ростов - Дону 《Фенике》, 2001), ccc. 110 - 131.

12) 푸틴 집권 이전에는 아나톨리 추바이스가 뻬쩨르부르그 인맥의 대부로 여겨졌는데, 푸틴 집권 이후에는 푸틴의 고향인 쌍뜨 뻬쩨르부르그와 연고를 갖고 있는 지배엘리트 인사를 지칭하는 '뻬쩨르쯔이'(Петерцы)라는 권력 그룹으로 통칭되었다. 정옥경, "상트페테르부르크의 정치엘리트 연구"『슬라브연구』, 제21권 1호 (2005), pp.97 - 99. 참조.

13) Ian Bremmer, "The Russian Roller Coaster" *World Policy Journal*, Vol.20, No.4 (Winter 2003/2004), pp.22 - 29.

푸틴의 경력을 통해 형성된 인간관계는 상기한 KGB와 추바이스 그룹과 같은 개혁파로 불리는 신지배층으로 압축된다. 이 점은 푸틴이 1998년 7월 KGB의 기능을 이어받은 연방보안국(FSB) 국장으로 취임한 이후에 구축한 자신의 인맥 중에서 핵심은 뻬쩨르부르그 출신이며 동시에 KGB 출신인 인사들로 채워졌다는 사실로 입증되며, 이들을 통칭하여 이른바 '실로비키'(силовики, 혹은 '체키스틔이, chekisty)로 부르게 된다. '힘센 남자'(mighty men or power guy)라는 뜻을 갖고 있는 실로비키는 무력과 관련이 있는 관공서 출신자를 총칭하는 말이었지만 푸틴정부하에서는 특별한 의미를 갖게 된다.[14] 러시아의 정치 분석 기사에서는 관료주의에 기초한 정치적 '경향성'(tendency), 혹은 '분파'(faction)로 대개 언급되며, 쉽게 규정하기 어려운 점이 있지만, 짜르 러시아와 소련 시대에 풍부한 사례들이 있다.[15] 실로비키는 권력 부서들(power ministries)에 있는 고위급 관리들 뿐 아니라, 과거에 이러한 부서에서 일했던 고위 관료, 정치인, 기업인을 포괄하는 광범위한 범주를 지칭하기도 한다. 옐친 집권기에는

---

14) 이 시기에 형성된 크레믈린과 실로비키의 핵심인 KGB와 연방보안국 출신인사들의 연합을 일컬어 '크레믈린-류뱐카 연합'(The Kremlin-Lubyanka Alliance)으로 부르기도 한다. <그림1> 크레믈린-류뱐카 연합. 참조.

15) *Российcкая Газета*, December 12, 2003: 실로비키에 대한 분석은 Peter Reddaway, "Will Putin Be able to Consolidate Power?" *Post-Soviet Affairs,* Vol.17, No.1 (January-March 2001), pp.23-44; Peter Raddaway, "Is Putin's Power More Formal than Real?"*Post-Soviet Affairs.* Vol.18, No.1 (January-March 2002), pp.31-40. 참조.

옐친의 경호실장이었던 코르자코프(Aleksandr Korzakov)가 KGB 출신의 실로비키였고, 두 명의 총리, 프리마코프(Yevgeniy Primakov)와 스테파신(Sergei Stepashin)이 KGB와 연방보안국 출신의 대표적인 실로비키이다. 실로비키와 별도로 권력 주변에 포진한 영향력을 행사하는 집단으로 이른바 '시미야'(Семья, 가족)로 불리는 그룹을 들 수 있다.16) 시미야 그룹은 원래 옐친 집권기에 옐친의 가족을 포함한 측근 그룹은 특별한 이익공동체라는 이유로 매스컴에서 부른 데에서 그 용어가 유래한다. 시미야는 러시아어로 '가족'이라는 의미로 '옐친 패밀리'를 뜻한다. 시미야 그룹은 옐친 자신과 옐친의 둘째딸 타찌야나(Tatiana Diachenko)와 그녀와 결혼한 전 대통령 행정실장 유마셰프(Balentin Yumashev)와 파벨 브로딘(Pavel Vrodin), 베레조프스키(Boris berezovsky), 아브라모비치(Roman Abramovich) 등의 권부 인사들과 경제인들 가운데 러시아 알루미늄 사장 데리파스카(Oleg deripaska), 금융업의 MDM그룹 사장 안드레이 멜리니첸코(Andrei Melinichenko), 우랄 금속회사 사장 이스칸데르 마흐무도프(Iskander Maxmydov) 등 이 중심인 정치경제적 지배엘리트 동맹이라고 할 수

---

16) 피터 러대웨이(Peter Raddaway) 등은 시미야 대신 올리가르히를 실로비키와 쌍벽을 이루는 권력 집단으로 지칭하였다. 2003년 상황에서 올리가르히는 분명히 권력 집단이었지만 푸틴 2기에 이르러서는 힘을 잃은 상태이기에 2006년 상황에서는 올리가르히와 옐친 시대의 시미야와 그 친분 집단을 합친 시미야 개념이 더 적합한 듯하다. Peter Reddaway, Gail W. Lapidus, Barry W. Ickes, Carol Saivetz, and George Breslauer, "Russia in the Year 2003" *Post－Soviet Affairs*, Vol.20, No.1 (January－March 2004), pp.1－45.

있으며, 러시아를 움직이는 새로운 권력엘리트층이라고 할 수 있다. 시미야 그룹은 옐친 집권기에는 대통령의 인사와 이권장악에 있어 독보적인 위력을 떨쳤지만, 푸틴 집권이후 푸틴 친위세력인 실로비키와 대결하게 되고, 점차 시간이 지나면서 실로비키와의 권력투쟁에서 상대적으로 밀리는 상황으로 전개된다. 반면에 푸틴은 실로비키의 중추인물이면서 실로비키와 시미야를 초월하여 국정을 관리하는 총책임자로서의 인상을 주려고 노력했다.17) 그리고 실로비키와 시미야를 연결하는 권력의 교량 역할은 추바이스의 몫이며, 그 역시 푸틴처럼 어느 한쪽 편에 절대적인 힘을 싣지 않고 처신함으로써 권력의 2인자 역할을 막후에서 해온 것으로 평가된다.

〈그림 1〉에서 밝히고 있는 '빠쁘뜨치키'(Папгчики, 뻬쩨르부르그에서 온 사람들)는 FSB와 기타 정부의 무력 장악기관의 구성원 출신들로서 뻬쩨르부르그 출신이라는 경력을 공유한다.18) 동일한 정서를 공유하는 '이진노믜이쉴레니키'(Изиномьшиленики)는 실로비키 – 소라트니키(Силовики – соратники, 무장력을 갖춘 정부기관) 이외에

---

17) Елена Трегубова. Баикй Клемровского дигера (Москва: Обьявление Маргинем, 2003): "Позвольте лошадям, которыми управляют, и здания горят" (December 2, 2003) http://www.polit.ru (검색일: 2006. 1. 25).
18) 빠쁘뜨치키와 다른 단어인 '삐쩨르쯔이'(Питерцы) 역시 뻬쩨르부르그에서 온 사람들이라는 말이만, 빠쁘뜨치키가 지역적으로는 뻬쩨르부르그 출신이면서 동시에 기관으로는 FSB를 위주로 한 무력부서 출신을 지칭하는 반면, 삐쩨르쯔이는 말 그대로 출신 기관을 초월하여 뻬쩨르부르그에서 온 사람들을 가리킨다.

뻬쩨르부르그 출신의 '시장 가치'(market value)를 신봉하는 젊은 경제 인들과 행정 관료들 중에 우호적인 사람들을 포함하고 있다. 가즈프 롬(Gasprom)의 최고경영진에 오른 알렉세이 밀러(Alexei Miller)같은 인물이 대표적이다. 그 밖에 잠재적으로 유망한 회사나 은행(중역진) 도 FSB의 영향권 내에 있다.[19]

<그림1> 크레믈린 – 류반캬 연합

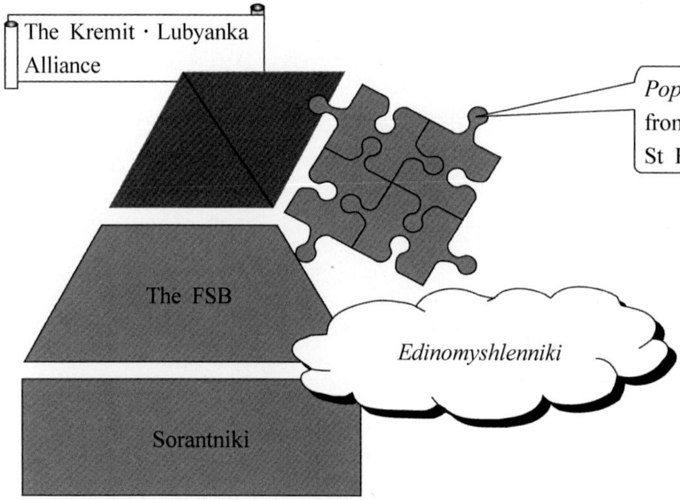

Sorantniki: "comrades – in – arms"
3대 무장관료집단: 내무부, 연방정보통신위원회(FAPSI), 세무경찰
Edinomyshlenniki: like – minded, Poputchiki: travellers

<출처> Pavel K. Baev, "the evolution of putin's Regime: Inner Circles and outer Walls" *Problems of Post – Communism*, Vol.51, No.6 (November/December 2004), p.7.

실로비키 그룹의 연합세력은 강력하고 중앙집권적인 권력을 강조하는 '국가주의'(государвенность, 가수다르스트벤노스찌) 이데올로기를 옹호하는 학자나 지식인들로부터도 충원된다. 이 점은 실로비키의 세계관과 이념을 엿볼 수 있게 해준다. 공공정책 전문가 세르게이 야스트르젬스키(Sergei Yastrzhembskii), 크렘린 대변인 미하일 레온티예프(Mikhail Leontyev), 평론가 세르게이 마르코프(Sergei Markov), 스타니슬라브 벨코프스키(Stanislav Belkovsky)가 대표적이며, 이들이 횡적으로 단결을 이루고 있지는 않다. 실로비키 내의 각각의 영역(segments) 내에서 충원되기 때문이다.[20]

이와 같은 푸틴의 주요 인맥은 푸틴 집권 제2기를 경유하면서 옐친 가신 그룹인 시미야 그룹이 퇴조하고, 뻬쩨르쯔이와 실로비키 양대 그룹으로 재편되면서 권력을 공유하였다. 크게 보아서 푸틴의 고향, 출신학교, 근무기관 등 3가지 분야에서 푸틴과 동일한 출신이라고 한다면 푸틴의 사람 내지는 인맥이라고 할 수 있다. 만일 이 3가

---

19) 릴리아 쉐브쪼바(Lilia Shevtsova)는 실로비키가 게르만 그레프(German Gref)니 알렉세이 쿠드린(Alexei Kudrin) 같은 자유주의자들과는 근본적으로 다른 멘탈리티를 갖고 있지만 자신들의 특정한 목적을 위해 그들과 제휴한다고 한다. 그러나 그들에게, 즉 자유주의자들에게 행동의 자유를 주는 것은 아니라고 본다. 실로비키는 리버럴들과 근본적으로 다른 피(blood)를 갖고 있기에 그들을 신뢰하지도 않고, 신뢰할 수도 없다는 것이다. Lilia Shevtsova, *Putin's Russia* (Washington, D. C.: Carnegie Endowment For International Peace, 2003), pp.166－167.
20) Pavel K. Baev, "the evolution of putin's Regime: Inner Circles and outer Walls" *Problems of Post－Communism*, Vol.51, No.6 (November/December 2004), pp.6－7.

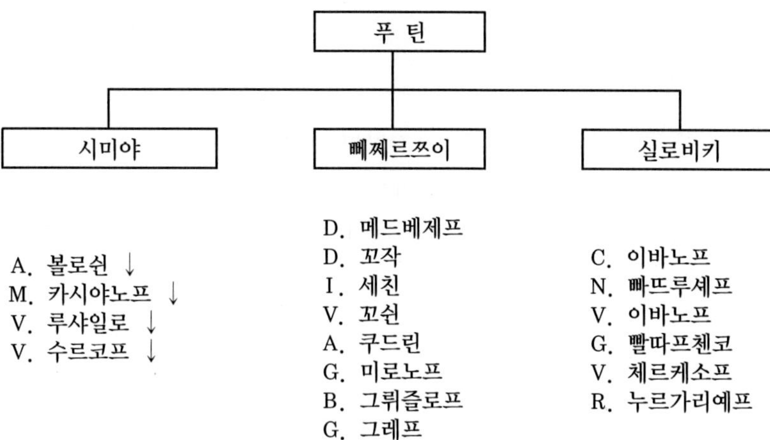

출처: Олга Крыштановская, *Анатомия Российской элиты* (Москва: Захаров, 2004), c. 262.

지 원천 중에서 2중, 3중으로 겹치는 인맥을 보유하고 있다면 그만큼 푸틴의 신임을 받으면서 출세할 가능성이 높으며, 실제 이와 같은 인사들을 발견할 수 있는 것이 푸틴시대의 정치엘리트 구조이다.

일례로 2007년 당시까지 푸틴의 후계자로 거론되었던 2명의 제1부총리가 위의 3가지 출신을 모두 충족하는 인물이었다. 실로비키인 세르게이 이바노프는 뻬쩨르부르그에서 출생하여 레닌그라드 국립대학을 나와서 푸틴과 함께 KGB에서 일했으며, 푸틴의 뒤를 이어 대통령이 되는 메드베제프 역시 뻬쩨르부르그 출신에 레닌그라드 국립대학 졸업, 푸틴이 뻬쩨르부르그시 대외관계위원장에 있던 1991~1996년 동 기관에서 전문위원으로 재직했으며 1994년부터는

제1부시장이었던 푸틴의 보좌관으로 봉직했다.

실로비키와 뻬쩨르쯔이, 양 그룹 중에서 특히 실로비키의 세계관을 과거 소비에트 시대의 공산당 지배구조에서 공산당만을 탈각해 버리면 오늘날의 실로비키와 동일하다는 지적이 많다. 즉 실로비키는 러시아 국가 지상주의자들 내지는 러시아 민족주의의 대변자들로 볼 수 있다. 이들이 우파 및 좌파 러시아 민족주의자들과 상이한 것은 시장개혁과 러시아의 자본주의로의 체제전환을 신봉한다는 점일 것이다. 실로비키의 정책 성향은 국가주의 경제 모델과 국가의 개입을 강조하며, 산업정책에 있어 국가의 적극적인 역할을 선호하고, 전략산업에 있어 국유화와 국가통제를 강조한다. 또한 2010년까지 GDP 2배 증가를 제시한 푸틴의 목표 지지, 외국기업들의 기술적, 경영 기법 도입 선호의 입장을 갖고 있다.[21]

실로비키는 올리가르히(Oligarch)로 불리는 신흥재벌에 대해서는 부정적인 입장을 확고하게 갖고 있다. 러시아의 지배엘리트를 연구해온 사회학자 올가 크뤼쉬타놉스카야(Olga Krishitanovskaya)에 따르면 대통령부 직원의 50~70%가 실로비키이며, 1993년 엘친 시기에는 이들이 11%였으나, 2002년에는 러시아 (권력)엘리트의 25%가 군부와 보안기관 경력을 갖고 있다고 보았다. 이들은 사적인 부문으로 진출하더라도 과거의 동료와 밀접한 연계를 유지한다. 실로비키는 국가의 경제적 파이 중에서 자신들이 더 큰 몫을 획득하는 데

---

21) 서동주, "러시아 푸틴정부의 인맥정치와 실로비키: 한·러 인적교류 활성화 방안 모색" 『국제문제연구』(국제문제조사연구소), 제6권 제4호 (2006 겨울), p.9.

가담하므로, 서구적 맥락에서의 관료적 분파보다는 훨씬 강력한 이권집단이라고 볼 수 있다. 이들은 대부분 공산주의는 지지하지 않으나, 다시 권력을 중앙정부에 집중시키고, 가능하다면 치안조직이 정치영역에서도 역할을 확대해야 한다고 생각한다.22)

실로비키는 자신들도 시장경제의 수혜자들이기 때문에 반자본주의를 표명하지 않는다. 그럼에도 불구하고 그들의 정신은 민족주의와 애국주의로 무장되어 있기 때문에 국내외의 '적'을 규정하고 그것을 제압하는 것이 자신들의 사명이라 믿는다. 특히 국외의 적들은 러시아를 약화시키려는 목적을 가지고 일관되게 움직이며 그것은 서방(the West)의 이해관계와 일치한다고 단정한다. 러시아의 국내법에 대한 인식도 이와 같은 국내외의 적을 퇴치하기위해서는 종속적인 요소로 간주하기도 한다. 실로비키의 사고를 실행하는 방식은 과거 KGB와 현 FSB에서 통했던 방식, 즉 폭력적이고 우격다짐식이 지배적이며, 실용적이며 국가경영의 차원에서 접근하는 방식을 알지 못하며, 이들이 그것을 배운 적도 없음이 강조된다.23)

크렘린의 중추세력인 실로비키는 푸틴과 같은 뿌리를 갖고 있으며, 크게 본다면 푸틴 역시 범실로비키 세력의 일원이라고도 할 수

---

22) Ольга Крыштановсая, "Режим Путина: либеральная милитократи я?" Pro et Contra, 7−4 (Осень 2002), cc. 158−180: Olga Kryshtanovskaya and Stphen White, "Putin's Militocracy" *Post−Soviet Affairs*, Vol.19, No.4 (October−December 2003), pp.289−306: Arkady Ostrovsky, "Is Russian Democracy becoming an Illusion?" *Financial Times* (February 24, 2004).

23) *Economist*, August 20, 2007.

있다. 대통령으로서 푸틴은 실로비키와 다른 세력, 이를테면 시미야 그룹과 대립할 때 실로비키만 일방적으로 편들 수 없는 입장이며, 이와 같은 입장을 종종 표명하지만 푸틴의 세계관은 근본적으로 실로비키의 그것과 동일하다는 점에서 이의를 제기하기 힘들다. 푸틴의 경우, 실로비키적 관점에 실용주의가 가미되어 있다는 점을 지적하는 관찰자도 있다.[24] 대외정책의 경우, 푸틴의 실용주의적 경향이 두드러지는 측면이 있지만, 집권이후 대내정책에서 푸틴이 보여준 면모는 사실상 실로비키의 관점과 일치한다.

푸틴의 정치개혁은 추진순서, 정책 입안 및 세부 실천 등의 측면에서 볼 때 비교적 체계적이고 치밀하게 기획되어 추진된 측면이 보이며, 이 점은 푸틴이 정보기관 출신이고 실로비키의 영향으로 인한 것으로 판단된다. 전체적으로 실로비키는 직업적으로 잘 훈련되어 있으며, 덜 부패하고 국가와 푸틴대통령에 대한 충성심을 지닌 권력 선호의 집단으로 나타난다.[25] 이들은 푸틴 대통령 집권 기간을 통하여 국가 고위 관료층으로의 진입은 물론이고 금융, 상업 및 시민사회의 주요 부문에 입지를 굳힘으로써 다수의 전문가 층을 망라하는 총체적인 네트워크를 형성하고 있는 것으로 여겨진다.

---

24) Samuel Charap, "The Petersburg Experience: Putin's Political Career and Russian Foreign Policy" *Problems of Post-Communism,* Vol.51, No.1 (January/February 2004), pp.58-60.
25) 서동주 (2006), pp.9-10.

3. 독점업체를 둘러싼 권력투쟁: 시미야 그룹과 실로비키 간의 이권쟁취 투쟁

앞서 언급한 실로비키의 대상이나 경력 및 관점이 뚜렷한 반면에 시미야 그룹은 과거 옐친 집권 시기 대통령 권력 주변의 인사들로, 주로 인간관계를 통해 맺어져 있다는 점 외에 뚜렷한 조직적 특성이 없다. 예를 들어 시미야 그룹으로 거명되는 경제인 중에 로만 아브라모비치는 추코트 자치관할구역 지사를 역임했으며, 옐친 패밀리의 일원이었던 베레조프스키의 사업파트너였다. 데리파스카는 전 대통령 행정실장 유마셰프의 딸과 결혼하였으며, 유마셰프는 옐친의 둘째 딸 타찌야나와 재혼하였다. 시미야 그룹은 옐친이 퇴임한 이후 3년에 걸쳐 러시아 경제의 30%를 장악했다는 보도도 있었다.[26]

옐친 퇴임 후에는 옐친과 더불어 고위 관료들이 퇴임하였고, 권부에 남아있는 시미야 그룹 관련 관료들도 조직력이 없는데다가 푸틴 친위그룹이 견제하거나 축출하였기 때문에 관계보다는 주로 시미야 그룹과 연관된 경제계인사들과 실로비키가 대립하는 형세를 취하였다. 다시 말해 주요 경제이권을 장악하거나 지키는 과정에서 신흥 실로비키 세력과 맞서게 되었다. 이권다툼의 초기 사례 중 대표적인 것이 2000년 봄, 러시아 알루미늄 생산의 70% 이상을 점유하는 거대알루미늄 기업인 「러시아 알루미늄」(일명 루사르)의 탄생과 2002년 말,

---

26) Дмитрий Олешкин, "Виртуалный абсолютизм" *GazetaRu* (March 22, 2004).

석유기업 슬라브네프찌(Slavnest)를 둘러싼 대립이었으며, 시미야 그룹의 승리로 귀결되었다. 이와 같은 권력집단간의 대립과 갈등은 1990년대 이루어졌던 방식과 거의 유사하게 이권 획득이 이루어지고 있음을 보여준다. 막강한 경제력을 토대로 자신들의 이권을 방어하는 데 대체로 성공했던 시미야 그룹에 대하여 실로비키는 푸틴 정부 초반까지는 경제 이권 쟁탈에서 불리했으나, 2003년 유코스(Ukos) 사태를 계기로 해서 확고한 우위를 잡게 된다. 유코스 사태는 2003년 총선의 방향을 가늠할 정도로 실로비키와 집권세력에게 유리하게 영향을 미친 결정적인 사건이라고 할 수 있다. 이와 관련해서는 석유이권과 푸틴정권에 관한 절에서 별도로 다룰 것이다.

4. 정당 재편과 지방 통제

푸틴 대통령 집권 시기 동안 전임 옐친 대통령의 통치와 비교할 때 가장 확연하게 드러나는 점들 중의 하나가 행정부와 의회의 관계이다. 옐친정부에서는 공산당 등 좌파가 하원에서 지배적인 세력이었고, 의회 다수는 크렘린의 정책과 의견에 반대하는 경우가 잦았다. 이를 반영하듯, 중요한 입법안에 대한 토의에서도 좌파는 다수 결로 여당 내지는 대통령 정당을 압도하는 경우가 많았다. 옐친은 사실상 프리마코프(E. Primakov) 내각을 제외하고는 의회로부터 확고한 지지를 받은 적이 없었다.[27] 반면에 푸틴 정부에서는 확고한 대통령 지지 체제가 성립되었다. 그 때문에 정권은 자신들이 추구하는 정책 때문에 과거처럼 고심할 필요가 없어졌고, 정부의 의도대로 법안이 채택되어 시행되는 사례가 대폭 늘어났다.

푸틴 행정부는 집권 이후 세금 개혁, 토지 사유화, 탈규제, 노동·복지 정책 등, 사회 각 부문에서의 변화를 유도하는 법안을 의회와 별다른 마찰 없이 처리하였다. 뿐만 아니라, 기존 정당체제의 재편을 유도하는 정당법과 지방권력을 약화시켜 중앙권력을 강화하는 조치에 심혈을 기울였다.

우선 정당과 관련하여 2001년 6월 21일, 러시아 하원에서 푸틴이 제안한지 반년 만에 정당법이 채택되었다. 정당법은 정당으로서 등록된 조직만이 지방이나 연방 수준의 모든 선거에 참가할 수 있다는 조항을 신설하였다. 정당이 되려면 러시아의 7개 연방 관할구역 중에서 적어도 절반 이상의 지역에 지부를 설치해야 하며, 연방관할 구역마다 최저 백 명을 확보해야 하고 전체 당원 수가 1만 명 이상이 되어야 한다고 명시하였다. 그 결과 공산당을 제외하고는 기존의 188개 정당 중에서 대부분이 소멸될 운명에 처했다. 이를 타개하고자 군소 정당들이 합쳐서 단일정당을 설립하거나 새로운 연합을 맺는 등 강력한 정권의 지배력하에서 살아남기 위한 방도를 취했다.[28] 러시아

---

27) В.Я. Гельман, "Политическая оппозиция в России: вымирающий вид" Полис, №. 4(2004), сс. 52 – 69: Edward Morgan – Jones and Petra Schleiter, "Governmental Change in a President – Parliamentary Regime; The Case of Russia 1994 – 2003" *Post – Soviet affairs*, Vol.20, No.2 (2004), pp.132 – 163.

학자 쉐르박(Щербак)은 이처럼 러시아에서 작은 정당들이 연합을 통해 거대정당화하는 형태를 '정당 가족'(семьи партии)이라는 개념을 통해 설명하기도 하였다.[29]

정당법을 통해 규모가 작은 정당들을 개편하고자 하는 푸틴정부의 의도는 선거 결과 등장하는 군소정당들을 규제하려는 것이 아니라, 운영이 투명하지 않은 소규모 정당의 존립 근거를 없앰으로써 정당을 국가의 통제하에 두려는 것이었다. 2000년 말, 푸틴은 최초에 법안의 구상을 제시하면서 범죄자들이 자금을 제공해서 정당을 만들게 하고 직접 의원이 되어서 불체포 특권 등을 이용하고 있다는 것이 문제라고 지적하였다. 즉 이런 범죄를 없애야 한다는 명목을 내세워 정당법의 정당성을 주장했다. 마찬가지로 정당에 대한 개인기부금 문제에 대해서도, 기부금을 허가하면 정당을 통한 자금세탁이 이루어질 가능성이 있다는 이유에서 개인헌금에 반대했다. 시민 한 명이 정당에 기부할 수 있는 한도는 현금으로 2천 루블(약 7만8천 원), 은행 입금을 통해서는 200만 루블을 넘어서는 안 되도록 규정하였다. 또한 50% 이상의 지분을 외국인이 소유하고 있는 회사 및 30% 이상의 지분을 정부가 소유하고 있는 기업은 정당에

---

28) Jeffrey Mankoff, "Russia's Weak Society and Weak State: The Role of Political parties" *Problems of Post-Communism*, Vol.50, No.1 (January/February 2003), pp.40-42.
29) А.Н. Щербак, "Коалиционная политика россий ских партий " Полис, №.1 (2002), сс. 118-133: Н.В. Работяжев, "Феномен право-левой коалий ии в России: Фронт национального спас ения" Полис, No.4 (2004), сс. 80-92.

기부를 할 수 없도록 하였다.[30]

정당법은 푸틴 정부의 노선을 분명히 보여주는 법안으로 정치적 혼란의 초래를 국가가 방지하고 국가의 통제 내에서 정당 활동과 운영을 명확히 하겠다는 의지를 표명한 것이다. 따라서 중앙 권력을 강화하고 부정하게 축재한 올리가르히와 부패 재벌 및 산업 마피아와 연계한 정치세력을 발존색원(拔本塞源)하겠다는 실로비키와 푸틴의 견해가 투영된 대표적인 법안이라고 할 수 있다.

뿐만 아니라 2004년 9월 초, 푸틴대통령은 러시아 남부 북오세티야 공화국에서 발생한 베슬란 학교 인질사건이 종료되고 난 후에 주지사 선출 방식과 더불어 국가두마 의원 전원을 비례대표제를 통해 선출하도록 함으로써 대정당 위주로 정계개편을 시도했다. 기존 국가두마 의원 450명 가운데 절반인 225명은 지역구 선거로, 나머지 225명은 비례대표제로 뽑던 방식을 바꾸어 450명의 의원 전원을 정당명부식 비례대표제를 통해 선출하려는 의지를 관철시켰다. 이 제도 변경의 의미는 무소속의 존립 근거를 인정하지 않겠다는 것이며, 비례대표제를 통해 큰 정당만이 진정한 대표성을 가지며 책임정부를 구현할 수 있다는 푸틴대통령 자신의 철학이 구현된 결과였다. 물론 비례대표제는 여당 측에 제도적으로 유리한 측면이 있으며, 무엇보다도 '강력함'을 선호하는 러시아 국민의 정서에 호소하는 심리적인 측면도 크게 작용하고 있다.[31]

---

30) Moscow (AP), "Russia Political Parties Law Backed" December 28, 2000, http://www.cdi.org/russia/johnson/4712.html (검색일: 2006.5.15).
31) 거대 정당 선호와 책임정치 구현이라는 대통령의 명분과 국민 다수의

이와 같은 관점이 반영된 정책으로는 지방권력에 대한 중앙 통제의 강화 현상도 거론할 수 있다. 옐친 집권 시기에 모스크바 중앙을 제외한 지역의 전 부문, 즉 자치 공화국, 자치 지역, 변강주, 시등의 단위에서 연방주체들은 중앙으로부터 상당한 독립성을 유지하면서 연방의 구심력을 저해하는 요인으로 작용하였다.[32] 따라서 푸틴 대통령의 국정 슬로건인 '강한 러시아'를 건설하고, '수직적 권력'(power vertical)을 구축하기 위해서는 중앙권력의 강화와 지방권력의 약체화가 필수적으로 필요하다고 여겨졌다.

푸틴 대통령이 취한 첫 번째 조치는 지방자치단체장들로 구성된 상원을 개편하여 단체장들에게는 형식적인 국가평의회에 귀속시키고 입법 권력으로부터 벗어나도록 하였다. 동시에 연방을 7개의 대통령 직속 관할구역으로 나누어 각각의 구역에 대통령 전권 대행을 두어 지역을 관할·감독하도록 했다.[33] 2007년 현재 게오르기 폴라프

동의에 대해 반발하는 기류도 러시아 국내에서 제기되었다. 야당과 일부 언론을 중심으로 두마가 국민의 의사를 대변한다기보다 안보를 명분으로 권력만을 키우는 무서운 괴물처럼 변하려 한다고 비판하였다. *Известия* September14, 2004.

32) А.А.Галкин. П.А.Федосов, С.Д.Валентей , В.Д.Соловей , "Эволюция росийского федерализма" Полис, №. 3 (2002), сс. 96 – 128.

33) 푸틴의 실로비키 중용의 대표적인 사례가 2000년 연방 관구의 장을 임명한 조치에서 나타난다. 7명의 대통령 전권대표 중 5명이 실로비키였다. 전권대표중 KGB 출신 2명, 군인 출신 1명, 내무부 출신 1명이 실로비키에 해당하며, 나머지 2명은 세르게이 키리엔코 전 총리(볼가 연안지구), 레오니드 드라체프스키 전 CIS 사무총장(시베리아 지구) 등 민간인 출신을 배치시켰다.

펜코(중부지구)와 표트르 라티셰프(우랄지구)를 제외하고 그동안 나머지 5명의 전권대표들을 교체하였지만, 푸틴의 최측근들이 배치되었음은 주지의 사실이다. 카밀 이스하코프는 타타르스탄 공화국의 카잔 시장 출신으로 2005년 11월 극동지구 전권대표에 부임하였다. 나머지 6명의 전권대표는 뻬쩨르쯔이나 KGB, 군, 내무부 출신이다.

푸틴 대통령이 임명한 전권대표들은 부총리급으로 부임한 현지에서 '총독'으로 불릴 만큼 막강한 권한을 갖고 있으며, 현지의 지방 관료들이 단체장보다 대통령 특사의 명령에 더 복종할 정도로 강력한 존재로 부상했다. 전권대표들의 기본 임무가 대통령의 뜻을 받들어 지방정부가 연방 중앙정부와 상치하는 정책결정과 법률 제정을 하지 않도록 강력하게 통제하는 역할을 하고 있기 때문에 전권대표=대통령이라는 등식이 애초부터 성립될 수밖에 없었다.

러시아의 지방권력은 옐친 시기부터 복잡한 요소들을 안고 있었다. 경제적 이권이나 마피아와의 연관 등 부패와 관련된 다양한 요소를 포함하고 있으며, 이미 확보한 지방에서의 기득권을 지키기 위한 저항도 심한 편이다. 따라서 지사와 단체장의 교체를 둘러싼 중앙과 지방간의 알력은 단시간 내에 표면화되었다. 이와 관련하여 처음으로 주목을 받은 사례는 2000년 10월의 크루스크(Krusk) 주지사 선거였다. 이 선거에서 중앙정부가 지지하는 후보가 공산당 후보에게 패배함으로써 정권이 지지하는 단체장을 만들려는 시도는 실패로 돌아갔다.

2001년 연해주 지사 선거에서도 현지사였던 나즈드라첸코(Nazdrac-henko)의 재출마를 봉쇄하기 위해 국가어업위원회 의장이라는 정부의 직책을 부여하였다. 그럼에도 불구하고 최종적으로 중앙정부가 선호하는 인물인 극동관할구역 대통령 부특사 겐나지 아파나센코(Gennady Afanashenko)는 1차 투표에서 당선권에 전혀 미치지 못하고 좌초되었고, 결국 정권 측은 여기에서도 연해주 지방의 권력장악에 실패하였다. 단, 2002년 9월 크라스노야르스크(Krasnoyarsk)주의 지사 알렉산드르 레베지(Aleksandr Lebed)의 사망으로 치러진 선거에서 타이므르(Taimyr) 자치관할구역 지사인 알렉산드르 프로포닌(A. Proponin)의 당선은 어느 정도 중앙정부가 만족할 만한 것이었다. 이 밖에 지방 단체장의 3선을 둘러싼 문제의 발생과 쌍뜨 뻬쩨르부르그 시장 선거를 둘러싼 정부의 개입과 성공이 있었다.[34]

푸틴 대통령의 지방에 대한 중앙의 관할권 확대에 대한 의지 표명에도 불구하고 몇몇 지역의 지방권력과의 불화는 이어졌지만, 중앙정부의 일련의 조치 시행 이후 단기간 내에 지방이 순응하는 양상을 보였다. 이런 현상이 나타난 데 대해서 논의가 지속되고 있지만, 대체적으로 옐친 시기 동안 지역 엘리트들의 공통적인 경험으로부터 연유하는 것으로 보고 있다.[35] 대부분의 지역들은 러시아의

---

34) Jeffrey W. Hahn, "St. Peterberg and the Decline of local Self-Government in Post-Soviet Russia" *Post-Soviet affairs*, Vol.20, No.2 (April-May 2004), pp.123-127.

35) Alla Chrikova and Natalya Lapina, "Political Power and Political Stability in the Russian Regions" Archie Brown, eds., *Contemporary Russian Politics: A Reader* (Oxford, UK: Oxford University Press, 2001), pp.234-266: Н.М. Добринин, "Российские федерализм: проблемы и перспективы" Государство и прово. No.11 (November 30, 2003), сс. 85-89.

시장 전환으로부터 혜택을 받지 못했으며, 그 결과 연방정부의 보조
금 지급에 과도하게 의존하게 되었다. 중앙이 의도하는 보조금 지급
에 따라 지역의 운명이 결정될 수 있는 상황에서 지역이 쉽게 푸틴
의 조치에 저항하지 못하는 원인이 조성되고 있는 셈이다. 뿐만 아
니라 지역의 지사가 중앙정치로 진출하는 발판을 중앙정부가 마련
해줌으로써 오히려 당국의 조치에 호응하는 자치단체장도 있음으로
해서 푸틴이 행한 일련의 조치들은 안정화되고 있다.36) 결과적으로
옐친이 결코 할 수 없었던 방식으로 푸틴 스타일의 지배 양식이 중
앙-지방 관계에서 정립되기에 이르렀다. 그것은 지역의 엘리트가
안정되고(stable) 예측 가능한(predictable) 게임의 규칙대로 행동할
것을 푸틴이 원하였고, 그대로 실행한 결과라는 설37)이 설득력을
얻을 수밖에 없다. 그것은 푸틴이 권력의 중추부에 포진시킨 실로비
키의 사고이기도 한 것이다.

---

36) 반면에 러시아에서의 국가의 중심적인 역할을 재확립하려는 시도가 세
계화라는 시대적 조류와 이미 진척된 러시아의 경제·사회적 개방성의 정
도에 비추어 볼 때 적합하지 않다는 회의적인 견해도 러시아 국내에서
개진되었다. Т.Е. Ворожей кина, "Государство и общество в Росс
ии: исчерпание государствоцентричной матрицы развития"
Полис №.4 (2002), cc. 60−65.

37) J. Paul Goode, "The Push for Regional Enlargement in Putin's Russia"
Post−Soviet Affairs, Vol.20, No.3 (July−September 2004), p.253: 스
토너−웨이스는 1990년대에 지역이 연방 중앙에 대해서 누렸던 자율성
은 깨지기 쉬운 것으로 오래가지 못할 것으로 예측했다. Kathryn Stoner
−Weiss "Central Weakness and Provincial Autonomy: Observations
on the Devolution Process in Russia" *Post−Soviet affairs*, Vol.15,
No.1 (February−March 1999), pp.87−106.

5. 비판적 미디어 지배와 올리가르히의 경영권 박탈

푸틴 정부의 국가관이 가장 선명하게 드러나는 분야가 올리가르히들과 비판적 미디어에 대한 태도라고 할 수 있다. 1990년대 러시아에서 미디어, 특히 텔레비전의 영향력은 증폭되었다. 소련 붕괴 이후 러시아의 텔레비전 방송망이 확대되었으며 채널도 많이 증가하였다. 이 중에서 전국방송을 하는 3대 텔레비전 방송국이 중요한데, 국영방송인 러시아 텔레비전(RTR, 에르떼에르), 반관영 반 민영방송인 러시아 공공텔레비전(ORT, 오에르떼르), 민영방송인 독립텔레비전(NTV, 엔떼베)가 해당된다.

<표1> 1999년 방송국의 잠재적 권역(coverage), 적용률, 시청자 선호조사

채널	방송권역 (잠재적)	권역비율 (상반기)	권역비율 (하반기)	선호도 (12월 24-26)
ORT	98	87	88	41
RTR	95	72	77	13
NTV	72	59	58	25
TV6	58	32	37	4
TV-Center	39	15	19	no data
Kultura	36	10	13	no data
CTC	35	16	19	no data
TNT	32	12	15	no data
REN-TV	27	13	11	no data

출처: Ivan Zassoursky, *Media and Power in Post-Soviet Russia* (Armonk, New York: M.E.Sharpe, 2004), p.196.

푸틴정부가 시작될 때 ORT와 NTV는 각각 보리스 베레조프스키와 블라미디르 구신스키 등(V. Gusinski) 두 명의 대표적인 올리가르히의 지배 아래 있었다. 올리가르히들은 휘하의 미디어를 정권당국이나 정적을 공격하는 도구로 사용했다. 이런 올리가르히와 그들의 소유 매체는 실로비키와 푸틴의 눈에는 러시아의 국가적 단합을 해치고 국정 수행에 방해되는 비판만 늘어놓을 뿐 아니라, 무엇보다도 국민들이 비판적으로 생각하는 올리가르히 소유로 되어있다는 점이 마음에 들지 않았을 것으로 추정된다. 어쨌든 텔레비전 매체는 국민들에게 영향력이 강하기 때문에 2004년 대선에서 확고한 우위를 누리기 위해서는 대선전에 텔레비전의 지배권을 올리가르히로부터 제거하는 것이 급선무로 판단하고 정권 초기부터 미디어 공격에 나섰다. 그 대상은 앞서 언급한 구신스키와 베레조프스키였다.

푸틴 정권의 미디어 공격과 올리가르히로부터의 경영권 탈취과정은 복잡한 과정을 거쳐 확정된 사건이기 때문에 그 과정을 언급하는 것은 생략하고, 다만 왜 공격에 나섰는가에 대해서는 명백한 이유를 제시할 수 있다. 구신스키의 경우, 옐친 정부에서 미디어를 활용하여 특히 선거 국면에서 옐친 지지에 유리한 환경을 제공하여 정권과의 관계가 좋았지만, 옐친이 물러나고 치러진 2000년의 대선에서 자유주의 정당 야블로코의 당수, 그레고리 야블린스키(G. Yablinsky)를 대통령후보로 밀어 그가 패배한 데에서 푸틴정권과의 악연이 시작되었다. 구신스키에 대한 최고검찰당국의 추방활동이 시작된 것은 푸틴정권이 발족된 직후인 2000년 5월이었다. 결국 NTV

의 주식 46%를 소유하고 있는 가즈프롬 미디어가 전격적으로 주주 총회를 개최하여 경영진을 교체하는 방식으로 NTV를 접수하고 새로운 경영진을 인정하지 않는 사원들에게 권고사직이 이루어졌다. 구신스키는 자신의 소유 주식을 미국 CNN의 창설자 테드 터너(T. Turner)에게 양도하고 스페인으로 출국하였다. 이후에 러시아의 전국 방송 중 유일한 민간 채널이었던 NTV는 기존의 시사 풍자와 정부 비판으로 인기를 모으던 프로그램이 사라지고 정부에 우호적인 입장을 취하게 되었다.[38]

베레조프스키는 구신스키와 달리 2000년 대선에서 푸틴대통령 당선을 위해 힘을 아끼지 않았다. 베레조프스키는 텔레비전 방송국 ORT 뿐만 아니라, 「네자미시마야 가제타」, 「코메르산트」, 「노보에 이즈베스티야」 등의 신문도 소유하고 있었지만, 다른 매체들은 영향력의 측면에서 ORT에 비교될 수 없었다. 대선 국면에서 푸틴을 지지했던 베레조프스키가 푸틴정부에 공공연히 이의를 제기하기 시작한 것은 2000년 5월 푸틴이 상원개혁법안을 제출했을 때부터였다. 베레조프스키는 당시에 하원의원의 신분이었는데, 상원개혁법안을 공개비판하고 7월에 하원에 사표를 제출했다. 베레조프스키는 의원의 불체포특권을 포기하면서 그 자신이 당당하게 푸틴에 저항한다는 메시지를 외부에 전달하려고 하였다.[39] 베레조프스키 자신은 푸

---

38) 미디어와 시민사회에 대한 논쟁은 Sarah Oates, "Media, Civil Society, and the failure of the Fourth Estate in Russia" Alfred B. Evans, Jr., Laura A. Henry, and Lisa McIntosh Sundstrom, *Russian Civil Society: A Critical Assessment* (Armonk, New York, 2006), pp.57-64. 참조

틴정권과 거리를 두겠다는 뜻을 명확히 하면서, 건전한 야당을 조직하겠다고 공언했다. 동시에 ORT는 2000년 여름에 발생한 원자력잠수함 꾸르스크호(Kursk) 침몰사건에서 대응이 늦었던 푸틴을 신랄하게 비판하면서 정권을 비판하는 목소리를 더욱 높였다.

9월에 베레조프스키가 자신의 ORT 관련 주식을 포기하고 14명의 인사들에게 위탁하도록 압력을 받았다고 공표하면서 ORT 문제가 불거지기 시작했다. 결국 베레조프스키는 2001년 ORT 주식의 49%를 로만 아브라모비치(R. Abramovich)에게 양도하고 일단 ORT에서는 경영권을 포기하는 형식을 취하고 ORT 경영진은 정권의 압력에 순응하게 된다.

이 밖에 모스크바 주변 지역을 권역으로 하는 TV6도 석유대기업 루크오일(Luk Oil)의 개입을 통해 경영권을 빼앗기게 된다. TV6 역시 베레조프스키가 75%의 주식을 보유하고 있는, 러시아에서 유일하게 정권으로부터 독립된 입장에 놓여 있는 텔레비전 방송국이었지만 1년을 못 넘기고 폐쇄되고 국영스포츠 전문방송으로 전환되었다.[40]

몇몇 올리가르히와 푸틴정권과의 관계악화의 계기는 2000년 2월 푸틴이 대통령 권한 대행 시절 올리가르히 대표와의 면담에서 양자가 합의한 사항과 2000년 7월 푸틴 대통령의 발언, 즉 올리가르히가 정치세계에 얼굴을 내밀지 않으면, 다시 말해 올리가르히가 대통령에 대한 공격이나 비판을 하지 않는다면 올리가르히의 비즈니스

---

39) Ivan Zassoursky, *Media and Power in Post-Soviet Russia* (Armonk, New York: M.E.Sharpe, 2004), pp.196-204
40) Ivan Zassoursky (2004), pp.206-214.

에 개입하거나 자원산업을 재국유화지는 않을 것이라는 점을 어겼다고 판단한 데에 있다고 보여진다.[41] 몇몇 올리가르히와의 관계악화는 2003년 유코스 사태를 통해 석유재벌 호도르코프스키(Khodorkovsky)를 구속하는 데에서 절정에 달하게 되며, 호도르코프스키 역시 정치 참여 의혹을 샀던 정황이 있다.

2004년 9월 초 러시아의 오세타야 공화국에서의 이른바 '베슬란 학교 인질사건'이 정부군의 진압으로 종료되고 나서 이 사건을 생생한 현장 사진과 함께 보도했던 일간 「이즈베스티야」지의 래프 샤키로프 편집국장이 해임되었다. 이즈베스티야 지분의 대주주인 블라디미르 포타닌(V. Potanin) 인테로스 그룹 회장이 크렘린의 충성파답게 자체적으로 해임했다는 평가가 중론이었다. 서구 언론에서는 이후 신문사가 정부 정책에 비판적인 보도를 하면 편집국장을 즉각 교체하는 것이 공식화되었다고 본다. 결국 푸틴정부의 직·간접적인 언론통제를 통해 시민사회가 무기력해지고 비판의 목소리를 내기 어려운 상황으로 접어든 측면이 존재한다.

6. 석유이권과 푸틴정권

러시아 국내의 석유기업에 대한 국가통제 강화는 러시아가 대외적으로 석유와 천연가스 등 에너지를 매개로 국제정치에서 영향력

---

41) *Известия*, July 23, 2000.

을 확대시키려는 전략의 일환으로서 푸틴 집권 이후 일관되게 추진해온 사안이다. 1980년대에 소련은 세계 최대의 산유국이었지만 소련 말기에는 원유생산이 급속도로 감퇴하여 소련 붕괴 직후에는 절정기의 60%선으로 생산량이 떨어졌다. 푸틴정부 이후 생산량이 늘기 시작하여 이를 바탕으로 중장기 계획을 수립하고 이를 달성하기 위해 박차를 가해왔다. 러시아처럼 원유 수출 비중이 높은 나라에서 국제유가가 푸틴 대통령 취임 이후 급상승하자 러시아 정부의 금고에는 막대한 오일머니가 축적되었다. 러시아는 2007년 원유 수출만으로 현금 1090억 달러의 수입을 올렸고 이를 바탕으로 한 투자활성화로 국내총생산 순위에서도 세계 10위권 이내로 진입했다.

석유는 현대 러시아의 정치와 경제를 하나로 묶는 핵심 개념으로 자리잡고 있으며, 이것이 장기적으로는 러시아의 미래 운명과, 가깝게는 러시아의 대내외 정책의 진로와 어떠한 연관성을 갖을지에 대해서 관심이 집중되어 왔다. 따라서 석유를 위시한 주요한 국가적 자원에 대한 통제에 정권의 향방이 걸려있으며, 일부라도 러시아 자원의 소유·경영권을 외국자본에 넘겨준다는 것은 상상할 수도 없다는 푸틴과 집권 실로비키들의 국가주의적 정향 내지는 민족주의 의식의 발로가 극명하게 나타나는 영역으로 볼 수 있다. 즉 푸틴을 정점으로 한 신러시아 지도부는 러시아 국부의 원천인 주요 에너지 자원의 통제에 있어서는 국가의 지배권이 보장되는 형식으로 바꾸어놓지 못한다면 러시아의 장래가 위태로워질 수도 있다고 판단하였다.

2007년 5월 현재 러시아 국영 가즈프롬(Gazprom)의 회장은 푸틴의 비서실장 출신인 드미트리 메드베제프(Dmitry Medvedev) 제1부총리가 맡고 있으며, 메드베제프 부총리는 푸틴의 쌍뜨 뻬쩨르부르그 대외부시장 시절의 동료이며, 2000년 대선 캠프를 이끌었다. 이고르 세친(Igor Sechin) 크렘린 행정부실장도 러시아 제2의 석유회사, 로즈네프트(Roseneft)의 회장직을 겸하고 있으며, 그도 역시 푸틴의 쌍뜨뻬쩨르부르그 시절 동료이며 구소련 정보기관 KGB 출신이다. 이와 더불어, 푸틴대통령 행정부 각료 11명이 6개 국영기업의 회장직과 12개 국영기업 간부직을 맡고 있으며, 고위 관료 15명이 6개 국영기업 회장과 21개 국영기업 이사직을 겸하고 있다.

석유이권에 대한 장악 시도가 분명하게 나타났던 대표적 사례인 2003년의 유코스 사태는 집권세력 내 주요분파의 국가주의적 정서, 일부 올리가르히에 대한 부정적 인식 및 시민사회의 정부 비판에 대한 불관용이 복합적으로 결합하여 발생하였으며, 덧붙여 옐친 정부 때부터 그랬듯이 이권을 놓고 벌이는 집권 세력 내부의 갈등과 음모가 중심에 도사리고 있는 사건이리고 할 수 있다. 호도르코프스키는 1995년의 담보입찰 민영화에서 유코스의 주식 78%를 입수하여 석유기업의 경영에 집중하여 러시아에서는 서방측 경영방식을 가장 많이 도입한 기업으로 성장했다. 유코스 사태는 2003년 6월에 유코스사의 최고 경영진에 대한 범죄조사가 시작되어 동년 10월 러시아 제2의 석유회사 사장인 호도르코프스키를 당국이 횡령, 탈세 혐의로 체포하기에 이르렀고 2004년 9년 형이 선고되었다.[42]

호드르코프스키는 구신스키와 마찬가지로, 이념적으로 좌와 우를 가리지 않고 야당인 야블로코(Yabloko)와 '우파정치연합'(SPS) 및 공산당에 정치자금을 제공하였을 뿐 아니라, 자신이 직접 2008년의 대통령선거에 출마할 것을 여러 차례 시사하기도 하였다. 즉 푸틴 정부에 대한 올리가르히의 정치불개입 약속을 어긴 것으로 간주되었다. 유코스 사태는 또한 외국자본의 러시아 자원 소유에 대한 지분 매집에 제동을 거는 계기였다. 유코스는 2003년 4월 22일 같은 거대 석유기업인 시브네프찌(Sibneft)와 합병했다는 사실을 공표했으며, 새로운 합병 기업 유코스 시브네프찌(Ukos Sibneft)는 주식 25%를 미국 석유기업 엑슨 모빌과 셰브론텍사코에 매각하기 위해 비밀리에 교섭에 벌이고 있었으며, 이 사실이 실로비키에게 포착되어 실로비키로 하여금 빨리 행동으로 옮기게끔 작용하였다. 게다가 시브네프찌와의 합병은 유코스가 시미야 그룹으로 들어간다는 것을 의미했기에 실로비키는 '크렘린내 쿠데타'로까지 일컫는 행동을 감행하였다.[43]

---

42) 정치평론가 알렉세이 차다예프(A. Chadayev)는 2003년 푸틴이 제2위의 석유회사 유코스의 사장 미하일 호도르코프스키를 구속한 것이 이른 바 푸틴 독트린(혹은 푸틴 이데올로기)의 시작이자 러시아 발전의 계기였다고 평가했다. 푸틴 독트린은 △몇 몇 재벌의 과도한 정치개입을 차단해 정치발전을 이루고 △탈세나 부의 해외유출을 막아 국가재정을 튼튼히 하려는 것이 그 요체이다. 『조선일보』(2007. 5. 7).
43) Peter L. Clateman, "Yukos Affair, Part VII: Review of the Criminal Sentence and Appeal"March 29, 2006, http://www.cdi.org/russia/john son/2006-78-19.cfm (검색일: 2006.4.30).

결국 유코스 사태를 포함하여 푸틴 정부가 드러난 행태로 볼 때, 국가경쟁력에 기여하지 못하는 에너지 부문의 올리가르히에 대한 부정적인 여론을 바탕으로 이들에 대한 정리 작업을 하는 동시에 소유권을 국가 부문으로 이전하며, 대외적으로는 세계적인 원유 가격 폭등 현상에 편승하여 국가가 풍부한 자원을 독점한 뒤 경제발전의 토대로 삼겠다는 의도가 드러난다.[44] 옐친 집권기에 만연했던 올리가르히의 행태에 대한 비판적 여론은 옐친이 물러나는 시점에 절정에 이르렀으며, 러시아 국민들에게 보편적인 정서로 자리잡았다. 푸틴은 이와 같은 국민 정서에 부응하면서 자신의 철학이기도 한 '국가이익의 극대화를 위한 국가자산의 집중'에 관심을 집중하기 시작했다. 결국, 이를 달성하기 위해서는 국내 경제와 정치의 재편이 필수적으로 뒤따르며, 유력한 산업의 국가독점 내지는 국가지주회사화를 추진하여야 한다. 실로비키는 유코스 사태를 기점으로 행동에 들어갔으며 이런 움직임은 집권층 내부에서의 반발도 사게 되지만[45] 실로비키의 의도대로 결과가 관철된다. 당국은 유코스 사건

---

44) 우평균, "러시아 극동지역의 에너지 자원을 둘러싼 일본 – 중국간의 경쟁과 한국의 진로" 한국세계지역학회, 『세계지역연구논총』제23집 제2호 (2005.12), pp.25 – 46.

45) 푸틴 1기의 총리 카시야노프와 전력독점기업 통일에너지 시스템즈(UES) 사장인 정권의 2인자, 아나톨리 추바이스가 2003년 10월 31일 최고 검찰청의 유코스 주식 압류에 대해 반발한 데서 실로비키에 대한 적대의식이 표명되었다. 대통령 행정실장 알렉산드르 볼로신도 실로비키가 기획한 호도르코프스키 체포에 대해 전혀 모르고 있었다는 이유에서 행정실장직을 사임하였다.

을 통해 국민들 사이에서 반올리가르히 정서를 결정적으로 확대시킬 수 있었으며, 이 여세를 다가올 선거에서 몰아 여당 계열의 정당들이 압승을 하는 선거 결과에 직접적으로 영향을 미쳤다.

유코스 사태는 반정부 기업인에 대해서는 정부가 직접 강력하게 응징하겠다는 단호한 입장을 표명한 계기가 되었다.[46) 러시아 제1위 석유기업 루코일에 이어 제2의 거대 석유 기업인 유코스가 해체되었으며, 유코스 사태 이후 어떤 기업인도 정부에 직·간접적으로 도전하는 일은 없었다. 오히려 권력에 순응하는 올리가리히는 체제 내에서 기업활동의 안정성을 보장받으면서 사회적 활동의 폭을 넓혀갈 수 있었다. 그 대표적인 예가 잉글랜드 프로축구팀 '첼시'를 인수한 로만 아브라모비치(R. Avramovich)라고 할 수 있다. 아브라모비치는 자신이 대주주인 석유기업 시브네프티(Sibneft)를 자진하여 가즈프롬에 합병했으며, 자신의 보유 주식(시브네프티 주식의 75.679%)도 가즈프롬에 매각한 바 있다.[47)

에너지기업에 대한 일련의 인수 작업을 통해 국가는 국영기업을 장악할 수 있게 되었고, 국영기업들은 인수·합병을 통해 회사를 확장시키고 있으며, 국가가 정책적으로 원하는 사업에 참여할 수 있

---

46) 유코스 사태는 올리가르히들에게 확실한 학습효과를 주었으며, 이로 인해 러시아 억만장자들의 크렘린 공포증이 증대되었다. 러시아 신흥 부자 중에 과거 재산의 정당성이 부족할수록 푸틴 정부를 두려워할 수밖에 없게 되었다.
47) 로만 아브라모비치뿐만 아니라 러시아 6위의 거부 올레그 데리파스타도 2014년 동계 올림픽 유치를 위해 한국의 강원도 평창군과 경쟁하던 소치 시의 공항을 통째로 사들여 크렘린의 환심을 샀다.

는 기반을 갖추게 되었다. 로즈네프트는 유코스의 핵심 사업을 인수했으며, 가즈프롬은 민간 석유회사 시브네프트(Sibneft)를 매입하였다. 규모가 커진 국영기업들은 에너지 자원을 무기로 국제사회에서 러시아의 영향력을 확대하는 데 중요한 역할을 하고 있다.[48] 이와 같은 사실에 대해서는 논란이 있지만, 이런 모든 정황에도 불구하고 러시아가 구소련 시스템으로 돌아가는 것은 아니고 기업국유화와 함께 개방도 병행 추진하고 있다는 점을 지적할 수 있다. 일례로 외국인 투자 규제를 없앰으로써 가즈프롬의 경우 외국인 투자지분이 49%까지 늘었다고 한다.[49] 러시아가 관심을 갖고 있는 것은 새로운 러시아 국가체제(러시아인들의 표현으로 '국가성')하에서 소련 시대와는 달리 러시아가 경험하지 못했던 신흥 거대 자본 및 자본가들과 권력과의 관계설정의 유형을 확립하려는 것이며, 푸틴은 러시아식의 통제 및 조정의 모델을 시도하려 했다는 평가를 할 수 있다. 물론 이는 서구의 시각에서 볼 때, 권위주의적이고 중앙집중적이고, 중앙의 간섭과 규제 일변도의 행동으로 비춰질 수밖에 없는 내용들을 담고 있다. 푸틴 대통령은 2007년 2월 6일 크렘린에서 러시아의 대표적인 올리가르히들을 모아 대내외적으로 단합과 충성을 과시한 바 있다. 즉 이제는 크렘린에 충성스러운 올리가르히들만 살

---

48) 일례로 2006년 7월 19일 푸틴 대통령은 가즈프롬에 가스의 수출에 관한 독점적인 권리를 부여하는 것을 주요 내용으로 하는 가스수출법안에 서명함으로써 에너지자원에 대한 국가통제정책을 한층 강화시켰다. *Российская газета*, July 19, 2006.

49) *Financial Times*, June 19, 2006.

아남아 권력과 함께 공존하는 시기에 접어든 것이다.[50]

상기한 내용을 통해 푸틴정부의 지배세력의 구성과 세계관, 그리고 그들의 구체적인 행동과 그 국내정치적 파장을 살펴보았다. 이를 통해 알 수 있는 것은 푸틴과 푸틴을 둘러싸고 있는 새로운 러시아의 지배세력은 지난 1990년대의 옐친 통치하의 러시아의 정치적 지형과는 다른 형상을 주조해내고 있지만 그것이 전혀 새로운 모습은 아니라는 점이다. 즉 과거의 러시아적 특성이 내재된 전통, 다시 말해 권부 주위의 정치적 파벌의 형성과 일상화된 정치적 암투, 강력한 중앙집권적 국가 통제로의 회귀, 정치적 반대자에 대한 불관용, 지배 그룹에서의 경제와 정치의 세력일체화 등의 모습은 주기적인 자유선거라는 기제만 바뀌었을 뿐 과거의 정치적 전통이 강하게 드러나고 있다. 물론 과거와 달리 변하고 있는 요소들과 함께 과거로의 복귀라기보다는 새로운 러시아적 정체성, 특히 국가성과 결부된 정체성을 추구하는 과정에서 동반되는 측면이 강하다고 할 수 있다. 단기적으로 볼 때는 1990년대 러시아 정부가 추진한 자유주의적 개혁의 실패와 이에 대한 대중의 실망을 반영한 러시아 정치의 구도라고 평가하기도 한다. 즉 서구적 가치관에서 볼 때, 반-올리가흐히, 반-자유주의, 반-서구주의, 반-(서구적)민주주의적 정서를 공유하는 정치 세력이 자유주의적 개혁 세력을 압도하면서 대세를 이루는 정치적 지형의 반영으로 볼 수도 있다.[51]

---

50) *Financial Times*, February 8, 2007.
51) 왜소한 것보다 '절대적인 힘'(great power)를 원하는 러시아 대중들의 정서가 새로운 거대정당을 선거를 통해 만들어냈으며, 여기서 자유주

7. 맺는 말

러시아의 2000년대는 푸틴대통령의 집권과 동시에 개막되었으며 집권 이후의 대내외 정책은 1990년대 옐친 대통령 통치의 시기와는 여러 모로 다른 양상으로 전개되어 왔다. 대내적으로 러시아 국가의 일체성 확보와 국가의 이익에 반하는 주요한 집단과 개인들의 행태를 제어하고 그것을 반러시아적인 것으로 규정하여 국가의 것으로 환수하는 작업을 지속적으로 수행했다. 예를 들어 언론의 정부비판적인 내용이 지나치면 러시아의 국익에 저해되며, 러시아 발전을 원치 않는 외국에 유리하다는 판단이 앞서게 되었다. 외국, 특히 서구 내지는 미국과 일체화된 시각을 갖고 있는 국내 기업가가 언론을 인수하여 러시아를 공격하고 외국을 이롭게 하는 자신의 시각을 미디어를 통해 유포하고 대중들에게 무감각하게 내쇄를 시킨다고 보는 시각이 집권세력 내에 부각되었다. 또한 국가의 주요 산업과 미디어 매체를 소유한 올리가르히가 정치적으로 안전판을 확보하기 위해 스스로 국회에 진출하거나, 정치권에 자신을 대변해 줄 세력을 구축하기 위해 막대한 자금력으로 매수하거나 정치자금을 음성적으로 지원하는 데에서 집권세력이 용인할 수 없는 한계를 넘는다고 보았다. 따라서 막대한 수입을 올리면서도 미미한 세금만 내는 올리가르히는 국가 발전에 도움이 안 될 뿐 아니라, 국가의 자원을 외

의는 고려의 대상이 되지 못한다는 인식을 드러낸다. *Россий с кая Газета*, December 12, 2003.

국기업에 팔아넘길 수 있는 행동도 취할 수 있기 때문에 이들을 경영일선에서 후퇴시키고 믿을 만한 소유자에게 넘기는 것이 급선무라고 여긴다. 이 소유권 이전에는 정치권력 내의 세력 간 각축이 치열하게 전개되며, 이것은 오늘날 러시아의 정치적 지형이 각종 이권이 수반되는 구조라는 것을 반영한다.

러시아 정치세력 내에서 실권을 장악하고 있는 그룹이 누구인가에 대해서는 논란의 여지가 있지만, 대체로 뻬쩨르부르그 인맥 및 실로비키로 불리는 군대, 경찰, 국가보안기구 등 전직 국가 무력기구 출신자들이 푸틴 집권 이후 권력의 고위층에 다수 포진하고 서로 연결의 망을 형성하면서 집단적인 이익을 관철시키려 한다는 의혹을 사면서 러시아 국내정치와 대외정치의 방향성이 이들의 뜻을 따라 결정되고 정책이 실행되고 있다는 점에 대해서는 의견이 일치한다. 다만 실로비키의 내부적 연결망이 얼마나 조직적이며, 그들이 자신의 이익에 대해 얼마나 투철한가, 혹은 그들의 세계관이라고 할 정도로 정교한 이론적 틀을 가지고 있는가에 대해서는 해명되지 않은 문제들이 존재한다. 그리고 푸틴 자신이 얼마나 이들의 뜻을 따르고자 하는가도 아직까지는 미지수이며, 푸틴은 국정의 총괄 책임자로서 이들의 이익을 초월하여 국가이익을 집행하는 관리자의 면모를 보여주려고 노력하고 있다.

러시아 대중들의 절대 권력 지향의 속성은 단기적으로 지난 1990년대의 사회적 혼란과 정부의 무능력에 대한 비판적 성찰에서 연유하며, 보다 포괄적으로는 러시아와 소련 전체주의 권력의 속성 속에

깃들어있던 권위주의적 전통이 면면히 이어져온 것으로 파악이 가능하다. 따라서 이 문제는 서구에서 러시아의 우경화를 염려하는 맥락보다는 러시아의 전통적인 권위주의 내지는 절대자에 대한 추앙이 바탕에 깔린 채, 그것이 대내적으로 국가주의, 대외적으로 실용주의의 외관과 더불어 나타난 현상이라고 할 수 있다. 일상화된 정치적 음모와 무자비한 통제의 권력 투쟁, 대국유지의 강박관념으로서의 중앙집권주의, 반대자에 대한 관용을 불허하는 정치문화가 공산당 지배구조 퇴출 이후의 러시아에 상존하고 있다. 또한 소연방 붕괴 이후의 체제전환과정에서 아직 남아있는 이권에 대한 쟁탈전이 벌어지면서 통치권 확립 시도가 동반되었다.

이와 관련하여 현재와 같은 복합구조(hybrid system)에서 개입국가적 관료제(intrusive state bureaucracy)의 속성을 보이고 있는 행태가 계속 유지될 것인가의 문제가 제기된다. 러시아 정치체계의 속성은 푸틴 등장 이후 비교적 명확하게 특징을 드러내왔고 나름대로 안정화의 방향성을 유지해왔지만 경제적 진로는 정치에 비해 불분명한 편이다. 이와 관련하여 "푸틴은 정치적 통제를 강화면서 시장세력들에게 나라를 개방하는, 중국식 모델의 러시아식 버전(Russian version of the Chinese model)을 시도하고 있다"거나[52], 일각에서는 푸틴은 경쟁적인 시장에 거의 관심이 없고, 대신에 국가통제 경제, 혹은 '국가 자본주의'(state capitalism)의 형식으로까지 표현되는 통제형 경제로 되돌아가기를 원한다는 주장을 하기도 한다.[53]

---

52) *Financial Times*, September 27, 2004.

실로비키 그룹을 위시한 푸틴 대통령 집권 시기의 국가 상층부의 권력 엘리트 구조는 2000년대를 통해 확고한 기반을 구축하였으며, 러시아 현실에 대한 진단 및 러시아의 위상과 지향점 등 미래진로에 있어 공통적인 관념을 가지고 있으며, 이에 대해 대중들과 공유하는 점이 적지 않다. 따라서 대중들과 일치하는 이와 같은 정서가 지속되는 한 러시아의 정치질서는 상당기간 동안 현재와 동일한 지배구조를 유지할 가능성이 높다고 할 수 있다. 에너지를 매개로 국부가 증대된 러시아의 위상으로 인해 유라시아 대륙 및 세계적 수준에서 미치는 영향을 감안할 때 지배구조와 러시아 정치의 상관관계를 분석하고 그 특성을 파악하는 일은 중요한 과제로 남아있을 것이다.

---

53) Peter Rutland, "Putin's Economic Record" Stephen White, Zvi Gitelman and Richard Sakwa, eds., *Developments in Russian Politics* (Durham: Duke University press, 2005), pp.202–203.

러시아에서의 NGO 발전과 시민사회 형성*

1. 들어가는 말

'시민사회'(Civil Society)는 정부, 기업(business), 가정(family)을 제외한 나머지 영역에서 작동하는 폭넓은 범위의 자발적 조직(voluntary organizations)을 아우르는 광범위한 개념이다. 실제로 그것은 사회운동 조직에서 파생되는 모든 것을 포함한다.[1] 1980년대

---

* 본 장은 『슬라브학보』제21권 2호 (2006), pp.325–350에 게재했던 논문을 보완하였음.

1) 이때 사용되는 '시민사회'개념에는 정치조직(혹은 정당), 의회, 혹은 경제 단체와 결사체는 포함되지 않는다. Jean L. Cohen and Andrew Arato, *Civil Society and Political Theory* (Cambridge, Mass.: MIT Press, 1992), p.ix.

와 1990년대에 걸쳐서 민주화의 범세계적인 물결 및 공산 블록의 해체와 체제전환의 경로를 경험하면서 시민사회의 위력은 현재화(顯在化)되었고, 동시에 과거에는 묵종적이던 시민들이 대중행동으로 직접 나서는 상황을 목격하게 되었다. '피플 파워'(people power)는 시민사회의 힘을 상징하였고, 시민사회의 개념을 통해 권위주의 체제의 붕괴를 설명하는 데 있어 피플 파워는 하나의 주술처럼 되어버렸다.

러시아에서 시민사회 논의는 제정 러시아 시대로 거슬러 올라가는데,2) 비록 짜르(Czar) 국가는 민주적인 성격과 거리가 멀었지만,

---

2) 짜르 국가가 본질적으로 전제적(autocratic)이었으며, 그 체제하의 러시아 사회는 일부 서구 국가들에서 나타나는 시민권과 결사체의 독립성에 대한 보호를 결코 경험해 보지 못했다는 점에 대해서는 학계에서 이견이 없었다. 그러나 1980년대 중반부터 러시아 사회에서 진정한 시민사회는 러시아 제국의 마지막 수십 년 동안의 시기에 출현하기 시작했다는 주장을 상당수의 역사학자들이 하기 시작했다. 그 근거로 1860년대와 70년대 알렉산더 2세(Alexander II)가 단행한 대개혁과 더불어, 독자적인 사회 조직들에 대한 국가의 관용적인 태도가 더욱 일반적으로 되었으며, 새로운 입법에 의해 선출된 지방 정부가 '사회적 행동주의'(social activism)을 자극했다고 본다. Joseph Bradley, "Subjects into Citizens: Societies, Civil Society, and Autocracy in Tsarist Russia", *American Historical Review*, 107-4 (October, 2002), pp.1094-1123: Edith Clowes, Samuel D. Kassow, and James L. West, eds., *Between Tsar and People: Educated Society and the Quest for Public Identity in Late Imperialist Russia* (Princeton, NJ: Princeton University Press, 1991): Mary S. Conroy, "Civil Society in Late Imperial Society" Alfred B. Evans, Jr., Laura A. Henry and Lisa McIntosh Sundstrom, eds., *Change and Continuity in Russian Civil Society: A Critical*

19세기 말과 20세기 초반에는 시민사회가 출현하고 있었으며 자발적인 결사들이 다양하게 증가하였다.3) 그러나 1917년 러시아 혁명 이후에는 볼셰비키들(Bolsheviks)이 점차 독립적인 사회단체들을 억압하였으며, 당이 모든 사회 구조에 삼투하는 당-국가적인 통제의 네트워크를 형성하려 했다. 따라서 소비에트 시대에는 독립적인 공공 결사체가 사실상 존재하지 않았고, 공산당은 명목적인 자율성을 누리는 수많은 사회조직들을 생성해냈는데, 그것들은 재정과 개인적 친분관계에 있어 체제에 의존했으며 권한을 행사하기보다는 사회적 통제의 수단으로 기능하는 측면이 훨씬 강했다.

이와 같은 경향은 고르바초프(Gorbachev) 시대에 접어들어서야 '비공식 집단'(informal groups)으로 불리는 독립적인 단체들이 생겨남으로써 극복될 수 있었다. 그 결과 소비에트 연방의 붕괴 시점에 이르러서는 러시아에서의 시민사회의 성장과 민주주의의 전망에 대한 때 이른 낙관론이 증대하였다.4) 대표적으로 모세 르윈(M. Lewin)이나 프레데릭 스타(F. Starr) 같은 학자들이 이미 되돌릴 수 없는 추세로 출현 중인 소련에서의 시민사회의 번성과 민주주의의 성공 가능성을 예측하였다.5) 반면에 스테판 코헨(S. Cohen)은 '시민사회'개

Assessment (Armonk, NY: Sharpe, 2005).

3) Adele Lindenmeyr, *Poverty Is not a Vice: Charity, Society and the State in imperial Russia* (Princeton: Princeton University Press, 1996).

4) T. H. Rigby, "The USSR: End of a long, dark night?" Robert F. Miller, eds., *The Developments of Civil Society in Communist Systems* (North Sidney: Allen & Unwin, 1992), pp.11-23.

5) Moshe Lewin, *The Gorbachev Phenomenon: A Historical Interpretation*

념을 사용하여 러시아 사회를 분석하는 것에 반대하였다. 코헨은 시
민사회 개념은 서구의 민주주의 이론에서 차용한 것으로, 러시아의
전통과 현실을 서구의 이데올로기적인 구조에 꿰맞추려는 시도일 뿐
이라고 비판하였다.6) 그러나 페레스트로이카(perestroika) 시기 동안
의 비공식단체 형성의 붐(boom)은 1990년대를 지나면서 약화되었고,
동시에 러시아 시민들의 조직화되고 독립적인 행동은 쇠퇴하기 시작
했다. 그 결과 세기말에는 대단히 약한 시민사회(weak civil society)
의 모습을 띠게 되었고 이를 반영하듯 러시아 시민사회의 공고화는
물론 시민사회 형성의 가능성 자체에 대해서도 부정적인 견해가 주
를 이루고 있다.7)

(Berkelry and Los Angeles; Univ. of California Press, 1991): Frederick
Starr, "Soviet Union: A Civil Society" *Foreign Affairs*, Vol.70, No.1
(Spring 1998), pp.26 – 41.

6) Stephen Cohen, "What's really happening in Russia", *The Nation*,
No.2 (March, 1992), pp.259 – 264: 코헨에 대한 비판은 Vladimir
Rukavishnikov, Tatiana Rukavishnikov, Anatoli Dmitriev and Larisa
Romanenko, "Civil Society in Russia" Christopher Williams, Vladimir
Chuprov, Vladimir Staroverov, eds., *Russian Society in Transition*
(Aldershot, England: Dartmouth Publishing Company, 1996). pp.241 –
252. 참조.

7) Paul Legendre, *The Non Profit Sector in Russia* (Moscow: Charities Aid
Foundation, 1998): Эдуард Баталов, "Политическая культура Рос
сии сквозь призму Civis Culture" *Pro et Contra*, 7 – 3 (Лето 2002),
сс. 7 – 22: Владимир Петуков, "Политическое участие и гражда
нская самоорганизация в России" *Мировая економика и между
народные отношение*, №.8 (2004), сс. 26 – 35.

본 장에서는 1980년대 후반 비공식집단의 분출과 더불어 미래 러시아 사회에서의 시민사회의 확대와 활력을 사회단체들, 즉 NGO (Nongovernmental Organization)[8]의 존속과 증대, 그리고 그 영향력 확대를 통해 예측했던 논의의 관심사가 자발적인 민간단체의 결성을 억압했던 소연방이 붕괴하고 1990년대의 자유로운 사회 분위기가 과거 어느 때보다 만연되었음에도 불구하고 러시아 시민사회의 활력이 기대만큼 충족되지 않았다는 전제하에서, 왜 1990년대 동안 러시아의 비정부기구 활동이 그 이전의 시기보다 상대적으로 침체되었는가를 살펴보고, 그 바탕하에서 2000년대 초반의 러시아 NGO의 현황과 국가 - 시민사회 관계를 파악하려 한다.[9] 이를 통해

---

8) NGO라는 용어는 1950년 2월 UN 경제사회이사회(Economic and Social Council)에서 결의안 288조가 통과되면서 공식적으로 사용되기 시작한 것으로 인식되고 있다. 그러나 NGO에 대한 개념과 범위에 대한 혼란이 국내외의 학계에서 나타나고 있으며, 이것을 일률적으로 규정하기 어려운 실정이다. 특히 NGO와 NPO(Non - Profit Organization) 간의 구분과 각각에 포함되는 조직의 범위에 있어서도 매우 다양하다. 따라서 본고에서는 NGO에 대한 개념논쟁을 회피하고 일반적으로 사용되는 NGO라는 용어를 중심으로 사용하려 한다. 이와 더불어 NGO, 비정부기구, 사회단체, 제3섹터 등의 용어를 개념 구분 없이 혼용하여 사용하기로 한다. 러시아에서는 1990년대 이후 활동해 온 NGO가 1980년대 말 페레스트로이카 시대에 분출했던 비공식단체를 계승한다는 전제하에서 NGO 활동을 중심으로 러시아 시민사회의 중요한 단면을 살펴볼 수 있다. 김인춘, "비영리영역과 NGOs: 정의 , 분류 및 연구방법" 『동서연구』, 제9권 제2호 (서울: 연세대 동서문제연구원, 1997), pp.5 - 35: 김영래, "비정부조직(NGOs)의 정치참여에 관한 비교 연구"『공공정책연구』, 제4호 (서울: 공공정책학회, 1998), pp.145 - 167.
9) 시민사회가 향후에 약화되기 어려울 것이라는 견해와 더불어 시민사회

러시아의 시민사회 형성에 NGO들이, 특히 초기에 기여한 바가 많지만 아직 러시아 민주주의 확립을 위해 긴 도정이 남아있는 러시아의 정치·사회적 환경에서 물리적인 제약과 문제점들이 많음을 제시한다. 결론적으로 향후의 푸틴 정부하의 러시아 국가-시민단체 관계가 러시아 시민사회 형성에 단기적으로 큰 영향을 미칠 것이며, 장기적으로는 러시아는 이미 시민사회 형성의 대로에 접어들었다는 점을 강조하고자 한다. 이를 위해 제2절에서는 포스트 공산주의 시민사회 논의와 1990년대 러시아 NGO 활동의 전개양상을, 제3절에서는 주요 분야별 NGO 발전의 양상과 특성을, 그리고 제4절에서는 푸틴 정부하의 국가-시민사회 관계를 구체적으로 살펴보려 한다.

의 조절자로서의 NGO의 역할 역시 시민사회를 대변하는 주체로서 마치 시민사회가 NGO로 대변되는 듯한 경향마저 나타나고 있다. NGO가 시민사회 전체인가 아닌가는 논쟁의 여지가 있으며, 필자는 시민사회=NGO의 관점이 아닌, 조절자로서의 시민사회의 의의를 NGO의 활동을 통해 보완할 수 있다는 견해를 취하고자 하며, 이 같은 견지에서 러시아에서의 NGO활동의 의의를 찾고자 한다. 또한 러시아에서 NGO 활동의 의의는 시민사회 형성의 절대적 요소가 아니며, 시민사회 형성에 부분적으로 기여했다는 시각을 견지한다. 우평균, "동북아의 NGO활동과 시민참여: 한·일·중·러 비교와 평가"『평화학연구』, 제7집 1권 (서울: 세계평화통일학회, 2006), pp.125-147.

2. 포스트 공산주의 시민사회 논의와 1990년대 러시아의 GO 활동의 전개

1) 포스트 공산주의 시민사회와 NGO 간의 관계: 이슈와 입장

동유럽과 러시아의 공산주의 체제 붕괴 이후 체제전환의 이행기에 나타나는 여러 가지 정치·경제적 현상들에 대한 분석과 평가가 주요한 학문적 주제로 자리잡아왔다. 그 중에서 포스트 공산주의 시민사회 형성에 대한 논의는 과거의 시민사회 논의보다 더 현실적인 문제들을 포함한 구공산주의 체제로부터 민주주의 체제로의 이행에 있어 필수적인 관심사가 되어 왔다. 이와 관련된 문제제기를 살펴보면 첫째, 국제사회, 보다 구체적으로 국제적인 재단의 도움, 특히 재정적 후원이 포스트-공산주의 국가의 시민사회 발전에 유의미한가에 대한 논쟁을 들 수 있다. 러시아의 경우, 대체로 일부 독자적인 NGO가 외부의 지원 없이도 조직을 유지해왔지만, 상당수의 단체가 서구의 자금 지원 없이 핵심적인 활동을 하는 NGO일수록 자신들이 원하는 만큼 활발하게 활동하기 어렵다는 견해가 다수를 이루고 있다.[10] 핵심 단체들은 단순히 존립을 넘어서서 국가와 시장 행위자(market actors)와 상호 작용하는 직업적인 비영리 단체(nonprofit organizations) 부문인,

---

10) Sarah E. Mendelson and John K. Glenn, eds., *The Power and Limits of NGOs: A Critical Look at Building Democracy in Eastern Europe and Eurasia* (New York: Columbia University Press, 2002).

러시아에서 증대되는 '제3섹터'(third sector)의 활력 있는 행위자로 참가하고 있다. 그럼에도 불구하고 국제적 지원은 내부 구성원들보다 외부의 지원자들에게 더욱 '반응적'으로 되도록 강제하는 효력을 보여준다. 또한 NGO가 외부 지원에 의존할수록 국내적 연대보다는 국제적 연대에 치중하는 경향성을 나타난다. 반면에 클라우스 오페(Claus Offe)는 강고한 시민사회의 성장은 외부로부터 발의에 의해서 이룩될 수 없다고 하였으며, 폴 스톱스(Paul Stubbs)는 시민사회에 대한 외부의 지원은 단순히 지역의 엘리트들에게 던져주는 미끼밖에 될 수 없다고 비판하고 있다.[11]

둘째, 포스트 공산주의 사회 내에서 비정부 부문은 강화되고 있는 추세이지만, 시민사회에 미치는 영향력에 대한 평가는 상이하다. 즉 증대되는 NGO의 위력이 시민사회에 강한 영향력을 행사하고 있다는 견해와 더불어 그 위력은 아직 불확실하다는 시각이 공히 존재한다. 후자의 입장에서 시민적 결사체가 더욱 제도화되고(institutionalized), 전문화(professionalized) 되어 가고 있는 반면에, 그것은 자신들의 사회적 임

---

11) 클라우스 오페(Claus Offe)는 민주적인 제도나 경제적인 자원은 외부 세계에서 이식(transplanted)될 수 있으나, 새로운 제도의 하드웨어를 이끄는 데 필요한 '정신'(spirit) 혹은 '정신적인 소프트웨어'(mental software)는 외부 개입에 훨씬 더 영향을 받지 않는다고 주장하였다. Claus Offe, "Cultural Aspects of Consolidation: A Note on the Peculiarities of Postcommunist Transformations" *East European Constitutional Review* (Fall 1997), p.67; Paul Stubbs, "NGOs and the Myth of Civil Society" *ArkZin* (January, 1996), http://www.globalpolicy.org/ngos/role/globdem/credib/2000/1121.htm(검색일: 2004.11.15).

무보다 단체의 존립에 더 큰 가치를 두는 더욱 위계화되고(hierarchial), 중앙집권화된(centralized) 이익 단체의 성향을 띠어 가고 있다는 비판을 제기하게 된다. 그러나 이 같은 비판의 대상이 되는 NGO는 1990년대 초반 이래 존속해온 소수의 상대적으로 잘 갖춰진 단체들에 해당되는 것이며, 대부분의 NGO들은 생명력을 잃어버리고 소멸하거나 활력이 떨어진 상태에서 근근이 유지되는 경우가 허다하다. 이와 같은 상황은 1990년대 초반에 시민단체의 숫자가 대단히 많았고(2001년 1월 450,000개 추산),[12] 대부분 창립된 지 얼마 안 된 NGO로서 거의 대부분이 1990년 이후에 만들어졌고, 곧이어 등록을 통해 NGO들에 합법적인 지위를 부여하는 입법조치가 시행된 이후의 여건을 반영한다. 이를 구체적으로 살펴보면 1995년 관련법 개정에 따라 모든 NGO, 자선단체, 종교 조직, 그리고 다른 사회적 결사체들은 법무부에 최초 등록(기존 등록 단체 포함)을 해야 하며, 일정 기간 후에 재등록 하게 되었다. 그 결과 2000년 1월 1일까지 274,284개의 단체들이 등록하였다. 이 중 25퍼센트 정도가 시민운동단체로 추정되며, 재등록에 해당되는 전국 단체 중의 절반 이하만이 등록하였다. 따라서 모든 NGO가 법무부에 등록된 것은 아니며, 이런 현상에는 등록 시 납부해야 하는 등록비의 부담이 작용하고 있으며, 정부가 재등록 시 정부에 비판적인 단체를 솎아내려는 의도를 가지고 법을 만들었다는 불만이 일부 운동가들에 의해 제기되었다.

---

12) '모스크바·헬싱키 그룹'의 대표 류드밀라 알렉세예바(L. Alexseeva)의 추산. http://www.rferl.org/reports/2002/11/45－06102.asp (검색일: 2003. 2. 25).

탈공산주의 국가에서 시민사회를 형성하는 과정은 국가마다 상이한 특성을 드러내고 있으며, 러시아 역시 그렇게 순탄한 과정 속에서 시민사회가 성장하고 있다고 볼 수 없는 현상들이 존재한다. 이와 같은 현상들에 대해 여러 가지 이유를 들어 설명할 수 있겠지만, 무엇보다도 제3섹터의 일부로서, NGO가 단순히 존재한다는 사실만으로 시민사회의 힘을 반영하는 것은 아니라는 근본적인 가정을 중시할 필요가 있다.[13] 단순히 존재하는 것은 잠재력만을 나타낼 뿐이다. 러시아의 경우, 시민사회에 대한 기대는 결국 러시아의 민주주의 이행에 관한 분석과 전망으로 이어지기 마련인데, 결국 러시아가 서구처럼 합리적인 선택에 따라 민주주의 이행과정을 따라서 나아갈 것인지,[14] 아니면 전통적인 러시아적 특성과 정치문화의 요인들로 인해 이행이 더디거나 어려울 것이라는 가정[15]으로 나누어진

---

13) James Richter, "Evaluating Western Assistance to Russian Women's Organizations" Sarah E. Mendelson and John K. Glenn (2002), pp.54 - 90.

14) 합리적 선택이론에 따르면, 정치과정은 합리적 결정을 하는 개인에 의해 결정되며, 개인은 자신의 이익을 추구하며, 자신의 기대되는 효용성을 극대화한다. 정치적 전환기에는 변화를 추구하는 자와 구체제를 옹호하는 자, 두 집단 간의 투쟁으로 나누어진다. 때로는 이 두 그룹이 정치적 행위에 대해 합의에 이르기도 하나, 합의에 이르지 못하면 전환은 실패한다. Michael McFaul, "Democracy Unfolds in Russia" *Current History* (October. 1997). p.319; Alexander Lukin, "Electoral Democracy or Electoral Clanism?: Russian Democratization and Theories of Transition" Archie Brown, *Contemporary Russian Politics: A Reader* (Oxford: Oxford University Press, 2001), pp.532 - 533.

15) Timorthy J. Colton and Michael McFaul, "Are Russians Undemocratic?"

다. 러시아의 시민사회와 NGO 활동은 러시아 민주주의의 척도를 재는 데 있어 중요한 기준이 될 수 있으며, 전반적으로 1990년대 초반에 만연했던 기대감에 못 따르고 있는 실정이다. 따라서 러시아 시민사회에 대한 기대감이 성급한 것이었는지, 아니면 러시아가 정상적인 시민사회 형성 과정에 있는지를 파악하기 위해서는, 1990년대 동안에 러시아 NGO가 실제로 기능하고 사회의 담론(discourse)과 정책에 영향을 미쳤던 경과와 그 특징을 살펴볼 필요가 있다.

2) 1990년대 러시아 시민사회와 NGO 활동: 상대적 침체와 그 원인

소비에트 체제의 말기에 비공식 그룹들의 분출로 인해 자극받았던 러시아에서의 시민사회의 급속한 성장과 이에 고무된 시민사회의 지속적인 성장과 정착 가능성에 대한 기대는 1990년대가 채 가기도 전에 그것이 성급한 것이었던 것으로 판명되는 현상들이 러시아 사회 내에 나타났다. 콜로드코프스키(K. G. Kholodkovsky)는 1980년대 말이 사회단체들의 '이륙'(takedff) 단계였다면, 1990년대는 '상대적 침체기'(relative slump)에 해당된다고 보았다.[16) 코로스(V. G. Khoros) 역시 러시아는 독립적인 사회조직의 성장에 있어 서구의 길을 따르지 않을뿐더러, 시민사회에 대한 근본적인 기준이라는 측면에 있어 서구에 비해 수세기 뒤처져있는 아시아와 라틴 아메리카의 경로를 따르는

Carnegie Endowment Working Paper, No.20 (June, 2001). p.1.
16) К.Г.Колодковский , *Гражданское обшество в Россий : структуры и сознание* (Москва: Наука, 1998), с. 150.

것도 아니라고 주장하면서, 러시아 제3섹터의 기구들은 '사회의 표면에 얇은 막(film)을 형성'하고 있을 뿐이라고 주장하였다.[17) 적게는 70,000에서 많게는 450,000개까지 추산되는 러시아의 비정부 기구는 그 숫자로 볼 때 적지 않으며, 일부 신생 단체들은 1991년 소연방 붕괴 이후 창립되었다. 그럼에도 불구하고 시민 지지(support)의 기초, 정치적 영향력, 사회적 파급 효과 등의 측면에서 러시아의 NGO는 1990년대 초반에 성행했던 낙관적인 전망과 달리 미미한 편이다.[18)

　1990년대 동안 나타난 포스트공산주의 러시아에서의 시민사회의 취약성의 근원에 대해서 대체로 유사한 견해가 표명되고 있다. 에반스 쥬니어(Alfred B. Evans, Jr)는 이에 대해 문화, 경제, 정치의 측면에서 그 근거를 들고 있다. 문화적 측면에서 소비에트 체제 내에서 형성된 태도가 자발적 결사에 시민들이 적극적으로 참여하는 데 아직 장애가 되고 있다고 한다. 오랜 소비에트 체제의 문화적 유산은 체제 내에서 사람들이 이분법적으로 — 공적 부문(public sphere)과 사적 부문(private sphere) — 사고하도록 하는 습관을 형성해 놓았다는 것이다.

　경제적으로는, 1998년 러시아 정부의 모라토리엄 선언에까지 이른 러시아 경제의 침체가 자발적인 단체에 대한 시민들의 적극적인

---

17) В.Г.Корос, *Гражданское обшество: мировой опыт и проблемы России* (Москва: Editorial URSS, 1998). с. 208. 291.
18) 이에 대한 반박으로, 일부 단체의 정치적 성공은 러시아 권력의 3대 축인, 두마(the duma), 연방 위원회(the Federal Council), 대통령 기구(the presidential apparatus)에도 작용하여 정부 내 각종 위원회 결성을 이끌어낸 바 있음을 강조하기도 한다.

지지를 이끌어내지 못했다는 데 있다. 페레스트로이카 시기부터 정부의 정치·경제적 개혁의 성공에 대한 기대가 충족되지 못하면서 공공 참여에 대한 대중들의 소외가 심화되었다. 소수의 부유층이 빠르게 형성되는 동안에, 대다수의 러시아인들은 경제적 생존을 위한 투쟁에 내몰렸으며, 물질적 혜택이나 가족의 안전에 도움이 되지 않는 행동에 힘을 쏟을 겨를이 없었다. 즉 대부분의 러시아인들에게 시민 지향적인(civic-minded) 혹은 자선적인(charitable) 사회단체에 참여하는 것은 허용될 수 없는 사치라 여겨졌다.[19) 소연방 붕괴 이후 지속된 경제적 재난은 계층 구조 내의 중간층(middle strata)을 소멸시켜 버렸으며, 시민사회 발전에 가장 강력한 견인차로서의 잠재력을 지닌 이 그룹을 주변화시켜버리는 결과를 낳았다.

정치적 영역에서의 시민사회의 취약성을 설명하는 요인은 옐친(Boris Yeltsin) 대통령이 위에서 아래로의 급진적인 경제적 변동을 추구하는 동안 대중의 사회적·정치적 행동주의를 자극하려고 노력하지 않았다는 점이다. 옐친 대통령은 '초대통령제'(superpresidentialism)[20) 라고 부를 수 있을 정도로 대통령 기관에 절대적인 권한을 집중시키는 데는 성공했지만, 정당 혹은 의회의 힘을 무시하였다. 따라서 다수의

---

19) Alfred B. Evans, Jr., "A Russian Civil Society" Stephen White, Zvi Gitelman, and Richard Sakwa, eds., *Developments in Russian Politics 6* (Durham: Duke University Press, 2005), pp.107-152
20) Steven Fish, "The Executive Deception: Superpresidentialism and the Degradation of Russian Politics", Valerie Sperling eds., *Building the Russian State: Institutional Crisis and the Quest for Democratic Governance* (Boulder, CO: Westview Press, 2000). pp.107-152.

시민들로부터 지지를 동원할 수 있는 조직된 이익을 위한 잠재적 영향력의 채널(channel)을 살릴 수가 없었다. 대통령 행정실, 중앙 정부와 지역, 지방 정부 내에서 주요 인사와의 사적인 관계에 우선권이 두어졌으며, 많은 경우에 특정한 이익의 대표자들이 내부 정치인과 직접 접촉함으로써 문제가 해결되었다. 이와 같은 환경에서 혜택을 얻기 위한 성공적인 전략은 사회 내 다양한 그룹들과 많은 시민들의 여론을 조성하기보다는 강력한 후원자(patrons)의 마음에 들게끔 노력하는 쪽으로 향했다.[21]

1990년대의 이와 같은 상황을 반영하듯, 2000년대 초반인 현재 비영리부문의 분출하는 열정에도 불구하고 NGO가 주도하는 시민사회의 발전은 미약한 편이다.[22] 결국 소연방 시절 이래 수십 년간 계속되어온 경제위기와 침체는 러시아 독립 이후에도 지속되었으며, 이 와중에서 많은 단체들이 NGO 리더의 열정과 카리스마에 의존하여 지탱해왔으며, 이들은 아주 적은 보수를 받거나 무보수 상태에서 많은 시간을 바쳐 노력해왔다.

1990년대 러시아의 시민사회 발전에 우호적이지 못한 환경은 러시아 NGO들의 활동과 작동 방식에도 영향을 미쳐서 러시아 NGO

---

21) Evans (2005), pp.107 - 152.
22) 1998년 여론조사기관 비쫌(VTsIOM)에 따르면 자원봉사조직에서 활동하고 있는 러시아 시민들은 전체 중에서 9퍼센트만을 차지하고 있으며, 1999년 12월과 2000년 1월의 티모시 콜톤(Timothy Colton)과 맥파울의 자료에 따르면 전체 러시아인 중에서 2.4퍼센트만이 노조 이외의 정치 조직이나 결사체에서 활동하고 있다고 대답하였다. McFaul (1997), pp.299 - 301.

에 고유한 특성을 나타냈다. 1990년대의 여성 단체를 조사한 발레리 스펄링(Valerie Sperling)은 서구에서 비영리, 혹은 비정부 기구가 성공적으로 활동하기 위해서 필수적이라 여겨지는 많은 활동들을 러시아 NGO들이 하지 않고 있다는 사실을 밝혀냈다.23) 대부분의 단체들이 친교 네트워크 혹은 자신의 직장 동료로부터 도움을 받는 몇몇 활동가들에 의해 설립되었으며, 이렇게 설립된 단체들은 대부분이 규모가 작고, 설립 멤버로 주로 이루어져 있다고 한다.24)

　러시아 NGO 활동에 있어 또 다른 특성은 단체들이 자신들의 프로젝트를 지원할 많은 자원종사자들(volunteers)를 충원하지 않고 있거나, 충원하지 않으려는 데 있다. 그리고 단체의 수입에 있어, 수입원이 결여되어 있음에도 불구하고 새로운 회원을 모집하지 않는 경우가 많은데, 이것은 기존 회원들 사이에서도 회비를 모으기 않기 때문에 신입회원 모집에 관심을 두지 않는 것으로 풀이되고 있다. 그렇기 때문에 최소한의 사무실 공간, 시설, 통신과 이동 수단을 보유한 채, 소수의 행동가들의 열정과 헌신으로 존립을 유지하고 있음을 알 수 있다. 이러한 시설과 상근자의 보수 문제, 운영비 등 여건상의 문제는 사실 재정 조달을 통해서만 개선될 수 있는 성격의 문제이지만, 대부분의 NGO들은 기금 조성 캠페인을 하지 않고 있는데, 그 이유는 부분적으로는 그러한 캠페인을 할 수 있는 수단이

---

23) Valerie Sperling, *Organizing Women in Contemporary Russia: Engendering Transition* (Cambridge: Cambridge University Press, 1999).
24) 이런 현상에 대해 연구자들은 'NGIs'(non-governmental individuals) 밖에 못 되고 있다고 표현하고 있다. Evans, Jr (2005), pp.103-104.

결여되어 있기 때문이기도 하지만, 대부분의 러시아 시민들에게 어떤 명분이든지 간에 기부를 요청하는 것은 부질없다는 것을 인식하고 있기 때문이다.[25] 이러한 상황에서 일부 NGO들은 서구의 정부와 재단에 호소하여 외부 지원을 받고 있으며, 그 결과 외국의 지원을 받지 못하는 NGO들과의 차별성이 증대하고 있으며, 외국의 지원을 받은 NGO들은 서구의 기부자들의 취향에 맞는 이슈들에 관심을 집중하는 경향이 나타나고 있다.

3. 러시아 NGO의 현황과 특성: 인권, 환경, 반전·평화 NGO

포스트 소비에트 러시아의 시민사회에 관한 기존 연구, 특히 서구에서의 연구의 상당수는 인권, 환경 보호와 여성의 권리 같은 분야에 주로 집중되어 왔다. 이 분야들이 주제의 측면에서 중요할지라도, 이것은 상당히 제한된 범위의 단체들만 포괄하는 것이라고 할 수 있다. 더구나 이 분야의 조직들은 러시아 정부의 정책에 거의 영향을 미치지 못하고 있으며, 국내적 지원의 기초가 부실하기 때문에 서구의 기부자들로부터의 도덕적인 지지와 물질적인 지원에 운영의 대부분을 의존하고 있다. 이 단체들은 러시아의 전체 NGO들 중에서도 일부이며, 수십만 명의 활동인력과 더불어 이들이 대변하거나 참여대상으로

---

25) Valerie Sperling (1999), p.42: George E. Hudson, "Civil Society in Russia: Models and Prospects for Development" *Russian Review*, Vol.62, No.2 (April, 2003), p.220.

삼고 이는 대상이 2천만 명 정도에 달할 뿐이라는 주장도 제기되고 있다.26) 그럼에도 불구하고 인권, 환경, 여성 등의 분야에서 활동하고 있는 NGO들이 단체 활동의 지속성, 재정적 안정성, (정부가 아닌)대중들에 미치는 영향력 등의 측면에서 다른 분야의 단체들보다 괄목할 만한 활동과 그 결과를 보여주고 있기 때문에 러시아 NGO 활동의 성과를 논할 때 우선적으로 거론될 수밖에 없는 상황이기도 하다. 따라서 본 장에서는 러시아 NGO들 중에서 대표적인 활동 분야로 인권, 환경, 반전·평화의 범주로 구분하여 분야별 특성과 대표적인 NGO 그룹들의 활동 상황을 제시하면 다음과 같다.27)

1) 인권 NGO

러시아에서의 인권 NGO의 기원은 소비에트 체제하에서 반체제 인권운동을 이끌었던 안드레이 사하로프(A. Saharov), 안드레이 아말리크(A. Amalik), 유리 오를로프(Yuri Orlov), 나탄 샤란스키(N. Sharanski), 블라디미르 발라코노프(V. Balakonov), 루드밀라 알렉시예바(L. Alexeeva), 블라디미르 슬레파크(V. Slepak), 알렉산드르 긴스부르그(A. Ginsburg) 등의 활동가들로부터 연유한다. 이들은 1960년대부터 체제에 대항하여 활동하기 시작하였으며, 결정적으로 1976년에 '모스크바 헬싱키 그

---

26) George E. Hudson, "Civil Society in Russia: Models and Prospects for Development" *Russian Review*, Vol.62, No.2 (April 2003), p.213.
27) 러시아 내 NGO에 대한 규정과 범주에 대해서는 http://www.nco.yandex.ru 참조.

룹'(Moscow Helsinki Group)을 결성하여 소련이 헬싱키협약에 가입한 이후의 협약 준수 여부를 감시하였으며, 외부세계에도 널리 알려지게 되었다. 이들의 노력은 미ㆍ소 화해와 냉전의 해체, 소련의 붕괴 과정에서 결실을 얻게 되었고, 페레스트로이카와 글라스노스트가 제창된 이후에는 소련내 인권침해 사례를 알리는 선도적인 역할을 하였으며 시민사회의 개방과 활성화에 큰 기여를 하였다. 소련 붕괴 이후에도 러시아 연방에서의 시민적 및 정치적 권리 침해 상황에 대한 사실을 알리고 정치범들에 대한 지원에 주력해왔다. 특히 이 과정에서 러시아 인권의 아버지 사하로프 박사의 지원하에 많은 인권 NGO들이 결성되어 운동을 주도하였으며, 그의 사후에는 그의 정신을 계승한 '안드레이 사하로프 재단'이 대표적인 인권옹호 NGO로서 러시아에서 자리매김하게 되었다.

소연방 붕괴 이후에는 달라진 구소련과 국내 정치 상황에 따라 인권 NGO의 활동의 양상도 다양화되었다. 기존의 중앙에서 활동하던 인권 NGO와 더불어 지방에서의 인권 옹호 활동에 중점을 두는, 지역에 기반을 둔 NGO들이 많이 등장하였다. 시베리아 지역의 인권 신장을 목적으로 하는 '공공의 권리'(1993)와 '라우라베트란'(1996), 그리고 타타르 공화국의 '타타르스탄 인권보호 위원회'(1996) 등이 대표적이다.

다양화된 인권 NGO의 활동은 법률 자문 및 입법운동으로 확대되었다. 이 분야에는 수감자 인권 개선과 재판시스템 개혁을 주장하는 '세르게이 쉬모보로스'(1990), 실질적인 거주 이전의 자유를 외치는 '알트쉬레프 리보비취'(1993) 등이 대표적이다.

<표1> 러시아의 주요 인권NGO[28]

단체명	주요 활동 상황
안드레이 사하로프 재단 Музей и общественный центр "Мир, прогресс, права человека" имени Андрея Сахарова	1990년 설립. 민족갈등 해결과 평화정착, 그리고 구소련지역의 난민구조 활동과 과학자 보호에도 주력 해옴
모스크바 헬싱키 그룹 Московская Хельсинская Группа	1976년 설립. 현재 200여 개의 하부조직이 있으며 러시아 NGO 중 가장 큰 네트워크를 가지고 있음.
메모리알 Мемориал	1989년 설립. KGB의 전신인 NKVD에 의해 매장된 폴란드인, 독일인, 이태리인, 루마니아인, 러시아인들의 희생을 규명하고 이들의 묘지를 복원시키는 등, 소비에트 시대에 행해진 인권탄압을 폭로.
타타르스탄 인권보호연합회 Комитет по защите прав человека в республике Татарстан	1996년 설립. 여성법, 아동법, 언론법 등에 기초한 기본적 인권상태를 조사하고 이를 알리는 활동을 하는 타타르스탄 최초의 인권 NGO.
공공의 권리 – 인권수호 Правое обшество	1993년 설립. 시베리아 지역 내 인권 정보 수집과 시민의 법적인 권리 확보를 위한 활동을 하고 있음.
우랄(지역) 권리보호 Уральская Правозащита	1973년 설립. 스베들로프스트 지역의 인권보호 및 사회통합을 위해 러시아와의 국경에 관한 법률 현실화와 시민권 향상 등 러연방 입법기관에 관련 사항을 제기
라우라베트란 Лураветлан	1996년에 설립. 원주민들에 대한 교육과 징보 네트워크 구축 활동을 벌이고 있음

---

28) 이하 개별적인 NGO 소개는 www.nco.yandex.ru의 сщциалиские орган изация 참조. NGO 선정의 기준은 활동성, 분야별·지역별 대표성, 홈페이지의 충실성 등에 기초하여 임의로 선정하였으므로 반드시 러시아의 대표적인 NGO라고는 할 수 없음.

단체명	주요 활동 상황
인권수호를 위한 니즈니노보고로드협회 Нижегодское Общество Право Человека	1990년에 설립. 니즈니노보고로드 지역에서 체치냐전쟁을 반대하는 반전운동 함. 1995년부터는 교도소의 인권 상황을 UN인권위원회와 EU인권법을 통해 알리고 인권옹호를 위한 법률개정 활동에 주력해옴.
국경없는 운동 그룹 Группа Движение без Границ	1993년 설립됨. 서류상 개인의 거주 이전의 자유를 제한하지 말고 익명으로 표기된 관청의 허가란을 소멸시켜 시민들이 국경 밖으로 나갈 자유를 제한하지 않도록 하는 출입국법의 개정을 요구해옴. 그 결과 상당부분이 개정되거나 개정을 앞두고 있음.
러시아보수당 Консервативная Партия Россий	민주당(Democratic Party)이라는 민주연합이 2001년 재결성된 것으로 인권보호를 위해 불평등한 법에 맞서 무고한 사람들을 보호하기 위한 목적에서 설립됨. 모스크바 첼리아빈스크 지역의 군부대 총격사건에 따른 불공정 판결에 항소를 한 피의자 어머니의 재심 청구로 널리 알려짐. 블라지미르 지역에서 지난 3년(2001 - 2003)간 30년 건 이상의 위조 또는 날조된 형사법 문제를 해결하기도 함. 과거 반공산당 이슈로 투옥된 민주인사들을 돕는 데 앞장섬.
모스크바불법체류자들 Нелегалы Москвы	거주허가증이 없는 불법체류자의 인권 보호를 목적으로 2000년에 설립되어 모스크바를 중심으로 활동하고 있음. 모스크바에는 약 300만 명 규모의 불법체류자가 있으나 이들을 위한 허가증을 취득하는 데에는 한계가 있는 현실을 감안하여 허가증 취득을 지원하고 있음. 또한 불법체류자에게 가해지는 폭력과 불공정에 대항하여 자유를 쟁취하고 모스크바의 권력집단과 경찰에 인권 침해 방지를 위해 활동하고 있음.

2) 환경 NGO

소비에트의 유산으로서의 러시아에서의 환경적 재난은 심각한 수준이었지만, 억압적인 국가의 성격으로 인해 환경적 피해가 외부에 드러나지 않았다. 1980년대 말 고르바초프의 페레스트로이카 정책과 더불어 적극적인 환경운동 단체들이 결성되었다. 러시아의 광대한 영토와 자연, 산업화의 영향 등에서 기인하는 환경문제에 관심을 갖고 지속적으로 문제를 제기해온 환경 NGO들은 1990년대 들어와서 줄어들긴 했지만, 수적으로 대단히 많은 편이며, 러시아의 중심 지역뿐 아니라 뻬쩨르부르그, 러시아 북부와 동부, 우랄·시베리아 지역, 극동 지역 등 지역적으로도 광범위하게 환경 NGO들이 분포하고 있다.29) 따라서 지역에 따라 따른 자연환경을 반영하듯, 환경문제의 관심범위도 폭넓으며 소그룹들이 많은 특징이 있다.

러시아의 환경 단체는 조직의 특성에 따라 세 부류로 나눌 수 있는데, ‘전문화된 조직’(professionalized organizations), ‘풀뿌리 조직’(grassroots organizations), ‘정부지원 조직’(government affiliates)이 그것이다.30) 전문화된 조직은 외국의 지원 기금에 의존하며, 러시아 시민들로부터 지지를 받을 수 있는 잠재적인 기반이 결여되어 있다. 이 단체를 이끌고 가는 인사들은 대중들로부터 적극적인 지원을 얻으려 하지 않는 부류인 과학자들이 대개 차지하고 있다. 이들은 아직 자신들의 NGO 활

---

29) 환경문제를 제기하는 지식인들의 움직임은 페레스트로이카 이전의 소련사회에서도 이미 존재했다. Oleg Yanitsky, *Russian Environmentalism: Leading Figures, Facts, Opinions* (Moscow: Mezhunarodyie Otnoshenija Publishing House, 1993), pp.52－60.
30) Fenry, Laura A., “Russian Environmentalists and Civil Society” Alfred B. Evans, Jr., Laura A. Henry and Lisa McIntosh Sundstrom, eds., *Change and Continuity in Russian Civil Society: A Critical Assessment* (Armonk, NY: Sharpe, 2005). pp.112－130.

동의 목표를 이루기 위해서 국가(정부)와 더불어서 일을 원하고 있음에도 불구하고, 정부 정책에 반대하는 경향이 있다. 이 지도자들은 코스모폴리탄적인(cosmopolitan) 지식과 양식을 갖추고 있으며 국제 환경 단체와 연계가 잘 되어 있다.

풀뿌리 조직은 외국에서 자금 지원을 많이 받지 않으며 소비에트 시대부터 있어온 지역의 행정, 문화, 교육 기관에 의존하는 경향이 있다. 그렇기 때문에 이 단체들은 지방 정부의 관료들로부터 지원을 얻기가 쉬우며, 자신들의 지역 공동체에 중요한 이슈들을 강조한다. 풀뿌리 조직들은 지역에서 대중교육과 정보 제공 등, 특히 어린이에 대한 교육적 기능을 담당하며 여러 가지 지역 프로젝트에 관여한다. 이들은 대체로 체제 내에서 활동하며 점진적인 변화를 추구한다.

정부와 연계한 환경 NGO들은 정치인들과 밀접한 관계를 유지하고 있으며, 심지어 NGO 지도자들 중에 NGO를 관장하는 정부 부서의 행정적인 지위를 갖고 있는 경우가 많다고 한다. 정부지원 단체들은 환경보호를 위해 수립된, 자신들이 신뢰하는 국가 정책을 전파하는 것을 자신들의 역할로 설정하고 있다. 이런 경향 때문에 전문화된 환경단체들과 정부지원 단체들의 한계가 명확하게 인식되는 반면에, 풀뿌리 조직 운동은 점차 성장 추세에 있으며, 더불어 지지와 참여의 폭도 넓혀가고 있다.

러시아 환경문제를 해결하는 데 있어 지급되는 외국의 지원 문제에 있어 정부나 상업적인 부문보다 환경문제의 속성상 환경 NGO에 집중되고 있다. 서구의 지원은 러시아 환경 NGO를 이끄는 활동가들의 역할을 강화시켜주었으며, NGO 간의 수평적이고 수직적인 커뮤니케이션 (communication) 네트워크를 형성시켜주었다. 이와 더불어 환경과 민주주의적 이슈, 양쪽의 측면에서 대중들의 의식 수준을 고양시켰으며, 시민사회 단체들이 그들의 계획과 행동에 있어 더욱 전문화되고, 조직되고, 전략적으로 만드는 데 도움을 주었다는 점에서 성공적으로 평가되고 있다. 또한 상당 정도로 지방의 환경적 관심사에 대응하도록 했다는 점에서도 고무적으로 보여진다.[31] 하지만 환경정책이 이행되도록 영향을 미치거나, 정부 정책에 대한 영향력 측면에서는 미미했다는 점도 발견된다. 이러한 실패의 원인으로는 첫째, 러시아의 약한 국가적 속성으로 인해 산업적이고 상업적인 이해관계를 통제하는 데 능력이 거의 미치지 못하고 있다. 둘째, 사회적 이해를 표출하는 채널이 아직 약하다. 셋째, 환경적 이슈와 경제-산업적 이슈 간의 연계가 공고하지 못하다는 점이 지적된다.[32]

러시아의 분야별 NGO 중에서 활발한 활동을 하고 있는 대표적인 환경 NGO들과 그 활동 상황은 <표2>와 같다.

---

31) Peter Burnell *Foreign Aid in a Changing World* (Philadelphia: Open University Press, 1997). pp.211-230.

32) Leslie Powell, "Western and Russian Environmenta; NGOs: A Greener Russia?" Sarah E. Mendelson and John K. Glenn, eds., *The Power and Limits of NGOs: A Critical Look at Building Democracy in Eastern Europe and Eurasia* (New York: Columbia University Press, 2002). pp.126-151.

<표2> 러시아의 주요 환경NGO

단체명	활동상황
세계야생기금 러시아지부 Всемирный фонд дикой природы в России: за живую планету	1994년 설립. 주요 활동으로 희귀 동물과 식물을 보존하고 러시아의 자연 지역 보존, 자연보호를 증진하는 법률 제정 등의 사업을 전개해왔으며, 희귀종 동·식물의 거래를 감시하는 프로그램인「TRAFFIC」프로그램을 진행하였음. 더불어 페트로 – 가스에 관한 프로그램도 시작하였음.
그린피스 러시아 Greenpeace Russia	1989년 설립, 1992년 공식 등록. 2005년 현재 러시아 내에 회원 13,000명이 활동하고 있으며, 모스크바와 상뜨 뻬쩨르부르그에만 사무실을 가지고 있음. 설립 이후 주로 숲의 보호와 지속가능한 삼림 유지, 바이칼호수 보존, 국제적으로 승인된 러시아의 세계자연유산 보호, 대기환경 개선, 자원재활용과 재사용, 핵위협 중단, 해상과 강의 생물학적 다양성 보호를 위해 노력해 왔음
생물다양성보존센터 Центр охраны дикой природы	2000년 설립. 설립 이후 주요 활동으로 숲보호 프로그램, 자연보호지역 관리, 야생동물 네트워크, 출판사업 등 4개의 주요 프로그램을 수행해왔음.
녹색세계 Зеленый мир" – благотворительна я организация	1988년 8월 2일 설립(1997년 1월 31일 등록). 주요 활동으로는 Sosnovy Bor 지역의 레닌그라드 핵발전소 감독·관리, Sosnovy Bor 지역의 핵폐기물 연료 저장, 방사능폐기물 관리 등의 업무에 치중해왔음.
발틱의 자식들 Дети Балтик	1994년(2000년 8월 28일 등록) 창립. 주요 활동으로는 지역 풀뿌리 조직의 네트워크 형성, 지역의 자연 자원 보호, 강변 감시 네트워크 설립, 에너지 효율성 분야의 대중환경교육, 에너지 절약과 에너지재활용에 관한 지원 활동, 환경권과 공공 참여에 대한 지역의 발의와 대중교육 지원을 하고 있음.
러시아조류보존연합 Союз охраны птиц России	조류연구와 조류보호에 관한 프로젝트를 수행해옴.
생태협력 Сохраним природу	주요 활동으로는 자연기념물 보존·확인, 농촌과 도시지역에서의 환경 카드 작성, 불법 쓰레기 청소, 희귀 식물종의 재배, 공원 복구, 온천·조류 보호, 소식지 발간, 자연보호 필름 제작 등을 해왔음.

단체명	활동상황
프스코프숲모델 Псковский модельный лес	주요 활동으로는 숲 지역 내 희귀 동물과 식물종 보호, 지속가능한 자연 개발 프로그램 구축, 환경교육에 대한 지원, 숲 보존과 지속가능한 숲 개발 활동. 러시아에서의 model forests의 네트워크 구축을 위해 노력해왔음. '프스코프숲모델'은 세계야생기금(World Wide Fund For Nature, WWF)의 주도로 창설되었으며, 러시아 정부가 협력하고 있음.
유라시아, 물 Вода Евразии	환경보호, 그중에서도 수질개선에 목적을 두고 2000년 설립. 재단위원회, 관리위원회, 상근집행부로 구성되어 있으며, 수질 개선 기구를 개발하고 보급하는 활동을 해옴.
휘닉스재단 Феникс	1998년 3월 블라디보스토크(Vladivostokh)에서 창립. 타이가 호랑이 등에 대한 반 밀렵운동 지원, 교육 프로그램, 곰 보호, 피해보상, 세관과의 협조업무, "Oscar Project"(연해주 지역에서 환경오염, 불법거래 등을 환경범죄로 규정하는 입법청원운동) 등을 담당해왔음.
에리카 ERICA	1993년 결성, 1994년 12월 21일 등록. 창설 이후 ISAR-Moscow 프로그램의 일환으로 환경학교 개설(1995), 여름방학 캠프 운영과 "Address service of ecological education"프로그램,"Organizational development and management for NGO" 프로그램, "Wild herbs at home"프로그램 운영, 독립적인 지역센터 설립과 같은 활동을 해옴.
ISAR The Institute for Soviet-American Relations	1983년 미국 워싱턴에서 미국과 소련 시민 간의 교류 및 협력을 강화하기 위해 조직됨. 러시아 내에 모스크바, 노보시비르스크, 블라디보스톡에 지부를 두고 있고, CIS 지역에서는 키에프, 민스크, 바쿠, 알마티에 조직되어 있음. 노보시비르스크와 블라디보스톡에 조직된 'ISAR-시베리아', 'ISAR-극동'은 각각 시베리아와 극동 지역에서의 지역간 사회환경 재단(Mezhregiounal'nyi obshchestvennyi ekologicheskii fond)으로 기능함. ISAR는 공통의 프로젝트를 타 환경단체들과 운영하고 있는 대표적인 사례로서, 'ISAR-시베리아'는 시베리아에 있는 400개 이상의 단체와 접촉하며 10개 단체와 공동 프로젝트를 운영하고 있음. 'ISAR-극동'은 샌프란시스코의 '태평양 환경자원센터(Pacific Envieonmental Resources Center),' 포틀랜드의 '야생연어센터' 및 알래스카의 단체들을 포함한 미국 환경 NGO들.과 공동 프로젝트를 운영해왔음.

3) 반전·평화·퇴역군인 지원·난민 NGO

포스트-소비에트 러시아의 시민사회에서 활동하고 있는 NGO 활동 중에서 나타나는 특징 가운데 하나는 러시아가 근래에 겪었거나 치르고 있는 대내외적인 전쟁과 관련하여 생겨난 문제들을 다루는 집단들이 하나의 군(群)을 이루고 있다는 사실이다. 1980년대 초반에 종결된 아프가니스탄 전쟁과 1993년부터 지속되고 있는 체츠냐(Chechnya) 전쟁은 러시아 사회 내에 또 하나의 갈등과 그에 따른 상흔을 남기고 있는 전쟁으로서 주로 전쟁에 참여한 사람들의 제대 후 사회 복귀 문제와 권익 보호 등의 문제를 해결하도록 요청되고 있으며, 또한 전쟁에 대한 반작용으로서 전쟁에 반대하거나 징집을 거부하는 반정부적인 활동도 생겨나고 있다. 따라서 특히 체츠냐 전쟁 같은 경우 러시아 국가의 통합을 위해 불가피한 반면에 사회적인 균열이 부분적으로 나타나는 현상으로 인식된다.

한편, 전쟁과 관련하여 러시아의 독립적인 단체들 중에서 외부세계에 가장 많이 알려져 있으며, 러시아 국내에서 가장 활발한 활동을 하고 있는 단체들 중의 하나가 '병사들의 어머니회'(Committee of Solders' Mothers)라고 할 수 있다. 인권, 혹은 전쟁·평화와 관련된 단체의 범주에도 포함할 수 있는 이 단체는 1989년에 소비에트의, 나중에는 러시아의 신병 징집과 인권 침해에 대항하기 위하여 만들어졌다. '병사들의 어머니회'는 군대내 신병에 대한 고참병들의 가혹행위를 공개적으로 고발하고 학생 징집에도 반대했다. 1995년도에는 전쟁터인 체츠냐(Chechnya)에서 평화행진을 벌였으며, 전쟁 포로 석방을 촉구하기도 했다. 이들은 최근에는 대중시위보다 청년들과 어머니들에게 징집을 회피하는 자문과 지원활동을 하고 있으며, 자신들의 주문에 의해 이루어진 탈영혐의에 대한 옹호에 나서는 활동에 주력하고 있다.[33]

주요 단체들의 활동에 대해서는 <표3>에서 제시하는 바와 같다

<표3> 러시아의 주요 반전·평화·퇴역군인지원·난민NGO

단체명	활동상황
급진반군대협회 Антимилитаристская Радикальная Ассоциация	러시아의 대내외 정책에서의 군사주의를 반대하며, 국가의 비군사화, 경제발전, 법치국가를 추구한다. 이를 위해 개인의 신념에 입각한 징병거부 투쟁지지, 군대 감축, 징병제 폐지를 추구하기 위한 목적에서 설립됨, 체첸전 종식 캠페인, 체첸의 탈식민화요구 캠페인을 통한 체첸전 반대운동을 벌이고 있음
아프가니스탄전쟁 참전용사 연합 Российский Союз ветеранов Афганистана	아프가니스탄 전쟁과 러시아 역사의 다른 시대에 다른 나라들에서 전쟁을 치른 퇴역군인들의 자활·지원을 위하여 1989년 설립, 설립 이후 참전용사에 대한 지원과 사회적 적응, 그리고 자활 지원 활동을 해옴.
아프간베트 Афганвет	쌍뜨 뻬제르부르그 해안지역의 아프가니스탄 전쟁 참전용사의 친교와 권익보호를 목적으로 1989년 창설되어 현재는 러시아 북서부 지역 최대의 참전용사 단체가 되었음. 잡지 "командор" 발행, 클럽 "афганвет" 운영, 스포츠 클럽 "Хан Ян"을 운영하고 있음.
법률지원 Правозащита	군입대를 거부하는 징병자들의 권리를 법률적으로 보호·지원하며, 대안복무에 대한 정보를 제공하기 위해 설립.

---

33) http://www.ucsmr.ru (검색일: 2005. 6. 30)

단체명	활동상황
나토 – 야로슬라브 러시아 정보, 자문, 훈련 센터 Ярославский региональный филиал – Центра социальной адаптации военнослужащих "Россия – НАТО"	러시아연방 군대에서 제대한 군인들의 사회 정착을 위한 지원과 정보제공, 지역의 고용상태에 대한 정보수집, 제대병들의 민간 생활에의 적응을 위한 전문가 훈련, 인터넷을 통한 정보제공 등을 위해 2002년 설립, 트레이너 210명 훈련, 모스크바와 6개의 지부에 웹사이트 개설, 컴퓨터 분야 등의 직업 훈련에 200명 교육, 6회의 세미나개최, 18개월 동안 각지에서 재교육 시행 등의 활동을 해옴.
오벨리스크 Обелиск	아프가니스탄 전쟁, 체첸 전쟁 등 러시아 국내의 전쟁에서 사망한 전사자들의 부모, 아내, 자식들에게 사회적 보호와 물질적 도움을 제공하기 위해 1996년에 설립, 시베리아 지역의 병사들에 대한 정보 수집, 전쟁 부상자들에 대한 데이터 뱅크 설립, 정부당국과의 대화, 전쟁부상자 부모들의 지역 회의체 설립, 법률적 지원, 부상자 상담과 자문, 대미디어 홍보 등의 활동을 해옴.
전쟁용사회 – 쌍뜨 뻬제르부르그 참전용사공공정보기금 Ветерная последних войн – вместе	아프가니스탄 전쟁 참전용사들을 중심으로 아프가니스탄 전쟁 등 러시아에서 수행된 최근의 전쟁에서 싸운 참전용사들의 퇴역후의 사회활동과 권익보호를 위해 쌍뜨 뻬쩨르부르크 지역을 중심으로 1998년 설립됨, 참전용사들에 대한 정신분석적·심리학적 상담 기법 개발, 재활센터 건립 추진, 참전용사들의 자기표현 기회 제공, 참전용사들의 회고록 출판, 스포츠 조직 창설, 전쟁박물관 건립 추진 등의 활동을 해옴.
(카렐리야공화국) 체첸전쟁 참전용사 연합회 КРОО "Союз участиников боевых действий в Чеченской республике"	카렐리야(Kareliya)공화국 출신으로 체첸전쟁에 참가한 병사들과 퇴역군인, 그 가족들에 대한 사회적 보호와 사회 적응을 목적으로 2003년 설립, 체첸전쟁 부상자와 그 가족에 대한 법률자문, 직업훈련, 참전용사 대중교통요금 무료화, 기차요금(절반) 인하, 고용창출 노력, 어린이들에게 군대 – 애국주의적 교육 시행 등의 활동을 해옴.
조국 Ассоциация "Отечество"	1993년 설립, 체첸전 참전용사 52인에 대한 사회적응 프로그램 조직, 재교육 프로그램 재정지원, 체첸전 참전 용사에 대한 지역 정부의 특권부여 발의, 러시아 함대 창설 300주년 기념 체육대회 개최 등의 활동을 해 옴.

단체명	활동상황
어머니의 권리 재단 Фонд, "Право Матери"	소비에트 시대와 두 차례의 체첸전쟁, 쿠르스크(Kursk) 잠수함 침몰 사건 등을 포함하여, 러시아의 군대에서 평화 시에 사망한 자식을 둔 부모들의 권리와 이익을 보호하기 위하여 1993년 설립, 러시아 전역의 45개의 시에서 181명의 변호사들이 활동, CIS 국가내의 45개 지부, 러시아내에서 500명의 활동가들이 활동중, 국제인권조직의 지부를 갖고 있으며, 전사자 부모들에 대한 무료 법률 자문, 법률제정, 서적(Dead Solder's Memory Book Series) 발간, 법률정보 제공, 사회학적 연구 등의 활동을 해 옴.
시민지원 – 러시아 난민위원회 Гражданское содей ствие – комит ет помощи беженцаи	러시아 연방 내 난민 구조·지원 활동, 이를 위해 다기능적인 난민 수용 체계 구축 노력, 이주 어린이 교육과 난민 적응 교육을 위한 수용센터 설립, 강제수용된 이주자 지역에 인도적 지원을 목적으로 1990년 설립, 주요 활동으로 • 지역의 관리(연방이주국, 내무부내 패스포트와 비자국의 지역담당자, 국가두마의 보건, 교육, 사회보장문제 담당자, 대통령 인권위원회, 검찰 등)와 상시적 접촉, • 난민에 의료지원, 연금과 교육 제공 노력, • 난민에 주택과 고용보장 노력, • 법률지원, • 법정에서의 권리 옹호, • 물질적, 혹은 다른 종류의 인도적 지원을 해 옴.

4. 푸틴 정부하의 국가 – 시민사회와 전망

푸틴 대통령 취임 이후 그의 리더십이 관심의 대상이 되면서 그것의 성격과 푸틴의 정치적 목표, 내지는 의도에 관한 논쟁까지 제기되었다. 푸틴이 구상하는 정체의 디자인이 복합적인 것인지, 아니면 '은밀한 권위주의'(stealth authoritarianism),34) 혹은 '단일중앙집

---

34) Gordon M. Hahn, "Putin's Stealth Authoritarianism" and Russia's Second Revolutionary Wave" *Radio Free Europe/Radio Liberty Regional*

권주의’(monocentrism)[35] 인지에 대해서는 그 논의가 잔여 임기 동안 지속될 것이지만, 대체로 중앙에 권한을 집중시키고 강력한 국가의 결속력을 확보하려는 의도를 가지고 노력해왔다는 점에 대해서는 동의하는 추세이다. 이를 위해 취임 이후 푸틴 대통령이 취한 일련의 조치들, 매스미디어 인수, 지역의 지도자들의 독립성 약화, 의회의 푸틴 리더십에 대한 저항 없는 수용, 정치적 입장을 표명하는 올리가르흐(oligarchs)에 대한 단속 같은 행위들을 통해 이를 입증할 수 있다는 점이 강조된다.

푸틴 정부하의 국가와 시민사회 간의 관계는 지도자의 의중에 따라 좌우되는 경향이 지배적이며, 이때 정치 체제의 전반적인 속성 또한 푸틴 대통령 개인의 인식과 사고에 의해 상당히 영향을 받는 구조라고 할 수 있다. 따라서 이와 같은 관점에서 푸틴 대통령이 무엇을 추구하려 하는가에 대한 관심이 높아질 수밖에 없는 상황이기도 하다. 푸틴이 형성하고자하는 정치 체제에 대한 청사진은 구체적으로 밝혀진 바는 없지만, 그는 공식적인 국가이데올로기의 수용을 명백하게 거부하였다. 푸틴의 스타일은 자신의 계획을 신중하고 점진적으로 이행하며, 종종 자신에 대해 명백한 비판을 간접적으로 희석시키는 방식을 취하며, 민주주의와 법의 지배를 명백하게 찬양한다. 푸틴은 사회단체와 기관들에 대해서도 국가의 수직적인 행정

Analysis, 21 (April, 2004).
35) Алексей И. Зюдин, “Режим в Путина: контюры новой поли тической системы”, *Обшичественные науки и современнос ть*, No.2 (2001). с. 178.

적 위계질서(executive hierarchy)의 외부에 공식적으로 머물러 있으면서, 명목상의 독립성을 유지하도록 하며, 궁극적으로 그가 이끄는 대통령 통치 권한에 대한 지지 기반의 일부로 존재하게 되는 '패권적'(hegemonic) 권위 내지는 질서를 추구하려 한다. 이러한 노력은 푸틴에 대한 지지의 피라미드 구조에 참여하는 단체에게는 보상을 제공하며, 주로 행동보다는 말을 통해 중앙집권화된 권위에 대한 종속을 거부하는 경우의 입게 될 손실을 언급함으로써 책임성을 부각시킴으로써 이루어진다.36)

푸틴 집권 이후 이미 첫 번째 재임 기간 중 이루어진 언론과 지방 권력, 올리가르흐에 대한 제약 조치와 더불어 가장 민감한 분야의 정부 정책이나 정부의 행동에 대한 지나친 비판이 가해진 경우, 언론인들이나 환경주의자들이 제약을 받았다. 2001년 이후에는 비정부기구들을 포괄적인 통제시스템 안으로 통합하려는 노력이 이루어졌다. 그 대표적 예가 2001년 11월 21~22일에 모스크바에서 러시아 최초로 전국적 수준에서의 NGO 회의가 크렘린궁에서 정부의 지원하에 5,000여 명의 시민운동가들이 참가한 가운데 정부와의 대화 형식으로 열린 '시민포럼'(Civic Forum)이었다. 이와 같은 모임의 의도가 정부에 공식적인 자문 역할을 허용하는 하나의 '코포라티스트(corporatist)' 기구로 러시아 전역의 시민 사회 단체를 통합

---

36) 이런 점은 러시아 NGO 중에서 대표격으로 인정된 몇십 개의 단체들에 정부가 규정하는 국가이익에 충실하고 대외적으로는 러시아의 이미지를 손상시키지 않는 행동을 해달라고 외무장관 라브로프(Sergei Lavrov)가 당부한 데서 드러난다. *Moscow Times, June 25, 2004.*

하려는 것이라는 의심을 심어주게 되었고,[37) 이에 일부 NGO 지도
자들은 참여를 거부하였다. 반면에 일부는 정치권에 자신의 관심사
를 알릴 수 있는 기회로 인식하기도 하였다. 러시아 NGO들의 정부
와의 협력 여부를 둘러싼 입장 차이는 '정부주도 NGO'(GONGOs,
Government - organized nongovernmental organizations) 대 독립
NGO 간의 분화로 나타나고 있으며, 이 점은 푸틴이 주도하는 시민
사회에 대한 비전이 사회단체가 국가의 권위에 종속되고 동시에 정
권(regime) 자체의 프로그램과 일치하는 요구(demands)를 표명하는
'유사 - 시민사회'(pseudo - civil society)라는 주장으로 이어지고 있
다.[38)

2004년 대선 이후 재집권한 푸틴 정부 하에서는 일부 NGO가 푸
틴 대통령의 올리가르흐와의 대결에서 올리가르흐의 재정 지원을
받고 그들의 상업적 이익을 대변하는 것으로 인식되면서 이에 대한
푸틴 대통령의 경고가 공개적으로 표명되었고, 실제로 NGO 정책을
통해 NGO와 외국의 지원자들과 국내의 기부자들을 규제하는 조치

---

37) Джон Скуир, "Гражданское общество и вызов россий ского г
    осударственность" *Демократизация*, №.2 (Весны 2002). с.
    168.
38) Александр Никитин и Джей н Бачанан, "Гражданский Фору
    м Кремля: Сотрудничество или со - пожелание для гражда
    нского общества в России?", *Демократизация,* №.2 (Весны
    2002), с. 149: Masha Lipman, "How Russia Is Not Ukraine: The
    Closing of Russian Civil Society" *Russian and Eurasian Project
    Outlook*, Carnegie Endowment for International Peace (January
    2005).

를 취하였다. 2004년 7월 러시아 정부는 국내와 외국의 기부자가 러시아의 NGO를 지원하기 위해서 거쳐야 할 절차를 규정하는 법안의 초안을 두마에 제출했다. 법안에는 러시아 NGO에 재정지원을 하기 위해서는 정부 내 특별위원회에 외국 정부나 재단이 반드시 등록하도록 했으며, 지원을 받고자 하는 NGO는 러시아 정부가 승인한 기부자 명단 내에서 지원 대상을 정해야 하며, 이 경우 그들이 받는 지원금의 24퍼센트를 세금으로 납부해야 한다는 내용을 담고 있다.[39]

이와 더불어 러시아 정부 차원에서 푸틴대통령과 외무부 장관 세르게이 라브로프(Sergei Lavrov)는 러시아의 국가적 힘을 약화시키는 목적을 가진 외부 세력의 지원을 받고 있는 국내 인권단체들을 비판하였으며, 특히 체츠냐에서 인권 단체들이 반러시아적 행위를 자행하고 있다고 비난하였다.[40] 실제로 푸틴 정부는 2005년 12월 "비영리기구에 관한 법"을 개정하여 외국의 NGO나 기관들이 러시아의 NGO로 등록해야 하며, 러시아내의 (불법) 정치활동에 외국자금의 유입을 통제할 수 있는 정부의 감독권을 강화하는 조치를 취하였다.[41] 이 개정안으로 인해 러시아의 인권 NGO를 중심으로 하

---

39) *Российсая газета*, September 14, 2004.
40) *The Moscow Times*, May 27. 2004; *The Moscow Times*, June 1. 2004.
41) NGO법안이 러시아 국내외적으로 논란이 되고 있을 무렵인 2005년 말 주러 주재 영국대사관에 근무하는 영국스파이가 러시아의 인권 NGO 측에 자금을 제공한 사실을 러시아 정부가 밝히면서 NGO법안 통과의 타당성을 부각하려고 노력하였지만, 유럽의회를 비롯한 국제적 여론의 반응은 대체로 NGO활동을 제약한다는 점에서 비판적이다. 동법은

는 NGO 관계자들 중 일각과 러시아에 원조하고 있는 국제 NGO 들의 비판이 제기되었지만 이 같은 흐름에도 불구하고 푸틴정부는 단호하게 대처해왔다.[42]

푸틴 정부의 시민사회에 대한 반응은 사실상 푸틴 대통령 자신의 생각이 그대로 반영된 것이라고 보면 될 것이다. 이에 대한 그의 관점은 러시아의 소중한 자원을 탈취하고 러시아의 정치경제적 자주성을 저해하려는 세력이 있다는 데에서 출발한다. 앞서 제1장에서 언급한 실로비키의 대서구관과 동일한 이와 같은 인식의 근저에는 근래에 외국 자본이 러시아 국내로 유입되면서 외국의 러시아 내정 개입이 늘어나고 있다는 관점과 일치한다. 이들은 '민주화'라는 외양적 구호를 앞세우고 있지만 사실은 러시아의 자원을 편취하고 러시아의 자주성을 침식시키기 위해 행동할 뿐이라는 것이다. 이를 막아내기 위해서는 의회가 이들의 활동을 규제하는 법안을 만들어 통제하는 길밖에 없다.

반면에 서구 국가들은 이 같은 법안의 비민주성을 공박하고 자신들의 정상적인 민간외교활동이 크게 위축된다고 반발하였다. 그럼에도 불구하고 푸틴 정부는 결국 자신들이 추구하는 바대로 외국

2006년 4월부터 발효되었다. Claire Bigg, "Russia: New Scrutiny Of Foreign Funds Means Cutback In Democracy-Building Programs" http://www.cdi.org/russia/johnson /2006-44-7. cfm (검색일: 2006. 5. 1).

42) Yelena Rykovtseva, "Some Impremissible Absurdities What Will the NGO Law Really Prevent" *Johnson's Russia List*, #8-JRL 9325 (December 21 2005).

NGO와 그 지원을 받는 러시아 NGO들에 대한 통제 강화를 지속해왔으며, 그에 대한 러시아 시민사회의 일각에서의 반발 역시 지속되어 왔다.

이와 같은 흐름 속에서 알 수 있듯이, 푸틴 정부가 채택한 시민사회 정책의 기조는 러시아 국가의 외곽에 존재하는 다양한 NGO들이 국가 이익 및 이에 합치하는 정책의 취지에 어긋나지 않는 단체 목표를 가지고 활동을 함으로써 국가에 기여하는 것을 원칙으로 하며, 사적 이익이나 상업적 이익에 봉사함으로써 사회적 문제 해결에 기여하지 못하는 NGO는 존재의 이유를 상실한다는 논리에서 출발한다. 결국 푸틴 대통령 집권 이후 일관되게 이 같은 논리가 관철되어 왔음에 비춰 볼 때, 러시아의 NGO들도 강력한 국가, 수직적 질서, 민족주의적 정서, 전통적인 러시아의 가치 및 이익에 대한 푸틴 대통령의 선호를 추종하는 단체만이 지원을 받고 정치체제가 존립에 의해 존립을 보장받으면서 지속적으로 성장해나갈 것으로 전망된다.

5. 맺는 말

옐친 시대의 러시아는 정체체제의 체계적인 변동(systemic transformation)을 이룩했으나 시민사회를 본격적으로 형성하는 과정에는 아직 도달하지 못한 것으로 보여진다. 옐친 대통령의 뒤를 이은 푸틴 러시아의 행로는 옐친 정부보다 확고한 방침 속에서 시민사회를 국가가 주도하려고 노력해왔다. 푸틴 시대에 분명하게 드러나는 러시아 국가의 시민사회에 대한 우위는 러시아 민주주의가 그렇듯이, 불완전하며 많은 문제점들로 인해 시민사회가 서구처럼 제대로 형성되기 어렵다는 부정적인 견해를 표명하는 근거로 작용하였다. 그러나 불과 십수 년 전에 러시아에서 수만 개의 비공식 집단과 시민단체들이 출현하고 그들이 정치사회에 영향을 미칠 당시에는 러시아 민주주의의 중요한 개념적 도구로 러시아 시민사회의 효용성에 대해 의심하는 견해보다 활기찬 시민사회의 도래를 예견하는 전망이 지배적이었다. 러시아 시민사회의 미래를 낙관적인 측면에서만 예측한 결과 시민사회 형성의 난점들을 제시하기 어려웠고, 러시아가 90년대 말에 경험한 미증유의 경제 위기 상황은 이러한 경향을 더욱 가속화했다. 이와 같은 입장에서 볼 때 러시아 시민사회는 정상적으로 발전되기 힘든 어려운 상황에 놓여 있으며, 단기간에 성장할 것이라는 전망 또한 그 실현을 어렵게 만들고 있다. 특히 재정, 회원확보, 정부 정책에 대한 영향력 등의 측면에서 취약한 오늘날의 러시아 NGO의 여건은 외국 정부, 혹은 재단의 지원에 기대어 활동을 유지하게끔 하는 구조적인 문제점이 존속되고 있기 때문에 자력에 의한 러시아 NGO의 활력을 기대하기는 더욱 어렵다는 견해들이 많이 제시되고 있다.

반면에 장기적으로 러시아에서 시민사회는 발전할 것이며, 현재 초기의 진통을 겪고 있는 발전의 잠재력이 큰 영역임을 역설하는 반론도 존재한다. 즉 러시아의 민주주의는 아직 태어난 지 얼마 되지 않았으며, 시민사회 역시 일천한 역사와 경험을 가지고 있다. 이런 점에서 시민사회가 오랜 기간 단련되며 발전되어온 서구와 직접적으로 비교하는 것은 온당하지 못하다는 것이다.[43]

러시아에서의 NGO 활동과 시민사회에 대해서 장기적인 측면에서 총괄하면 다음과 같이 지적할 수 있다. 첫째, 시민사회의 활성화 전망은 현 상황과 마찬가지로, 단기적으로 사실상 낙관하기 어려우며, 다만—세대가 지나면서—장기적인 추세에서는 민주화의 진전과 더불어 러시아에서 서구와 같은 시민사회 형성 자체가 불가능하다는 비관적인 견해는 점차 그 설득력을 상실해 갈 것이다. NGO 활동과 관련해서도 러시아 정부가 법적인 제약을 통해 일부 NGO 활동을 통제하고 있지만 소비에트 시대와 달리 러시아 시민들이 자유롭게 NGO 활동에 참여하는 추세를 거스르기는 어려운 상황이다. 둘째, 시민사회는 시민의 경제력과 비례하여 그 활력이 조성되며, 사회적 관심사에 대한 시민의 적극적인 참여가 전제된다. 아직 시민 개개인의 경제력 측면에서 사회적 관심사에 주의를 기울이고 자발적인 자원봉사를 실천하기에는 러시아의 대중수준에서 빈곤은 개선되지 않았기에, 이 문제는 러시아가 경제적으로 더욱 발전하면서 중산층이 두텁게 형성될 때 함께 해결될 수 있을 것으로 보인다.[44] 이와 더불어 시민사회 자체의 형성은 정당 간 자유 경쟁, 법의 지배, 자유 언론 매체 등 정

---

43) Russell Bova, "Democracy and Russian Political Culture" Russell Bova, eds., *Russia and Western Civilization: Cultural and Historical Encounters* (New York: M.E.Sharpe, 2003). pp.268-271.
44) Владимир Петуков (2004), с. 35.

치적 하부구조의 핵심요소들이 함께 발전할 때 용이한 것이기 때문에 러시아에서 이러한 요소들이 오랜 기간에 걸쳐 개선되어 가면서 이루어질 수 있는 성격의 것이다. 결국 러시아 정치·사회의 다른 많은 문제들을 함께 해결해나가면서 러시아의 시민사회가 보다 공고하게 형성될 수 있을 것이라는 점을 밝혀 둘 필요가 있다.

단기적으로는 1990년대 혼란의 시기에 2000년대 초반에 유지되고 있는 상대적인 정치적 안정을 예측하기 어려웠듯이, 명망가 위주의 사회적 행동가들이 이끌고 있는 NGO들이 정부와의 관계 유형을 어떻게 유지할 것인가가 관건이 될 것이며, 이로 인해 정부-시민사회 관계에 있어 예측가능한 측면이 확대될 것이다. 즉 푸틴 정부의 강력한 사회안정책과 국가이익 구현 위주의 정책에 다수의 NGO들이 호응할수록—정부에 종속되는—위계적이지만 안정적인 관계 구축이 가능할 것이다. 다시 말해 푸틴 체제하에서 형성되고 있는 국가에 종속적인 시민단체의 진로가 어떻게 형성될 것인가가 관심의 대상으로 남아있을 것이다.

제3장

포스트-소비에트 공간에서의 러시안 디아스포라*

1. 들어가는 말

19세기와 20세기의 러시아 사상가들 중에 이른바, '러시아 사상'(Russian idea)에 대한 사색과 탐구를 꾸준히 한 인물들이 많았다. 당시에 러시아 사상은 러시아 인민의 세계문명 속에서의 사명과도 같은 것이었다.[1] 21세기에 접어든 현 시점에서 러시아의 지식인들은 세계사적인 차원에서의 러시아인의 사명보다 현 시대의 '러시아인 문

---

* 본 장은 『한국정치학회보』 제38집 3호(2004 가을), pp.387-409에 게재했던 논문을 보완하였음.

1) James Scanlan, "The Russian Idea from Dostoevskii to Ziuganov" *Problems of Post-Communism*, Vol.43, No.2 (July-August 1996), pp.35-42: Tim McDaniel, *The Agony of the Russian Idea* (Princeton, N.J.: Princeton University Press, 1996).

제'(Russian question)에 관심을 기울이는 경향이 농후하다. 러시아 민족의 운명과 관련한 이론적 담론에 있어서, 이와 같은 '용어'(terminology)의 변화는 러시아를 이끄는 지식인들이 지닌, 조국에 대한 인식상의 변화와도 맥을 같이하는 현상이기도 하다.2) 결국 이 점은 '러시아인 문제'가 생존과 새로운 정체성 추구를 위한 명제들 중에서 최우선 순위를 차지하고 있다고 볼 수 있는 측면을 반영한다.

현대 러시아에서 많은 지식인들이 자신들의 조국이 민족적 정체성에 대한 재규정에서부터 비롯되는, 핵심적인 부문에서부터의 자신의 위상과 역할을 재확립하고 재형성해야 한다고 믿고 있다. 소련의 붕괴와 더불어 러시아는 자신의 오래된 정체성의 상실과 더불어, 새로운 형식의 발견을 추구하고 했다. 소연방 붕괴 이후 10년이 지났지만, 새로운 러시아 국가의 실제적인 (지리적) 경계(border) 내지는 러시아가 영향을 미쳐야 하는 세력범위에 관한 논쟁은 아직까지 진행되고 있으며, 러시아인의 적확한 의미에 대해서도 치열한 논전이 지속되어왔다.

러시아인들이 새로운 러시아 정체성을 규명하는 데 있어, 소련 붕괴 이후 갑자기 자신이 '외부의 러시아'(outside Russia)가 되어 있음을 발견한, 2,500만 명에 달하는 새로운 '러시안 디아스포라'(Russian Diaspora, Русская диаспора)3)의 운명은 그 본질적인 요소이다. 정

---

2) 메시아적(messianic)이고, 보편적인(universal) 관념의 담지자로서의 러시아 인민(Russian people)이라는 이미지가 새로운 밀레니엄의 진행 속에서 공동체의 약화를 경험하고 있는 존재로 전환되고 있다는 의미라고 할 수 있다.

체성 변동(identity transformation)과 현대 디아스포라에 관한 연구들도 많지만, 민족성(nationhood), 인종적 민족주의(ethnonatonalism), 그리고 디아스포라에 관한 연구에 있어서의 이론적 진전도 있어왔다.4) 이와 더불어 구소련 국가들에서의 러시아인 공동체에 대한 분석도 꾸준히 진행되었으며5), 구소련 공화국들간의 관계의 맥락에서 '근

---

3) 러시안 디아스포라를 넓은 범위에서 보면 러시아혁명 이후 볼셰비키 지배를 피해 외국으로 이주한 러시아인들과 그 후손들까지 포함할 수 있으나, 서구학계는 물론, 러시아내에서도 러시안 디아스포라를 소연방붕괴 이후 러시아 바깥의 구소련 지역에 남게 된 러시아인들로 지칭하는 경향이 있기 때문에 본 장에서는 디아스포라의 시대적 기원을 소연방 해체 이후로 좁게 보려고 한다.

4) Walker Connor, *Ethnonationalism: The Quest for Understanding* (Princeton: Prinston University Press, 1994): Rogers Brubaker, Nationalism *Reframed: Nationhood and the National Question in the Europe* (New York: Cambridge University Press, 1996): Igor Zevelev, *Russia and Its New Diasporas* (Washington, D.C.: United States Institute of Peace Press, 2001): Robin Cohen, *Global Diasporas: An Introduction* (Seattle: University of Washington Press, 1997): Roman Szporluk, "The Fall of the Tsarist Empire and the USSR: The Russian Question and Imperial Overextension" Karen Dawisha and Bruce Parrott, eds., *The End of Empire? The Transformation of the USSR in Comparative Perspective* (Armonk, N.Y.: M.E. Sharpe, 1997), pp.91－123: Vwra Tolz, "Values and the Construction of a National Identity" Stephen White, Alex Pravda and Zvi Gitelman, *Developments in Russian politics 5.* (Durham, NC.: Duke University Press, 2001).

5) Chauncy Harris, "The New Russian Minorities: A Statiscal Overview." *Post－Soviet Geography* Vol.34, No.1 (January 1993)), pp.1－28: Vladimir Shlapentokh, Munir Sendich and Emil Payin(eds.), *The New Russian Diaspora: Russian Minorities in the Former Soviet Republics*

외지역'(near abroad)의 디아스포라에 대한 러시아 정부의 정책에 대
한 고찰도 지속되었다6).

(Armonk, N.Y.: M. E. Sharpe. 1994); Neil Melvin, 1995. *Russians Beyond Russia: The Politics of National Identity* (London: Royal Institute of International Affairs, 1995): Jeff Chinn and Robert Kaiser, *Russians as the New Minority* (Boulder, Colo.: Westview, 1996): А.И. Джинзберг, и др., редакторы. *Русские в новом зарубежье: Программа Этнических и Социологических Исследований* (Москва: Институт Этнологии и антропологии, 1993): В. И. Козлов, и Шервад, Е. А., редакторы., *Русские в ближнем зарубежье* (Москва: Институт этнилоии и антропологии, 1994): Валери Тишков, редактор, *Миграции и новые диаспоры в постсоветских государствах* (Москва: Институт этнилогии и антропологии, 1996); В. А., Михай лов, и др., редактор., *Наци̇ оналиная политика России: история и современность* (Москва: Россий ский мир., 1996): Т. Полоскова, *Диаспоры в системе Международных отношений* (Москва: Научиная книга, 1998): Г. Витковская, Редактор., *Проблемы становления институтов гражданского общества в постсоветских государствах* (Москва: Московский Центр Карнеги, 1998).

6) Nikolai Rudensky, "Russian Minorities in the Newly Independent States: An International Problem in the Domestic Context Of Russia Today" Roman Szporluk, eds., *National Identity and Etnicity in Russia and New States of Eurasia* (Armonk, N.Y.: M.E. Sharpe, 1994): Elizabeth Teague, "Russians Outside Russia and Russian Security Policy" Leon Aron and Kenneth Jensen, eds., *The Emergence of Russian Foreign Policy* (Washington, D.C.: United States Institute of Peace Press, 1994), pp.68－91: Elizabeth Teague, "Russians Outside Russia and Russian Security Policy" Leon Aron and Kenneth Jensen(eds.), *The Emergence of Russian Foreign Policy* (Washington, D.C.: United States Institute of Peace Press,

아직까지 기존연구가 러시아 정체성과 안보(security)에 대한 보다 광범한 연구로까지 연결되지는 못했지만, 기존 연구들은 러시아 내의 정치인, 지식인, 그리고 대중들이 자신들의 디아스포라 문제를 어떻게 인식하는가 하는 문제와 러시아가 외교정책에 있어 이 이슈를 어떻게 개념화하고 있는가에 대한 해명을 하려는 시도였다는 점에서, 그 의미를 부여할 수 있다. 따라서 이와 같은 관점에서 다음과 같은 문제들을 중점적으로 살펴볼 수 있다. 러시안 디아스포라의 조국은 어디이며, 각각의 공동체는 왜 러시아연방에 대한 사고에 있어 조금씩 다른 관점을 지니고 있는가? 러시안 디아스포라 공동체를 러시아 내에서는 러시아 민족의 일부로 인정하는가? 인정한다면 그 인식의 수준은 어떻게 나타나고 있는가? 1991년부터 현재까지 디아스포라 문제는 러시아 국내정책과 외교정책에서 어떤 역할을 수행하였는가? 그리고 이러한 문제들은 근본적으로 이론적인 문제들과 연관되는 근원적 문제인, 즉 수세기 동안 제국으로 존재해온 연후에, 현재의 러시아는 민족국가(nation-state)가 되기에 적합한 속성을 가지고 있는가?

1994), pp.68-91: Aurel Braun, "All Quiet on the pean Diaspora: National Minorities and Conflict in Eastern Europe" Michael Mandelbaum, *The New European Diasporas: National Minorities and Conflict in Eastern Europe* (Washington, D.C.: Council on Foreign Relations, 2000), pp.81-158: С.В. Востриков, "Урегулирование конфликтов в ближнем зарубежье" *Полис. №.5* (1999), сс. 129-138: И.М. Клямкин & В.В.Лапкин, "Русский вопрос в России" *Полис.* №5 (1995), сс 78-96.

본 장에서는 현대 러시아의 디아스포라 문제는 '포스트-소비에트 공간'(post-Soviet space)에서 (러시아연방 내의) 러시아인들이 자신들의 국가형성에 있어 본질적으로 사유하는 문제이지만, 현상적으로는 이에 대해 만족스럽게 나타나지 못하고 있다는 가정에서, 상기의 의문들에 대한 설명을 제시하는 데 목적을 두려 한다. 이를 위해 제2절에서 러시아인 문제와 러시안 디아스포라의 개념을 제시하고, 제3절에서 러시안 디아스포라의 현황과 쟁점을, 그리고 러시아 당국의 디아스포라 정책을, 그리고 제4절에서는 앞에서 제기된 문제들에 대해 러시아정체성이라는 프리즘을 통해 드러나는 러시아 국내의 논의들을 살펴봄으로써, 포스트-소비에트 공간에서의 러시아 민족문제의 의미와 장래에 대해 논하고자 한다.

2. 러시아인 문제와 러시안 디아스포라 개념

디아스포라 문제를 거론하기 위해서는 우선 1990년대 동안 러시아에서 논의되었던 러시아 민족의 범주를 다섯 가지 주요한 규정을 통해 개념화할 수 있다.7)

---

7) Vera Tolz "Values and the Construction of a National Identity" Stephen White, Alex Pravda and Zvi Gitelman, *Developments in Russian politics 5* (Durham, NC.: Duke University Press, 2001) pp.272 -285.

- 제국의 국민(imperial people), 혹은 초민족적인 국가를 창설하는 임무를 지닌 러시아인.
- 공통의 기원과 문화를 지닌, 모든 동슬라브족(eastern slavs)들 중 하나의 민족으로서의 러시아인(Russkii, Русскии).
- 민족적 기원에 관계없이, 러시아어를 구사하는 공동체로서의 러시아인(Russkoyazychnye or Russofony, Русскоязычаные, Руссофоны).
- 공통의 정체성의 기초를 이루고 있는 혈연관계와 더불어, 인종적으로 규정된 러시아인(Russkii, Русскии).
- 인종적·문화적 배경과 관계없이 연방의 모든 시민들과 시민적 민족(civic nation)의 성원으로서의 러시아인(grazhdane, гражданин).

'러시아민족의 외연에 대한 이와 같은 개념 규정과 더불어, 디아스포라'라는 용어는 러시아에서 1995년 이후에 특별히 성행해왔다.[8] 이 용어는 러시아내에서의 논의에서 광범하게 사용되었는데, 그 대표적인 사례로 솔제니친(A. Solzhenitsyn)의 저작, 『러시아인 문제』(The Russian Question)를 들 수 있다[9]. 이 말은 또한 자유주

---

8) '디아스포라'개념에 대한 논의는 Cohen(1997), pp.507 - 520. 참조. 러시안 디아스포라 개념에 대한 논의는 Pal Kolstoe, Adrei Edemsky, and Natalya Kalashnikova, "The Dniester Conflict: Between Irredentism and Separatism" *Europe - Asia Studies*. Vol.45. No.6 (1993), pp.973 - 1000. 참조.
9) Alexsandr Solzhenitsyn, *The Russian Question at the End of the Twentieth Century* (New York: Farrar, Straus, and Giroux, 1995).

의 정당, 공산당, 그리고 사회단체의 강령 속에도 포함되어 있다.[10) 뿐만 아니라, 이 용어는 '재외동포에 관한 러시아연방정책개념 초안' 같은 정부 문서 속에서도 언급되고 있다. 디아스포라는 한마디로, '러시아인들과 러시아어 구사자들'(Russians and Russian-speakers, 광의로 Russophones), '동포'(compatriots)로 규정되며, 좁은 범위로는 '러시아 인종에 기초한 시민'(oxymoron ethnic citzens of Russia) 같은 표현들과 함께 사용되어 왔다.[11)

러시안 디아스포라는 혈통적으로 '러시안의 피'와, 언어적으로는 러시아어를 구사하는 러시아인을 민족적 정체성의 담지자로 삼지만, 실제로는 다양하고(multiple), 중복된(overlapping) 정체성을 띤다. 이 점을 명확히 이해하기 위하여 러시아적 정체성을 〈그림1〉에서처럼 몇 가지 구심적인 동심원(concentric circles)으로 규정할 수 있으며, 이 동심원 전체는 디아스포라의 외연으로 파악이 가능하다.

---

10) V. A. Oleshchuk, V. V. Pribylovsky, M. N. Reitblat. Parliamentary Parties, *Movements, Associations: History, Ideology, Governing Bodies, Parliamentary Deputies, Prigram Documents* (Moscow: Panorama, 1996), p.101. 200. 213.
11) David Laitin, *Identity in Formation: The Russian-Speaking Populations in the Near Abroad* (Ithaca, N.Y.: Cornell University Press, 1998), p.315.

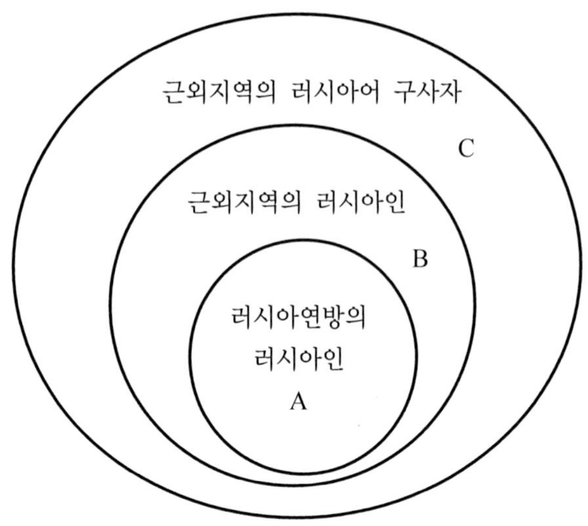

<그림1>에서 편의상 분류한 A, B, C 그룹을 대별하면, 다음과 같다. 우선 A그룹은 '핵심(core) 이너 서클'에 해당되며, 자신의 정체성에 대해 의심할 여지가 없는, 러시아 연방 내의 인종적 러시아인들로 구성된다. A그룹은 이 핵심그룹을 외곽에서 포괄하고 있는 좀 더 큰 반경의, 러시아 연방내의 비인종적 러시아인(핵심그룹과 더불어 러시아 시민권자 모두)을 포함한다. 근외지역의 러시아인들로 이루어진 B그룹은 핵심그룹의 인종적(혈통적) 정체성을 지니면서 해당지역에서 시민적 존재(예를 들어, 우크라이나에 거주하는 우크라이나 시민권자이면서, 동시에 인종적 러시아인)를 이루는 집단이다. 그리고 C그룹은 다양한 다른 민족 구성원이면서 러시아의

'문화적'(cultural) 정체성을 지닌 사람들로서, 근외지역의 러시아어 구사자(Russian‒speakers) 집단을 지칭한다. 각각의 정체성을 지닌 이 세 그룹은 수대에 걸친 혼혼(混婚)으로 그 혈연과 구성에서 더욱 복잡해질 수 있다. 따라서 현대 러시아가 안고 있는 민족문제의 근원은 기존의 일상화된 소수민족 문제보다, 불명확한(inarticulate) 러시아민족성으로부터 연유하는 정체성의 다층화된 위계구조(multilayered hierachy)가 러시아인(Russian people)의 경계를 규정하기 어렵게 만듦으로써, 새로운 민족·국가 형성을 위한 정치적 프로젝트에 장애가 되고 있다는 사실이다.[12]

<그림1>과 같은 범주를 포괄하면서, 러시아인의 새로운 집단적 정체성(collective identity)에 기초를 두는 러시안 디아스포라는 전통적인 디아스포라 피플—예를 들면, 유태인(Jews), 그리스인(Greeks), 아르메니아인(Armenians), 그리고 중국인(Chinese) 등—의 경험과는 다른 측면을 지니고 있다. 유태인, 그리스인, 혹은 아르메니아인 디아스포라의 경우, 자신의 조국에 미치는 영향력이 큰 반면, 근외지역에 거주하는 러시아인들의 '역사적 조국'(historic homeland: 과거에는 소연방, 현재는 러시아연방)에 대한 지적이고(intellectual), 정

---

12) 솔제니친 같은 대표적인 러시아민족주의자는 러시아어 구사자(인종적으로 비러시아인 포함)를 포함하는, 러시아 문화를 함께 향유하고 러시아의 정신세계에 공감하는 모든 사람들, 아주 단순화해서 러시아를 사랑하는 모든 사람들을 러시아인의 범주에 포함시키고 있다. 그러나 이렇게 광범위하게 러시아인의 범위를 설정하면서 타민족에 포용과 관용의 정신을 드러내는 러시아민족주의자는 그리 많지 않다. A. Solzhenitsyn (1995), p. 55.

치적인(political) 영향력은 사실상 지금까지 극소화되어(minimal) 왔다고 할 수 있다. 그렇지만 러시아 본국 바깥의 '다른 러시아인들'(other Russians)은 러시아의 이론적, 정치적, 그리고 외교정책에 대한 고민과 행위에 있어서 주체로서 중요한 역할을 수행한다. 다시 말해 정치적인 방식으로 새로운 러시아의 정체성을 논의하고, 개념화하고, 그리고 형상화하기 위한 준거집단이 러시아 연방(Russian Federation)의 국가 경계를 벗어나 포스트-소비에트 공간으로 확대되어왔는데, 이와 같은 현상은 러시아에서 새로운 것이었다.

이처럼 러시아적 정체성이 역사적으로 변천되는 전환기에 처해있지만, 정체성의 일부 영역인 러시안 디아스포라 공동체들은 근외지역에서 각기 다른 경로를 따라 진화되어왔기에, 이들에 대해 단일한 패러다임으로 서술하기는 어렵다. 그보다는 거주지역과 특성에 따라 이들을 몇 가지의 범주로 분류하여 도표로 제시하면 <표1>과 같다. 이 범주에 따르면, 러시아인들은 소련 붕괴 당시에 다른 공화국들, 특히 발트 지역(Balt states), 그루지아(Georgia)나 아르메니아(Armenia) 같은 공화국에 비해 민족의식의 각성의 정도가 대단히 낮았으며, 이 점은 디아스포라와의 재통합을 주창하는 러시아인들의 대규모의 대중운동이 일어나지 않았던 점에 대해서 설명을 해주고 있다.[13] 우

---

13) 러시아인들이 민족의식이 약한 원인에 대해서는 오랜 논쟁이 존재했지만, 대체로 짜르 제국과 소비에트 연방을 잇는 제국의식과 제국 운영의 경험, 러시아, 벨라루시, 우크라이나 등 동슬라브족 간의 역사적·언어적·문화적 특성의 중복성, 소련시대 러시아공화국(RSFSR)의 러시아적 특성의 결여 등을 공통적으로 꼽을 수 있다.

크라이나에서처럼, 단지 해당지역에서의 사회적 지위와 문화적 요인이 상이하지 않으면, 주력민족과의 갈등의 소지가 적고, 중앙아시아에서처럼, 러시아인들이 명목 민족과의 문화·교육상의 격차가 크거나, 러시아인 공동체가 집단적으로 거주하는 곳에서는 갈등의 여지가 크다는 점, 또한 확인해 준다. 더불어 발트국가에서처럼, 러시아인들이 사회·경제·정치적인 차별을 받고 있다는 이유만으로 러시아로 이주하는 것은 아니라는 사실도 보여주고 있다.

<표1> 러시안 디아스포라의 네 유형

제1 집단	**러시아인과 다른 동슬라브족의 결합**(intermingling):
	• 대상 – 벨라루시와 우크라이나 지역에 사는 러시아인들의 집단.
	• 특징 – 자신들의 사회적 지위, 문화, 정치적 정향에 있어 백러시아인과 우크라이나인에 대단히 유사. 그러므로 이들 나라 밖으로의 이주는 많지 않으며, 우크라이나의 크리미아(Crimea)와 갈리시아(Galicia) 지역을 예외로 하고, 이들 지역 대부분에서는 잘 조직된 러시아인 공동체가 거의 없음. 따라서 러시아연방이 이들에 대한 특별한 정책을 추구할 만한 여지가 없는 편임. 우크라이나에서는 인종보다 지역적인 차이가 더 큰 문제였음. 벨라루시는 구소련에서 가장 약한 민족의식을 가지고 있던 지역이었음. 벨라루시의 러시아인과 벨라루시인은 서로 의사교환하는 데 장애가 없음. 결국 러시아인은 이 지역에서 수세기동안 원주민으로 살지 않았지만, 민족적 정체성의 문제로 인해 명목민족과 분리되지 않았음. 이 점은 러시아연방이 이들 지역의 러시안 디아스포라에 대해 적극적인 정책을 실시하는 데 장애가 됨.

제2 집단	**북부 카자흐스탄, 크리미아, 북동 에스토니아, 프리드네스트로브예 (Pridnestrovye)에 집단 거주하는 러시아인 집단:** • 특징:-이 집단은 잠재적으로 민족-영토적(ethnoterritorial) 자치, 혹은 분리를 요구할 수 있음. 몰도바의 프리드네스트로브예에 거주하는 러시아인들은 '제1집단'의 특징과 유사한 점을 지니고 있는데, 이것은 인종보다 지역적 차이가 더욱 중요한 요소이기 때문. 다만 몰도바의 지역주의는 우크라이나보다 역사적, 지리적으로 확고하게 규정된 경계를 갖고 있기 때문에 보다 명백하다는 점이 있음. 이들 지역의 신생 정부들은 러시아 거주민들의 잠재적인 분리 욕구를 잘 인식하고 있기에 부단히 이를 제어하려고 노력해왔음. 예를 들어 카자흐스탄 정부는 행정적 지역의 인종적 구성상의 급격한 변화를 유도하는 포괄적인 토지개혁을 시행하여 러시아인들이 지배적인 지역에 카자흐인들이 북부로 이동하여 다수민족이 되도록 유도하였음. 이 계획의 도움으로 중국과 몽골에서 귀국한 카자흐인들이 카자흐 북부 지역에 현재 정착해 살고 있음.
제3 집단	**분산된 러시아인 공동체: 중앙아시아(Central Asia)와 코카서스 (Transcaucasia) 지역 거주 집단:** • 특징-이 지역에서는 러시아인과 명목민족 간의 문화와 교육상의 격차가 크며, 무장 갈등, 경제 붕괴, 자신들의 안전에 대한 잠재적인 위협, 그리고 자녀의 고등교육과 직업적 안정성 보장에 대한 전망 부재에 직면해 러시아인들이 러시아로 급격하게 이주하는 양상이 나타남. 공식적으로 러시아인들의 정치적 권리에 대한 제약이 없지만, 실제로는 정치분야에서 심각한 과소대표(underrepresent)되고 있음. 명목 민족이 최고 지위를 독점하고 전통적인 혈연의 네트워크를 통해 의회 지배됨. 정치가 원주민 분파들 간의 투쟁으로 일관되며, 러시아인들은 정치적 국외자로 남아있음.

<table>
<tr><td rowspan="2">제4
집단</td><td>

발트 지역의 러시안 디아스포라(Baltic Russian Diaspora):
- 특징 – 다른 러시아 공동체와 비교할 때, 디아스포라의 고전적인 개념에 보다 잘 들어맞는 경우라 할 수 있음. 발트국가들은 CIS에 소속된 국가가 아니고, 엄격한 비자 절차를 요구하기 때문에 발트의 러시아인은 러시아 본류에서 상당한 정도로 벗어나 있음. 이들은 라트비아와 에스토니아에서 차별적인 시민권법에 의해 도전받지만, 놀랍게도 중앙아시아나 코카서스의 러시아인과 비교할 때 상당한 비율의 러시아인들이 본국으로 피난을 가지 않았음. 이러한 현상의 원인으로는 ①무장갈등과 정치적 불안정이 빈발하는 데에서처럼, 즉각적인 안전에의 위협이 없으며, ②상당수(특히 라트비아)의 러시아인들이 무역과 금융 같은 비즈니스 업무[14]를 시작함으로써 디아스포라에 전형적인 행위를 체득함으로써, 경제적으로 번성, ③사양산업과 공장에서 종사했던 사람들은 덜 유동적인 경향이 있으며, 러시아로 가도 더 나은 미래를 보장하지 못한다는 생각을 갖고 있기 때문임.

</td></tr>
</table>

출처: Н.М.Лебедева, "Русская диаспора или часть расского народа? К проблеме самоопределения русских на Украине". В. И. Козлов, А. Шервуд. *Русские в близнем зарубежье* (Москва: Институт этнолоджи и антропологии, 1994). сс. 53–59: В.В. Степанов, "Современное русское насление Крыма" В. И. Козлов & А. Шервуд. *Русские в ближнем зарубежье* (Москва: Институт Этнологии и антропологии, 1994), сс. 60–76: В. Малиникович, "Русский вопрос в Украине" *Открытая политика*. №.9–10 (1996), с. 77: Ian Zaprudnik, *Belarus: At a Crossroads in History* (Boulder, Colo.: Westview, 1993): Pal Kolstoe (1993), pp.973–1000; Jeff Chinn and Robert Kaiser (1996).

---

14) 대부분의 러시아인들은 발트 지역에서의 사유화과정에서 배제되었고, 그 영향으로 금융과 무역 부문에 많이 종사하게 되었다. 몰도바에서도 마찬가지로 모든 비즈니스맨의 80%가 러시아계이다.

3. 러시안 디아스포라의 현황, 정책과 쟁점

1) 러시안 디아스포라의 현황과 러시아 정부의 정책

(1) 러시안 디아스포라 현황

15개의 독립국가가 독립한 소연방의 붕괴는 러시아 바깥에 약 2,520만 명의 러시아인을 남겨두었다. 소연방 독립 후에 많은 비러시아 국가들이 러시아인들에 대한 자신들의 명목 민족(titular group, 예: 우크라이나에서 우크라이나 민족)의 비율을 증대시키려는 노력을 하였고, 이것은 러시아인들이 조국으로 돌아가게 만든 압박요인이 되었다. 이에 대해 지역별로 분명한 분류가 가능한데, 우선 아르메니아, 타지키스탄(Tajikistan), 아제르바이잔(Azerbaijan), 그리고 그루지아, 이 네 나라에서는 러시아인 인구의 절반 이상이 변동기의 적응전략으로 러시아로의 이주를 택했다. 이 나라들에서는 상당수의 명목민족들도 민족 간 폭력과 경제적 조건의 악화로 피난을 갔다. 타직인, 아르메니아인, 그루지아와 아제르바이잔인들 모두 이주 결과 러시아에서 자신들의 규모를 증대시켰다. 우즈베키스탄(Uzbekistan)과 키르키즈(Kyrgyzstan)에서는 러시아인들 가운데 약 1/4이 이주했다. 소연방 시절 가장 많은 비율의 러시아인들이 거주하던 카자흐스탄(Kazakhstan)에서는 17.8%가 떠났고, 그다음 네 번째 그룹으로 발트지역의 세 나라와 몰도바(Moldova)에서 약 10~13%의 러시안 디아스포라 인구가 역시 떠났다. 그리고 다섯 번째 부류가 나머지 두 슬라브 국가들(우크라이나(Ukraine), 벨라루시(Belarus))인데, 이곳으로부터 일부의 러시아인들만이 조국에 돌아왔다.[15] 그러나 시간이 지나면서 구소련국가들로부터의 러시아인 유입 인구 비율은 줄어들기 시작했다.

디아스포라를 포함한 전반적인 러시아인 문제는 사실 포괄적인 러시아의 인구통계학적인 문제들과 깊이 관련되어 있는 복잡한 쟁점이다. 이런 의미에서 러시안 디아스포라는 러시아 연방 내의 공중보건 악화, 출생률 감소, 평균 수명 하락, 노동가능 연령층 감소, 그리고 인구감소의 지속과 같은 심각한 사회적 문제들의 연장에서, 이 문제를 해결하기 위해 러시아 정부가 근외지역으로부터 교육 수준이 높은 러시안 디아스포라, 혹은 비러시아 국가의 러시아어 가능자들을 유입하려는 정책을 시행하도록 작용하는 방안이 될 수 있다. 그렇기에 러시아 정부 입장에서 국내 인구 감소에 대한 대안으로 당연히 이주정책(migration policy)을 선호할 개연성이 높다. 하지만 UN의 보고에 따르면, 러시아가 2050년까지 현 인구 규모를 유지하려면, 2,700만 명의 이주자가 필요하며, 적정규모의 노동력을 유지하려면 3,580만 명의 인력이 필요하다고 밝혔는데[16], 이 규모는 러시아가 유입하고자 하는 주요한 원천인, 러시안 디아스포라의 전체 숫자보다도 많은 수치이다. 일반적인 국내 상황은 이렇게 나타나고

---

15) Timothy Heleniak, "Russia's Demographic Challenges" Stephen K. Wergen, eds., *Russia's policy Challenges: Security, Stability, and Development* (Armonk: M.E. Sharpe, 2003), p.211.
16) UN, *Replacement Migration: Is It a Solution to Declining and Aging Populations?* (New York: United Nations, 2001), p.27.

있지만, 옐친(B. Yeltsin), 푸틴(V. Putin)에 이르는 역대 러시아 정부의 정책은 이와 관련한 방도를 구체화하거나, 이를 위해 CIS국가들에 압력을 넣는 등의 적극적인 조치를 취하지 않았다.[17] 러시아로의 유입인구도 1994년에 800,000명에서 2001년 72,300명으로 대폭 감소했다.[18] 이것은 이주가 러시아 인구 감소에 대한 대안으로 작용하지 않고 있다는 점을 드러낸다.

<표3>, <표4>에서 볼 수 있듯이, 중앙아시아로부터의 이주민이 많고, 발트3국과 우크라이나, 벨라루시 같은 동슬라브 국가들로부터의 유입이 적다는 사실은, 현지 러시아인의 반응 측면에서도 첨예한 대조의 양상을 드러내고 있다. 명목민족과 비명목민족(특히 러시아인을 겨냥한) 간의 차별이 심한 발트 국가로부터 러시아로의 유입이 적고, 상대적으로 차별이 덜한 중앙아시아 지역으로부터의 유출이 많다는 사실에는 두 가지 요소가 작용하고 있다고 추정된다. 첫째로, 중앙아시아에서의 경제적 조건이 급속하게 악화되어 왔으나, 발트지역에서는 생활수준이 상당한 정도로 (특히 러시아와 비교할 때) 안정을 유지해왔다.[19] 그러나 이 설명은 중앙아시아의 많은 러시아인들이 자신

---

17) Timothy Heleniak, "Migration and estructing in Post‒Soviet Russia" *Demokratizatsia: The Journal of Post‒Soviet Democratization.* 9. No.4 (Fall 2001), pp.531‒549.
18) Heleniak (2003), p.215
19) 경제적 측면은 아니지만 이에 덧붙여 지적할 수 있는 현상은, 발트국가들이 EU와 NATO에 순차적으로 가입을 하자 현지의 많은 러시아인들이 해당 국가의 국적을 얻기 위해 국적 신청을 하는 현상이 현저하게 나타나고 있다는 점을 들 수 있다. 이와 같은 현상의 원인은 러

들의 높은 사회적 지위와 고소득을 보장하는 직업을 버리고 러시아로
의 이주를 선택한 데 대한 이유를 제시하지 못하는 단점이 있다. 둘째
로, 중앙아시아에서 정부의 정책이 발트지역보다 덜 배타적이었음도
불구하고, 원주민들의 위협에 대한 러시아인들의 인식이 더 크게 작
용했다. 중앙아시아에서 민족 간 관계의 악화에 대한 두려움은 1980
년대 말 이후에 표출된 폭력적인 반외부인 적대감으로부터 연유한 측
면이 있다. 폭력이 러시아인들을 대상으로 한 것은 아니었지만 러시
아인들의 불안감을 증폭시켰다고 볼 수 있다.[20]

<표2> 러시아공화국 외부의 소비에트 공화국 거주 러시아인과
러시아어 구사자, 전체 비명목인구 중 러시아인비율, 1989,1996

(단위:명)

공화국	러시아인 (비율%),1989	러시아인 (비율%),1996	러시아어 구사자	전체비명목인구중 러시아인비율(%)	전체비명목인구중 비러시아인(%)
아르메니아	52,000(1.5)	76,320(2)	16,000	23.5	76.5
아제르바이잔	392,000(2.5)	375,350(5)	137,000	32.5	67.7
벨라루시	1,300,000(13)	1,238,400(12)	1,900,000	59.7	40.3
에스토니아	475,000(30)	455,880(29)	78,000	78.8	21.2
그루지아	341,000(6.3)	328,680(6)	142,000	21.1	78.9
카자흐스탄	6,200,000(35.8)	4,634,450(35.8)	1,600,000	62.7	37.3
키르키스탄	917,000(21)	903,260(19)	174,000	45.2	54.8
라트비아	906,000(34)	872,190(33)	228,000	70.8	29.2
리투아니아	344,000(9.4)	340,380(9)	100,000	45.9	54.1
몰도바	562,000(13)	565,500(13)	446,000	36.5	63.5

시아인들이 EU가입으로 인한 국경 자유이동 등 여러 가지 혜택을 누
릴 수 있기 때문이라고 할 수 있다.
20) Chinn and Kaser (1996), pp.276－277.

공화국	러시아인 (비율%),1989	러시아인 (비율%),1996	러시아어 구사자	전체비명목인구중 러시아인비율(%)	전체비명목인구중 비러시아인(%)
타직스탄	388,000(3.5)	492,400(8)	107,000	20.3	79.7
투르크메니스탄	344,000(9.8)	426,000(10)	87,000	33.9	66.1
우즈베키스탄	1,700,000(8.3)	1,864,560(8)	500,000	29.2	70.8
우크라이나	11,400,000(22)	11,549,560(22)	5,700,000	80.9	19.1

출처: Rudenski (1994), p. 60: Stephen K. Batalden and Sandra L. Batalden, *The Newly Idependent States of Eurasia: Handbook of Former Soviet Republics* (Phoenix: The Oryx Press. Batalden 1997): *The Results of the 1989 all－Union population census* (1993): Braun(2000), p.82.

<표3> 러시아로의 국가별 이주, 1989－2001

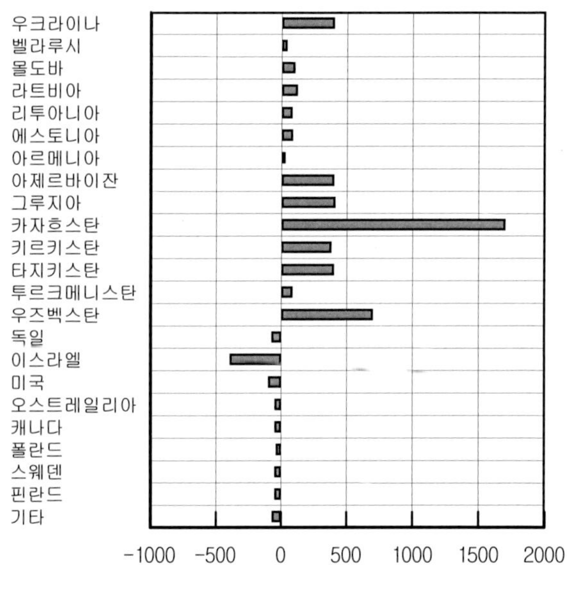

이주자수(천 명)

출처: Госкомштат Россий . 2002. *Демографитический ежегодник*

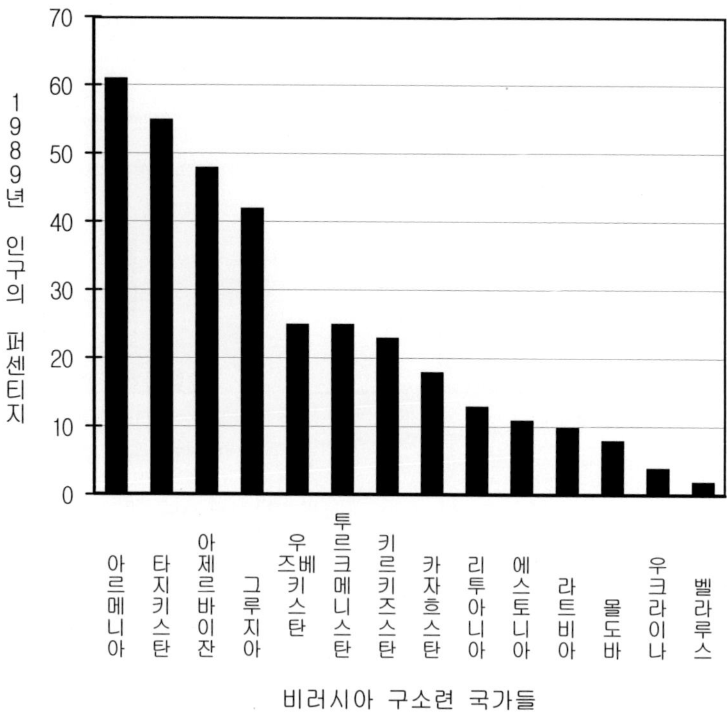

출처: Госкомштат Россий ю 2001. *Миграция носеления Россий ской федераций* .

<表5> 구소련공화국의 러시안 디아스포라 인구(2006년)

(단위: 1, 000명)

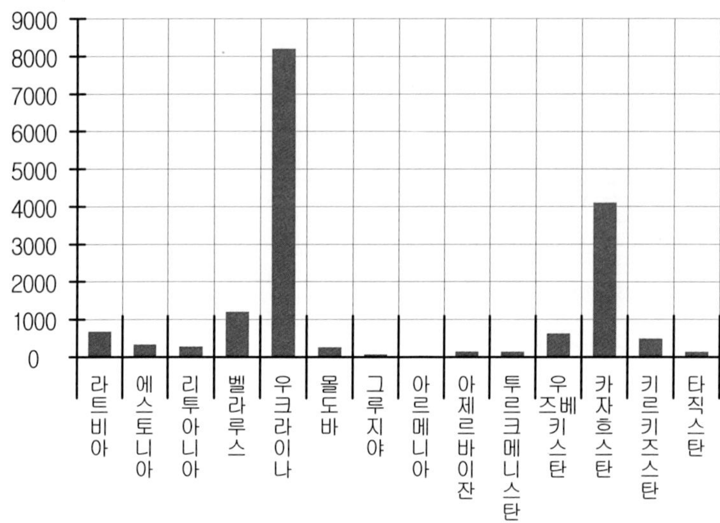

라트비아: 676,000, 에스토니아:330,000, 리투아니아:278,000, 벨라루스:1,200,000, 우크라이나:8,200,000, 몰도바:260,000, 그루지야:70,000, 아르메니아:30,000, 아제르바이잔:144,000, 투르크메니스탄:142,000, 우즈베키스탄:620,000, 카자흐스탄: 4,100,000, 키르키스탄:485,000, 타직스탄:137,000

출처: 러시아 외무부(재외러시아아인 담낭 국장, 알렉산드르 체푸린) 발표 (2006.3.8),http://www.rferl.org/featuresaticleprint/2006/03/40a5e 4cb - c670 - 4f.

(2) 러시안 디아스포라에 대한 러시아연방의 정책

러시아 정부의 디아스포라 정책에 있어서의 핵심은 '이중 국적'(dual citizenship) 정책이라고 할 수 있다. 그렇지만 연방해체 이후의 초기정책은 적극적이지 못하고 러시아 외부의 러시아인들에 무관심한 모습을 보여주었다. 소련 붕괴 이후 처음으로 개정된 러시아연방의 시민권법(1992.2.6)은 1991년 9월 당시에 소비에트 시민권을 갖고 있는 자는 자신이 거주하고 있는 (비러시아)국가의 시민권을 갖고 있지 않는 한, 3년 이내에 러시아 국적을 취득할 수 있도록 하였다.[21]

1993년부터 옐친 대통령을 위시해서 코지레프(A. Kozyrev) 외무장관 등 고위 관료들이 언급하기 시작했고, 그것의 반영으로 1993년 6월 17일의 동법 개정안은 1991년 9월 이전에 독립을 선언한 발트 국가들과 그루지아를 둘러싼 모호함을 제거하였으며, 러시아 국적을 지니면서 동시에 다른 국가들에서의 시민권을 유지하는 것을 허용했다.[22] 2001년 1월부터는 구소련 패스포트 소지자들이 단순한 등록 절차만으로 국적을 취득하는 이전의 단순화된 시스템이 폐기되고, 대신에 일련의 복잡한 서류들과 '거주 허가'를 요구하게 되었다. 이것은 푸틴 대통령의 2000년 5월 17일의 포고령에 의거하였으며, CIS와 발트 국가들 내의 거주자들이 러시아 여권을 취득하기 훨씬 어렵게 만들었다.[23]

---

21) *Российская газета*, February 6, 1992.
22) Российская газета, July 14, 1993.

러시아를 제외한 다른 국가들은 정부 차원에서, 그리고 해당 국가의 많은 비러시아계 사람들은 러시아의 이중국적 정책이 자신들의 국가·민족형성 노력에 장애가 될 것이며, 러시아 지배(Russian domination)의 도구가 될 것이라고 의심하는 경향이 농후했다. 그리고 내용적으로 누구를, 어떤 기준으로 러시안 국적의 소유자로 할 것인가 하는 문제에 대해서도 불명확했다. 라트비아(Latvia)와 에스토니아(Estonia)를 제외하고는 러시아인들은 이미 그 나라의 국민으로 인정받은 상황이었기 때문에 이와 같은 의문이 제기되었다.

이와 같은 상황에서 옐친, 코지레프, 미카타예프(Abdulakh Mikitaev) 대통령 행정실 시민권 국장(Chief of the Citizenship Directorate of the Presidential Administration) 등이 중심이 되어 강력하게 추진하기 시작했던 이중국적 아이디어는 실제로 주변 국가의 반대에 부딪쳐 성과를 내지 못했다. 러시아는 다자주의(multilateralism)에 입각하여 1995년부터 우크라이나, 벨라루시, 카자흐스탄 등과의 포괄적인 양자조약 체결에 있어, 이중국적 조항을 삽입하고자 노력했으나, 이들 국가들이 반대함에 따라 모두 실패로 돌아갔다. 이렇게 되자 러시아 정부는 러시아 국내법(국적법) 조항을 개정함으로써, 근외지역 국가들의 승인 없이도 러시아 밖의 러시아인들이 사실상 이중국적을 얻을 수 있도록 하는 조치를 취하기 시작했고, 그 결과 실제로 중앙아시아와 남부 코카서스 지역의 많은 러시아인들이 러시아로 이주하여 시민권을 획득하였다.[24]

---

23) *Независимая газета*, December 16, 2000.
24) 1997년 2월에 대통령행정실 시민권국은 이 조치를 통해 새로이 러시아시민권을 획득한 사람이 900,000명에 달한다고 공표하였다. ITAR−

2000년 이후 디아스포라의 이주가 눈에 띄게 줄고, 러시아 정부가 이주정책의 틀을 차츰 확립해가면서, 특히 푸틴 대통령 취임 이후 그 양상을 달리해왔다. 푸틴정부는 연방이주국 내에 이주정책을 개발할 부서를 신설하여 몇 가지 제안(proposals)을 하였다. 그중에는 모스크바(Moscow)와 뻬제르부르그(St. Petersburg) 부근에 이주자 캠프를 조성해 6개월간 살도록 하는 방안도 있었다. 러시인들과 러시아어 구사자들에게 문호를 개방하고, 원치 않는 이주자들(교육 수준이 낮은 중앙아시아인들, 아프간인, 중국인 등)을 추방하려는 의도를 지닌 푸틴 정부 이주 정책의 기조는 푸틴 대통령 재임동안에는 여러 모로 정책수행을 위해 강제의 요소를 동원하려는 것으로 보인다. 푸틴 정부는 이미 이주국을 폐지하고 그 기능을, 민족에 대한 경찰 기능을 담당하는 내무부 산하에 두어 러시아 국내 불법 체류 소수민족에 대해 강제권을 발동한 바 있다.

2002년 여름에 통과된 새로운 시민권법은 러시아로의 이주에 대한 통제를 강화하여 그 결과, 시민권 신청을 위한 대기 기간을 5년으로 연장했고, 재정적 지원의 증빙과 러시아어 능력을 요구하고 있다.[25] 러시안 디아스포라는 어떠한 특별대우도 받을 수 없는데, 과

TASS, January 28, 1997; *Дипломацический вестник* (1997), p.45.

25) 동시에 대통령령으로'해외동포의 지원 개념'(Conception of Support of the Compatriots Abroad, Концепция поддержки Россйской федерацией соотдерственников за рубежом на современном этапе)을 채택하였다. Heleniak (2003), pp.215－216.

거에 구소련 시민들에게 요구되던 대기기간도 1년이었음을 상기한다면 현재 법의 엄격함을 짐작할 수 있다. 어쨌든 동법의 시행은 불법·합법 모두를 포함한, 러시아로의 이주의 흐름을 상당히 약화시킬 것이 예상된다.

2) 러시안 디아스포라를 둘러싼 쟁점

러시안 디아스포라에 대한 문제를 언급하기 위해서는, 러시아적인 정체성에 관한 일반적인 논의에 관심을 기울이는 것이 우선되어야 할 듯하다. 이 점은 무엇보다도 CIS 국가들에서의 민족주의와 비교할 때 상대적으로 동면중인(dormant) 러시아의 인종적 민족주의(Russian ethnonationalism)가 향후에 강화될 가능성이 농후한 가운데, 러시아인의 이주문제와, 근외지역에서는 물론이고, 러시아 국내에서 이 문제를 둘러싼 정치적인 동원(political mobilization)의 문제가 중요하게 대두되어 왔다는 점을 반영한다. 이것을 살펴보는 데 있어, 적어도 세 가지의 시각이 존재한다. 첫째는, 러시아에서의 인종적 민족주의의 경제적, 정치적, 그리고 국제적인 동원의 비용이 너무 크다고 판단하는 시각이다. 러시아 지도자들과 대중은 그들이 그와 같은 경로를 고수할 때, 너무도 많은 것을 잃을 것이고 얻는 것은 거의 없을 것이라고 이해하고 있다. 하나의 정치적 뿌리 아래 세르비아인들(Serbians)을 결속시키고, 인접한 국가들 내의 동일 인종으로부터의 지지를 구하려 했던 세르비아의 빗나간 시도가 이에 해당된다고 하겠다. 둘째는, 러시아적 정체성에 대한 스스로의 규정이 전통적으로 인종을 초월하는 (supra－ethnic) 것으로 인정돼왔다. 이 경우, 러시아의 정체성은 제국주의적(imperial), 혹은 보편주의적(universalistic)으로 인식되어 왔으며, 어떤 경우든 '정치적인 고려'(political preferences)가 우선한다. 이런 점에서, 러시아의 인종적 정체성은 정치적 동원을 위한 기초가 되기에는 너무 취약하다. 셋째로, 러시아는 수세기 동안 제국의 과대팽창과 공산주의 지배로 인해 도덕적으로, 그리고 물리적으로 고갈되어 왔으며, 그리고 그것은 일종의 동원을 위해 적합한 관념, 기구, 그리고 지도자라는 요소들을 결여하고 있다. 즉 약한 국가(weak state)와 취약하고, 원자화된(atomized) 사회의 무기력한 조화는 강력한 인종적 민족주의가 지배하는 러시아의 출현을 예고한다.26)

각기 타당한 근거를 지닌 이 세 시각은, 아직 그것만 가지고 미래를 예측하는 데 불충분한 측면들을 지니고 있다. 첫 번째 시각은 '합리적 정책 모델'(rational model of policy)에 기초한다. 프리쩰(Ilya Prizel)은 민족주의와 민족적 정체성에 관한 비합리적인 관념이, 많은 학자들이 이 접근법을 회피했음에도 불구하고, 많은 나라들에서 외교정책의 필수적인 요소로 자리잡아 왔음을 명백히 보여준다.27) 프리쩰의 주장은 국내 정치의 영역에서도 마찬가지로 쉽게 적용될 수 있다.

두 번째 시각은 러시아 정체성의 상황적이고 구조적인 측면들을

---

26) Igor Zevelev (2001), p.5.
27) Ilya Prizel, *Natinal Identity and Foreign Policy* (New York: Cambridge University Press, 1998).

과소평가하고 있다. 포스트－소비에트 국가들을 연구하면서 래이틴 (David Laitin), 수니(Ronald Suny)를 포함한 일군의 학자들은 대개 민족들은 '바깥에 존재하는 것이 아니라'(out there), 그것보다는 사회적, 정치적, 그리고 경제적 과정의 기능이라고 보는 경향이 있다.28) 프리쩰도 유사하게 주장하길, "민족적 정체성에 대한 재규정은 일반적으로 점진적인 과정인 반면, 압력(stress)이 지속되는 상황하에서는 제대로 확립된 정체성조차도 급격한 형태로 변화될 수 있으며, 사람들의 집단적인 기억도 대단히 빨리 재정리될 수 있다"고 언급하였다.29) 다시 말해, 현대 러시아는 정체성 확립에 대한 압박이 지속되는 조건하에 놓여 있으며, 오래된, 보편적인 전통을 필수적으로, 그리고 무한정 집착하게 될 것이라고 믿을만한 근거는 없다는 것이다. 마찬가지로 '족성'(族性, ethnicity)은 러시아 엘리트들이 새로운 국가를 건설하려는 노력에 있어 주요한 방해 요소가 될 수 있다.

세 번째 주장은 러시아의 가장 취약한 부분을 강조하고 있으며, 솔제니친의 주요한 관심사이기도 하다. 이 시각은 서구에서도 아나톨 리벤(Anatol Lieven) 같은 인사가 체치냐에서의 붕괴에 대한 극적인 묘사에서 드러냈듯이, '파괴되고 있는 것들'에 대한 문제의식의 일단을 표명하고 있다.30) 이 시각은 러시아 국가의 현 상태를

---

28) Laitin (1998), p.335: Ronald Suny, *The Revenge of the Past: Nationalism, Revolution and the Collapse of the Soviet Union* (Stanford: Stanford University Press, 1993).
29) Prizel (1998), p.8.
30) Lieven (1998).

적절하게 반영하고 있지만, 역동성(dynamic)과 비교를 위한 구성요소들을 결여하고 있다. 예를 들어 17세기 초와 소연방 붕괴 후의 러시아, 20세기 전반기의 중국, 2차 대전에서의 패배 이후의 독일과 일본의 경우에 있어, 누구도 의미 있는 정치적 실체로서 이들 국가가 재등장할 것이라고 기대할 수 없을 정도로, 분열되고 파괴되었던 전례가 있다. 현재 러시아의 암담한 상황으로 인해 21세기의 지구적 차원에서 새롭고 중요한 역할을 하는 국가로 러시아가 다시 나타날 수 없다고 주장하기에는 아직 충분한 근거가 없다. 물론 이 부분은 논쟁의 여지가 있는 이슈이며, 따라서 논쟁에서 한쪽 편의 주장에 서기보다는, 현 시점이 이와 관련한 러시아의 미래를 언급하기에는 너무 이르다는 점을 분명히 할 수 있다.

결국 소연방 붕괴 이후 정치적 동원의 수단으로서의 러시아적 정체성에 대한 환기와 의식의 고양이 필요하다고 정치지도자들과 지식인들이 역설해왔음에도 불구하고, 현실적으로 러시아내에서 러시안 디아스포라를 정책적 대상으로 삼아 러시아적 정체성을 확립하려는 시도는 사실상 미미하며, 그 안에 내재한 문제점들로 인해 본질적인 문제로의 접근과 실행이 곤란한 영역으로 존재해 왔다. 무엇보다도 소연방 붕괴 이후 많은 러시아인들이 구소련국가들에서 러시아로 이주해왔지만, 아직까지 근외지역의 각 나라에 산재해있는 다수의 러시아인들이 '영주'(resident)의 형태로 살면서, 원주민(native inhabitants)으로 간주하기에 충분하다는 점을 지적할 수 있다. 카자흐스탄에는 가장 높은 비율의 러시아인들이 거주하는데, 전체 러시아인의 67%가 카자흐스탄에서 태어났다. 아제르바이잔에서는 66%가, 키르키스탄, 우크라이나, 우즈베키스탄, 라트비아(Latvia), 몰도바, 그리고 투르크메니스탄(Turkmenistan)에서는 50% 이상이, 리투아니아(Lithuania)는 49.7%가, 그리고 타직키스탄, 그루지아, 에스토니아, 벨라루시는 42~48%가 여기에 해당된다. 아르메니아에서만 상대적으로 낮은 비율인 26%를 차지하고 있다.[31]

이 중에서 러시안 디아스포라 공동체가 중요한 의미를 지니는 핵심적인 국가들은 우크라이나, 카자흐스탄, 라트비아, 그리고 에스토니아 등으로 볼 수 있는데, 이들 나라에서는 러시아인 문제가 안보, 정치적 안정성, 민족주의적 동원 과정의 성공 여부, 민족 국가의 건설과 같은 문제에 있어 중대한 비중을 차지하고 있기 때문이다. 특히, 우크라이나에서 러시아인들은 인종적 우크라이나인들과 근본적으로 분리되기 어려우며, 카자흐스탄에서는 러시아와의 국경과 인접한 지역에 600만 명의 러시아인들이 살고 있다. 이 두 지역은 이 지역뿐만 아니라, 러시아에서도 '러시아성'에 대한 재규정과 민족 형성에 대한 자기 인식에 있어 대단히 중요하다고 할 수 있다. 라트비아와 에스토니아에서는 러시아인이 소수민족의 중요한 구성요소임에도 불구하고, 주력민족의 민족·국가 형성 과정에서 사실상 배제되어 왔다.

이 네 나라를 제외한 구소련 지역의 다른 나라들에서 러시아인 문제는 여러 가지 이유로 국제적으로 중요한 문제로서 부각되지 않

---

31) Rudenski (1994), p.61.

고 있다. 그럼에도 불구하고, 러시아내에서는 구소련 지역의 러시아인들과 관련된 문제들이 지속적으로 제기되어 왔는데, 내용상 그것을 분류하면, 러시아인들에 대한 권리 침해와 재외러시아인들에 대한 러시아 정부의 정책에 대한 문제제기가 핵심을 이룬다. 그 내용을 살펴보면 다음과 같다.

□ 구소련공화국들에서의 소수민족의 권리 침해에 대한 논란

앞서 살펴보았듯이, 소연방 해체 이후 구소련지역에서 갑자기 소수민족이 된 러시아인들은 지역에 따라 자신들의 처지와 상황이 다른 것이 현실이다. 포스트 – 소비에트 공간에서 러시아 민간인들이 살해되거나 인종청소를 당하는 식으로 피해를 입지는 않았지만, 대부분의 구소비에트 공화국들에서 러시아인들은 '2류'(second – class) 시민이 되었고, 특히 라트비아와 에스토니아에서는 러시아인들 대부분이 처음으로 시민이 되지 못하고, 단순한 '거주자'가 되었다. 소연방 해체 이후 구소련지역에서 러시아들이 침해당하는 권리와 관련된 문제들은 다음과 같다.

① 시민권문제(citizenship)

이와 관련해서는 발트지역에서, 특히 에스토니아와 라트비아에서 1990년 7월 독립선언을 할 당시에 거주하던 비명목민족을 시민권자에서 배제하고, 1940년 소련군의 진주 이전 시기, 즉 양차 대전 전

간기(戰間期)의 명목민족과 그 후손들에게만 시민권을 인정하고 참정권을 부여했던 초기의 초강경대응에서 보다 온건하게 변화해왔다. 직업, 주택, 거주 등록 등의 시민적 권리에 직접적으로 영향을 미치는 시민권 부여 여부는 러시아로 이주할 생각이 없는 러시아인들에게 사실상 생존을 위한 절대적인 문제인데, 이 문제는 1994년까지 발트 국가들(에스토니아와 라트비아)에서 1990년 여름 발트국가들에서의 주권선언 당시에 거주하던 비명목민족에게도 시민권 청구를 할 수 있는 자격을 부여하는 법률을 통과시키면서 일단락된 상태이다. 상대적으로 시민권을 확대한 리투아니아는 자신이 리투아니아에서 태어났거나, 아니면 부모와 조부모가 태어난 경우, 그렇지 않으면 1990년 11월 당시에 리투아니아에 살고 있는 자를 모두 시민권 청구 자격을 가진 자로 규정하여, 이미 1994년에 95퍼센트의 러시아인들이 시민권을 획득하였다.[32] 따라서 리투아니아에서는 시민권자 대 비시민권자로 정치적 세력 형성이 이루어지고 있으며, 러시아인 대 비러시아인의 구도는 아닌 것으로 입증되고 있다. 반면 제약이 가장 심한 에스토니아와 라트비아에서는 명목민족이 정치적으로 독점적 대표자의 지위를 누리고 있다.[33]

---

32) Vladis Gaidys, "Russian's in Lithuanians" V. Shlapentokh, M. Sendich and E. Payin, eds., *"The New Russian Diaspora: Russian Minorities in the Former Soviet Republics* (Armonk, N.Y.: M. E. Sharpe, 1994), p.101.

33) 에스토니아와 라트비아에서의 러시아인 소수민족에 대한 정부의 태도가 아파르트헤이트(apartheid)적이라고 강력하게 비판한 대표적인 러시아 정부 내 인사는 옐친 대통령 고문이었던 세르게이 스탄케비치(Sergei

② 언어

구소련권의 많은 국가들에서 해당국가의 언어를 구사할 수 있는지의 여부를 시민권 획득의 기준으로 삼는다는 점에서, 이것은 시민권 문제의 파생적 산물이기도 하며, 소비에트 문화의 기준점이면서 동시에 보편적인 상징인 '러시아화'(russification)의 영향으로부터 벗어나고자 하는 시도이기도 하다. 많은 비러시아인들은 자신들의 언어가 소련 시대 러시아인의 지배적인 지위에 의해서 위협받았다고 생각하기 때문에, 새로운 국가형성과정에서 러시아인들의 언어와 문화생활로부터의 단절을 꾀했다. 특히 발트제국에서 이루어진 '언어법'(language law)에서 규정하는 언어구사 능력은 공직사회에서 러시아인들을 추방하는 직접적인 계기가 되었을 뿐 아니라, 시민권 획득과 고용에 있어서도 절대적인 기준이 되었다.34)

Stankevich)였다. 그는 러시아 인접국가내지 과거의 소련권 국가들에 거주하는 러시아어 구사자들에 대한 문제제기가 해당국가에 대한 러시아의 내정간섭이 결코 될 수 없다고 주장했다. 나아가서 그는 러시아 이웃 국가들에서의 러시안 디아스포라 인구에 대해 해당국 정부가 취하는 태도가 러시아에게 우호적인가 아닌가의 판단기준이 될 수 있다고 강조했다. Сергей Станкевич, "Жерзава в поисках себия" *Независимая Газета*, March 28, 1992, p.4.

34) 에스토니아의 경우, 에스토니아어는 러시아와는 완전히 다른 핀 - 우구르어(Finno - Ugric language)이기 때문에 기존에 에스토니아어를 전혀 모르던 러시아인들에게 이를 능숙한 수준으로 습득하는 것은 대단히 어려웠다. 따라서 대부분의 러시아인들은 유창함(fluency)에 못 미치는 수준으로 설정된, 시민권 획득을 위한 에스토니아어 시험에 합격하기 위해서는 힘든 노력이 요구되었다. Chinn and Kaser 1996), pp.102 -

러시아 국내에서 러시안 디아스포라를 '동포'로 인정하면서 이들과의 관계를 강화하고, 이를 통해 CIS 내에서의 다자주의적인 외교적 수단을 갖고자 하는 러시아 정부의 시도는 국내외에서 많은 반향을 불러 일으켰다. 관련국가들의 반대를 불러 일으켰던 러시아의 이중국적 정책은 사실상 대CIS 외교정책의 일환으로 구사된 측면이 있었으나, 국내적으로는 이에 만족하지 못하고 정부정책에 반대하는 그룹들도 상당히 존재했다. 원래 옐친의 정적이었던 공산주의자들과 민족주의자들이 소연방 붕괴 직후부터 러시안 디아스포라의 지위에 대해 문제 삼기 시작했고[35] 1993년 12월 의회 선거에서 당 강령에 러시안 디아스포라의 권리 옹호를 명시한 지리노프스키(Zhrinovsky) 정당이 22.9%의 지지를 얻고 나서부터 점차 그들의 주장이 정치적 주류로 채택되기 시작했다.[36]

디아스포라와 재외 동포문제에 있어서 강경파(hard liner)라고 할 수 있는, 이 그룹에서 주장하는 강경한 정책은 (1)러시아어 사용자에 대한 시민권배제정책을 채택한 라트비아와 에스토니아에 대한

103.

[35] J. Devlin (1999), p.50.

[36] 스탄케비치 같은 정부 내의 정책결정자뿐만 아니라, 러시아 국내에서 조직적으로 행동하는 행위자로서 군부, 의회, 외교부, 정당과 공공기관 등 다양한 기관들을 들 수 있으며 이들은 일관되게 러시안 디아스포라의 권리를 옹호하였다. Paul Kolstoe, *Russians In the Former Soviet Republics* (Bloomington and Indianapolis: Indiana University Press, 1995), pp.268 – 280.

보복으로 무역재제를 시행할 것, (2)러시아어 사용인구가 많은 국가
들(우크라이나, 카자흐스탄, 벨라루시, 몰도바, 라트비아와 에스토니
아)에서의 제2공식 언어로 러시아어를 채택하도록 압력을 가할 것,
(3)근외지역 내의 러시아인 공동체의 자치 요구 압력 등으로 요약된
다.37) 뿐만 아니라, 1993년 10월 의회 해산에 이르는 극도의 혼란
시기에도 부통령, 알렉산더 루츠코이(A. Rutskoi)나 옐친 대통령의
정치고문, 세르게이 스탄케비치(S. Stankevich)같은 정치인도 초강경
입장을 표명하곤 했었는데, 그들은 러시아인들이 인구의 대다수를
이루고 있기 때문에, 크리미아나 프리드네스트로븨예를 러시아가 러
시아인들의 주권적인 실체로 인정해야 한다고 제안했었다.38)

이와 같은 강경파들의 주장 중 어느 것도 러시아 정부가 공식적
으로 채택하지 않았지만, 이 문제에 관해서는 거친 수사(rhetoric)가
무수하게 난무한 것이 현실이었다. 따라서 러시아가 실제로 취한 행
동과 국내에서의 수사간에는 불일치(discrepancy)와 괴리(gap)가 존
재하는데,39) 러시아 독립 초창기로 거슬러갈수록 이러한 현상은 두
드러진다. 불일치가 발생하는 근본적인 원인은 무엇보다도 러시아

---

37) Зуганов (1995), pp.87 – 93
38) Kolstoe (1994), p.271.
39) 국정의 책임을 지지 않는 지식인들뿐만 아니라, 옐친이나 코지레프 같
　　은 국정의 최고담당자도 이와 같은 불일치를 수시로 보여주었다. 일례로
　　코지레프 외무장관은 1995년 러시아외교정책위원회(Council for Foreign
　　Policy of Russia) 회의에서, "근외지역에서 우리 시민들과 동포들을
　　보호하기 위해서, 필요한 경우에는 무장력을 사용할 필요가 있다"고
　　언급했다. Козилев (1995), c. 116 – 117.

정부가 러시아인 소수민족의 권리와 이익을 목적이라기보다, 구소련의 공간에서의 러시아의 영향력 확보를 위한, 수단적인 차원에서 바라보고 있기 때문이라는 평가도 있다.[40] 그러나 포스트－소비에트 공간에서의 러시아의 영향력 확보와 지배를 위한 능력과 의지의 측면에서, 이를 다 설명하기 어려운 점도 있다. 무엇보다도 러시아의 경제적 곤경이 외부로 관심을 향하게끔 하는 데 제약을 주어 왔으며, 러시아연방의 내적인 구조와 현실 또한 정책수행을 어렵게 만들고 있다.

디아스포라와 재외동포 문제가 신생 러시아의 국내외 정책에 미치는 영향력과 국내정치적 효과는 점차 명확하게 그 실체를 드러냈다. 다시 말해 러시아 측 지식인들과 정부 관리들이 과격한 언행을 자주 표명하긴 했어도, 실제 정책은 일반적인 '표현'보다는 온건한 수준에서 결정이 이루어졌다. 이와 같은 정부 당국자들의 언행과 실제 정책간의 괴리는 무엇보다도 러시아의 정책수행능력과 주변 국가들의 저항간의 상관성이 높다는 데에 원인이 있겠지만, 이를 통해서 '말을 통한 치유효과'(therapeutic effects of words)를 얻는다는 점도 무시할 수 없다.[41] 동포를 보호한다는 러시아 당국의 수사학은 소연방

---

40) Zevelev (2001), pp.153－154.
41) 스테픈 세스타노비치(Stphen Sestanovich)는 헨리 키신저(Henry Kissinger)의 드골(de Galle) 리더십 연구를 원용하면서, 1960년대의 프랑스와 1990년대의 러시아간에 통찰력 있는 비교를 제시했다. 현대 러시아는 당시 드골의 프랑스보다 훨씬 빈약한 자원을 가지고 자신의 레토릭을 구사하고 있다는 차이가 나지만, 양자는 공히 말의 '치유적 효과'를 누리고 있다고 판단된다. Сестанович (1995), с. 78; Shevtsova

붕괴 이후 러시아 민족이 분리된 데 따른 충격을 심리적으로 극복하고, 상처를 치유하는 데 도움을 줄 수 있다. 다시 말해 현 상태 러시아의 인위적인 경계 내에서 이루어지고 있는 국가건설 정책이 야기하는 긴장을 이완시키고, 러시아인들의 역사적 경험뿐만 아니라, 자신들의 국가의 공간적 재획정(spatial distribution)에 관한 인식에도 영향을 미치는 행위라고 할 수 있다. 이런 의미에서 소연방 붕괴 직후인, 1992년의 러시안 디아스포라에 대한 정책은 전적으로 수사적이었으며, 1993～1994년 동안에는, 이중국적 옹호를 포함하여, 어느 정도 적극적인 수단을 통해 수사를 뒷받침하고자 하는 시도가 있었다. 이와 같은 정책이 실패로 돌아가고 난 후 온건한(moderate) 정책과 과격한(tough) 수사 간의 조화만이 존재하게 되었다.[42] 물론 담론은 그 자체로 생생하고, 때로는 위험스런 결과를 낳을 수도 있다. 그렇지만 아직까지 러시아 정치에서 담론은 온건한 역할을 수행하고 있는 것으로 보인다.

4. 이론적 측면: 러시아 국내 논의와 그 함축성

러시아는 구소련을 계승하는 다른 모든 국가들과 마찬가지로, 러시아를 재규정함으로써 국가형성의 과제에 접근해 왔다. 제2절, 러

(2003), p.172.
42) Teague (1994).

시아 민족에 관한 정의에서 제시했듯이, 러시아 민족 정체성은 유동적(fluid)이며, 다층적(multi – layered)이다).[43] 러시아의 경우, 이 과제는 러시안 디아스포라와 보다 폭넓게 유라시아 지역 안보와 연관하여 유의미한 상관관계를 지니며, 구체적으로는 '정체성 변동'의 진행과 깊은 관련을 맺고 있다. 새로운 지정학적(geopolitical) 상황에서 러시아적 정체성의 확립을 위해 적합한 도구를 발견하여 합의하는 데 아직 일치를 보지 못했지만, 대체로 그 방향은 신–제국주의적(neo – imperial, supranational statism), 인종적(ethnic), 그리고 시민적(civic) 정체성으로의 지향에 초점을 맞출 수 있다.[44]

민족과 인종을 동일시하는 소비에트 시대의 주류 이론이었던 민족에 대한 '시원주의적' 접근법(primordialism)의 일방적인 이론적 지배에서 벗어나, 소연방 붕괴 이후 러시아에서 크게 유행한 '자유주의적' 이론(liberalism)에 따르면, 러시아의 현상태의 국경내에서 '인종적으로 재규정된 국가건설'(de – ethnicized nation building)이 필요하다는 점이 역설되었다.[45] 실제로 이 노선은 실제로 옐친의

---

43) Richard Sakwa, *Russian Politics and Society* (London and New York: Routedge, 2005), p.263.

44) Stephen Shenfield, "Post – Soviet Russia in Search of Identity" Douglas Blum, eds., *Russia's Feture: Consolidation or Disintegration?* (Boulder, Colo.: Westview, 1994), p.6.

45) 스미스(Anthony Smith)의 민족에 대한 '시원주의적' 접근법을 거부하는 겔러(Ernest Geller), 홉스봄(Eric Fobsbaum), 수니 같은 '구조주의' 학파(constructivist)와 근대화론자들의 견해와 일치하는 티슈코프(Tishkov)의 견해는, 인종문화적(ethnocultural) 관점에서 민족을 규정하는 소비에트의 전통을 배격하고, 순수하게 시민적인 정치적 실체로서 볼 것을 제안하는

수사를 통해 구체화되기도 했다.46) 「'동료 시민'으로서의 민족」 (nation as co-citizenship)이라는 개념이 포함된 이 견해는 러시아연방 내의 비러시아인 시민들과 어울려 사는 새로운 러시아상을 정립하는 데 기여했지만, 러시아 밖의 러시안 디아스포라의 보호에 대해서 강경한 입장을 견지하는 국내 민족주의자, 공산주의자들의 반대를 격렬하게 유발했을 뿐 아니라, 근외지역 국가들로부터도 호응을 얻지 못했다. 뿐만 아니라, 이것은 근외지역의 러시아인을 보호하려는 정부의 정책과도 맞지 않는 것이었다. 이 개념에 따르면 다른 나라들도 러시아인을 명목민족과 마찬가지로 시민에 걸맞은 대우를 해주어야 했으나, 발트지역 같은 곳에서는 오히려 인종적 민족주의가 강화되어 러시아인들의 시민권이 박탈되는 현상이 나타났다. 따라서 1993년 이후 러시아 국내 정치에서 상대적으로 소규모이고, 극단주의적 세력들을 중심으로, 이에 대한 반응으로 나타난 것이 '인종적 민족주의' 내지는 '에스노 내셔널리즘'(etnnonationalism)의 대응이다.

에스노 내셔날리즘은 새로운 러시아 정체성 확립에 있어서의 가장 고통스런 문제는 소련 붕괴 이후에 생겨났다고 본다. 공산주의 이념의 붕괴 이후 러시아는 민족적 관념이 필요하며 그것에 맞추어

이론이다. 사상적으로는 러시아혁명 이전에 '초민족적인 러시아 민족'(superethnic Russian nataion)의 형성을 주장했던 밀류코프(Pavel Milyukov)와 스트루베(Pyotr Struve)의 사상에 가깝다. Tishkov (1997), p.250.

46) Tishkov (1997), pp.260-261.

미래의 경로를 밟아나가야 함을 역설하였다. 이 연장선에서 러시아인들의 이익을 확실하게 보장하는 것은 러시아(루스카야) 공화국의 창설이며, 지금은 외국의 소유가 되어버렸지만 러시아인들이 집단적으로 살고있는 지역을 러시아의 것으로 인정받아야 한다는 주장으로까지 이어졌다.47)

에스노내셔널리즘의 대부는 솔제니친이라고 할 수 있으며, 그는 러시아를 '갈가리 찢어진 나라'(torn state)로, 러시아는 '세계에서 가장 큰 규모의 디아스포라'를 갖고 있는 민족이 되었다고 탄식한다.48) 결국 러시아는'분단된 민족'(divided nation)이 되었음을 선언한 솔제니친의 사고는 정치적 활동의 영역에서 보다 많은 민족주의자들과 공산주의자, 심지어 자유주의자들도 이와 유사한, 혹은 더욱 극단적인 견해를 표명하는 중심에 놓여있다. 이들의 사고를 러시아정부가 국가정책의 중핵으로 간주하면서 그 결과물을 산출한 것은 아니었지만, 상당히 영향을 받아 온 것은 사실이다.

러시아내에서의 논쟁은 결국 러시아의 엘리트와 대중들이 러시아정체성, 러시안 디아스포라, 그리고 러시안의 공간으로서의 유라시아(Eurasia)에 관한 그들의 명백한 인식과 관점이 존재함을 직시하게 해준다. 러시아는 국가건설과 민족형성을 동시에 수행하고 있지만, 서구의 정책결정자들은 대체로 국가건설에 대한 사고를 우선시하는

---

47) В. Кабузан, Русские в мире: *Динамика численности и рассле ния(1719~1989): Формирование этнических и политических гр аниц русского норода* (Петербург: БЛИЦ. 1996), сс. 213-214.
48) Solzhenitsyn (1995), p.93.

경향이 있으며, 또한 국가건설과 민족형성을 혼동하는 데에서 오류를 빚을 수도 있다. 러시아의 정체성은 수세기 동안 에스닉과 비에스닉 요소들 간의 상호작용에 의해 형성되어 왔다. 비에스닉 요소들은 여러 가지 다른 방식으로 규정될 수 있으며, 그중에 대표적인 것이 제국주의적(imperial)인 요소이다. 보편주의적인 사해동포주의(universalistic humanitarianism)의 전통을 따르는 러시아 문명의 본질에서 이 제국적 요소는 분명히 러시아 문명(Russian civilization)의 일부를 이룬다고 할 수 있다. 그러나 이 문명적 요인도 단순히 러시아 제국주의의 연장을 넘어서는 새로운 형태인, 소비에트 질서 속에서 그 본질이 희석되어진 측면 또한 갖고 있다.[49)]

많은 러시아들은 자신들이 민족 집단보다 더 크고 훨씬 더 중요한 실체임을 느끼며, 실제로 그러한 소속감을 갖고 있다. 러시아의 지식인들은 여느 민족처럼 자신들의 독특성을 고유한 노래, 음악, 음식 같은 요소보다는 소위 러시아 사상으로 자신들이 부르는 가치와 태도의 일련의 특별한 체계라는 관점에서 규정하는 경향이 있다. 그리고 기존의 러시아사상은 포스트-소비에트 시대에 탈민족화한 소비에트로서의 정체성의 기반하에서, 타민족과 비교할 때 상대적으로 약한 민족 정체성을 가지고 자신의 문명을 형성해가고 있다. 자신의 문화를 하나의 문명으로 보는 러시아인들의 인식(perception)이 지속되는 한, 러시아의 민족성은 모호한 상태이며, '러시아성'이

---

49) Andrei Sinyavsky, *Soviet Civilization: A Cultural History* (New York: Arcade Publishing, 1990).

러시아 민족에 머물 것인지, 러시아어 구사자에게까지 적용될 것인지, 아니면 보편적인 동료시민으로서의 다른 민족과의 공존에 이를 것인지에 대한 논쟁은 지속될 것이다. 이런 점에서 포스트-소비에트 디아스포라는 '분산된 문명'(shattered civilization)의 분절화된 파편(fragments)으로 존재할 것이다.

5. 맺음말

　소연방 붕괴 이후 근외지역의 러시아인들은 인접국가 간, 혹은 러시아와의 네트워크를 구축하기 위한 능력과 열망에 있어 제한된 역량을 보여주었다. 더불어 그들의 조국 러시아 연방에 대한 충성도 대단히 약하게, 내지는 거의 충성을 표명하지 않은 것으로 나타났으며, 이런 현상은 조국 러시아가 자신들을 방기했다고 생각했기 때문인 듯하다. 이처럼 러시아인 공동체의 자체적인 결속이 대체로 약하고 조국 러시아에 대한 충성도 약한 상황에서, 러시아 당국의 근외지역 정책은 러시안 디아스포라를 포스트-소비에트의 공간에서 국제적인 중요성을 지닌 문제로 부상시키는 데 있어서 중요한 수단으로 작용할 것이다. 아직까지 지역별로 분리된 개별적인 디아스포라 공동체는 조직이 강고하게 이루어지지 못했으며, 서로간의 연계도 거의 이루어져 있지 못하다. 따라서 만일 향후에 러시아가 러시아 공동체를 단합시키고 동원하는 쪽으로 방향을 움직이기로 결정한다면, 그것은 즉각 최대의 추상적 이념인 러시아민족주의에 호소할 가능성이 높다. 지금까지는 러시아 측에서 그렇게 하고자 하는 움직임이 거의 없었지만, 미래에 시도할 가능성은 상존하고 있다.

러시아의 인종적 민족의식은 이런 점에서, 러시아 자체에서보다 러시아 외부의 공동체에서 더욱 강력해질 가능성이 높다. 이것은 더욱 확고한 정체성을 정립하려는 인접국가의 국민들과 심화된 상호작용을 하는 곳에서의, 대부분의 민족들의 주변부에 있어 전형적이다. 그러나 러시아의 지원 없이 이 공동체들이 공통적인 문화의 기초 위에서 단일한 정치적 대오를 형성하기는 대단히 힘들 것이다. 그럼에도 불구하고, 하나로 통합된 '러시아인'이라는 관념은 미래에 계속 제기될 것이다. 이런 측면에서 러시안 디아스포라 이슈는 새로운 러시아 국가·국민을 형성하는 데 절대적인 역할을 할 수 있다. 뿐만 아니라 현대 러시아에서 러시아의 민족성에 관한 논쟁은 국가의 경계를 넘어서서 진행되고 있다. 이런 측면에서 '동포들'과의 특별한 관계를 설정하는 것은 러시아의 정치적 공간을 확장하려는 시도로써 비추어질 수 있으나, 아직까지 러시아는 이 영역에 있어 자신이 진정으로 공격적으로 행동할 수 있는 자원을 충분하게 갖고 있지 못하며, 정치적 의지도 결연하지 못한 듯하다. 이 연장선에서, 소연방 붕괴 이후 지속되어 온 러시아의 약한 국가(weak state) 상태가 이어지는 한, 주변 국가들과의 관계에서 조화(moderation)를 도출하기 위한 여지가 존재하는 역설도 러시아와 근외지역을 둘러싼 국제관계에서 성립한다. 그러나 무엇보다도 약한 국가의 근저에는 행정력과 국가능력의 취약함보다도 상기한 러시아 정체성 설정에 있어서의 곤란성이 깃들어있다는 사실을 간과해서는 안 될 것이다.

결론적으로, 현대 러시아는 그 민족적 구성에 있어 민족국가도, 제국도 아닌 상태이다. 그리고 CIS를 둘러싼 국제관계에 있어서는 리더 역할을 자임하는 입장과 역할을 설정해왔다. 동시에 현 상태의 국경 내에서의 국가건설과 더불어, 공식적으로 주권체이면서, 사실상 종속적인 주변 국가들의 구역(zone)을 형성하려는 갈망도 러시아의 정책 속에 깃들어 있음을 부인하기 쉽지 않다. 이러한 정책결정의 근인을 이루는 주요 요소들을 분석하는 데 있어, 러시안 디아스포라와 특별한 관계를 설정하는 것은 쉽지 않은 작업임을 보여준다. 결국 자신들의 열망이 무엇이든지 간에, 러시아의 정책결정자들은 자신들의 정책을 실제세계의 제약에 맞추어 조정해왔으며, 동시에 과장스러운 수사와 조합함으로써 그것을 보상해왔다고 볼 수 있으며, 더불어 국내의 경제·사회적인 불안이 지속되는 한 러시아인들에게 여전히 '말을 통한 치유적 효과'를 줄 수 있을 것이다.

러시아의 이주정책과 시민사회의 반응*

Russia's Migration Policy and Response of Civil Society

1. Introduction

Clearly the last half of the twentieth century and early twenty first century has been an age of migration. Scholars in all of the social sciences have turned their attention to the study of this extraordinary complex phenomenon. Over recent decades, we have witnessed a remarkable resurgence of interest in issues of citizenship among policy makers, academics, and the public. An important aspect of the public debate has been the challenge posed by large–scale immigration.[1] For any state, the arrival and settlement of large numbers of newcomers raises important citizenship questions. Migration makes host societies more culturally and socially diverse. It can bring new talent and energy, expand the creative horizons of all members, and enhance the domestic labor pool. But migration can also be a source of tension and anxiety.

In this chapter, the Russian case will be presented for interpreting and evaluating the meaning of migration policy in the Northeast Asia. The reason why Russia has chosen as proper cases in comparing the migration policy can be seen in these points: firstly, in the aspect of nation's composition, Russia is representative multi −nation state in Northeast Asia and global level. Secondly, it is recognized that the enlargement of migration power from foreign

---

* 본 장은 *International Area Review*, Vol.10, No.1 (Spring 2007), pp.109−130에 게재했던 논문을 보완하였음.

1) International Migration is different in many respects from domestic migration. Recent appraisals of international migration theory analyze what is usually called economic migration−that is, more or less voluntary migration intended both as temporary and permanent to make money. The reviews do not tackle migration to flee persecution or war dangers. Nor do they take account of laws by sending or receiving countries that facilitate or inhibit international migration. Douglas S. Massey, Joaquim Arango, Graeme Hugo, Ali Kouaouci, Adela Pellegrino, and J. Edward Taylor, :Theories of International Migration: A Review and Appraisal" *Population and Development Review*, Vol.19, No.19 (1993), pp.431−466.

countries is general phenomenon, appearing in Russia in these day s.[2] Thirdly, there is a possibility that Russia should cooperate with each other countries, especially, with Korea, in the place of adjacent areas in the future, the Russian Far East or Siberia, eventually after the reunification of the Korean peninsula. Therefore the Russia's migration policy and the attitude of civil society on the problems about migration is meaningful for clarifying the real process of people's moving in the level of region, the Northeast Asia and

---

2) Although hundreds of thousands of ethnic Russians immigrated to the Russian Federation from other parts of the Soviet Union after the USSR's collapse, the Russian Federation's population shrank by some six million people. The actual rate of Russia's population decline is a matter of debate. Over the next 50 years, Russia's 1991 population of 150 million is predicted to decline to 128 million, or 121 million, or even as few as 100 or 80 million. The rate of natural decrease (deaths minus births) widened 54,700 to 770,800 in January–November 2004. Immigration compensated for only 12.4% of the natural decrease. Since Russia's population decline has long been a concern for academics and politicians, some have argued that Russia needs is a significant influx migration in order to show its population decline. World Bank, "Dying Too Young: Addressing Premature Mortality and Ill Health Due to Non Communicable Diseases and Injuries in the Russian Federation" Washington, DC, December 2005, http://sitersources. Worldbank.org/INTECAResources/-DyingTooYoung–full.pdf; L. L. Rybakovski, O. D. Zalharova, A. E. Ivanova, and T. A. Demchenko, "Russia's Demographic Future" Russian Social Science Review, Vol.45, No.3 (May–June 2004), pp.4–24, "Russian population shrinks to 142.8 million" Johnson's Russia List, #3 –JRL 2006–9, http://www.cdi.org/russia/johnson/2006–28–3/cfm.

Eurasia.

As with other migration destination countries, there is a vigorous debate underway in Russia as to how much migration should be allowed. For it's part, the pro－immigration side asserts that Russia needs more people to make up for a demographic shortfall and stimulate economic development.[3] The anti－immigration side maintains that there are already too many "foreigners" in the country, claims that most engage in criminal activities, and insists that their incorporation into Russian society is problematic. According to a new law that came into effect Jan. 15, 2007, foreigners are now required to hand over their registration papers to migration officials－via their employer or other sponsor －every time they leave the country and re－register upon subsequent entry into the country. In the side of real policies, the anti－immigration side keeps stronger influences than the opposite side, especially in the period of the president, Putin.

The purpose of this article is to explain developments of migration policy in Russia in the context of 'deepening' of

---

3) Anatoly Vishnevsky, the director of Moscow's Center for Demography and Human ecology, doubts whether this could work, arguing that Russia is not ready "either economically or even psychologically" to accept large numbers of immigrants. Paul Goble, "A Decaying Nation" *Moscow Times* (Feb. 20, 2001).

communication in Northeast Asian regional level. The buttressing of the civic identity in the establishing 'trans − border society' in the level of Northeast Asia is manifested in the policies on citizenship in one county. In essence this article examines this proposition and asks whether the enlargement of migration increase the state's governabilty. This article is in three parts. The first provide an assessment of the trends of the migration in modern world and the trend of migration in Northeast Asia. The second considers the characteristics of migrant policies and the responses of the civil society on the problems of migration in Russia. The Conclusion reached is that the underlying proposition is not unreasonable, but it is the way in the power of the state in controlling migration is being enhanced which cast serious doubt on her ability to provide assurances to the migrants' well being. In short, it is far from clear that the current migration situation in Northeast Asia is going to be appropriate to the establishing East − Asian identity.

2. Trends of Migration: Global and Northeast Asian Level

From the late 20th century the phenomenon of 'migration' was spread to the global level, including the advanced and the developing countries. Almost 14 million children under age eighteen living in the United States are either immigrants or have immigrant parents. By the 1990s foreign residents were 8.2 percent of the German population, 6.4 percent of the Swedish population. In Canada, the establishment in 1967 of a point system for entry based on skills and reunion of families has not only increased the volume of immigrants but also diversified their places of origin. With the abandonment in the 1960s of the White Australia Policy barring non-European settlers, Australia has become a multicultural nation.[4] Even Japan, a country that has always had a restrictionist immigration policy began admitting foreign workers in the 1980s. Finally, the movement of large populations throughout the developing world, as refugees in Africa or "guest workers" in Asia and the Middle East, has led some analysts to speak of a global migrant crisis.[5]

Throughout the world, long-standing migratory patterns are persisting in new forms, while new flows are developing in response to economic change, political struggles and violent conflicts. Yet, despite the diversity, it is possible to identify certain general tendencies which are likely to play a major role.[6]

---

4) J. J. Smolicz, "Australia: From Migrant Country to Multicultural nation" *International Migration Review* Vol.31, No.4 (1997), pp.171-186.
5) Myron Weiner, *The Global Migration Crisis: Challenge to States and to Human Rights* (New York: Harper Collins, 1995).

- The globalization of migration: the tendency for more and more countries to be crucially affected by migratory movements at the same time. Moreover, the diversity of the areas of origin is also increasing, so that most countries of immigration have entrants from a broad spectrum of economic, social and cultural backgrounds

- The acceleration of migration: international movements of people are growing in volume in all major regions at the present time. This quantitative growth increases both the urgency and difficulties of government politics.

- The differentiation of migration: most countries do not simply have one type of immigration, such as labour migration, refugees or permanent settlement, but a whole range of types at once.

- The Growing politicization of migration; domestic politics, bilateral and regional relationships and national security policies of states around the world are increasingly affected by international migration.

---

6) Stephen Castles and Mark J. Miller, *The Age of Migration* (New York: Palgrave Macmillan, 2003), pp.7 – 9.

Even though these new developing forms in international migration has been persisting, until recently international migration had not generally been seen by governments as a central political issue. Rather, migrants were divided up into categories, such as permanent settlers, foreign workers or refugees. It was only in the late 1980s that international migration began to be accorded high-level and systematic attention. In the post-cold war period war period, however, voluntary movement of individual citizens across national borders has become a visible aspect of the region's international relations-and it is growing. This development is challenging the national authorities' power to control their frontier areas, exposing their inability to limit the impact of migrant communities within their societies, and even threatening the host societies' ethnic and national identities.[7] Northeast Asia has lagged behind the global migration trends, but cross-border movement of people is fast becoming an important element of international relations in the region. Northeast Asian countries (China, Japan, North Korea, South Korea, Mongolia, and Russia) were home to approximately 1,627 million people, more than one-quarter of the

---

7) Tsuneo Akaha, "Cross-Border Migration As a New Element of International Relations In Northeast Asia: A Boon to Regionalism or a new Source of Frictions?" *Asian perspective*, Vol.28, No.2 (2004), p.105.

earth's population in the year 2000. The total migrant stock in these countries was just over 19 million persons, or only 11.7 percent of the world's total migrant stock of approximately 175 million. This points to a potentially substantial expansion in international migration in this region. Approximately 318 million persons, or one −twentieth of the earth's population, lived within the more narrowly defined region of Northeast Asia, including Heilongjiang, Liaoning, and Jilin Provinces of China, the Russian Far East, and the entirety of Japan, North and South Korea, and Mongolia. Migrants in Russia, estimated at 13,259,000, are the largest migrant stock of all Northeast Asian countries and represent 68 percent of the entire migrant stock in the region and about 9 percent of Russia's population. Russia is followed by Hong Kong(2,701,000), Japan(1,620,000), South Korea(597,000), China(513,000), North Korea(37,000), Macao(16,000), and Mongolia(8,000).[8] Migrants represent 66 percent of the population of Macao, and less than 1 percent of the remaining Northeast Asian political entities.[9]

---

8) Maurice D. Van Arsdol, Jr., Stephen Lum, Brian Ettkin, and Glenn Guarin, "Population Dynamics and Migration Patterns in Northeast Asia" paper prepared for presentation at the international conference on "Globalization, Migration, and Human Security: Challenges in Northeast Asia" United Nations University, Tokyo (Oct. 6, 2003), p.7.
9) United Nations, *International Migration Report 2002* (New York: United Nations, 2002), pp.7 − 8.

Northeast Asian Governments except Russia viewed their levels of immigration as satisfactory and planed to maintain their immigration policies or not intervene. Russia reported its level of immigration as too low and a policy of raising immigration.[10] The combination of the potential migration pressure and the relatively strict immigration and emigration policies of the governments in Northeast Asia points to a prospective growth in illegal migration in the region, including human trafficking. With these tendencies, demographic and economic changes in the region are such that international migration will become an increasingly important part of the regional scene.

3. Russia's Migration Policy

The Russian federation is successor state perhaps most affected by the population movements engendered by the social, economic and political changes of the transition period, both in terms of migration into the territory from the 'near' and 'far' abroad, and by internal migration within the borders. The country is experiencing the arrival from the former Soviet republics of ethnic Russian and Russian‒

---

10) United Nations (2002), p.9.

speaking 'returnees', other 'returnees' belonging to ethnic groups of the Russian Federation, refugees and forced migrants, formerly deported peoples and economic migrants. Amongst the arrivals are immigrants of former Soviet nationalities coming from their respective home countries, primarily Ukrainian, Armenian, Belarusian, Azeri, Georgian and Tajik. During the period 1989－96, 1 million of those immigrants arrived in the Russian Federation as a result of the push and pull of socio－economic factors and, in the case of Armenia, Azerbaijan, Georgia and Tajikistan, due to ethnic and civil conflict that forced the titular nationalities to leave. In addition, Russia is facing large－scale internal migration and displacement as a result of the Chechen conflict,[11] and due to socio－economic out－migration from the North, Eastern Siberia and the Far East.[12]

---

11) By the end of 2001, 141,002 forced migrants who had fled Chechnia as a result of the conflict had been registered by the Federal Migration Service (Goskomstat 2002). UNHCR estimates 250,000 persons are currently involuntarily displaced as a result of the conflict in various republics of the Northern Caucasus. http;//www. Unher.ch/cgi－bin/texis/vtx/publ/opendo c.odf?idi=3ddceb8611 (2005.6.1).

12) Internal movements within the Russian Federation, apart from the refugee movements from the Chechen conflict, have received little attention in the west. However, between 1990 and 1996 about 23 million people changed their residence, either within the same region (12.5 million) or moving from one region to another (10.6 million). Moya Flynn, Migrant Resettlement In the Russian Federation: Reconstructing Homes and Homelands (London: Anthem Press,

Russian migration policy went through several stages during 1990s. When the Soviet Union broke up and the economic transition began in 1992, Russia needed to fundamentally reform its migration policy, legislation, and means for counting migrants, as it had almost no legislation, and means for counting migrants, as it had almost no legislative base or institutional experience in dealing with refugees, international labor migration, freedom of movement, or permanent migration to or from abroad.

Soon after independence, Russia also took a number of steps to join the international community and adhere to international migration norms. Under the 1993 Russian Constitution, the internal passport system was abolished and freedom of movement was granted, including the right to move permanently in Russia, and to all citizens of the former USSR(including non-Russians) residing in the former Soviet republics who moved to Russia and applied before 2000. In spite of this law, the policy towards the diaspora was not to encourage a mass return to the Russian homeland, but rather to protect their rights in the new countries where they resided.[13] Since President Vladimir Putin took office, he has shown much more awareness of the country's demographic and migration problems and has proposed or

---

2004), p.12, 187.

13) Timothy Heleniak, "Migration Dilemmas Haunt Post-Soviet Russia" Migration Information Source, Migration Policy Institute (Oct. 2002), p.5.

instituted policies to deal with them. In the late 1990s, the issue of protecting the Russian diaspora declined in urgency and the importance of irregular migration increased.[14] In this regard, 3 trends, in form of major migration streams, are impacting the new Russia: 1) citizenship law 2) Chinese Migration to the Russian Far East 3) illegal workers in Russia. Since President Vladimir Putin took office in 2000, he has shown much more awareness.

Figure. The institutional framework of the Russian Migration Regime 1992 – 2002.

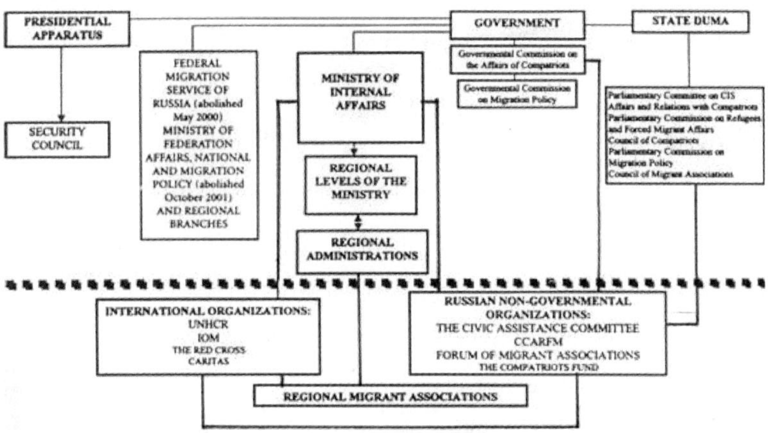

Source: Moya Flyunn, *Migrant Resettlement In the Russian Federation: Reconstructing Homes and Homelands* (London: Anthem Press, 2004), p.46.

---

14) Timothy Heleniak (2002), p.6.

1) Citizenship law

The current law on citizenship is a good indicator of the nature and evolution of Russia's migration policy and policy toward Russians living abroad. After the integration of the Soviet Union, the Russian government has felt the tension between the concept of a Russian state within the allegedly arbitrarily drawn borders of the RSFSR on the one hand, and the actual domain of Russian culture, language, and national consciousness on the other. The idea of dual citizenship was originally perceived as something of a panacea for all the problems associated with this discrepancy between the boundaries of the newly emerging state and those of the newly emerging nation.[15] Seizing upon this idea, the Russian government decided to grant Russian citizenship to all Russians in the near abroad, as well as to people of other nationalities who had some sort of historic tie with the territory of Russia. Such a conferral of rights was to be a supplement to a local citizenship granted by another independent state.[16]

Indeed, all changes and amendments to the law since its initial

---

15) Igor Zevelev, *Russia and Its New Diasporas* (Washington, D. C.: United States Institute of Peace Press, 2001), pp.132 – 142.
16) More than forth countries around the world have recognized, though sometimes reluctantly, dual citizenship as a fact of life.

adoption in November 1991 have made it progressively easier to obtain Russian citizenship by broadening the categories of individuals who can obtain such citizenship automatically upon moving to Russia by registration and not through an application process.[17] In 2001, the Duma planned to decide whether to extend the eased citizenship process for CIS countries to 2006. Unlike the initial versions of the citizenship law in 1991 and 1992, the Russian legislation of 1993 – 1995 did not require relinquishing the citizenship of the country of residence to acquire Russian Federation citizenship. This is a fundamental legal provision that allows the growth of de facto dual citizenship without the consent of other newly independent states. The law permitted easy acquisition of Russian citizenship by registration until the year 2000.

With the advent of new enact of the law on citizenship, there is a vigorous debate underway in Russia as to how much migration should be allowed. As a result of the debate, it seems that the anti – immigration side against the pro – immigration side to be ascendant. The anti – immigration lobby maintains there are

---

17) Собрание актов Президента и правительство Российской Фе дераций (1994): *Российская Газета* (Oct. 26, 1994) *Собрание з аконодательство Российской Федерации*, item 496, No.7 (1995).

already too many 'foreigners' in the country, claims that most engage in criminal activities, and insists that their incorporation into Russian society is problematic. Along these lines of thought, the Federal Migration Service was abolished in 2000 and its duties folded first into the Ministry of federal Affairs, nationalities, and migration policy, and then in May 2002 into the Ministry of Interior.

In a similar vein, laws have been revised to limit immigration and its costs. The refugee law revised in 1997 to reduce the burden on the state for caring for these people, and was more restrictive and similar to the laws of Western European countries. In May 2002, a strict new citizenship law was passed designed to help curb illegal migration, replacing the old law, which was so lax that it lured people hoping to get citizenship. The new law requires a five−year residency period in Russia, demonstrable fluency in Russian, and evidence of a legal job. The law does not give any special preference to Russians in other former Soviet Union states, on the premise that with the slowdown in migration, all those Russians who might return to Russia have already done so.[18] Other new strict migration legislation include

---

18) The Russian diaspora does not receive any special treatment, although the waiting period for former Soviet citizens is only one year. Enactment of the law is expected to greatly slow the influx of

requiring two-part migration cards foreigners arriving in Russia starting on November 1, 2002. The first part retained by Ministry of Interior authorities, while the second will remain with the foreigner to confirm his or her right to be in Russia. Authorities in Moscow, the destination of so much illegal migration in the country, want to create a database of all city residents by the end of 2003 in order to track local demographic trends and migration to the city.[19] As the policies of Russian government are getting more strict than before, nevertheless, migration to Russia from outside, especially from former Soviet Union states, also get larger in scale. With this tendency, the critical issue is focused on the problem that Russia should be emerged as a new migration magnet. For the further studies on migrant workers in Russia, it is need to specify the problem of Chinese migration to the Russian Far East, one of the main things of migration problems in Russia.

---

immigrants to Russia, both legal and illegal. T. Heleniak, "Russia's Demographic Challenges" Sephen K. Wegren, eds., *Russia's Policy Challenges: Security, Stability, and Development* (Armonk, New York: M.E. Sharpe, 2003), pp.216-217.

19) T. Heleniak (2003), pp.13-14.

2) Chinese Migration to the Russian Far East

As a result of Soviet regional development policies, Siberia and the Far East became the site of many narrowly specialized industrial settlements. The regions which constitutes much of the European north, Siberia, and the Far East, make up 70 percent of Russia's territory, but contains less than eight percent of the population. Chinese migration has attracted the attention of politicians and the public in the Russian Far East since the early 1990s.[20] The issue has been a subject of heated debate in Russia. Russian Analysts have discussed local Russian concerns about a loss of control over the growing Chinese migrant population in their territories.[21] The exact size of the massive

---

20) See, Conference materials of Montrey Institute of International Studies. "Human Flows across National Borders in Northeast Asia" (2001), "Human Flows across National Borders in Northeast Asia" (2002), "Globalization, Migration, and Human Security: Challenges in Northeast Asia" (2003), "Cross－border Human Flows in Northeast Asia: A Human Security Perspective" (2003), http://www.miis.edu/rcenters－ceas－conf.html (2006.10.3).

21) В. Ларин, "Посланцы Поднебесной на Дальнем Востоке: Ответ алармистам" *Диаспоры*, No.2－3 (2001), pp.76－112; Е.Э. Мотриш, "Демографическое Потенциальное и китайское присутствие на российском Дальнем Востоке" *Проблемы Дальнего Востока*, No.6 (2001); Milhail A. Alexseev, *Immigration*

Chinese migrant population in the Russian Far East has been a subject of wide－ranging speculations. Unfounded estimates given by local officials in this region are that up to two million Chinese live illegally in the southern regions of the Far East.[22] This is based on the simple demographic fact that there are five million people in the regions bordering China in the southern Far East, and 110 million Chinese in three regions bordering Russia. In 1993, Chinese migrants registered in the Russian Far East are 100,000, and 237,000 in 2001.[23]

The politically charged local reaction in Primorskii Krai prompted Moscow in 1993 to impose a strict visa requirement on Chinese (and Mongolian) migration to Russia. On December 9, 1993, the Chinese and Russian governments signed an agreement requiring visas for all citizens visiting Russia. This caused a drastic decline in the number of Chinese travelers to the Russian far East and, with it, a dramatic drop in bilateral trade. Since then Chinese migration into the region has gradually increased

---

Phobia and the Security Dilemma: Russia, Europe, and the United States (Cambridge: Cambridge University Press, 2006).
22) Э.Э.Любаковский , О.Д.Захарова, и В.В.Миндагулов, *Незаконн ое Перемещение в Пограничных рай онах Дальнего Востока: История, Существующие Дни, и Последствия* (Москва: ISPR, RAS, 1994), 15.
23) Известия (Feb. 16, 2001).

and appears to be at manageable levels. Local concerns have also related to illegal activities by some Chinese in the Far East, including members of organized crimes.[24]

In regards with the flow of Chinese migration to the Russian Far East, some favor increased Chinese migration into the region, citing the fact that Chinese shuttle traders occupy an important economic niche with imports of inexpensive food, clothing , and other consumer goods, while also filling an important labor market niche by taking unskilled jobs in construction and agriculture. They maintain that the demographic imbalances is unnatural, and that increased migration is unavoidable and necessary in order to develop the resources of the Far East.[25]

A Russian scholar, V. Larin comes to a conclusion that scale of Chinese migration to Russia is usually exaggerated. In reality a

---

24) Tsuneo Akaha (2004), pp.110－111.
25) А.Г.Ларин, Китай ы в России вчера и сегодня: Исторический вчерк (Москва: Институт Дального Востока РАН, 2003), pp.182－192 В.Н.Архангельский и др., Стратегия демографического развития России (Москва: Институт социально－политически х исследаваний РАН, 2005) В.Г.Гелбрас, Россия в условиях г лобалиной китай ской миграции (Москва, 2004), pp.146－150 Дальний Восток и Забай калье в России и АТР, Дальневосто чный международный экономический конгресс (25－28 сен тября 2005г) (Хабаровск: Ин－т экономических исследовани й ДВО РАН), p.78.

number of migrants in the Russian Far East did not grow during the second half of the 1990s; moreover, it went down. Alongside with this, a relatively stable Chinese community has already emerged in Russia. It might be not very well structured but its material interests are to a large extent inseparable from the latter. In the same time, a noticeable segment of the economically active population of north－eastern China has also emerged oriented towards the Russian Far East in terms of business interests.[26]

That is, the vicinity of China, with its enormous demographic potential, is the key labor resource for the border territories of Siberia and the Far East, which may help maintain the population density if these regions at least at the current level.[27]

On the other hand, those opposed to further Chinese migration underscore the fact that the Far East is a crucially important region, being Russia's navel outlet to the Pacific and storehouse of large amounts of strategic minerals. They allege that if migration continues, there may be up to 8－10 million Chinese residing in Russia as a whole by 2010. This would make the Chinese Russia's second－largest ethnic group.[28] After all the Chinese migration

---

26) В. Ларин (2001).

27) Жанна Зай ончковская, "Перед лицом иммиграции" *Pro et Contra*, 3 (2005), pp.72－87.

28) Anti－immigration feelings were the strongest in the Maritime and

into the Russian far East will remain an important issue for both the region and Moscow, whether the issue will suggest of the problem of security dilemma in border areas.

3) Illegal Workers in Russia

Russia has become a "migrant magnet" for both legal and undocumented immigrants. Estimating the scope of illegal migration to Russia, however, has been difficult. Arriving at a meaningful definition of who is an illegal immigrant is even harder in Russia then elsewhere because of the legal status of the Commonwealth of Independent States(CIS), a loose confederation of 12 former Soviet countries. The consensus estimates are of 3.0 to 3.5 million illegal migrants in Russia, with plausible estimates of up to six million.

Some of illegal immigrants see Russia as a destination, while others view the huge Russian area as a transit point for reaching Western Europe. Since most are denied refugee status, they are

---

Khabarovsk Krais. Александр Филонов, *Перспективы дальнево сточной области: китайский Фактор* (Москва: Moscow Carnegie Center, Carnegie Endowment for international peace, 1999), p.61; Dmitrii Trenin, *The End of Eurasia: On the Border between geopolitics and Globalization* (Moscow: Moscow Carnegie Center, Carnegie Endowment for international peace, 2002), pp.203－213.

considered illegal migrants, and are denied the right to work and access to social services. There are many such people from Africa, the Middle East, and Asian countries along Russia's southern borders. Many slip in by taking advantage of Russia's adherence to the Bishkek Agreement, which opened visa－free travel among CIS states.[29] According to Russia's Interior Ministry, there were 8 million to 12 million immigrants but only 705,000 were legal.[30]

There is fundamental reason of increasing the number of migration in Russia, like the Western European states. In spite of continued immigration, Russia's population has been declining for much of the past decade after peaking at 148.7 million in 1992. By the beginning of 2002, the population had fallen by 4.3 million from its peak to 144.0 million. Net immigration to the country of 3.6 million has compensated for less than half of the natural decrease. So this problem will be dilemma to Russian government continuously. For the further continuing of economic development, it is need to be solved the legal problems for staying of foreign workers. The country faces a demographic crisis caused by plunging life expectancy and falling birthrates, but Putin has given mixed signals about immigration as a solution. In 2005, Putin asked the

---

29) Heleniak (2002), p.11.
30) "Putin Prods Ministers on Immigration" *The Moscow Times* (Oct. 17, 2006).

government to help encourage controlled, legal immigration from former Soviet countries that shared Russia's language and culture.[31]

It would be easier for the integration of immigrants into the Russian polity if ethnic Russians, or at least Russian speakers, were the focus of the state's immigration policy, thus preserving the ethnic balance within Russia.[32] If, however, the immigrants were not Russian(either ethnically or linguistically), this could complicate Russia's demographic relationships. This is a dilemma that the Russian government is facing with.

With this tendencies, the new law on foreigner's registration, the "Jan. 15 (2007) law" be added as a sample of migration policy under the Putin's administration for strengthening or easing controlling to foreigners in Russia. Foreigners registered in Moscow must inform migration officials of their whereabouts if they take a trip to another Russian city that lasts more than 10 days. The change comes under a new law that also requires foreigners to alert migration authorities every time they enter or leave the country. A foreigner must hand over his registration papers to migration officials if he travels to another place, and stays there for more than 10 days. The foreigner's "inviting party" - an employer, landlord,

---

31) Ibid.

32) Tom Parfitt, "Russia's Population Crisis" *The Lancet*, Vol.365 (Feb. 26, 2005), pp.743 - 744.

hotel or other Russian host - must then register him with local migration officials and deregister him after he leaves for Moscow. Back in Moscow, the foreigner must re-register within three days of his return.

The Jan. 15 law - which requires foreigners to hand over their registration papers via their inviting party - has been touted by migration officials as a simplification of the registration process. The inviting party is merely required to submit information about the foreigner's passport, visa and migration card to the local branch of the migration service or send it by registered mail.[33] But the law is steeped in vagaries. In Russia, then issue a registration card that the foreigner carries at all times as proof of being in the country legally. The card makes obsolete the previous practice of placing a registration stamp in passports.

Making the process simpler could improve the lives of many foreigners, the vast majority of whom are from countries with which Russia has an open visa regime, such as the former Soviet republics in Central Asia and the South Caucasus. Many lack registration, and this renders them defenseless against harassment by law enforcement officials.

---

33) Carl Schreck, "Foreigners Confront Tighter Travel Rules" *The Moscow Times* (Feb. 9, 2007).

Still, no compelling argument has been made to support the new requirement to register, de-register and re-register. The rule should be junked. And junking it might help on the way toward the ultimate goal of jettisoning registration laws altogether.

There is little if any proof that the registration system actually helps prevent terrorism, as many of its supporters argue. There is, however, overwhelming evidence that the system is a major contributor to corruption. Furthermore, there have been a series of Constitutional Court rulings that confirm that it contradicts the country's fundamental law.[34]

4. Attitude of Russian Civil Society on Migration Policy: Participation of NGOs

In the side of evaluating migrant policies of government, it can be traced the development and activity of the non-governmental Organizations(NGOs) which have attempted to contest the official migration frameworks that have been created in the Russian Federation. It continues to challenge the dominance of the

---

34) Editorial, "Improvements Are Still Failing to Register" *The Moscow Times* (Feb. 9, 2007).

government's these framework. The analysis on the attitude of civil society through NGOs is focused at three levels: international, federal and regional.

1) International Actors;

International organizations concerned with migration issues have become significant actors within the Russian and Post − Soviet migration problems, providing one of the key links the global migration regime of which Russia has become a part. The activities of international organizations on Russian territory have influenced the development of the national and regional migration issues and individual migrant resettlement. Initial reactions of western governments to the collapse of the Soviet Union and the threat of large − scale migration flows from the east led to the consolidation of a 'Fortress Europe.'[35]

Greater understanding of the complexity of the problems of migration flows in the post − Soviet space has developed since; there is more cooperation between different international actors, and between international organizations on Russian territory demands a

---

35) UNHCR, *The State of the World's Refugees* (Oxford: Oxford University Press, 1995), p.24.

critical approach in order to provide a fuller picture of the impact of western organizations, funding and priorities concerning migration issues in the Russian federation and post-Soviet space.[36] The names and the features of the major international organizations are following these;

UNHCR(United Nations High Commissioner for Refugees)
IOM(International Organization for Migration)
OSCE(Organization for Security and Cooperation in Europe)
OSI(Open Society Institute)
CIS Conference on Refugees and Forced Migrants(1996)
POA(Programme of Action)

2) Russian Non-Governmental Organizations

The Three main Moscow-based non-governmental organizations concerned with migrant and refugee issues are the Civic Assistance Committee(CAC), the Coordinating Council for Aid to Refugees and Forced Migrants(CCARFM) and the Forum of Migrant Associations. The development of these bodies is closely linked,

---

36) The debate around the impact of western funding bodies and development aid is going on in Russia, and finally, the Putin administrations began to regulate strictly on it.

although they have pursued their own priorities and individual approaches. Following the outbreak of violence in Baku, Azerbaijan in 1989, and the arrival of the first refugees in Moscow, academic and legal expert Svetlana Gannushkina set up CAC 1990. Up to this point there had been no informal, non−state associations concerned with migrant or refugee issues in the Russian Federation. CCARFM evolved from CAC, and was officially formed in March 1993 by the journalist Lidiia Grafova. The Forum of Migrant Associations(FMS), an umbrella organization for federal level migrant NGOs and the widespread network of migrant associations that exist in the Russian Federation, held its inaugural meeting in 1996−the CCARFM operates as the permanently functioning working apparatus for the Forum.[37]

These bodies have focused predominantly upon the issues of Russian forced migrants, rather than on refugees from the 'far abroad'. They have evolved completely independently of and in opposition to the state, and have developed a dual role: that of filling a 'gap' left by the ineffectiveness and inadequately of state action through the provision of legal/practical information and material aid to refugees and forced migrants, and challenging and influencing state discourse and policy through lobbying, involvement in

---

37) http://www.migrant.ru/forum (2003.7.15).

the formulation of legislation, and representation of migrant interests within official institutions.[38] The organizations were also central actors in the earlier repartriation debate of the mid 1990s and have continued to be active in their support for the idea of and the need to develop a repartiation law. In addition to their involvement in legislative development, the organizations have been effective in challenging discriminatory government practice at the ground level. CAC, in particular, has made a large number of successful representations of migrants in court, has made a large number of successful representations of migrants in court, particularly over the question of registration in the city of Moscow.[39]

On the changes in migration policy at the end of the 1990s. the organization spoke our against the new Russian Federation's laws 'On Citizenship' and 'n the Legal Status of Foreign Citizens in the Russian Federation', which they viewed as discriminatory and restrictive to wards all migrants, and as cutting off the path of 'return' to Russia for Russian communities in the 'near abroad'.

In clear contrast to CAC, CCARFM and Forum is the Compatriots Fund(Russian Fund for Aid to Refugees), which was set as a semi－state organ and in the early 1990s worked in collaboration

---

38) Moya Flynn (2004), p.109.
39) Moya Flynn (2004), pp.110－112.

with the Federal Employment Service in the creation of housing and employment at compact settlement sites for forced migrants. Today the Fund is the only 'non-governmental' body concerned with migrant provision that nominally receives state subsidies for its work at compact settlement sites. Overall, the Fund has focused upon socio-economic provision and assistance for migrant resettlement, rather than prioritizing the political and human rights of migrants or the need to challenge government legislative or policy frameworks.[40]

Except Compatriots Fund, most of the migrant NGOs consistently sought to challenge the dominant state's discursive and legislative directions established by the Russian state, and to reframe the 'return' migration of the Russian communities in their terms. Their work has provided essential practical and legal assistance to migrant associations and individual migrants, and has also created a wider space within which migrants' voices are heard.

3) Non-Governmental Activity in region

As the federal level non-governmental organizations emerged during the 1990s, regional migrant organizations began to spring up

---

40) H. Pilkington, *Migration, Displacement and identity in post-soviet Russia* (London and New York: Routlege, 1998), p.78.

across the Russian Federation and, in some cases, in other former Soviet republics amongst Russian communities prior to migration. In contrast to the federal level organizations, the initiative for these regional bodies lay with migrant communities themselves. However, the environment that was fostered by the actions of both international and federal level non-governmental structures often provided the space for this migrant non-governmental voice to emerge. The representative regional migrant organizations: Saratovskii istochnik(Saratov Spring), Vozvrashchenie(Return) and Komitet bezhentsev iz Chechnii(The Committee of Refugees from Chechnia) in Saratov oblast', Samarskii pereselenets(the Samara migrant/resetler) in Samara oblast' and Ruka pomoshchi(Helping Hand in Novosibirsk oblast').[41]

Representatives of regional migrant organizations are clear about the role they wish to fulfill in relation to migrant communities and within the wider migration regime, and they recognize the need to engage actively with state actors. However, they are often constrained precisely by the nature of the official regional migration regime in which they are operating. Although in the many regions the types and levels of in-migration are similar, the arrival of migrants has evoked different response on the side of both the regional administrations and territorial migration services due to

---

41) http://www/migrant.ru/index.php (August 13, 2003).

differing regional political and economic agendas. In Saratov and Novosibirsk Oblasts a generally receptive policy toward in-migration has been encouraged, while in Samara Oblast, the dominant tendency has been to discourage in-migration.[42]

The opportunity to contribute to regional migration debates also varies among the regions. Migrant Coordinating Councils were set up across the Russian Federation during 1999 to foster government-nongovernmental debate, and were an important indication of the state recognition of the role of the nongovernmental actors in the migrant sphere. The openness of debate is reflective of a wider tolerance toward in-migration at the level of the Saratov regional administration. However, with shifts in federal migration discourse and policy in recent years, and glowing regional concerns about the socioeconomic impacts of in-migration, this tolerance has lessened.[43]

In addition to relations with regional government structures, connections within the nonstate sector-at the regional, federal, and international levels-are vital for the development, visibility, and

---

42) Moya Flynn, "Formal and Informal Strategies of Migrant Populations: Migrant Activity in Post-Soviet Russia" Alfred B. Evans, Jr., Laura A. Henry, And Lisa McIntosh Sundstom, Russian Civil Society: A Critical Assessment (Armonk, New York: M.E.Sharpe, 2006), pp.250-251
43) Moya Flynn (2004), pp.112-114.

legitimization of the migrant organizations. The nongovernmental organizations see connections that extend beyond the region, both federal and international, as a way of securing material resources and as an important source of recognition and legitimization.[44]

Despite the constraints placed upon their activity, all the regional migrant organizations are emerging as important actors within the regional migration regimes. Although the practical help that is offered by regional migrant organizations to the migrant population is limited, they are making important contributions with minimal material and experiential resources and must be seen as sites of further potential.

5. Conclusion

Along the lines of thought, anti-immigration side, the Russian

---

44) A Significant body of recent researches has pointed to the importance of personal social networks in post-Soviet Russian society. Instead of dismissing practicessuch as a dependence upon personal networks as outdated legacies of the Communist past, these authors suggest that attention should be paid to the ways in which these practices are both surviving and being adapted to new environments. Moya Flynn(2006), p.263; See Alapuro (2001); Ledeneva (1998); Lonkila (1999a, 1999b).

government's migrant policy has been made more restrictive and similar to the laws of Western European countries. But in the next decade, the shortage of labor will get worse the farther across Russian territory. It is desirable that the activity of civil society is supplemented through migrant policy and migrant labor forces will covered with the shortage of population density and economic development in Russia. Finally, overcoming the immigration challenge for Russia in this century should play a key role in activation of newly establishing Russian civil society.

The movement of people across national borders has lagged behind transnational movement of information, capital, technology, goods, and services. This is because the movement of people involves the difficult task of reconciling cultural and social differences and mediating and negotiating political loyalties between different ethnic and national groups. The rising tide of cross-border migration in the region, especially in the Northeast Asia, therefore, is a sign that integration between the Northeast Asian economies is deepening.[45]

There are no symptoms of international regime or multilateral process in establishing the migration policy in Northeast Asia,

---

45) Gilbert Rozman, Northeast Asia's Stunted Regionalism: Bilateral Distrust in the Shadow of Globalization (Cambridge: Cambridge University Press, 2004), pp.260-266.

including Russia. Virtually all policy changes in the migration sector have been through domestic, or unilateral processes. For example, the changes in Russian migration policy to deal with the growing Chinese community in the border areas have been unilateral. None of the other migration issues actually has given rise to any region－wide dialogue.

There is no question, however, that the border－crossing people in Northeast Asia are creating new social networks within and between countries. In fact, the growing tide of international migration is both a sign and a facilitator of deepening social integration. In this context, labor migration can be expected to play a particularly important role. The role is not altogether positive, however.[46]

The cases of Russia indicates that the realities surrounding cross－border migration are changing in both countries but ethnic, cultural, and the actual recognition to the influx of foreign migrants and visitors into its own communities is needed in Russia. Russian authorities' permission of dual citizenship, however, is affirmative to the cross－border migration in region of the Northeast Asia in the age of globalization. It is because the trend of policies on nationality, citizenship or denizenship is based on closed nationalism, the policies of the multi－nation state, Russia, can be deserved as

---

46) Tsuneo Akaha (2004), p.129.

the prototype in Northeast Asia. In addition, the Russian civil society undeniably foster a sense of a community united in the face of common problems, where individuals resolutely support one another. More active civic participation can occur, such as policy input, when it is possible and preferable for the involved individuals and communities.

The realities in Northeast Asia, including Russia shows that cross−border human flows is growing, but cultural accommodation or mutual understandings on the other's culture between individual citizens and civil organizations is needed to further cultural integration, and finally it concludes that the trends of the cross−border migrations are still far behind the needs of regional institution or regional integration in Northeast Asia.

몰도바의 러시아인 디아스포라와
프리드네스트로브예 분쟁*

1. 머리말

15개의 연방공화국이 독립한 소연방의 붕괴는 러시아 바깥에 약 2,520만 명의 러시아인을 남겨두었다. 소연방 독립 후에 많은 비러시아 국가들이 러시아인들에 대한 자신들의 명목 민족(titular nation, 예: 우크라이나에서 우크라이나 민족)의 비율을 증대시키려는 노력을 하였고, 이것은 러시아인들이 조국으로 돌아가게 만든 압박요인이 되었다. 이에 대해 지역별로 분명한 분류가 가능한데,[1) 우

---

* 본 장은 『민족연구』제32호 (2007. 12), pp.34 – 58에 게재했던 논문을 보완하였음.

1) 우평균, "포스트 – 소비에트 공간에서의 러시안 다이아스포라: 러시아의

선 아르메니아, 타지키스탄(Tajikistan), 아제르바이잔(Azerbaijan), 그리고 그루지아(Geogia), 이 네 나라에서는 러시아인 인구의 절반 이상이 변동기의 적응전략으로 러시아로의 이주를 택했다. 이 나라들에서는 상당수의 명목민족들도 민족 간 폭력과 경제적 조건의 악화로 피난을 갔다. 타직인, 아르메니아인, 그루지아와 아제르바이잔인들 모두 이주 결과 러시아에서 자신들의 규모를 증대시켰다. 우즈베키스탄(Uzbekistan)과 키르키즈(Kyrgyzstan)에서는 러시아인들 가운데 약 1/4이 이주했다. 소연방 시절 가장 높은 비율의 러시아인들이 거주하던 카자흐스탄(Kazakhstan)에서는 17.8%가 떠났고, 그 다음 네 번째 그룹으로 발트지역의 세 나라와 몰도바(Moldova)에서 약 10~13%의 러시안 디아스포라 인구가 역시 떠났다. 그리고 다섯 번째 부류가 나머지 두 슬라브 국가들(우크라이나(Ukraine), 벨라루시(Belarus))인데, 이곳으로부터 일부의 러시아인들만이 조국에 돌아왔다.[2] 그러나 시간이 지나면서 구소련국가들로부터의 러시아인 유입 인구 비율은 줄어들기 시작했다.

몰도바는 소련의 공화국이었을 때 연방 내에서 인구가 가장 조밀한 지역(소련 전체 12명/1㎢, 몰도바 129명/㎢)이었다. 가장 오래되고 큰 도시인 수도 치시나우(chisinau)에 몰도바인이 50% 상회하지

인식, 정책과 이론적 측면" 『한국정치학회보』, 제38집 3호 (2004 가을), pp.389 - 396.
2) Timothy Heleniak, "Russia's Demographic Challenges" Stephen K. Wegren, eds. *Russia's Policy Challenges: Security, Stability, And Development* (Armonk: M.E. Sharpe, 2003), p.211.

만 러시아인이 약 25%, 우크라이나인이 13%를 차지할 정도로 이 민족의 비율이 높은 나라이다. 인구구성에 있어 상당수를 루마니아인과 동일 혈족인 몰도바인들이 주력민족(명목민족)을 차지하고 있지만, 과거 소연방의 주역이었던 러시아인들이 제3의 민족(1989년 이전까지는 제2위차지)을 차지하고 있어 몰도바인들과 겪는 갈등이 심화되어 왔다. 소연방 붕괴 이후 몰도바에서의 민족분규와 갈등을 겪으면서 많은 러시아인들이 러시아로 이주했음에도 불구하고, 몰도바는 러시아인이 다수 거주하는 지역에 대한 통제를 놓고 러시아 당국과 몰도바가 대립하는 형세를 보이고 있다. 프리드네스트로브예(Transdniestr) 지역은 민족갈등과 분리주의 움직임에 대한 대처 방안으로 러시아군대가 구소련 공화국 지역에 주둔하는 유일한 지역으로 러시아와 몰도바는 물론, 국제적인 주목을 받고 있다.

몰도바는 흑해(Black Sea) 지역에서 러시아가 지역 맹주(regional hegemon)로서 영향력을 행사하고자 하는 대표적인 나라이지만, 소연방 붕괴 이후 지역 상황은 러시아가 원하는 대로 순조롭게 전개되지 않았다. 특히 몰도바와 동족인 루마니아에서의 새로운 대통령 선출(2004.12)과 흑해 지역에 대한 루마니아의 관심 표명(Basescu doctrine)은 러시아를 제외한 흑해지역 국가들 간의 결속을 강화하는 계기로 작용했다. 반면에 몰도바는 소연방 붕괴 이후 최초로 공산당이 다수당으로 재복귀한 경험과 보로닌(Vladimir Voronin) 대통령 집권 초기의 친공산주의적 태도는 몰도바가 동방의 쿠바로 묘사될 정도로 서구의 우려를 자아내기도 했지만, 2003년 이후 프리드네스트로브예 문제를 해결하는 과정에서 러시아의 일방적 결정에 대해 반발하면서 민족주의적이고 친서방적인 태도를 표명하기 시작했다. 결국 유럽연합(EU)에 가입하고 궁극적으로 유럽세계로의 편입을 지향하는 몰도바의 보로닌 대통령의 입장 역시 몰도바의 증대되는 지정학적 중요성을 부각시켰다.

흑해를 둘러싼 국가들 간의 전략적 이해의 상충은 '얼어붙은 갈등지역'(frozen conflict) 지역인 프리드네스트로브예 공화국을 둘러싼 러시아와 몰도바 간의 관계악화와도 깊은 관련이 있다.3) 따라서 몰도바의 국내 정치와 대외정책은 러시아 변수와 불가분의 관계를 맺고 있으며, 또한 몰도바의 러시아인 디아스포라와 어느 정도 연관되는 정치적 쟁점을 포함하고 있다.

본 장은 몰도바의 국내외적인 상황을 이해하고 설명하는 하나의 매개변수로서 러시아인 디아스포라를 설정할 수 있다는 전제하에서, 몰도바에서의 러시아인 디아스포라 문제에 대한 이해를 제고하기 위한 목적을 갖는다. 이를 위해 러시아인 디아스포라 문제가 결정적으로 제기된 계기인 소연방의 해체와 러시아인 정체성의 문제를 제2절에서 다루고, 제3절에서 러시아인 디아스포라 현황과 더불어 현안인 프리드네스트로브예 공화국 문제를 중심으로 살펴볼 것이다. 다만 프리드네스트로브예

---

3) 러시아는 몰도바와 프리드네스트로브예트의 친러시아 정치인들을 지원하기 위해 가스 공급과 가격 및 채무 조정에 개입하여 통제하고 있다. Chole Bruce, "Power Resources: The Political Agenda in Russo-moldovan Gas Relations" *Problems of Post-Communism*, Vol.54, No.3 (May/June 2007), pp.29-47.

문제 자체가 러시안 디아스포라 이슈로 볼 수 없기에[4] 프리드네스트로브예 문제에 대한 상세한 경과 및 제반 문제들을 언급하기보다는 러시안 디아스포라와 관련하여 갖는 의미 위주로 서술하려 한다.

2. 몰도바의 러시아정체성 형성과 소연방의 붕괴

몰도바 내 러시아인들의 민족적 정체성은, 러시아 연방(혹은 소연방 시기의 러시아공화국)의 러시아인들과 달리 형성되어온 측면이 강하다. 몰도바의 러시아인들 중에서, 특히 몰도바에서 태어났거나 몰도바에서 오랫동안 생활해온 러시아인들은 상당히 많은 변화를 거쳤다고 할 수 있다. 그 결과 몰도바 공화국 내 러시아인들은 러시아내의 러시아인들과 다르며, 자신만의 정체성을 형성해왔다는 지적도 나오고 있다.[5] 특히 이 시각은 구소련의 유럽지역에 살고 있

---

4) 프리드네스트로브예 자치공화국을 둘러싼 이슈들이 러시아인 디아스포라, 그 자체의 문제라고 볼 수 없는 이유는 첫째, 이 지역의 인구구성에서 러시아인은 전체의 약 1/3 정도를 차지하고 있다(2004년 인구조사에서 몰도바인 31.9%, 러시아인 30.3%, 우크라이나인 28.8%를 차지). 둘째, 러시아 정부가 점차 시간이 지나면서 프리드네스트로브예 분쟁을 재외동포 문제의 차원보다는 대CIS 외교정책의 일환으로 몰도바를 압박 및 회유하는 정책적 수단으로 구사하고 있다. 셋째, 프리드네스트로브예 분쟁 해결을 위해 국제기구인 UN, EU, OSCE, NATO 및 러시아, 몰도바, 우크라이나, 미국 등 수많은 국제적 행위자들이 개입되어 있기 때문이라고 할 수 있다.
5) Jeff Chinn and Robert J. Kaiser, *Russians as the New Minority:*

는 러시아인들과 관련해서 합리적이라는 주장의 근거가 되어 왔다. 한마디로 이 지역은 러시아인들과 명목민족 간의 인종적 차이가 없는 지역이며, 종교적 차이도 그렇게 중요하지 않은 지역이라는 점을 강조한다. 동 지역에서 새로운 문화적 환경으로의 접근 과정이 비교적 차분하게 진행되었다는 점도 주목할 만하다. 이를 입증하는 대표적인 사례가 유럽 지역 공화국에서 소연방 붕괴 이후에 러시아로 간 러시아인 이주비율이 중앙아시아나 코카서스 지역보다 훨씬 낮다는 점이다.6)

소련 시기 비러시아공화국에 거주하는 러시아인들과 러시아공화국(RSFSR)의 러시아인들을 포함한 전체 러시아인들은 대체로 자신들의 정체성을 러시아인보다는 소비에트인으로 인식하는 정도가 비러시아인들에 비해서 높았다고 평가된다. 여기에는 몇 가지 이유가 있지만, 그중에서도 소련 민족정책의 독특성에서 연유하는 바가 크다. 러시아공화국 차원에서도 다른 연방 공화국들이 자신의 특정한 명목민족 단위로 이루어진 공화국으로 생각하는 정도로까지 러시아

Ethnicity and nationalism in the Soviet Successor States (Boulder, Colo.: Westview Press, 1996): Paul Kolsto, "The New Russian Diaspora – An Identity of Its Own? Possible identity Trajectories for Russians in the Former Soviet Republics" *Ethnic and Racial Studies*, Vol.19, No.3 (1995), pp.609 – 639.

6) 실제로 몰도바에 살고 있는 대부분의 러시아인들은 현지에서 태어났거나 러시아가 아닌 다른 소비에트 공화국에서 몰도바로 온 사람들이다. 이것은 물론 그들에게 러시아내에 자신들의 고향지역(home district)으로 부를 수 있는 곳이 없다는 것을 의미하는 것은 아니다.

인의 공화국으로 간주하지 않았다는 것이다. 로저스 브루베이커(Rogers Brubaker)는 러시아민족성(Russian nationality)이 언제나 다른 민족들이 그랬던 것보다 소련에서 덜 제도화되었다고 주장하였다. 러시아인들에게 적용할 수 있는 것은 특정한 민족성이 아니라 일반적인 형식(generational form)이었기에 보이지 않는 것이었다.[7] 이에 덧붙여, 러시아인들에게는 다른 공화국으로의 이주가 적극적으로 장려되었으며, 이에 부합하는 좋은 조건을 제공받았다.

페레스트로이카 시기에는 민족 간 폭력이 몰도바 내의 많은 러시아인들로 하여금 러시아로 떠나도록 부추기는 요인으로 작용했다. 그러나 소연방 붕괴 이후에는 조국 러시아가 부여하는 매력이 언어 외에는 거의 없다는 점을 발견하게 되었다. 러시아 내의 민족적 상징의 전반적인 외양이 변했고, 이민자들의 여망에 부응하는 새로운 정체성을 반영하는 새로운 민족적 상징을 만들어 낸 것도 아니었다. 무엇보다도 몰도바에서 러시아로 이주하는 러시아인들의 문화는 러시연방공화국 내의 러시아인의 문화와 이미 다른 것이었기에, 이에 대한 반응도 민감하다고 할 수 있다.[8]

몰도바에서 러시아로의 이주는 1992년에 정점에 달했는데, 이것은

---

7) Rogers Brubaker, "Nationhood and the National Question in the Soviet Union and Post–Soviet Eurasia: An Institutional Account" *Theory and Society*, Vol.23, No.1 (1994), pp.48–49.
8) Alla Skvortsova, "The Cultural and Social Makeup of Moldova: A Bipolar or Dispersed Society?" Paul Kolsto, eds., *International Integration And Violent Conflict in Post–Soviet Societies* (Lanham, Maryland: Rowman & Littlefield Publishers, Inc., 2002), p.174.

프리드네스트로브예에서의 무장충돌과 분명하게 연관되었다. 즉 몰도바 내 민족분규가 폭력사태로 치닫자 위험성을 느끼고 러시아로 이주한 사람들이 많은 시기였다. 다음해인 1993년에 몰도바에서 러시아로의 이주가 눈에 띄게 감소하였다. 이것은 몰도바에서 러시아로의 대규모 이주의 원인이 몰도바에서의 '인종청소'(ethnic cleansing) 때문이라는 시각이 잘못되었다는 점을 여실히 보여준다.

<표1> 몰도바에서 러시아로의 이주 상황, 1990 - 1994

도착국가	1990	1991	1992	1993	1994
구소련 공화국 전체	48,300	43,200	53,200	29,400	28,300
러시아	25,440	22,077	25,339	16,697	8,738
우크라이나	19,866	18,478	25,043	11,187	8,674
다른 국가들	16,776	18,218	7,144	6,397	6,502
합계	162,700	149,200	130,700	94,600	83,200

몰도바에서의 러시아인들의 정체성 위기는 누가 러시아 공동체의 성원으로 간주될 수 있는가 하는 문제를 놓고 이어진 논의에서도 명백히 드러났다. 이에 대해 여권을 통해서 분명하게 러시아인으로 간주될 수 있는 사람, 러시아어를 제1언어로 구사하는 사람, 혹은 스스로 러시아인이라고 간주하는 사람이 그 대상이 된다고 여겨졌다. 이 같은 분류에 걸맞은 몇 가지 명칭이 각기 붙여졌다. 이른바 '루스키'(russkie, ethnic Russians)는 인종적 러시아인에 해당되며, 스스로 러시아인이라고 보는 사람은 '로시아닌'(rossiane, Russian through identification with Russia)이며, '러시아어 구사자'(Russian

Speakers), ‘동포’(Sootechestvenniki, Compatriots)라고 부르게 되었
다. 몰도바에는 몇몇 러시아 문화조직이 있었으나, 하나의 명분하에
모든 조직을 결속하려는 시도는 모두 실패하였다.

<그림1> 몰도바의 지역별 인구 구성

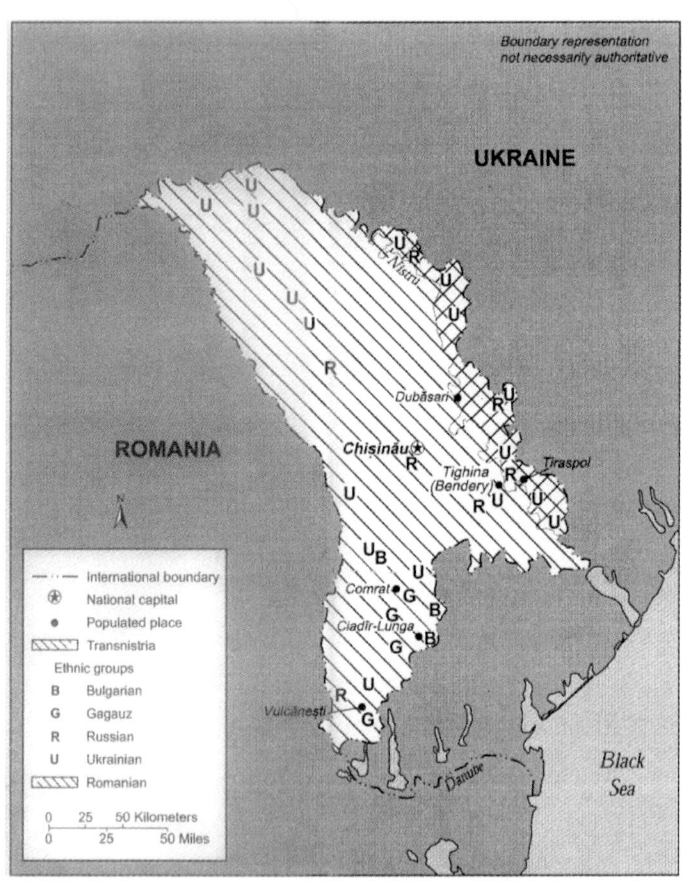

<표2> 러시아연방에서 외국으로의 유출 현황, 1997 - 2006

유출국가/년도	1997	2000	2001	2002	2003	2004	2005	2006
CIS 국가 총계	146,981	82,312	61,570	52,099	46,081	37,017	36,109	35,262
아제르바이잔	4,302	3,187	2,170	1,704	1,771	1,336	1,274	1,366
아르메니아	2,578	1,519	1,362	1,114	1,098	654	620	686
벨라루스	18,928	13,276	11,175	8,829	7,016	5,671	6,034	6,318
그루지야	3,286	1,802	1,339	964	939	740	691	6,318
카자흐스탄	25,364	17,913	15,186	13,939	14,017	12,504	12,437	11,948
키르키스탄	6,296	1,857	1,333	1,080	959	656	473	605
몰 도 바	5,715	2,237	1,660	1,385	1,234	907	786	636
타직스탄	2,474	1,158	993	827	922	549	434	424
투르크메니스탄	1,532	676	352	272	251	168	125	112
우즈베키스탄	7,370	3,086	1,974	1,400	1,130	717	595	648
우크라이나	69,116	35,601	24,026	20,585	16,744	13,115	12,640	11,926
far abroad countries	86,026	63,408	59,596	54,586	47,937	42,778	33,689	18,799
호 주	297	176	184	144	146	167	209	167
아프가니스탄	146	25	18	7	17	2	11	11
불가리아	668	180	163	133	156	16	124	116
독 일	48,363	40,443	43,682	42,231	36,928	31,876	21,458	8229
그 리 스	886	314	204	190	186	157	155	139
이스라엘	12873	9407	4835	2764	2048	1733	1745	1408
캐 나 다	1333	841	812	725	701	783	628	552
중 국	1222	658	156	151	86	154	456	196
쿠 바	89	27	15	6	8	8	2	3
라트비아	636	365	311	256	259	226	211	223
리투아니아	1162	376	262	293	268	282	213	228
폴 란 드	376	135	84	80	72	57	76	84
시 리 아	256	54	60	66	58	55	54	42
미 국	9087	4793	4527	3134	3199	2919	4040	3109
터 키	356	104	96	80	88	60	85	78
핀 란 드	923	1142	980	1110	737	910	737	695
스 웨 덴	151	195	148	162	151	158	110	132
에스토니아	702	385	402	321	351	265	225	270
다른 국가들	6500	3788	2657	2733	2478	2806	3150	3117

출처: 러시아연방통계국 홈페이지, http://www.gks.ru/free doc/2007/b07 12/05 - 09.htm.

<표3> CIS와 발트국가들로부터 러시아연방으로의 유입인구, 1992 – 2006

국가	1992	1993	1994	1995	1996	1997	1998	1999	2000	2001	2002	2003	2004	2005	2006
벨라루스	36,212	34,670	43,383	35,337	23,903	17,575	13,760	11,549	10,274	6,520	6,841	5,309	5,650	6,797	5,619
몰도바	32,340	19,344	21,364	18,715	17,847	13,750	10,762	9,037	11,652	7,569	7,562	6,391	4,816	6,569	8,649
우크라이나	199,355	189,409	247,351	188,443	170,928	138,231	111,934	81.297	74,748	36,503	36,806	23,418	17,699	30,760	32,721
카자흐스탄	183,891	195,672	346,363	241,427	172,860	235,903	209,880	138,521	124,903	65,226	55,706	29,552	40,150	51,945	38,606
키르키즈스탄	62,897	96,814	66,489	27,801	18,886	13,752	10,997	10,370	15,536	10,740	13,139	6,948	9,511	15,592	15,669
타직스탄	72,556	68,761	45,645	41,799	32,508	23,053	18,396	12,116	11,043	6,742	5,967	5,346	3,339	4,717	6,523
투르크메니스탄	19,035	12,990	20,186	19,129	22,840	16,501	10,509	7,998	6,738	4,402	4,531	6,299	3,734	4,104	4,089
우즈베키스탄	112,442	91,164	146,670	112,312	49,970	39,620	41,800	41,615	40,810	24,873	24,951	21,457	14,948	30,436	37,126
아르메니아	15,750	29,806	46,480	34,112	25,419	19,123	16,780	14,677	15,951	5,814	6,802	5,124	3,057	7,581	12,949
아제르바이잔	69,943	54,684	49,495	43,442	40,310	29,878	22,210	15,902	14,906	5,587	5,635	4,277	2,584	4,600	8,900
그루지야	54,247	69,934	66,847	51,412	38,551	24,517	21,059	19,626	20,213	9,674	7,128	5,540	4,886	5,497	6,806
에스토니아	24,440	14,340	11,250	8,591	5,869	3,483	1,771	852	786	535	534	445	446	432	347
라트비아	27,271	25,891	26,370	14,859	8,227	5,658	3,577	2,108	1,785	1,283	990	906	819	726	766
리투아니아	15,354	19,407	8,456	4,126	3,055	1,785	1,384	987	945	758	722	535	339	360	371
총계	925,733	922,886	1,146,349	841,505	631,173	582,829	494,819	366,655	350,290	186,226	184,612	129,144	119,157	177,230	186,380

출처: Moya Flynn, 『Migrant Resettlement In the Russian Federation』(London: Anthem Press, 2004), p. 18. 러시아연방통계국 홈페이지, http://www.gks.ru/free doc/2007/b07 12/05 – 09.htm.

3. 몰도바의 러시아인: 현황과 쟁점

1) 러시아인 유입과 유출 현황

몰도바의 러시아아인은 1989년 구소련 시기의 마지막 인구 센서스 당시에 나타났던 인원은 562,000명으로, 전체 몰도바 인구의 13% 였다. 1996년의 (비공식) 조사에 따르면 러시아인이 총 565,500명으로 전체인구의 13%를 차지하였다. 반면에 러시아어 구사자는 446,000명으로 전체 러시아인이 러시아어를 모두 구사하지는 못하고 있다는 점을 보여준다. 몰도바인을 제외한 민족들 중에서 러시아인의 비율은 36.5%로 1/3을 상회하고 있다(하단 「■ **몰도바 거주 러시아인과 러시아어 구사자, 전체 비명목인구중 러시아인비율 (1989년/1996년)**」 참조).

몰도바에서는 앞서 서술했듯이 러시아인들이 소연방 붕괴 이후에 '고국' 러시아로 소수만 이주했으며, 몰도바 거주 러시아인 총인구는 1989년에 비해 오히려 3,500명이 증가했다. 1990년부터 1998년 까지 이 지역 러시아인의 9%에 해당하는 5만여 명이 러시아로 이주했다(하단 ■「**몰도바에서 러시아연방으로의 유입인구, 1992 – 2006**」참조). 1992년부터 2006년까지 러시아로의 이주인구가 2000 년 한 해를 제외하고는 꾸준히 감소했으며, 2000년 이후에는 1만 명에도 못 비치고 있다.

그러나 2004년 인구 센서스 결과를 토대로 작성한 몰도바 정부의 인구 통계에 따르면 2004년 현재 몰도바 내 러시아인은 불과 201,218명으로(<표6> 참조) 상기한 1996년 통계와 비교할 때, 무려 364,282명이 감소한 것으로 나타나 몰도바에서 러시아로의 이주에 관한 러시아 정부의 앞선 통계 자료와 불일치점이 보인다.[1] 즉 러시아 측에서는 유입인구가 아주 적게 나타나고, 몰도바 측 자료는 러시아인 유출인구가 대단히 많음을 보여준다.

■ 몰도바 거주 러시아인과 러시아어 구사자, 전체 비명목인구중
러시아인비율(1989년/1996년)

공화국	러시아인 (비율%), 1989	러시아인 (비율%), 1996	러시아어 구사자	전체비명목인구중러시아인비율(%)	전체비명목인구중비러시아인(%)
몰도바	562,000 (13)	565,500 (13)	446,000	36.5	63.5

■ 몰도바에서 러시아연방으로의 유입인구, 1992 – 2006

연도	1992	1993	1994	1995	1996	1997	1998	1999
	32,340	19,344	21,364	18,715	17,847	13,750	10,762	9,037
연도	2000	2001	2002	2003	2004	2005	2006	
	11,652	7,569	7,562	6,391	4,816	6,569	8,649	

---

1) 몰도바와 관련된 인구 구성은 러시아와 몰도바 측의 통계가 다른데, 국가 정보와 관련하여 그 객관성을 인정받고 있는 미국 CIA의 자료는 2004년 인구센서스에 기초하여 몰도바에 몰도바·루마니아인이 78.2%, 우크라이나인 8.4%, 러시아인이 5.8%를 차지하고 있다고 제시함으로써 몰도바 측의 자료와 거의 동일하게 나타나고 있다.
http://www.cia.gov/library/publications/the – world – factbook/-fields/2075.html.

러시아연방에서 몰도바로의 유출인구는 몰도바에서 러시아로의 유출인구에 비하면 상당히 대조적이다. 1997년 한 해만 5,000명을 상회했을 뿐, 2000년대 들어와서는 1000~2000명 수준을 보이다가 2000년대 중반을 지나면서는 1,000명 이하로 감소하였다(하단 「■ **러시아연방에서 몰도바로의 유출인구**」참조). 러시아에서 몰도바로, 몰도바에서 러시아로의 인구 유출 상황은 양쪽으로의 래왕이 빈번하지 않으며, 이를 반영하듯이 양자가 긴밀한 관계를 형성하지 못하고 있다는 점을 상징적으로 드러낸다.

■ 러시아연방에서 몰도바로의 유출인구

연도	1997	2000	2001	2002	2003	2004	2005	2006
✕	5,715	2,237	1,660	1,385	1,234	907	786	636

<표4> 몰도바 당국이 파악하고 있는 국적별 이주자 분포

(단위: 1,000명)

	1998	1999	2000	2001	2002	2003	2004	2005
총계(몰도바 도착자)	1558	1517	1321	1293	1297	1620	1706	2056
불가리아	11	69	65	48	46	100	70	86
중국	14	17	17	23	23	8	13	13
요르단	160	168	137	112	73	39	52	33
이스라엘	14	9	12	38	40	68	90	94
카자흐스탄	25	15	16	31	14	22	23	26
팔레스타인	19	21	11	12	11	4	1	–
루마니아	183	139	104	99	64	79	83	111
러시아	187	133	70	52	73	121	152	168

	1998	1999	2000	2001	2002	2003	2004	2005
시리아	171	187	232	215	243	197	153	101
미국	67	63	52	56	71	91	85	111
수단	43	50	33	38	24	39	26	19
터키	108	198	154	110	180	196	273	462
우크라이나	385	255	195	224	196	321	283	393
다른나라들	171	193	223	235	239	335	402	439

출처: "Distribution of Immigrants By Citizenship" 몰도바국가통계국,
http//www.statistica.md/statistics/dat/983/Miscarea migratorie po.

몰도바의 러시아인 디아스포라 현황은 2004년 현재 201,218명으로 전체 인구 중에서 5.9%로 하락했다. 소연방 말기인 1989년 인구 562,069명에 비해 2004년 현재 361,751명이 줄어든 201,218명으로 몰도바 전체인구에서 차지하는 비중도 7.1%나 감소하였다. 현재의 민족별 인구구성이 나타내듯이, 몰도바 당국은 모스크바에 대해서 거의 관심이 없었으나, 몰도바에 거주하는 소수민족으로서의 러시아 민족의 존재가 모스크바의 시각을 변화시켰다.

반면에 러시아가 관심을 갖고 몰도바에 대해, 특히 프리드네스트로브예 지역 이슈에 대해 일방적으로 해결책을 모색하려는 대도를 줄곧 표명하자 몰도바가 러시아와 관계가 악화되고 외교정책에서 유럽지향적인 정향성(European reoreinetation)을 갖게 되었다.[2] 또 한

---

2) L. Stan, "The Opposition Takes Charge: The Romanian General Elections of 2004" *Problems of Post-Communism*, Vol.52, No.3 (May/June 2005), pp.3-15.

편으로, 몰도바의 러시아인들은 몰도바와 루마니아가 재통 일하는 미래전망에 대해 경각심을 갖기에 이르렀으며, 이렇게 된 데에는 정치적으로 강력한 세력을 이루고 있던 러시아인들의 지위가 작고 정치적으로 힘없는 소수민족의 그것으로 전락될 것이라는 우려가 작용하였다. 몰도바는 과거의 러시아 제국과 소연방 모두에게 국경지대를 형성하고 있는 지역으로서, 지리적으로 매우 중요한 요충지였다. 몰도바는 러시아와 외부 세계간에 설정되어 있는 장벽을 형성했었다.

<표5> 몰도바의 주요 민족들(몰도바의 인구센서스 자료)

	인구 수					전체인구 중 차지하는 퍼센티지				
	1959	1970	1979	1989	2004	1959	1970	1979	1989	2004*
총 계	2884477	2568873	3949756	4335360	3383332	100,0	100,0	100,0	100,0	100,0
몰도 바인	1886566	2303916	2525687	2794749	2564849	65.4	64.6	63.9	64.5	75.8
우크라이나인	420820	506560	560679	600366	282406	14.6	14.2	14.2	13.8	8.4
러시 아인	292930	414444	505730	562069	201218	10.2	11.6	12.8	13.0	5.9
가가우즈인	95856	124902	138000	153458	147500	3.3	3.5	3.5	3.5	4.4
루마니아인	1663	1581	1657	2477	73276	0.1	0.0	0.0	0.1	2.2
불가리아인	61652	73776	80665	88419	65662	2.1	2.1	2.0	2.0	1.9
집시	7265	9235	10666	11571	12271	0.3	0.3	0.3	0.3	0.4
다른 민족들	22618	36387	46548	56415	18502	0.8	1.0	1.2	1.3	0.5
언급하지않음	...	...	...	...	14020	...	...	...	...	0.4

* Nistru 강 좌안과 Bender 지역의 인구 제외.

출처: "Population By Main Nationalities" 몰도바국가통계국, http//www.statistica.md/statistics/-dat/981/Populatia   structurae de m...

2) 프리드네스트로브예 문제의 성격과 통합노력

몰도바는 러시아에게 지정학적으로 중요한 요충지이므로 소련 시기 소연방 차원에서 러시아인들이 많이 유입되어 소련의 여느 공화국에서와 마찬가지로, 주력민족인 몰도바인에 비해 정치적으로 중요한 세력으로 몰도바 내에서 자리를 잡았지만, 몰도바의 독립과 소연방의 붕괴는 몰도바의 주권 회복과 몰도바인들의 권리 신장을 결과했다. 그러나 몰도바 지역은 다른 소비에트 공화국에서와 다른 양상이 나타나기 시작했는데, 러시아인들이 다른 지역에 비해 비교적 많이 거주하고 있는 프리드네스트로브예 지역에서 몰도바 독립 직후부터 분리독립을 요구하기 시작한 것이다. 러시아를 제외한 구소련의 방대한 14개의 구성공화국 내부에서 러시아인들이 분리독립을 요구한 곳은 프리드네스트로브예 지역이 최초이자 유일한 지역으로 2007년 현재까지도 과거보다 미온적이지만 여전히 분규가 지속되고 있다.

<그림2> 프리드네스트로브예 지도

Trans-Dniester
Dniester R.
UKRAINE
Ribnita
MOLDOVA
Chisinau
Tighina
ROMANIA
UKRAINE
0   50 mi
0   •   50 km
Black
Sea

프리드네스트로브예에 거주하는 러시아인에 대한 적대감을 표현하는 게시물의 창문 전시 (Paul E. Michelson 촬영, Chisinau)

빵을 사기 위해 줄을 서서 기다리는 몰도바인들(Matt Webb 촬영, Chisinau)

프리드네스트로브예 자치 공화국은 1924년에 인구의 민족적 구성 때문이라기보다는 정치적 목적에 의해 창설되었다. 이 지역의 몰도바인들은 인구의 30% 정도밖에 차지하지 못했다. 1940년 이전에 프리드네스트로브예는 몰도바 공화국의 일부가 된 적이 없었고, 1940년 이후에 프리드네스트로브예인들은 "베사라비아인들"(Bessarabians)과 "베사라비아"의 좌안 지역으로부터 분명하게 자신들을 구분했다. 수십 년 동안 소비에트 이데올로기는 루마니아와 루마니아인들을 적으로 표현했기에 루마니아에 속한 베사라비아를 루마니아 및 루마니아인으로 간주한 것이다. 프리드네스트로브예인들은 자신들이 소연방에 속한 것을 자랑스러워했으며, 동시에 프리드네스트로브예에서 몰도바인들은 주로 농촌 거주자였고 당 엘리트들과 관리인은 러시아인들과 우크라이나인들이 차지하였다.3)

러시아인들이 핵심 역할을 하는 프리드네스트로브예 자치공화국에서 모든 민족 그룹들은 러시아화되었고, 상당한 정도로 소비에트의 생활스타일로 사회화되었다. 이 지역은 구소련 시기에 러시아인과 우크라이나인의 이주정책과 더불어 러시아화가 강하게 진행된 곳이다. 이 지역의 이주민들은 몰도바의 다른 지역보다 더 교육받은 지식인과 전문가들이 많았으며, 생활수준에 있어서도 몰도바인들보다 풍요로웠다. 프리드네스트로브예의 주민과 엘리트는 소비에트 국가와 대러시아 문화에 대한 충성을 간직하였고, 동시에 "러시아어

---

3) Н. В. Бавилунга и Б. Г. Бомешко, *Прилнестловский конфли кт: Истолические, демографические, политические аспекты* (Тиласпол: ЛИО ПГУ, 1998), сс. 30 – 32.

구사자”라는 보다 큰 범주하에서 분리된 소수민족의 자긍심을 가졌고, 몰도바 중앙정치에 반대하였다.

문화적 및 언어적으로 프리드네스트로브예 주민들은 보통 생각할 수 있는 것보다 훨씬 더 동질적인데, 그 이유는 도시의 러시아인, 우크라이나인, 몰도바인들 간에, 그리고 도시주변의 농촌에 거주하는 몰도바인과 우크라이나인들 간에도 문화적 차이가 크지 않고, 민족 간의 혼혼(混婚) 비율이 아주 높기 때문이다. 프리드네스트로브예 인구 중 42.2%가 몰도바에는 소수민족이란 존재하지 않는다고 생각하고 있으며, 26%가 몰도바에서 태어났으면 몰도바 사람이라고 믿고 있다.4) 2004년의 인구조사에 따르면 프리드네스트로브예 지역의 인구구성은 몰도바인 31.9%, 러시아인 30.3%, 우크라이나인 28.8%로 이루어져 있다.

프리드네스트로브예 지역에 존재하는 몰도바의 다른 지역과는 다른 역사, 강에 의해 나누어지는 자연환경, 뚜렷한 다수 민족의 부재 및 러시아어와 소비에트 문화의 통합적인 성격이 분리된, 혹은 독립적인 프리드네스트로브예 정체성(Dniestria identity)을 만들어낸 요소들이다.5) 이것을 “지역적 정체성”(regional identity), “공통의 언

---

4) Alla Skvortsova (2002), p.175.
5) Stuart J. Kaufman, “Spiralling to Ethnic War: Elites, Masses, and Moscow in Moldova's Civil War, 1996” *International Security*, Vol.21, No.2 (1996), pp.108 - 138; Stuart J. Kaufman, “An ‘International’ Theory of Inter - Ethnic War” *Review of International Studies*, Vol.22, No.1 (1996), pp.149 - 171.

* 2004년 8월 4일 Tighina 마을 부근에서 몰도바의 수도 Chisinau가 주도하는 철도 봉쇄에 대한 해제조치가 취해지기 전, 프리드네스트로브예 공화국이 고립된 상황에서 주민들이 모여 있다. 분리주의자들은 몰도바 당국이 잇따라 경제 재재를 부과하자 철도를 봉쇄했으나 몰도바 당국은 하루 뒤에 봉쇄를 풀었다. 몰도바와 프리드네스트로브예의 친러시아 분리주의 지역 간의 긴장은 분리주의자들이 몰도바어 학교를 폐쇄한 후 발생했다. 붉은 현수막에는 "프리드네스트로브예 공화국에 대한 경제 제재 반대"가 적혀 있다(AP 통신 사진/Dan Morar).

어와 문화적 가치에 기초하는 독자적이면서 공통된 정체성"이라고 할 수 있다. 1994년 프리드네스트로브예에 파견되었던 유럽안보협력회의(OSCE) 위원회도 유사한 결론을 내린 바 있다. "이 지역의 모든 민족 집단은 자신들이 자기 자신 이외에 독자적인 프리드네스트로브예 정체성을 공통적으로 가지고 있음을 느끼고 있다." OSCE에 따르면 이와 같은 독자적인 정체성의 비중은 몰도바 중앙정부로 하여금 프리드네스트로브예 전체 주민을 "역사적, 정치적, 언어학적인 이유로” 존치시킨 소수민족집단으로 대하도록 강요하였다.[6] 이와 같은 견해는 여러 학자들 사이에서도 공통적으로 나타나는 일치된 인식이다.

하나의 정체성이 공고해지려면 ‘적’이 형성되고 그에 대한 적개심이 발동할 때, 더욱 용이하다는 것은 상식과도 같다. 프리드네스트로브예의 경우도 전형적인데, 몰도바 중앙정부를 주도하는 정치 엘리트들이 몰도바 민족주의를 주창할수록 프리드네스트로브예 공화국의 정체성과 충돌할 수밖에 없는 구조를 갖고 있다. 그 단적인 예가 몰도바어를 공식언어로 지정하려는 정부의 시도는 인구의 압도적 다수가 몰도바어를 모르고 러시아어만 구사할 수 있는 주민들에게 사회적 추방의 시도로 인식되며, 몰도바 정부가 추진하는 루마니아적인 상징으로의 복귀는 1941~1944년 동안 드네스트로브예 지역을 억압했던 루마니아의 만행을 떠올리는 계기가 되면서 동시에 루마니아로 궁극적으로 통합될지 모른다는 우려를 낳기에 충분했다. 따라서 몰도바 정부에 귀속되는 프리드네스트로브예 공화국의 장래에 대해서 주민들의 일반적인 의견은 부정적이며, 프리드네스트로브예 정부를 이끌고 있는 친러시아적 지도부도 이를 거부해왔다. 그러나 프리드네스트로브예 정부는 몰도바를 비롯해 감시 위원회를 파견해 프리드네스트로브예 분규를 해결하고자 하는 유럽의 국제적 행위자들 차원에서 문제로 남아 있다. 정치범으로 간주되는 몰도바

---

6) “Даклад по. 13 Миссий СБСЕ в Молове” 1998: Alla Skvortsova (2002), p.176. 재인용.

계 프리드네스트로브예 주민들이 수감되어 있고, 교육체제도 1989
년에 몰도바는 라틴 스크립트로 바꾸었지만 프리드네스트로브예는
소비에트 시대의 키릴문자를 고수하고 있고, 국제사회가 연기를 요
청한 2005년 12월의 최고 소비에트 선거처럼 국제사회의 충고를
무시하고 국내정치 과정을 독단적으로 이끄는 프리드네스트로브예
정부에 대해서 간섭할 명분으로 작용하고 있다.[7]

몰도바와 프리드네스트로브예 정부 간의 협상의 전망은 불투명하
다. 그러나 몰도바와의 재통합이라는 핵심의제는 사라지지 않고 제기
될 것으로 보인다. 러시아 정부가 이 지역에 대해 제시하고 있는 정
치적 조정안은 1990년의 경계선 안에서 몰도바의 통일성과 주권을
보호하고, 몰도바 내의 프리드네스트로브예에게 영토의 자치권과 정
부의 자치권을 부여하는 것이다.[8] 이에 대한 몰도바의 대응은 가가
우스(Gagauz) 공화국과 더불어 프리드네스트로브예 공화국에 최대한
정치적인 자치 권한을 부여하면서, 동시에 러시아군의 프리드네스트
로브예 지역에서의 철군을 OSCE와 유엔에서 제기하는 데 있다. 몰
도바 정부는 루마니아와 관계에 있어서 '1민족, 2국가' 원칙을 제창하
고 루마니아와 협력은 증진하되, 몰도바는 계속해서 독립국가로 남아
있을 것임을 분명히 하고 있다.[9]

---

7) Oleh Protsyk. "Moldova's Dillemmas in Democratizing and Reintegrating
Transnistria" *Problems of Post－Communism*, Vol.53, No.4 (July/August
2006), pp.29－41.
8) 이고리 이바노프 저, 이항재 역, 『새로운 러시아의 외교』(서울: 단국대
출판부, 2003), p.121.
9) "Transdnistria: Russia and Moldova's Secret Deal" http://www.straffo

프리드네스트로브예 문제가 구소련권의 다른 민족 간 갈등, 예를 들어 그루지야의 아프카지하(Abkhazia)와 남오세티아(South Ossetia), 아제르바이잔의 나고르노-카라바흐(Nagorno-Karabakh)에서처럼 깊이 뿌리박힌 민족 간의 적대감에서 나타나는 것이 아니라는 점이 다르며, 이 지역의 위치가 EU와 지리적 인접성이 있으며, 현재의 정치적 분리 상태를 초월하여 경제적 협력을 추구하고자 하는 강렬한 동기도 존재하고 있기 때문에 문제해결의 전망을 장기적으로 밝게 해주는 요인도 있다. 프리드네스트로브예 문제는 러시아인 디아스포라의 자체적인 문제라기보다는 이미 몰도바, 러시아, 유럽 등의 국제적 행위자들이 개입하여 협상을 통해 해결할 수밖에 없는 구조로 정착되었기에 그 해결의 전망 역시 이와 같은 구조 속에서 모색해 나갈 수밖에 없는 상황이다.

4. 맺는 말

몰도바의 리시아아인은 그 수에 있어서 소수이지만 오랫동안 몰도바의 인구구성에서 높은 순위를 유지해왔다. 구소련 시기 인구구성에서 10%가 넘는 몰도바 내 제2의 민족으로서 정치·경제적으로 강력한 권력과 지위를 유지하면서 몰도바 사회 내에서 군림해왔으나 소연방의 붕괴와 더불어 러시아인들의 위치는 전락하기에 이르렀고, 소연방의 붕괴 직후에 발생한 프리드네스트로브예에서의 몰도

---

r.com/products/premium/read_article.php?id=289451.

바 당국과 독립요구를 주장하는 러시아인들이 주도하는 프리드네스트로브예 현지인들과의 무력충돌은 많은 러시아인들이 몰도바를 떠나 러시아로 이주하도록 부추긴 요인이었다. 2000년을 기점으로 이미 그 전에 수십만 명에 달하는 몰도바 내 러시아인들의 러시아 이주는 사실상 완료되었고, 몰도바 사회가 몰도바인들을 중심으로 새로운 국가건설과 국민형성의 과제를 수행하는 단계로 진입하였다.

몰도바에는 순수하게 러시아인 디아스포라의 문제라고 볼 수 없지만, 러시아인들의 가치체계 및 소비에트적 문화적 상징성이 그대로 남아있는 자치공화국인 프리드네스트로브예 공화국의 몰도바로부터의 분리독립을 둘러싼 문제가 소연방 붕괴 직후의 시점부터 2007년 현재까지 지속적으로 제기되어 왔다. 주로 러시아인들로 구성된 공화국 정부의 정치 엘리트들이 러시아와의 연계를 강화하면서 몰도바 정부로부터 독립하고자 하는 강력한 의지를 표명해왔는데, 이것은 프리드네스트로브예 주민들의 상당수가 몰도바적 정체성보다는 러시아어와 소비에트 문화의 상징성을 통해 자신들만의 독특한 지역적 정체성의 일체감을 오랫동안 간직해온 정서에 힘입은 바 크다.

프리드네스트로브예 공화국의 분리독립을 둘러싼 이슈는 러시안 디아스포라의 자체적인 성격을 드러내는 문제는 아니지만, 구소련 시기 소련 민족정책의 영향과 그 결과물로써 인식할 수 있으며, 러시아 정부가 러시아인이 영향력을 행사하고 있는 영토 외 지역에 대한 개입과 러시아의 패권적 영향력을 유지하고자 하는 대외 정책 구사에 있어서 하나의 시금석이 되고 있기에, 러시아 정부의 재외동포 정책의 차원에서보다는 사실상 구소련 및 CIS 국가 내 러시아인 주도 지역에 대한 외교정책의 일환으로 상황을 분석할 수 있는 근거들이 더욱 많다.

결국 몰도바의 러시아인 디아스포라는 프리드네스트로브예의 독자적인 러시아어 사용과 소비에트식 문화적 상징체계의 유지라는 현실과 프리드네스트로브예를 제외한 몰도바 전 지역의 러시아인 디아스포라의 몰도바로의 동화현상이 동시에 존재하는 특이한 이중구조를 갖고 있으며, 이것은 구소련권 내의 다른 어떤 국가에서도 발견하기 힘든 독특한 성격을 부여하고 있다는 점을 결론적으로 지적할 수 있다. 몰도바는 경제적으로는 러시아에 대부분을 의존하고 있고, 외교적으로는 유럽지향적인 태도를 취하고 있다. 몰도바는 흑해의 소국으로 현재 러시아인 디아스포라도 소수이지만, 러시아와 연계된 자치공화국의 분리독립 요구에 직면해 국가적 통일성을 유지해야 하는 힘든 상황에 놓여 있으며, 민족과 국가 간의 분규를 해결하려는 오랫동안의 노력에도 불구하고 그 해결은 불투명하다.

제 2 부
러시아외교와 북·러관계

러시아 대외 정책의 특성과 한반도 정책

1. 머리말

푸틴(V. Putin) 러시아 대통령의 2004년 재당선 이후 러시아의 대외 정책의 향방과 국내정치 현상에 대해 서구와, 특히 미국과 마찰을 빚으면서 푸틴 제2기 집권하의 러시아가 주목의 대상이 되어 왔다. 러시아는 국내정치적 정향에 있어서의 서구와의 견해차이뿐만 아니라, 러시아 주변 국가들, 그중에서도 그루지야(Georgia)와 우크라이나(Ukrina) 같은 CIS(Commonwealth of Independent States) 국가들의 국내정세와 관련해서도 미국과 대립했다. 우선 러시아 국내정치에 있어 푸틴의 통치가 지방권력의 중앙으로의 예속, 언론 통제, 선거 과정에서의 불공정성, 거대 석유회사 소유주 구속을 통한 사기업의 국가소유로의 강제 병합, 기업의 자율성 침해와 같은 요소들과 더불어 권위주의로 회귀하고 있다는 조짐을 보이고 있다는 점에 대해서 미국의 비판이 제기되었다. 또한 이를 통해 소연방 붕괴 이후 옐친(B. Yeltsin) 대통령 통치하에서 불안하게나마 확립되어 온 러시아의 민주개혁의 성과와 제도의 기반을 침식하는 것으로 우려를 자아냈다.

러시아는 CIS권의 이른바 러시아의 '근린 지역'(near abroad) 국가들과의 관계에 있어서도 과거 옐친 시기보다 공격적으로 입장을 취하고 있다. 공격적이라는 의미는 러시아의 이익과 목표를 확고히 규정하고 이에 맞추어 흔들림 없이 입장을 개진하고 행동을 취한다는 면모를 반영한다. 그 중에서 대표적으로 우크라이나와의 갈등은 러시아가 21세기에 자원대국으로서의 면모를 새롭게 부각시키고 있는 와중에 갈등의 촉매로 자원(천연가스)을 통해 국제적 쟁점화시켰기 때문에 주목의 대상이 되었다. 왜냐하면 푸틴 집권 이후 러시아 국내정치의 주요한 흐름이 러시아의 국가적 자원을 소유한 기업들과 당국이 충돌하여 정부 측의 의도대로 소유권을 이전하는 양상을 줄곧 보여 왔고, 더불어 석유와 천연가스 등의 자원을 증산·수출하여 경제를 성장시키고 자원대국의 면모를 통해 강대국으로서의 위상을 제고하는 모습을 드러냈기 때문에 국내적으로뿐만 아니라 대외적으로 자원을 매개로 러시아의 영향력이 확대되는 계기가 아닌가에 대해서 의구심을 품게끔 만들었기 때문이다.

2003년 11월, 그루지야에서의 이른바 '장미혁명'을 통해 세바르드나제(E. Shevarnaze) 대통령을 비롯한, 그루지야에서 오랫동안 군

림했던 구정치세력이 축출되고 사카슈빌리(M. Saakashvili) 등 야당
세력이 집권하는 과정에서 러시아는 야당세력의 후견자인 미국과
대립하였다. 결과는 러시아의 뜻대로 되지 않고 미국의 의도가 관철
되는 상황이 되었을 뿐 아니라, 그루지야에서의 사태전개는 우크라
이나와 키르기즈스탄(Kirkizstan)에도 영향을 주었다. 그루지야는 러
시아의 당면과제인 체츠냐(Chechyna) 문제 해결에 있어, 체츠냐에
인접한 곳으로서 체츠냐 문제에 그루지야가 제3자로서 개입되는 상
황이 연출되었다. 그루지야는 러시아에 지정학적으로 중요할 뿐 아
니라, 체츠냐 문제를 러시아식으로 해결하는 데 결정적인 역할을 할
수도 있다. 따라서 그런 그루지야가 미국의 영향권 아래로 들어가는
체제 전환을 모색하는 것은 러시아의 국익에 배치되는 상황으로 발
전될 가능성이 높은 것이었다.[1]

우크라이나와 그루지야의 사례는 러시아가 국내적으로 정치세력
들 간의 권력투쟁의 격화를 초래하면서까지 석유를 비롯한 국가적
자원의 통제권을 확보하려는 이권경쟁을 벌이고, 이 투쟁에서 승리
한 세력(실로비키, Siloviki)이 대외적인 러시아의 이익, 즉 국가이익
을 확보하는 과정에서 필연적으로 드러낼 수밖에 없는 현상으로 파
악할 수 있다. 따라서 서방 측에서 경계하듯이 푸틴 집권기의 러시
아가 민주개혁의 성과들을 침식하면서 전반적으로 '우경화'하고 있
지 않은가에 대한 우려[2]는 러시아 집권세력 내의 주요 파벌과 그들

---

1) Ivlian Haindrava, "Letter from Georgia: Looking Beyond Shevardnadze",
   Problems of Post-Communism, 50-1(January/February 2003), pp.22-28.
2) 2003년 총선 결과 자유주의적 개혁을 지향하는 개혁파 정당들이 당수

의 성향을 파악하는 데에서 그 객관성을 찾아야 하며, 그 결과 러시아의 정치지형은 새로운 판도에서 재구축되었다기보다 러시아적 전통을 되찾고 있으며, 그것이 대외적으로 실용주의, 다시 말해 러시아 국가주의의 외피를 착용하고 나타난 현상이라고 할 수 있다. 즉, 일상화된 정치적 음모와 무자비한 통제를 낳는 권력 투쟁, 대국 유지의 강박관념으로서의 중앙집권주의, 반대자에 대한 관용을 불허하는 정치문화가 소연방 붕괴 이후의 체제전환과정에서 아직 남아 있는 거대 이권에 대한 쟁탈전과 더불어 상존하고 있으며, 그 결과 나타난 통치권의 확립과 리더십 구축 노력이 러시아를 이끌고 있다.

　본 장에서는 푸틴 집권 이후 러시아를 중심으로 나타나고 있는 대외적인 현상들을 관류하는 흐름과 특징을 설명하고 이를 통해 러시아의 대외적 환경에서의 적응력을 파악하고 평가하는 데 목적이 있다. 이를 위해 푸틴 정부의 대외 정책노선을 소개하고, 대외 정책의 특성을 체츠냐(Chechnya) 전쟁, 석유정치, 한반도 정책과 러·북, 러·일관계 등 러시아의 대외관계에 있어 핵심적인 사안들과 우리 상황, 즉 한반도와 연관된 사안과 관련하여 이슈별로 살펴볼 것이다. 대외 정책 수행의 특징을 상기한 몇 가지 사례에 국한한

가 의석을 잃는 등 참패하고, 하원에서 여당 성향의 의석이 전체 의석의 약 2/3를 차지한 결과와, 이라크전 반대 등, 미국에 대한 일반국민들의 반감 증대, 당국의 민간 미디어에 대한 소유권 이전과 통제 경향 등이 러시아의 '우경화' 현상의 흐름으로 표현되고 있으며, 이에 민감한 미국 의회 등에서는 러시아를 서방주요국정상회의(G8)에서 제외해야 한다는 주장도 나타났다.

것은 기존의 많은 논문들에서 러시아의 전반적인 대외관계의 양상을 개괄하고 외교정책의 기조를 파악하는 작업이 선행된 바 있으며, 동시에 러시아 대외관계의 성과 위주로 소개되었기 때문에 본 장에서는 러시아의 대외관계의 목표와 그 실행 결과 간에 불일치가 나타나는 핵심적인 지역문제들과 한반도 관련 정책에 근거하여 살펴볼 것이다.3) 이와 같은 논의에 있어, 푸틴 집권 이후 러시아의 대외전략이 실용주의에 근거하여 나름대로 분명한 목표와 인식을 근거로 전개되었지만, 반드시 이에 합당한 결과를 도출한 것은 아니라는 점을 전제하며 본 장에서 제시하는 몇 가지 개별적인 사례들이 이에 부합함을 제시하고자 한다.

---

3) 푸틴 집권 이후 러시아 외교가 대CIS, 대유럽 및 대유럽 정책에 있어 갈등도 존재하지만 협력의 성과도 나타났다는 점에서 외교정책 목표와 실행결과 간의 일치 사례도 다수 있으나 본 논문에서는 푸틴 외교의 모든 성과외 문제점을 다루면서 이를 비교하기보다는 외교목표와 실행 결과 간의 불일치 사례로서 체츠냐 전쟁과 대외 에너지 정책을 대표적으로 제시하고자 하며 한반도 문제는 한반도 문제를 다루고자 하는 필자 나름의 당위성에서 이와 연관된 측면을 살펴보고자 한다. 푸틴 외교의 성과에 대해서는 J. L. Black, *Vladimir Putin and the New World Order: Looking East, Looking West?* (Lanham, MD: Rowman & Littlefield, 2004); Andrei Melville and Tatiana Shakleina, *Russian Foreign Policy in Transition Concepts and Realities*(Budapest: Central European University Press, 2005); Bobo Lo, *Vladimir Putin and the Evolution of Russian Foerign Policy*(London: RIIA and Blackwell, 2003) 등 참조.

2. 푸틴 정부의 대외인식과 대외전략환경

러시아에서는 푸틴 대통령의 집권 이후 러시아의 외교정책이 질적으로 새로운 시대를 개막하게 되었다고 평가하고 있다. 그것은 실용적이며, 이데올로기에서 자유로운 외교정책의 철학을 갖고 있음을 의미한다. 또한 그것은 세계무대에서 다차원적(multidirectional) 행동 전략이라는 개념적 토대를 구축하며, 대결이나 적대적 방식에 의하지 않고서도 국가이익을 수호함을 근본으로 삼는다.[4] 푸틴의 노선은 이를 근거로 실용주의적인 외교노선을 천명하였는데, 이것은 대서양을 중시하는 '아틀란틱 대전환'(Atlantic Somersault)으로서, 옐친 집권 후반기 즉, 1990년대 말에 러시아 외교가를 풍미하던 소위 '프리마코프 고리'(Primakov loop)로 잘 알려진 노선과 이론적으로 상치하는 측면이 있었다. 푸틴 취임 초기에는 프리마코프의 다극화 노선과 강대국 간 (세력)균형 추구라는 국가주의(statist) 철학과 여러모로 일치하는 행동을 취했던 측면이 있으나, 얼마 안 있어 그의 전임자들과는 다른 그의 원칙을 표명하기 시작했다.[5] 푸틴이 주창한 이 신노선(new course)이 조성하는 전략적 환경은 프리마코프가 주도하던 외교노선으로부터 폭넓은 변화를 이끌어내는 것이었다.

---

4) Anaolii Torkunov, "Russia and the West: Common Security Interests", *International Affairs,* Vol. 50, No. 4(2004), pp.3 – 4.
5) Anderi P. Tsygankov, *Russia's Foreign Policy: Change and Continuity in National Identity*(Lanham: Rowan & Littlefield Publishers, Inc., 2006), pp.131 – 132.

그 주요한 특징들을 살펴보면 다음과 같다.

<표1> 푸틴 노선과 프리마코프 노선과의 차이

프리마코프 노선	푸틴 노선
	러시아의 비전
강대국, "다극화된 세계"에서의 여러 권력 중심들 중의 하나	유럽국가. 서구사회의 동등한 일원
	세계의 주요 흐름(파악의 측면)
두 가지 경쟁하는 경향: "다극화된 세계"의 형성과 세계적 수준에서 지배를 추구하는 미국	국제화와 세계화. 시장과 투자를 위한 경쟁 극단주의와 테러리즘의 증대
	러시아에 대한 주 위협
"단극화된" 세계의 형성. 세계지배를 꿈꾸는 미국의 정책	테러리즘, 극단주의, 대량살상무기의 확산 초국가적 조직범죄
	러시아의 주요한 전략적 목표
반미의 기초 위에서 '급속하게 통합해가는' 유럽과 동등하게 중국과 인도와 "전략적 파트너십" 구축	미국, NATO와 EU와 전략적 파트너십 구축: 중국과 우호관계 유지

출처: Yuriy Fyodorov, "Do We Need Reform of Russian Foreign Policy?", Andrei Melville and Tatiana Shakleina, *Russian Foreign Policy in Transition: Concepts and Realities*(Budapest: Central European University Press, 2005), p.469.

푸틴의 새로운 노선이 조성하고자 하는 전략적 환경의 특성은 무엇보다도 서구와의 관계에 있어 탈군사화(demilitarizing)의 전망을 도출하는 것이다. 미국과 라이벌 관계를 종식하고, 두 국가 간의 국력의 비대칭성을 인정하고, 파트너십을 구축하는 새로운 내용을 포괄하는 관계는 기존의 러시아 정책의 많은 측면들에서 새로운 결론을 요구한다. 여기서 가장 중요한 시사점은 21세기 잠재적인 군사적 적대국에서 미국을 공식적으로, 그리고 사실상 제외한다는 점이다. 사실상 일방적으로 취해진 이와 같은 결론은 사생결단적인 냉전적 전통에서 러시아가 자유로워진다는 것과 궁극적으로 실제세계(real world)에 존재하는 안보 문제에 집중할 수 있다는 것이었다.[6]

대내적으로도 푸틴 정부의 외교노선은 과거 옐친 정부 때보다 안정화되고 예측가능하게 되었다. 옐친 정부는 소련이 붕괴하고 러시아가 혼란 상태에서 이른바 '자아'와 관련된 개념을 잡지 못한 시기였다. 즉 제국의 상실을 경험한 러시아가 어떤 위상을 가져야 하는가에 대한 지식인의 의문에 답을 해줄 수 있는 외교정책의 원칙 규정은 사실상 러시아의 정체성을 확립해 줄 수 있는 유효한 수단이었지만 옐친 시대에는 모든 것이 정립되지 못했다. 그렇게 된 데에는 옐친 정부의 무능도 기여했지만 옐친의 국내정치 기반이 약했기 때문에 연유한 이유도 컸다. 즉 옐친에 비해 푸틴은 일단 자신의 내각, 의회와 좋은 관계를 유지했으며 외교정책의 스타일도 달랐다. 옐친 시기에는 국방부와 외무부 등 부서 간의 이견 노출이 심했으며 이를 조정할 수 있는 상황이 조성되지 못했었다. 여기서 제시할 수 있는 것은 이른바 '실용주의'(Pragmatism)에 관한 것이다.

푸틴이 옐친보다 강한 국가를 주창하고, 더욱 분명하게 민족주의

---

6) Dmitri Trenin, "Putin's 'New Course' is Now Firmly Set; What Next?", Andrei Melville and Tatiana Shakleina, *Russian Foreign Policy in Transition: Concepts and Realities*(Budapest: Central European University Press, 2005), p.447.

적 수사(그는 '애국주의'(patriotism)로 부름)와 러시아의 강대국적 가치를 일관되게 구사했을지라도, 푸틴은 러시아의 경제상황에 대해 현실적이었으며 경제력과 국제적 강대국 간의 상관성을 인정했다. 더욱이 푸틴은 러시아의 외교정책과 그것이 러시아의 국익에 미치는 문제점 간의 불일치를 인식했다. 그 결과 주창된 것이 '목표와 이 목표를 달성할 수 있는 가능성'에 기초한, 일관되고 예측 가능한 외교정책을 강조한 새로운 외교정책 개념이다.[7] 러시아는 분명 푸틴 집권 이후 제창되기 시작한 신노선에 의거해 옐친 시기와는 다른, 대외관계에 있어 근본적인 변화를 이루었고, 여러 가지 성과도 거두었다.

집권 제1기의 '새로운 노선' 도입 시도와 그에 따른 일련의 변화와 더불어 푸틴 2기의 러시아 정부는 (1) 유라시아 국가로서의 특이성에 대한 집착 (2) 강대국으로의 회귀 야망, 그리고 (3) 서구 강대국의 실력 행사를 저지하는 가운데서도 서구의 자본과 기술을 활용하려는 현실정치적인 실용주의를 조화하는 정책을 추구하고 있다.[8] 이와 같은 기조를 바탕으로 하여 설정할 수 있는 푸틴 정부의 국가발전의 전략적 목표 및 우선순위는 다음과 같다.

첫째, 러시아 연방 국가의 생존과 발전을 위하여 가장 긴급하며

---

7) I. S. Ivanov, "The New Russian Identity: Innovation and Continuity in Russian Foreign Policy", *Washington Quarterly,* Vol. 24, No. 3(2004 Summer), pp.7－13.
8) 알렉산드르 만수로프, "푸틴 집권2기의 강한 러시아 정책과 한반도 안보", 한국전략문제연구소 심포지엄(2005.6.20).

시초적인 과제는 바로 외부로부터의 위협에 대하여 정치군사적 안보를 확보하는 것이다.

둘째, 강력한 국가 권력 및 국가를 건설하는 것이다. 국가 권력의 효율적인 행사 없이는 러시아 국내에서 비롯되는 국가통일성의 위기, 즉 주권의 전일성 및 영토적 완전성을 보장할 수가 없다.

셋째, 국가안보 및 '강한 국가'의 기반 위에서 경제개혁 및 발전을 가속화시키는 것이다. 그 성과물을 바탕으로 경제 및 사회 문제들을 해결한다.9)

상기한 푸틴 정부의 대외인식과 이에 합당한 전략적 환경의 조성 노력은 성공적인 측면도 나타났지만, 푸틴 대통령이 추구하는 전략의 근본적인 목적과 러시아 외교정책의 실천(practice) 간에 명백한 간격이 발생했다는 점도 간과할 수 없다. 그 결과 러시아 외교정책은 푸틴 1기보다 덜 역동적으로 되었으며, 활력을 잃은 측면도 존재한다. 이와 관련하여 체츠냐 전쟁, 에너지 쟁점과 대외적 영향력 확대 노력 및 한반도 정책 등, 세 가지 사례를 중심으로 러시아 외교가 정책 목표와 외교적 실천 간에 노정되는 격차로 말미암아 소기의 목적을 달성하지 못하였다는 점을 제시하고자 한다.

---

9) 강봉구, "러시아 대외 정책의 기본 방향 및 성격", 유세희 엮음(2005), 『현대러시아정치론』(서울: 오름, 2005), pp.332 - 333.

3. 체츠냐 전쟁: 대미 관계의 측면

소연방 붕괴 이후 러시아 정부에 있어서 풀리지 않는 난제 중에 핵심적인 문제가 체츠냐를 둘러싼 각축으로 자리 잡아 왔다. 체츠냐는 구소련 시기의 '아프가니스탄 문제'처럼 러시아에 수렁이 될 것이라는 의견이 제시되었고, 실제로 러시아가 원하는 방향으로 줄곧 문제해결의 실마리가 풀리지 않았다. 러시아 정부의 시각과 마찬가지로, 러시아 지식인들의 대체적인 시각도 체츠냐 무장 세력이 추구하는 목표 자체를 평가절하하거나 협상의 여지가 없는 것으로 생각한다. 역사적으로 볼 때도 오늘날 체츠냐에서의 분규는 과거의 지정학적 목표가 다시 추구되는 경향을 반영할 뿐이라고 본다. 즉, 과거 영국이 자극한 오토만 제국과 페르시아로부터 러시아가 지켜낸 영토를 강제로 장악하기 위한 수단으로 테러리즘을 활용하여 러시아를 위협하고 있다는 것이다.[10]

이와 같은 상황에서 1999년 9월 체츠냐 공격을 통해 대중적 인기를 힌 몸에 받게 된 당시의 총리, 푸틴이 러시아의 최고 지도자로서 다가서는 데 결정적인 역할을 했으며, 93~94년의 제1차 전쟁 당시와 대비되는 전과를 거두었다. 반면에 2001년 9·11 테러 이후의 푸틴의 외교적 행보는 외교적 실리를 구축하려는 목적에서 다소 파격적으로 이루어졌다. 그 성과에 대해서는 아직 평가하기에는 이

---

10) N. Narochnitskaia, "Russia in the New Geopolitical Context", *International Affairs,* Vol. 50, No. 1(2004), p.68.

르지만, 만족스러운 결과를 낳았다고는 보기 어렵다. 이 점을 살펴보기 위해 주로 9·11 테러 이후의 외교에 국한하여 살펴보면 다음과 같다.

9·11 테러는 러시아에도 체츠냐의 무장 세력에 대한 대결을 '테러와의 전쟁'으로 합리화시키는 명분을 제공하였다. 9·11 테러 발생 직후 미국 대통령에게 제일 먼저 전화를 한 사람은 푸틴 대통령이었으며, 미국의 테러리즘에 대한 단호한 입장을 지지한다고 천명하는 데도 러시아가 앞장섰다. 러시아는 무엇보다도 아프가니스탄의 알 카에다(Al Qaeda) 세력을 공격하기 위해 미국과 협력하고 싶어했다.[11) 푸틴에게는 미국이 알 카에다를 공격하게 하고 그 사이에 체츠냐에서 무장 세력을 몰아내 테러 세력을 궤멸시키고 체츠냐 지역을 완전히 평정시킨다는 계산이 작용했다.[12) 그렇게 하기 위해서는 미국의 요구를 어느 정도 수용할 수 있다는 입장이었고, 그 결과는 아프가니스탄과 중앙아시아에 미국이 기지를 설치하는 후속조치로 입증되었다.

---

11) 러시아 정부는 알 카에다 같은 국제 이슬람의 테러 조직과 체츠냐의 저항이 연계되어 있으며, 많은 체츠냐인들이 아프가니스탄, 코소보, 이라크 등지의 전투원이었다고 반복해서 주장해왔다. *The Moscow Times,* January 26, 2004.

12) Rick Fawn(eds.), *Realignments in Russian Foreign Policy*(London: Frank Cass, 2003), pp.1－8: 9·11 직후 푸틴의 친미국정책에 대한 러시아 내의 지지와 반대 의사 표명은 Andrei P. Tsyganov, *Whose World Order? Russia's Perception of American Ideas after the Cold War*(Notre Dame, IN: University of Notre Dame Press, 2004), pp.120－124. 참조.

러시아는 미국이 인정하는 체츠냐 전 대통령 마스하도프(Mashadov)
도 무장 세력과 더불어 협상의 상대로 승인하지 않았지만 9·11 테
러 후에는 대미관계 개선의 전제로서 마스하도프 세력과 대화를 하
는 쪽으로 움직인 측면이 있다. 러시아가 마스하도프 측과 대화를
한 것과 별도로 2002년 초가 되면서 체츠냐에서의 무장 세력의 활
동이 줄어들었다. 따라서 미국이 아프가니스탄을 공격하여 알 카에
다를 소탕하도록 유도한 푸틴의 목적이 성공을 거둔 것처럼 보였지
만, 그루지야를 놓고 사태는 다른 양상으로 발전하여 미국과의 관계
를 더 이상 호전시키기 어렵게 된다.

체츠냐의 정남쪽에 위치한 그루지야의 판키시 계곡에 1999년 러
시아의 체츠냐에 대한 공격 이후로 난민들이 유입되었고, 러시아 측
에서는 난민들 속에 테러리스트들도 포함되어 있다고 보았다. 2002
년 8월 23일에는 러시아의 것으로 추정되는 비행기가 판키시 계곡
의 마을들을 폭격하였다. 그루지야는 북방 러시아로부터 안보에 대
한 위협의식을 느껴왔으며, 러시아가 배후가 되어 그루지야의 정세
를 변화시켜 친러시아 정권을 세우려는 데에 대해서도 늘 의심하고
있었기에 체츠냐 반군의 그루지야 유입 문제에 있어 러시아 측의
요구를 수용하지 않고 방임하는 태도를 취했다. 그루지야는 한편으
로는 러시아를 견제하기 위해 미국의 군사고문단을 받아들이고 미
국과의 관계를 강화시키는 등, 러시아 입장에서 볼 때는 그루지야가
미국과 러시아의 중간에서 러시아와 미국과의 관계를 악화시키는
역할을 하였다.

미국도 그루지야의 입장과 동일하게 마스하도프파를 협상의 상대로 인정하면서 독자적으로 체츠냐의 평화를 모색하는 움직임마저 나타내기 시작했다. 이 문제는 결국 러시아가 1999년 제2차 체츠냐 진공을 하면서 축출한 마스하도프 측을 서방 측이 그 정통성을 인정하는 데에서 비롯된다. 그로 인해 '마스하도프는 테러리스트'라는 푸틴의 주장은 국제적으로 설득력을 잃었고, 러시아 국내에서의 테러는 오히려 증대하였다. 2003년에 러시아에서 테러사건은 5백 61건으로 전년보다 56%나 증가했다. 뿐만 아니라 러시아의 체츠냐 공격과 점령 과정은 국제적으로 인권문제에 대한 문제를 제기시켜서 유럽과 미국 측의 인권침해 사례에 대한 비판을 줄곧 받았다.[13] 러시아가 프랑스와 독일 같은 EU의 주도적인 국가들과의 관계가 밀접했음에도 불구하고, EU 차원에서의 러시아의 체츠냐 지역에서의 인권침해 문제 제기는 동 사안에 대한 미국의 견해와 동일했으며 러시아를 곤혹스럽게 만들었다.[14]

러시아는 체츠냐 상황에서의 최종적인 러시아의 승리를 확인하고

---

13) 가장 대표적인 것이 2006년 1월 25일 유럽회의의 체츠냐에서의 인권침해에 관한 67페이지짜리 보고서와 이에 기초한 결의안 채택이다. 이 보고서는 러시아군의 연행, 고문, 인질 유치, 임의적인 구금 등에 관한 내용을 담고 있다. Robert Parsons, "Russia: Council of Europe Condemns Human Rights Violations In Chechnya", #22-JRL 2006-25-JRL Home, http://www.rferl.org(검색일: 2006. 1. 30).

14) Dmitri Trenin, Aleksei V. Malashenko, Anatol Leivan, *Russia's Restless Fontier: The Chechnya Factor in Post-Soviet Russia* (Washington, D.C: Carnegie Endowment for International Peace, 2004), p.166.

미국과의 관계 개선을 노리는 카드로 전통적인 세력권인 CIS 내에서의 미국의 거점 확보를 용인했지만, 미국의 힘을 빌려 체츠냐 문제까지 해결하려는 의도 자체가 무리였음이 드러났다. 대외 정책에서의 실용성을 발휘할 여지는 국내정치보다 넓지만, 국제관계도 양자관계로만 문제가 풀리는 영역이 아니기 때문에 예기치 못한 변수로 인해 이해관계가 관철되지 못하는 결과를 체츠냐 사태는 여실히 보여주고 있다. 체츠냐 문제는 사실상 러시아의 체츠냐 정책뿐 아니라 구소련권에 대한 러시아의 영향력 유지 및 확대 문제와 결부되어 해결되지 않는 난제로 작용하였으며, 결과적으로 러시아는 구소련의 영향권, 특히 CIS 지역 내에서의 통제력이 과거보다 약화되었다는 우려를 러시아의 정치엘리트들과 대중들 중의 상당수가 표명하기에 이르렀다.

결국 러시아와 미국의 관계는 러시아 외교의 관건으로 중시되어 왔으며, 특히 러시아의 입장에서 대미관계는 잘 풀리지 않는 난제로 작용해 왔다. 푸틴 대통령은 이슬람 테러리즘과의 전쟁에 있어 미국과의 파트너십(partnership)을 유지하는 데에서 이론상 벗어나지 않았음을 언명했음에도 불구하고, 미국과 상당한 범위 내에서 충돌한 이슈들이 많았다. 뿐만 아니라, 미·러 간에 충돌 사안의 경우 양자 간의 파트너십에 의거하여 상대에게 양보하려는 태도를 미, 러 어느 쪽도 갖고 있지 않았다고 볼 수 있다. 러시아와 미국 간에는 체츠냐 문제에 대한 인식의 차이 이외에도[15] 미국의 전략무기방어

---

15) 미국 내에서는 러시아의 체츠냐 정책에 대한 비판을 소련·동유럽의

(strategic missile defense)를 구축하려는 계획에 대한 모스크바의 반대, 핵탄두 감축에 대한 이견뿐 아니라, 중앙아시아와 그루지야에서 장기적으로 군사적 교두보를 확보하려는 미국의 의도에 대한 반발이 명백하게 드러났다. 옐친 집권 시기 미국에 걸었던 기대는 무엇보다도 양국 간의 저조한 교역량, 미국의 러시아 투자 부진 등으로 인해 실망감이 컸다. 따라서 러시아 입장에서 미국과의 관계를 어떻게 설정해야 하는가에 대한 심사숙고가 뒤따를 수밖에 없게 되었으며, 이 문제는 줄곧 풀리지 않는 과제로 이어져왔다. 다만 러시아의 입장에서는 푸틴 집권 이후로 미국의 러시아에 대한 관점 및 태도 여하와 관계없이 실용주의적 접근을 추구해왔다는 점을 주요한 특징으로 들 수 있다. 미국이 그렇듯이, 이슈별로 입장을 달리하는(issue - based) 실용주의적인 관계 유형의 설정이 러시아 국내외적으로 거론되었다.16) 이와 같은 러시아의 대미 파트너십은 패러독스(paradox)를 내포하고 있으며, 이와 같은 자세를 취하게끔 만드는 근본적인 원인은 앞서 밝혔듯이, 푸틴 대통령의 실용주의 노선이라고 할 수 있다. 따라서 러시아 대외 정책의 기조가 실용주의 노선을 유지하는 한 이와 같은 경향은 지속되리라고 예측 가능하다.

공산주의 체제를 내부에서 종식시키는 데 기여했던 인권 - 무역 연계 법안인 잭슨 - 배닉 법안에 버금갈 정도로 미국의 대처 수위를 높여야 한다는 견해가 제기되기도 했다. Robert H. Donaldson, Joseph L. Nogee, *The Foreign Policy of Russia: Challenging Systems, Enduring Interests*(Armonk. NY: M.E. Sharpe, 2005), p.369.

16) Round Table, "The World We're In", *International Affairs,* Vol. 50, No. 1(2004), pp.125 - 126.

4. 에너지 쟁점과 대외적 영향력 확대

러시아 국내정치에서 석유를 비롯한 에너지 부문의 몇몇 올리가르히(Oligarchs) 추방과 에너지 기업의 재국유화를 통해 국가적 자원 통제가 한층 용이해지면서 대외적으로 에너지를 전략적 자산으로 활용하여 국제적인 영향력을 확대하려는 움직임이 2000년대부터 본격적으로 러시아에서 나타났다. 러시아 당국이 주도하는 '석유정치'의 리더십 구축은 강한 국가 형성을 위한 강력한 수단이자 내용물이라고 할 수 있다. 석유를 위시한 에너지자원에 대한 정치적 리더십의 관할권 강화는 에너지자원에 대한 국가통제로의 회귀를 의미하며, 이것은 푸틴 대통령 개인의 심중과 일치하는 흐름이고, 1990년대를 통해 러시아 사회에서 공산주의자들과 민족주의자들이 지속적으로 제기해 온 문제이기도 하다. 그 흐름은 2003년 하원의원 선거의 결과가 나타내듯이, 올리가르히가 자원을 독점하고 있는 데에 대한 반발에서 민족주의적 경향성을 부추기는 속성이 있다.

대내적으로 러시아 정부가 민간 석유기업을 세무 조사하고 소유주를 구속한 것은 결국 국유화를 위한 조치였다는 것이 지배적인 해석이다. 2004년 말 국영 석유회사 로스네프티(Rosneft)가 몰락한 유코스(Ukos)의 자회사인 유간스크네프테가스(Uganskneft')를 흡수하였다. 그로부터 약 1년 뒤 러시아 최대 국영 가스회사 가즈프롬(Gazprom)이 러시아 5위의 석유기업 시브네프티를 매입했다. 이를 통해 러시아 전체 석유산업의 30% 이상이 사실상 국유화되었으며,

이에 탄력을 받아 국유화 행진이 지속될 것이라고 관측할 수 있다. 대외적으로 러시아의 에너지 수출은 단순히 경제발전의 원천으로 작용하고 있다는 차원을 넘어서서 세계 에너지 유통과정에 적극적으로 관여하는 글로벌 에너지 공급자가 되고자 하는 의도를 담고 있다. 에너지자원 중에서 특히 석유는 1990년대 동안 러시아의 국내정치 및 경제발전과 외교정책에서 큰 비중을 차지하는 부문으로 확고히 자리 잡았다. 푸틴 정부는 국내 석유 통제체제를 확고히 하고 이를 바탕으로 9·11 이후에 변모해 가는 국제석유정치 구조 속에서 석유외교를 통해 러시아의 위상을 제고하려고 노력해 왔다. 러시아 정부는 석유외교의 현안으로 일본과 중국 간의 동시베리아 파이프라인 부설 경쟁으로 인해 수년 동안 자국에 유리한 실리를 확보할 수 있었으며, 시베리아와 극동지역의 석유 광구 개발과 유전 조성과 관련된 프로젝트들을 기획하고 국제 입찰 경쟁을 시킴으로써 자원대국으로서의 이점을 활용해 왔다. 이와 관련하여 푸틴 대통령이 2006년 모스크바에서 개최되었던 G8 정상회의의 의제로 에너지 안보를 설정한 데서 보듯이 러시아의 의사가 확고히 드러난 바 있다.

러시아는 자원을 개발하고 수출하는 문제에서 뿐만 아니라, 러시아산 천연 자원을 수입하는 기존의 자원 수입국에 대해서도 정치적인 영향력을 행사하려는 의도를 드러냈다. 일례로, 러시아는 2006년 초 우크라이나에 러시아산 천연가스의 수입가격을 4배 올리겠다는 안을 제시했고, 우크라이나 측에서 이를 거부하자 가스수출을 중단한 바 있다. 구소련 시절부터 산업의 많은 부분을 러시아의 값싼 가스에 의존해 왔던 우크라이나는 위기를 맞았고 이는 곧 유럽으로 전파되었다. 러시아의 가스 가격 인상안은 우크라이나 국내에서 기존 정치세력의 능력을 시험하고, 이에 대한 평가가 선거에 영향을 미치는 등 국내정치의 영역에까지 광범하게 영향을 미쳤다.

러시아는 CIS 국가들에 천연가스를 차별적 가격으로 공급하고 있다. 러시아 가즈프롬은 그루지야에 2006년 4월 1일부터 1,000㎥당 63달러에서 110달러로 인상하였고, 러시아 국내 가격 수준으로 공급했던 벨라루스(Belarus)와 아르메니아(Armenia)에 대한 공급 가격도 1,000㎥ 당 47달러에서 2007년부터 130달러로 인상할 것을 통보하였다.[17] 러시아는 2006년 말에 아제르바이잔에도 기존 110달러에서 230달러로 인상을 통보하면서 아제르바이잔 측의 수입중단을 촉발했으며, 이에 대해 러시아가 아제르바이잔과 민족적·종교적 갈등을 겪고 있는 인접국 아르메니아에 최첨단 S-300 지대공 미사일을 제공할 수 있다는 사실을 언급함으로써 공공연하게 안보적 현안으로 사태를 확산시켰다.[18]

러시아가 수출하는 가스의 80%를 소비하는 유럽은 우크라이나가 자국 영토를 지나는 유럽행 가스관에서 가스를 빼내가자 타격이 불가피했다. 가스는 석유보다 경제적 타격을 수입국에 입힐 수 있는 수단으로 인식되고 있다. 석유는 공급에 방해를 받더라도 대체구매가 가능하지만 가스는 비용이 많이 드는 가스관이나 액화시설이 교

---

17) *RIA Novosti,* April 26, 2006.
18) 『조선일보』, 2006. 12. 26.

란됐을 때 대체하기가 힘들다. 이 때문에 가스는 영향력 행사를 위한 수단으로 활용하기에 유리하다. 러시아는 이미 그루지야와 라트비아, 리투아니아, 몰도바에 대해 이를 활용해 왔다. 하지만 러시아 가스국영기업인 가즈프롬이 푸틴의 지시에 따라 우크라이나행 가스 공급을 막았을 때 러시아는 사태를 새로운 국면으로 진전시켰다.[19]

러시아는 우크라이나 가스 중단 사태를 통해 유럽에 러시아 가스 의존도의 심화가 제기하는 문제에 대해 경각심을 일깨워주었으며, 자원대국으로서 신뢰성에도 금이 가는 결과를 초래했다. 따라서 우크라이나에 대한 압박용으로 자원 공급을 수단으로 행사하였지만 대외적인 이미지는 오히려 나빠지는 효과를 낳았으나, 그 정도 사안을 두려워했다면 애초에 러시아 당국이 중단 조치를 취하지도 않았을 것이다. 즉, 전 방위 외교의 목표에 러시아의 국가 이익 중 우선 항목인 CIS권 내에서의 러시아의 지정학적 이익을 보호하기 위해 우크라이나가 친러적으로 되도록 견제하고, 여의치 않을 경우에는 외교적 방식 이외에 경제적 제재를 통한 압력을 통해서라도 러시아의 이익을 관철하려는 러시아의 의도는 불변적이며, 러시아 국내적으로는 '경제 애국주의'로 합리화된다.

러시아의 '에너지 안보' 주창을 매개로 한 세계 에너지 공급의 안정적인 대안이라는 점을 강조하면서, 동시에 풍부한 에너지를 바탕으로 '국제 에너지 안보'를 주도하려는 러시아의 시도는 국제적인 호응이 뒤따르지 않는 가운데, 러시아의 대외적 영향력 확대의 한

---

19) 조지프 나이, "러시아 '가스 협박'이 남긴 것", 『조선일보』, 2006. 2. 15.

방편으로 활용되어 왔다. 체츠냐 문제를 9·11 테러 이후에 국제적인 힘의 역량을 활용하여 해결하려 했으나 의도한 대로 결과가 수반되지 않은 경우였다면, 러시아의 국내적 자원 보유의 강점을 활용하여 국제적 영향력 확대와 CIS 권에 대한 러시아의 지정학적 이익 확보를 얻고자 한 에너지안보 전략 구사 역시 국가 이익 확보의 발로에서 전 방위적으로 구사되었으나, 그 성과를 논하기에는 미흡한 점이 많은 상태라고 할 수 있다.

5. 한반도 정책과 러·북, 러·일 관계

푸틴 정부의 한반도 정책과 이를 둘러싼 러·북, 러·일 관계의 현안은 서로 연관되어 있는 측면이 있다. 물론 개별적인 지역에 대한 러시아 외교정책의 우선순위를 설정할 때 동아시아에서 중국과 일본을 우선시하고, 한반도가 그 뒤를 따르는 것은 분명하지만, 한반도와 관련된 현안에 불가분 중국과 일본도 개입되기 때문에 2000년대 러시아의 한반도 정책 기조를 살펴보고 이와 연관된 러·북, 러·일 관계의 측면을 살펴볼 수 있다.

푸틴 정부의 한반도 정책은 러시아 외교정책의 주요 고려대상 중의 하나인 동아시아·태평양 전략의 하위 범주로서의 한반도 정책과 직결된다. 2003년 5월 19일 발표된 「연두교서」에서 국정 목표를 "빠른 시일 안에 강력하고, 경제적으로 발전되고, 국제적으로 영향

력 있는 국가를 건설하는 것”이라고 천명한 바 있다.[20] 이를 뒷받
침하는 동아시아·태평양 정책의 목표는 첫째, 역내에서 미국이 주
도적인 영향력을 확보하는 것을 견제하면서 주요 행위자 간 세력균
형을 유지한다. 둘째, 접경국들과 동반자 및 선린·우호·협력 관계
의 구축을 통한 국경 지역의 안정 유지 및 포괄적인 양자 협력의
강화를 추구한다. 셋째, 역내 다자 정치·경제·안보 기구에의 적극
적인 참여를 모색한다. 넷째, 극동·시베리아 지역의 발전을 위한
역내 국가들과의 협력 추진 및 이 지역 경제를 아·태 지역 경제권
으로 편입하도록 노력한다. 다섯째, 반테러와 WMD 비확산을 위한
양자 및 다자 협력 강화 등과 같은 정책 목표를 추구한다.[21]
www.scrf.gov.ru/Documents/Decre10.html(검색일: 2005. 12. 23

<표2> 러시아의 동북아에서의 이익과 목표

제도적 참여(institutional participation) → 안보 다자주의(Security multilateralism)
경제적 근대화 → 무기 판매와 에너지 거래
핵 안보 → 북한의 비핵화
정치적 안정 → 질서 있는 변화/ 한반도 통일

출처: Andrei O. Tsygankov, “Global East Asia: A Russian Perspective”, *2006 The Korean Association of International studies(KAIS) 50th Anniversary International Conference*, 12–13 May 2006, Seoul, p.158.

---

20) http://www.kremlin.ru/speeches/2003/05/16/0000_type70029_44692.shtml
   (검색일: 2006. 1. 10).
21) “Концепция внешней политики Россииской федераций , У
   твержденф Президентом российской федерации В. Путины
   м. www.scrf.gov.ru/Documents/Decre10.html(검색일: 2005. 12. 23).

동아시아·태평양 정책의 하나의 하위 축인 러시아의 대한반도 전략의 기조는 무엇보다도 2000년 6월에 발표된 러시아연방 대외 정책개념에 한반도 정책 방향이 상징적이면서 간결하게 제시되어 있다. 즉, "(러시아의) 노력은 한반도 문제 해결에서 러시아의 동등한 참여 보장과 남북한 모두와의 균형적인 관계(сбалансированные отношения)를 유지하는 데 힘을 기울일 것이다"라고 표현한 바 있다.22)

러시아의 대한반도 정책 목표는 다음과 같이 규정할 수 있다. 첫째, 한반도 비핵지대화의 추구 및 WMD 비확산의 추구. 둘째, 군사·정치적 대결 해소를 통한 평화와 안정 유지. 셋째, 평화통일 기반 조성을 위한 남·북한 간 건설적 대화 및 교류지지. 넷째, 호혜적인 경제 협력의 확대. 다섯째, 미국, 중국, 일본 등 주변 3국과의 세력 균형 유지.23) 이와 같은 정책 목표들 요약하면 러시아의 한반도 정책의 목표는 한국과의 관계는 경제협력에, 그리고 북한과는 정치안보협력에 중점을 두는 전략을 포괄적으로 시사한다. 러시아의 이러한 한반도 정책 목표는 푸틴 정부 들어 러·북 관계가 완전 정상화되고 우호적인 관계를 유지하게 됨에 따라 비교적 성공적으로

---

22) "Концепция внешней политики Российской Федерации(28 июня 2000)", Игорь Иванов, *Новая Российская дипломатия: десять лет внешней политики страны* (Москва: ≪Олга-Пресс≫, 2001). с. 229.

23) http://www.ln.mid.ru/brp_4.nsf/e78a48070f128a7b43256999005cbb3O?Open Document(검색일: 2006. 1. 10).

추진되어 왔다.

실제로 러시아의 한반도 정책은 2003년 9월, 북한 핵문제 해결을 위한 6자회담에 참여함으로써 러시아의 영향력 확대를 입증하였다. 그렇지만 러시아의 한반도에서의 정책 목표는 현상유지(status quo)이며, 푸틴 집권 이후 실용주의적 외교의 내용으로는 경제적 이익의 확보가 우선이라고 할 수 있다. 따라서 북한과의 친선관계 회복이나 교류 활성화는 상기한 목표에 직접 적용될 수 있는 본래적인 것이 아니라 어디까지나 상징적인 것이며, 경제적 이익 활성화나 다른 외교적 목표, 예를 들어 미국, 일본과의 관계에서 지렛대로 삼을 수 있는 수단으로 구사할 수 있는 내용물임을 알 수 있다. 북·러 관계도 마찬가지로 북·러 관계 자체의 개선이 목적이 아니라 대미, 대일 외교의 부족한 부분을 메우기 위한 다른 수단으로 활용될 가능성이 높은 것이며, 설사 북·러 관계의 정상화 자체가 목표라 할지라도 이를 통해 얻고자 하는 한반도의 현상유지와 경제적 이익의 확보를 위해 러시아의 대한국 관계와 같은 매개요인을 끌어들여 한반도 정책 목표를 달성하고자 하는 움직임이 한반도에 대한 푸틴 정부의 전 방위적 실용외교의 본질이라고 할 수 있다. '남북한 균형외교'로 표현되는 러시아의 한반도 정책의 중심축은 이러한 점에서 옐친 집권 말기부터 유지되어 왔으며, 적어도 한반도가 통일되는 시점까지는 변함없이 그 기조가 유지될 것으로 전망된다.

실리를 목적으로 삼는 푸틴 집권기의 한반도 외교는 직접적으로 2000년 2월 9일 평양에서 체결된 '조·러 친선·선린협조조약'을 통해 새로운 러·북 관계의 틀이 마련되면서부터 가동되기 시작했다. 러시아는 북한 지역의 개발 이익을 확보하려고 부심했으며, 북한은 러시아에 경제원조와 과거 소련 시대에 도입한 산업시설의 보수와 재투자에 러시아가 우선적으로 투여하기를 원했고 실제 요구했지만, 러시아 측으로서는 대가 없이 북한에 현금이 들어가는 지원을 해줄 수 없는 상황이었다.[24] 상대방에 대한 북한과 러시아의 쌍방의 요구가 수용될 수 있는 계기는 자체적으로 제시될 수 없었기 때문에 한·러 관계, 러·일 관계가 개입하게 되는 설정이 도입된다.[25] 푸틴 주도하의 러시아는 이미 남북한 사이의 중개자 역할을 수행하는 것이 국익을 위한 행동임을 다수의 국내 정파들도 인식하고 있었고, 이것은 한반도에서 잃어버렸던 영향력을 회복하는 데 적절한 수단이라는 것도 확인되었다.[26] 더구나 북한의 산업시설 현대

---

24) 2001년 8월 북·러정상회담에서 나온 공동 성명에는 시베리아 철도와 남북 종단 철도를 연결하는 '철의 실크로드' 프로젝트가 포함됐다. 하지만 철의 실크로드 프로젝트는 북한 핵문제가 해결되지 않는 한 추진되지 못하는 성격을 지니고 있다. 더구나 러시아에는 프로젝트를 단독으로 추진할 자금이 없는 것으로 추정된다.

25) 우평균, "북·러 관계연구의 성과와 지향성: 한소수교를 기준으로 한 연구동향 비교", 『통일문제연구』, 제43호(2005년 상반기), pp.96 – 104: 우평균, "김정일 – 푸틴 시대의 북·러 관계", 『북한조사연구』, 제7권 1·2호(2004.12), pp.121 – 147.

26) 한소수교 이후 러시아는 북한에 대한 지렛대를 상실하였고, 동시에 한국은 러시아가 북한과의 협력관계를 격하시키자 크레믈린을 무시하기 시작했다는 평가와 더불어 러시아 공산당과 민족주의자 등, 일각에서 제기되기 시작한 '북한과의 관계 회복' 내지는 '남북한 균형외교론'이 공식적으로 채택되는 과정을 밟아왔다. 러시아가 구상하는 남북한 균

화가 이루어지면 침체를 면치 못하고 있는 러시아 극동지역의 경제 개발에도 직접적으로 도움이 되기 때문에 러시아의 잠재적 이익을 실현하기 위해서는 부족한 자금 부분을 한국을 끌어들여 해결하고자 한다. 러시아의 남·북·러 삼각협력 구상과 활성화 계획은 이와 같은 맥락에서 제안되었으며, 그 결과 이 구상의 실현을 위한 초기계획 수립단계에 있어서도 해당국들 중에서도 러시아가 가장 적극적으로 추진하고자 노력을 경주하였다.

한국의 입장에서도 장래에 러시아와의 협력에 기대하는 분위기가 전혀 형성되지 못한 상태는 아니었다. 김대중 대통령 집권 당시에 김대중 대통령 본인의 의사를 통해 유라시아 철도연결과 한반도로의 러시아의 천연가스 공급 구상이 자주 거론되었지만, 한국에서 북한이나 러시아가 원하는 만큼의, 그리고 원하는 형식대로 공식적으로 자금제공을 통한 경제 원조를 하기는 어려운 일이었다. 더구나 김대중 정부하에서 대북비밀송금사건을 겪은 연후에 공적인 루트를 통해 북한에 자금을 제공하기는 어려웠으며, 3각 협력을 통한 러시아와의 경제협력에 대한 기대 자체가 한국으로서는 정책적 관심사의 우선순위에 들어 있지 않은 먼 미래의 일이었다. 따라서 이와 관련한 한국 측의 언급은 공론화의 단계까지 진행되지 못했으며, 다

형외교의 내용은 러시아가 남북한 모두에 영향력을 행사할 수 있을 때만이 러시아가 '게임'에 참여할 수 있으며, 미래의 통일 한국에 대한 러시아의 입지를 확보할 수 있다는 사고에서 비롯된다. 우평균 (2005), pp.98 − 99: А. Торкунов, *Проблема безопасность на Корейском полострове*(Москва; МИГИМО, 1995), с.14.

분히 김대중 대통령 개인의 관심사에 국한된 측면에 머물렀던 정황으로 추론된다. 남북정상회담이 있었던 2000년 상반기부터 3각 협력에 대한 진전이 없자 러시아 측에서도 공식적인 언급이 거의 없게 된다. 러시아는 한국의 개입을 통한 북한지역 개발과 인접 극동지역 발전이라는 계획보다 기존에 추진되고 있는 일본, 중국 간의 극동지역 투자 경쟁 유치와 극동·시베리아 지역에 대한 외국자본의 자원 개발 투자에 집중하면서 실리를 추구하였다.

한국의 투자를 통한 북한 개발과 북한 내 러시아 산업시설 복구 지원에 대한 기대가 러시아가 원하던 대로 충족되지 못했지만 러시아가 구상할 수 있는 북한에 대한 경제적 기대치는 일본으로부터 도출될 수 있는 여지는 남아 있었다. 즉 북·일 수교가 성사되어 일본의 북한에 대한 수교 자금이 지급되어 북한이 개발 자금을 확보하게 되면 제일 먼저 북한 경제 활성화의 이익을 누릴 수 있는 주변 국가로 러시아가 해당될 것이라는 사고가 작용했다. 이런 점에서 러시아가 북한과의 수교를 가장 기대한 국가는 일본이었다.[27]

---

27) 러시아는 북한을 미수교 국가들에 문호를 개방함으로써 북한의 대외적 이미지를 개선하고 북한이 국제사회에서 위험한 국가가 아니라는 것을 확인시키기 위하여 나름대로 노력한 흔적이 보인다. 예를 들어, 2000년 7월 러시아 현직 대통령으로는 소련시대까지 통틀어, 최초로 북한을 방문한 푸틴 대통령은 그 직후에 열린 오키나와 주요국 정상회의에서 "북한이 조건부로 미사일 개발을 중지할 용의가 있다"고 밝혀 국제적 관심을 모은 적이 있다. 정상회담에서의 푸틴의 이와 같은 발언은 일시적으로 북한과 미국의 관계 개선을 초래했다. 러시아는 유럽과의 관계 개선에도 북한이 나서도록 분위기를 조성했으며, 일본과의 관계 개선 역시 마찬가지였다.

2000년 9월 푸틴 대통령의 일본 공식방문에서 양국은 한반도와 관련해서 한반도의 평화와 안전을 위해 협력할 것이며 북·일 관계 정상화, 북·러 관계 강화, 북한장거리미사일과 핵문제에 대한 의견을 교환했다. 이 회담을 통해 푸틴 대통령은 당시 모리 요시로(森喜郞) 수상에게 김정일 총서기의 말을 전하면서 북한과의 수교 교섭을 서두르라고 재촉한 바 있다.[28]

러시아는 일본에 대한 대북한 수교 협상의 촉구를 이행하면서 동시에 북한에 대해서도 대일본 수교 교섭의 걸림돌이 될 만한 사안에 대해 러시아가 개입하여 이를 해결하도록 역할을 했다는 정황이 드러난다. 2002년 6월 러시아 외무장관 이바노프(I. Ivanov)와 김정일 총서기의 회담에서 일본인 납치문제가 협의되었다는 보도가 있었고,[29] 6월 캐나다의 카나나스키스 서미트에서 푸틴은 고이즈미 일본 수상으로부터 납치문제 해결을 위해 협력해 달라는 요청을 받았다. 그러자 이바노프는 김정일 총서기에게 납치문제해결과 북·일 국교 정상화를 강력하게 제안했다. 이후 또 한 차례의 러시아의 역할은 김정일 총서기의 러시아 극동지역방문이 있게 되고 그 결과 성사된 8월 23일 블라디보스토크에서 푸틴과 김정일 간의 회담에서 이루어진 것으로 보인다. 이 회담에서 다루어진 다양한 의제 가운데에서 일본인 납치문제가 거론되었는지는 비밀사항이지만 당시의 정

---

28) *Moscow Times*, September 5, 2000.
29) 러시아 측에서 당시에 러시아의 중재로 극동지역에서 남북정상회담 개최 가능성까지도 흘러나올 정도로 적극적으로 남북한과 일본 사이에서 외교적 행보를 가속화했다. 『조선일보』, 2001. 7. 25.

황으로 보아서는 다루어졌을 가능성이 높다. 왜냐면 8월 말에 고이
즈미 수상의 평양방문 일정이 발표되고 9월 초에 푸틴·고이즈미
전화회담에서 납치문제가 거론되고 북·일국교정상화 문제가 재론
되었기 때문이다.30)

　2002년 9월 17일 고이즈미 수상은 평양을 방문하여 김정일 총서
기와 회담을 갖고 김정일로부터 일본인 11명의 납치에 대한 북한의
관여를 확인하였고, 이에 대해 러시아 측은 회담 결과를 높이 평가
하였다.31) 그러나 한반도 정세는 러시아가 예상한 대로 전개되지
않았고 러시아는 북핵관련 6자회담을 통해 한반도에서의 역할 확대
라는 상징성을 확보하는 성과를 보여주었지만, 실리적 측면에서의
경제적 이익의 확보에는 가까이 가지 못한 채 표류하게 되었다. 그

---

30) 2002 6월 말 캐나다 카나나스키스에서 G8 정상회의 기간 중 열린
　　러·일정상회담에서 푸틴은 한반도 정세에 대해 언급했고, 고이즈미
　　는 납치 문제를 포함한 북·일 관계를 설명하며 일본의 입장을 북한
　　에 전달해 달라고 요청했다. 고이즈미는 2003년 1월 러·일정상회담
　　에서도 러시아의 협조에 감사했다. 그리고 2002년 9월 열린 최초의
　　북·일 정상회담에서 고이즈미가 푸틴의 역할에 대해 언급하자 김정
　　일은 "북·일 간에 비공식적으로 오간 비밀협상을 포함해 우리는 러
　　시아, 중국, 그 누구에게도 아무런 말도 하지 않았다"고 했다. 김정일
　　은 북한이 다른 나라의 지시를 받아 움직이는 나라가 아니라는 점을
　　강조한 것으로 보인다. 일본의 언론인 후나바시 요이치(船橋洋一)는
　　김정일의 이와 같은 언급이 러시아가 국제사회에서 스스로 정직한 브
　　로커(honest broker)라고 강조하고 다니는 데 대한 경계감을 드러낸
　　것일지도 모른다고 분석하였다. 후나바시 요이치, 오영환 외 역, 『김
　　정일 최후의 도박』(서울: 중앙일보시사미디어, 2007), p.274.
31) *Известия,* September 18, 2002.

럼에도 불구하고 러시아의 한반도 정책 목표와 러시아 극동·시베리아 개발의 목표는 연계되어 있으며, 한반도의 현상유지를 원하면서 경제적 실리를 얻는 남북한 균형외교의 지향은 당분간 변하지 않을 듯하다. 다시 말해 러시아는 푸틴 집권 이후 그랬듯이, 자신들이 직접 경제적 지출을 하지 않으면서 다른 나라들이 자본을 충당해 개발하도록 유도할 것이며 이를 위해 북한을 대외관계의 지렛대로 삼아 한반도 정책 목표를 충족시켜 나가려 할 것이다.

6. 맺는 말

러시아의 2000년대는 푸틴 대통령의 집권과 동시에 개막되었으며 집권 이후의 대내외 정책은 1990년대 옐친 대통령 통치의 시기와는 여러 모로 다른 양상으로 전개되어 왔다. 반올리가르히주의, 반자유주의, 반서구주의, 반민주주의로 대변되는 국내적 정서의 조류가 대외적으로 러시아의 영향력 확대와 CIS권 내에서의 러시아의 지정학적 이익에 대한 고수로 이어지면서 '실용주의적 이해'로 이것을 포장해왔다. 체츠냐 문제와 에너지 안보를 매개로 주변 국가들에 대해 가하는 압력이 대표적으로 러시아의 지정학적 이해와 실용주의적 이익을 지키려는 노력으로 나타나고 있으며, 외교정책에 있어 선차적인 중요성을 갖는 미국과 유럽과의 관계에 있어서도 이러한 움직임이 연계되어 있다.

체츠냐 문제는 해결되지 않는 수렁으로 남아 러시아의 국가적 위상을 확립하는 데 시련과 곤경을 제공하고 있다. 옐친 시기와는 대조적으로 강공의 접근법이 낳는 부작용도 만만치 않다. 러시아가 원하는 정도의 이익을 제공하는 실용주의적인 해결책을 찾기란 체츠냐 문제에서 만큼은 어렵다.

에너지안보를 매개로 한 러시아의 자원 강대국 구축과 이를 통한 영향력 확대는 국제유가의 급등과 자원확보를 노리는 국가들이 제공하는 경제적 이익들로 인해 러시아가 경제발전을 이룩하는 원동력을 제공했지만, 아직 그 결과를 평가하기에는 초기 단계라고 할 수 있으며 여러 가지 변수가 게재되어 있어 섣불리 낙관하기 어려운 측면이 있다. 석유를 수단으로 하는 통제력 강화와 자원 수출을 통한 경제발전이 러시아의 현 체제와 미래에 있어 어떤 의미를 갖는가 하는 것은 두 가지로 요약할 수 있다. 첫째는, 경제성장에 있어 자원에 의존하는 경향이다. 국내 산업 육성, 기술개발, 외국인 투자 증대 등을 러시아 정부가 추구하고 있지만 단기간 내에 이루어지기 어려운 측면들을 배제하고, 국제적 자원전쟁의 시대에 기존 자원을 채취하여 이익을 취득하는 행위는 그 자체로는 문제가 없다고 할 수 있으나 과도한 자원 의존은 경제발전에 있어 위험성도 크다는 점을 지적할 수 있다.[32] 1970년대 말과 1980년대 초에 걸쳐 남미의 일부 국가의 경험에서 배울 수 있듯이, 과도한 자원의존 경

---

32) Daniel Yergin and Thaine Gustafson, *Russia 2010 and What It Means for the World*(New York: Vintage Books, 1995), pp.277-280.

제는 국제경제체제의 급격한 변화나 석유가 급락 등의 요인에 대처할 수 없는 한계를 지니고 있다.

둘째로, 현재와 같은 복합구조(hybrid system)에서 개입국가적 관료제(intrusive state bureaucracy)의 속성을 보이고 있는 행태가 계속 유지될 것인가의 문제를 들 수 있다. 러시아 정치체계의 속성은 푸틴 등장 이후 비교적 명확하게 특징을 드러내 왔고 나름대로 안정화의 방향성을 유지해 왔지만, 경제적 진로는 정치에 비해 불분명한 편이다. 이와 관련하여 "푸틴은 정치적 통제를 강화면서 시장 세력들에 나라를 개방하는 중국식 모델의 러시아식 버전(Russian version of the Chinese model)을 시도하고 있다"거나[33], 일각에서는 푸틴은 경쟁적인 시장에 거의 관심이 없고, 대신에 국가통제 경제, 혹은 '국가 자본주의'(state capitalism)의 형식으로까지 표현되는 통제형 경제로 되돌아가기를 원한다는 주장을 하기도 한다.[34]

러시아의 한반도 정책은 러시아의 아시아태평양 정책의 하위 범주로서 동아시아 외교의 한 축을 담당하고 있다. 동아시아에서 중국과 일본의 선차적인 중요성과 비견할 때 그 우선가치가 떨어지고 러시아의 전략적 요충지들에 비해서 지정학적으로도 러시아에 중요성을 그다지 갖지 못하는 한반도는 철저하게 실용주의적인 외교의 실험장으로 푸틴 집권 이후 여러 가지 외교적 모색의 장으로써 그

---

33) *Financial Times,* September 27, 2004.
34) Peter Rutland, "Putin's Economic Record", Stephen White, Zvi Gitelman and Richard Sakwa, *Developments in Russian Politics* (Durham: Duke University press, 2005), pp.202 – 203.

기능을 해왔다. 한반도의 현상유지를 목표로 하면서 극동지역에 인접한 한반도가 러시아에서 가장 낙후한 지역인 극동지역 개발에 순기능적으로 역할을 하는 지역으로 유도하기 위해 러시아는 북한과 한국, 그리고 종국적으로 일본을 개입시켜 러시아에 아직은 잠재적이지만, 중요하게 부각되는 경제적 이익 확보를 위해 부심한 흔적이 보인다. 그럼에도 불구하고 푸틴 집권 2기의 중반을 지나는 시점까지는 특별한 성과를 거두지 못한 상태라고 평가할 수 있다.

러시아는 에너지와 실용적 관점을 배경으로 한 러시아 국가성의 확립이라는 21세기 국가 전략을 재편성하였으며, 목표 달성을 위한 내외적인 장애들을 제거하는 데 진력해 왔다. 한국에도 장단기적인 국가전략의 설정과 그것의 흔들림 없는 추구라는 측면에서 러시아는 시사점을 제공하고 있으며, 러시아의 움직임이 러시아의 극동지역과 접한 한반도의 운명에도 직·간접적으로 영향을 미친다는 점을 고려할 때 러시아에서의 국내외적 환경에 대한 적응을 면밀히 고찰하는 것은 물론 한국의 진로에 러시아가 긍정적인 역할을 할 수 있도록 유도하는 외교 전략과 이에 부합하는 전술을 추구해야 할 것이다.

북핵과 러시아의 역할
: 한반도 정책 기조와 6자 회담에의 적용*

I. 들어가는 말

2003년 8월 29일 중국 베이징에서 북핵 관련 제1차 6자회담(six
-party talks)이 종료되고 국제 사회는 제2차 회담을 모색하는 등,
북한핵문제를 둘러싼 한반도에서의 긴장을 완화하려는 움직임이 지
속되어 왔다. 6자회담은 무엇보다도 한반도 안보와 관련하여 개최
된 최초의 다자주의적인 접근 방식의 회의로 기록되면서, 여러 가지
난관과 예측불가능성에도 불구하고, 향후에도 지속적으로 그 가능성
을 실험하게 될 형식이라는 점에서 주목을 받았다.

---

* 본 장은 『북한연구학회보』제7권 제2호 (2003), pp.141 – 164에 게재했던
  논문을 보완하였음

6자 회담 결과 기자회견에서 발표한 내용은 참가국들이 단계적으로 동시에, 또는 병행해 실시하는 방식으로 북핵문제의 평화적 해결을 모색한다는 원칙에 합의했다는 것과 회담이 진행되는 동안 사태를 악화시키는 언행을 취하지 않겠다는 원칙에 동의했다는 점이다.[1] 회담 내용에 있어서의 구체적이고 생산적인 합의가 도출되지 못하고 종결된 측면에서 6자 회담은 아쉬움을 남기지만, 한반도 문제를 둘러싼 회담 개최의 역사적 의의와 회담의 형식에 있어서의 다자 구도에 대한 긍정적 평가를 하기에 충분한 것이었다.[2] 뿐만 아니라, 구소련시대부터 한반도와 동북아 안보에 관한 다자간 회의(multilateral conference)를 일관되게 주장해왔고, 다자간 협의를 통해 한반도 문제의 포괄적 해결방식을 선호해온 러시아가 관련국 회의에 처음으로 참여하여 북핵문제의 일괄타결을 제기한 점도 6자회담과 관련하여 주목할 부분이라고 할 수 있다.

1993년 제1차 북핵 위기 시에 제시된 러시아의 입장과 역할은, 국제

---

1) 『중앙일보』, 2003. 8. 30: 中華人民共和國外交部, 六方會議中國代表團團長王毅擧行中外記者招待會,2003.8.29, http://www.fmprc.gov.cn/chn/55151.html (검색일: 2003.8.30).
2) 베이징 6자회담(2003.8.27~29)은 1954년 4~6월에 열린 제네바 회담 이후 한반도 문제를 다루는 가장 큰 규모의 다자회담이었다. 그 밖의 한반도 관련 다자회담은 미국, 중국, 남·북한이 참가한 4자회담(1997~1999)과 6자 회담의 전신인 3자회담(2003년 4월: 미·중·북한)이 있었다. 그리고 형식과 관련하여 중요한 사항은 우리의 문제를 우리가 참석한 가운데 국제문제에서 다루어진 경우가 많지 않은데, 6자회담은 한국이 포함되어 한국의 문제를 다루는 중요한 회담이었다. 고병철, "6자 회담의 평가와 전망" 경남대 극동문제연구소, 『통일전략포럼 보고서』, No.28(2003-2), p.1. 9.

협상에서 '참여에의 배제'라고 할 수 있을 정도로 무시되었던 측면이 존재했지만, 2002년 10월 이후에 다시 촉발된 제2차 북핵 위기의 경우, 러시아는 처음부터 중재자 역할(mediating role)을 자임하며 적극적인 '참여'와 '개입'의 양상을 보여주었다. 이와 같은 러시아의 적극적인 역할은 성과의 측면에서 의미 있는 결과를 산출하기에는 좀 더 시간적인 여유를 두고 지켜보아야겠지만, 적어도 러시아가 제시하는 입장과 자신의 역할은 1990년대 중반 이래 일관된 대한반도 정책 목표로부터 연유한다는 점이 분명해지고 있다. 따라서 6자회담을 통한 북핵문제의 해결이라는 당면한 과제로부터 한반도 문제의 전반적인 해결책 모색에 이르기까지 러시아의 개입이 주목되는 시점에서 향후에 전개될 러시아의 역할을 전망하고 평가할 필요성이 제기된다고 하겠다.

본 장에서는 이와 같은 관점에 입각하여, 러시아의 6자회담에서의 역할을 러시아의 아시아태평양 내지는 동북아 정책목표의 관철을 위한 세부과제로서의 한반도 안정이라는, 대한반도 정책 수행에서 나타나는 일관성이라는 관점에서 파악하고자 한다. 이를 위해 구체적으로 러시아의 동북아 정책목표와 한반도 정책의 요체를 파악하려는 목적에서 러시아의 동북아에 대한 인식과 정책, 그리고 푸틴 시대의 한반도 정책목표를 제시한 뒤, 한반도 문제에서의 러시아의 역할 사례로 1차 북핵 위기시의 러시아의 대응과 2차 위기시의 북핵 6자회담 과정을 중심으로 분석하려 한다. 더불어 본장에서는 1차 위기에서의 역할 규정을 '참여에의 배제', 그리고 2차에서는 '중재와 개입'으로 규정하면서, 한반도 평화 구축에 있어서 러시아의 역할이 미래에 '정직한 중개자' 역할을 수행할 수 있을지에 대해서 전망하고자 한다.

2. 러시아의 동북아 정책 목표와 대한반도 정책

1) 동북아에 대한 러시아의 정향: 인식과 정책

러시아가 한반도에 관심을 가지고 한반도에 본격적으로 접근하기 시작한 19세기 후반 이래 한반도를 포함한 동북아시아에서의 러시아와 소련의, 그리고 소연방 붕괴 이후의 러시아의 정책 목표가 러시아의 유럽지역보다는 불분명하고, 상대적으로 수세적인 위치에 있었다는 사실이 강조되어 왔다.[3] 이것은 짜르 시대와 구소련 시대, 양 시기 모두 러시아인들의 대외팽창정책이 다른 지역에서는 대단히 성공적이었던 점을 고려하면 예외라고 할 수 있을 정도로 그 특성을 유지해왔다. 동북아 지역에서 러시아인들의 진출과 팽창은 늘 경쟁해양세력 국가들로부터 견제를 당했고, 항상 이 지역에서만은 러시아인들은 우방 국가를 가지지 못하고 고립되어 있었다.[4]

푸틴 대통령하의 러시아는 유럽의 일원이며, 동시에 아시아의 대

---

3) F. Stephen Larrabee, "The New Soviet Approach to Europe", Frederic J. Fleron, Jr., Erik P. Hoffman, Robbin F. Laird, Contemporary Issues in Soviet Foreign Policy: From Brezhnev to Gorbachev(New York: Aldine De Gruyter, 1991), pp.638－663. : I. Ivanov, "Russia, Europe at the Turn of the Century", International Affairs, Vol.46, No.2(2000), pp.104－110; M. Titatenko, "Russia in Asia" International Affairs, Vol.46, No.2(2000), pp.127－128.
4) 전홍찬, "한반도와 러시아" 정한구·문수언 공편, 『러시아 정치의 이해』 (서울: 나남출판, 1995), p.548.

국이기도 한 자국의 입장을 공식적으로 표명했다. 이와 같은 발표에
도 불구하고, 러시아의 대아시아외교에 있어서는 대유럽외교와 대조
적으로 일관성의 정도가 훨씬 덜한 것으로(not coherent) 보여 진다.
이에 대해 카네기 모스크바센터 부소장인 드미트리 트레닌(D. Trenin)
은 러시아가 동아시아나 남아시아의 주요 몇 개국과 쌍무 관계를
맺은 것은 위기관리의 측면으로 이해할 수 있을 것이나, '아시아 중
심에 위치한 러시아'로서는 포괄적인 구상이나 전략은 없는 것과
다름없다고 평가하고 있다.5) 이러한 맥락은 러시아의 동북아 전략
은 따로 분리되어 독자적으로 존재하는 것이 아니라, 아·태 전략
에 종속되고 그것은 다시 러시아의 세계전략의 유기적 일부분인 것
으로 여기는 시각이 뒷받침하고 있다.6)

러시아의 동북아에 대한 전략목표는 전통적으로 지역 내 다자안
보협력체제 창설에 역점을 두어왔으며, 동북아의 주축 국가인 중국,
일본에 대한 강조와 한반도에 있어서의 현안에 대한 정책방향을 지
니고 있다.7) 2000년 7월 이바노프 외무장관이 발표한 '신외교정책
개념'(공식명: 러시아연방 외교정책개념)은 유라시아 국가로서 러시
아의 각 세계지역별 정책방향을 제시하면서, 아시아를 CIS, 유럽,

---

5) 드미트리 트레닌, "21세기의 러시아의 대아시아 외교" 『극동문제』292호
   (2003.6), pp.131－132.
6) Александр Неклесса, "Внешняя политика нового мира: дви
   жение к нестаационаной системе мирововых связей ", Pro
   et Contra, Том 7, №.4(Осень 2002), с. 20－23.
7) Seung－Ho Joo, "Russian Policy on Korean Unification in the Post－
   Cold War Era" *Pacific Affairs*, Vol.69, No.1 (Spring 1996), pp.32－48.

발틱, 발칸, 미국에 이어 다루고 있다.8) 이것이 의미하는 것은 러시아 외교정책의 우선순위가 국가별로 독립국가연합, 유럽, 미국, 중국, 일본, 인도, 그리고 극동 러시아로 연결된다는 점에서 한반도가 차지하는 비중과 견주어 살펴볼 수도 있으며, 특히 탈냉전 후 역학관계상 상대적 열세 지역으로 남게 된 한반도에 대한 개입의 명분 축적용으로 한반도문제의 다자주의적 접근을 1차 핵 위기의 시점부터 일관되게 주장하였다.

러시아는 동북아 안보환경의 구조적 불안정, 즉 일·중의 패권경쟁, 냉전구도의 존속, 과도한 군비증강, 핵 및 대량살상무기의 제조, 크고 작은 영토 분쟁 등을 명분으로 내세우면서 위기해소체로서 역내 다자간 안보협력 레짐 구축 필요성을 역설해왔지만, 미국의 부정적 반응과 중국 및 북한의 소극적인 태도에 부딪쳐 효과가 없었다. 러시아는 옐친 대통령 재임기간 중 주요 인사들의 한국과 중국 방문 시에는 물론이고, 파노프(A. Panov) 외무차관의 방북 시(1996.4.10～12)에도 남북한과 관련주변국들이 참여하는 한반도 평화체제구축을 위한 국제회의 개최를 제의한 적이 있다.9) 1999년 5월 김대중 대통령의 러시아 방문 시 발표된 공동성명에서도 기존의 4자와 함께 러시아와 일본이 참가하는 '6자간의 동북아 지역 다자간 안보회의'의

---

8) "Концепция внешней политики Российской Федерации(Утв ерждена Президентом Российской Федерации В. В. Путиным 28 июня 2000 года)", Игорь Иванов, Новая Российская Диплом атия(Москва: Олма－Пресс, 2001), с. 223－230.
9) 『로동신문』, 1996. 4. 19; 『내외통신』 종합판, 60호(1996), pp.90－93.

구축을 제안하는 등10), 러시아가 주창하는 포괄적인 다자간 안보체제 창설 노력은 지속되어 왔지만, 역내 다른 국가들의 호응이 뒤따르지 않았다.11) 이러한 상태에서 2002년 재차 촉발된 2차 핵위기는 다자간 체제의 일종의 실험형식으로서의 가능성을 타진하게 만들고 있지만, 북미 간 현안으로 자리잡아온 북한 핵문제의 성격상 다자간 협상의 결실을 거두기 어렵게 진행되어 왔다.

동북아에서의 러시아의 정책 목표는 안보 부문보다 경제적 측면에서 뚜렷한 의미와 가능성을 지니고 있는 것으로 여겨진다. 푸틴 시대 러시아 외교의 실용적인 측면을 제시하는 '경제적 이익 우선' 관념은 현 시대 러시아의 국가이익의 근간이며, 국가적 번영과 존립의 제1차적인 의의임을 천명해 왔다.12) 러시아가 동북아에서 확보하고자 하는 경제적 차원의 주요 국가 목표는, 1)시베리아 및 극동 지역의 개발 촉진을 위한 외자유치, 2)시베리아 횡단철도의 국제화, 3)러시아의 경쟁력 있는 상품(첨단무기, 원전건설, 에너지자원)의 아시아 시장 개척 등으로 요약할 수 있다.13)

---

10) "한·러 공동성명", 『외교』제50호(1999.7), pp.126 - 130.
11) 아·태 지역에서의 집단안보체제 창설에 관한 러시아의 주요 제안들은 В.Е. Петровский, Азиатско - Тихоокеанские режимы безопасности после холодной войны(Москва: Памятки исторической мысли, 1998), с. 175 - 185. 참조.
12) 이를 위한 아시아태평양 지역에서의 외교적 우선 가치(diplomatic priorities)로 상호발전(co - development) 전략과 서구와 동방과의 경제적 통합을 들고 있다. Vasily Mikheev, "South - North Reconciliation And Prospects For North Korea - Russia Relations, Asian Perspectives, Vol.25, No.2 (2001), pp.32 - 34.

결국, 21세기 초반의 시점에서 러시아의 아시아태평양 지역에 대한 관심과 위상이 과거 소련 시대에 비해 제고되고 있는 것으로 나타나고 있다. 러시아는 이 지역의 양 대국인 인도, 중국과 우호적 관계를 유지해왔으며, 대만과의 관계도 성공적으로 해결했고, ASEAN 국가들이나 호주, 뉴질랜드와도 원활한 관계를 맺게 되었다. 또한 과거 태평양 지역에서의 미-러 간 대립은 더 이상 없다. 또한 소원했던 한국과도 상당한 진전이 있었다. 다만 신생 러시아가 이 지역 내에서 저지른 정책상의 심각한 과실은 북한과의 관계를 소원하게 만들었다는 데에 상당수 러시아인들이 동조하고 있다는 데에 있다. 그 결과 러시아는 북한과의 관계를 점진적으로 바로잡으려 하며, 더 나아가서 러시아가 한반도의 남북 양측 모두에 영향을 미칠 수 있을 때만 살아남을 것이며, 향후 통일 한반도에서도 러시아의 입지를 굳건히 할 수 있으리라고 강조한다.[14] 러시아는 이러한 입

---

13) 홍완석, "21세기 러시아의 동북아 국가전략" 홍완석 엮음, 『21세기 러시아 정치와 국가전략』(서울: 일신사, 2001), pp.473.

14) 통일한국의 첫 번째 권력을 남과 북 어느 쪽에서 장악하던지 간에, 통일 전까지 남북 양쪽과 밀접한 관계를 유지하면서, 동시에 서울과 평양 간의 개별적인 관계에 있어 적절한 균형을 지키려는 러시아의 노력이 가시화되고 있다는 점과 동일시할 수 있다. "Рекомендации дальневосточного Федерального округа нацелились на улучшение международного сотрудничества, торговых и экономических обменов, и культурных связей с партнерами СНГ и соседними странами", p.8. 제9차 대통령위원회(Presidential State Council) 러시아연방의 국제적 행동에 대한 분석 자료, Moscow, Kremlin, January 22, 2003, http://www.kremlin.ru (검색일: 2003.1.25).

장 견지를 통해 북한체제의 급격한 변동이 수반되지 않는 상태에서
의 한반도의 안정을 원하며, 한반도 주변 6개국 간의 관계정상화를
인정함으로써, 동북아와 나아가서는 아시아태평양지역에서의 러시아
의 국가이익과 정책목표를 달성할 수 있다고 여기며, 이에 대해 옐
친 정부 중반 이후부터 푸틴 정부에 이르기까지 일관된 자세를 견
지하고 있다. 이를 뒷받침하는 푸틴 정부의 한반도 정책의 기조를
살펴보면 다음과 같다.

2) 푸틴 시대 러시아의 대한반도 정책

푸틴 정부 출범 이후 러시아의 대한반도 정책은 2000년 북·러
기본조약 서명과 남북 양국과의 '정상외교' 이후 확고해진 남북한
균형정책의 수행을 통해 한반도 중시의 관념을 과거보다 부각시켜
왔다.[15] 앞서 제시한 '외교정책개념'을 통해 러시아 외교정책의 목
표, 원칙, 우선순위를 표현하였고, 푸틴 대통령은 한반도 정책 역시
이 개념에 의거하여 일관성 있게 추진해왔다.[16] 이에 따르면 러시

---

15) 러시아 내에서는 한국전쟁 이후 반세기만에 처음으로 한반도가 러시아
    외교정책에서 우선순위의 이슈(priority issue)가 되었다고 평가하기까지
    한다. Georgi Toloraya, "President Putin's Korean Policy" The Journal
    of East Asian Affairs, Vol.17, No.1(Spring/Summer 2003), p.33.
16) 푸틴의 대한반도 정책은 초기에는 지리노프스키(V. Zhrinovsky)로 대
    표되는 초민족주의자(ultra-nationalist)와 당수 주가노프(G. Zuganov)
    가 이끄는 러시아연방공산당 등의 북한옹호파로부터 비판을 받기도
    했다. 그러나 대통령 임기의 종반에 이른 2003년 말 현재 각 정파로

아 외교정책은 실리주의 원칙에 입각하며, 외교정책의 최대과제는 국내개혁을 위해 대외적으로 유리한 여건을 조성한다는 것이다. 또한 한반도에 관해서는, 한반도가 러시아의 중요한 관심사이며 한반도 문제 해결에 러시아가 중요한 역할을 할 것이며 남북한 모두와 균형된 관계를 유지해야 한다는 내용이 포함되어 있다. 이와 같은 내용을 기조로 하여, 푸틴이 이끄는 러시아는 한반도에 대해서 적극적으로 새로운 '이니셔티브'를 취해왔다. 그 결과 나타나는 대한반도 정책의 특성은 다음의 세 가지 측면에서 두드러지게 나타나고 있다. ▲북한의 옹호자 혹은 대변자로서의 역할 수행 ▲남북 간의 사심 없는 중재자로서의 이미지 부각 ▲남북한·러시아 3국을 포함하는 경제협력과 '철의 실크로드'추진 등이 그것이다.[17] 이러한 측면들은 2001년 7월 모스크바 북·러 정상회담의 결과로 공표된 북·러 공동선언에 의해서 뒷받침되었다.

러시아의 대한반도 균형외교의 목표는 한반도에서 정치·군사적 안정을 유지하고 남북한과 상호이익이 되는 경제관계를 발전시키는 것이다.[18] 이를 위해 러시아는 단기적으로 남북한 간에 대화분위기

부터 폭넓은 지지를 받고 있는 것으로 보인다.

17) 주승호, "김정일의 러시아방문과 북·러간 군사·경제관계" 『통일한국』 (2001. 9), pp.28-29.

18) 러시아 외교정책에서 한반도가 차지하는 비중은 크지 않으며, 북한 핵 문제도 극동지역 국경부근에서의 지역안보 차원에서 중시되는 경향이 있다. 또한 러시아의 대한반도 정책은 한국의 구 국가와 균형적인 선 린과 동반자 관계를 유지하는 데(из неоходимости поддержания сбалансированных лобрососерлских и партнерских отношен

를 창출하고, 장기적으로 러시아에 우호적인 통일정부 출현을 기대하고 있다. 이를 위해 당면 현안으로 한반도 문제의 국제적 해결에서 당사자로서 참여하기를 희망해왔다. 하지만 러시아로서는 지역질서를 직접 주도할 능력이 제한되어 있으므로 동북아시아 지역의 주요 국가들과 적극적인 관계개선을 통하여 영향력을 발휘하려는 우회적인 방법을 선호해왔다.[19]

러시아가 주요국가들의 참여를 전제하면서, 한반도 안정을 위한 계획안을 표방했던 경우는 1994년 10월 제네바 합의가 도출되기 이전인, 3월 24일에 발표한 계획안이 대표적인 사례로 볼 수 있는데, 당시에 제시된 입장은 제2차 북한핵위기가 재현된 2003년의 상황에서도 동일하게 적용되는 기준이기도 하다. 따라서 이 기준은 옐친·푸틴의 통치 시기 구분에 상관없이 동일하게 적용되는 원칙으로서, 그 내용은 국제회의를 소집해서 한반도 문제를 포괄적으로 해결할 수 있는 새로운 기구를 구상하자는 것이 핵심이라고 할 수 있다. 러시아가 구상한 잠정적인(tentative) 회의의 안건은 다음과 같다.

① 남북 관계 증진
② 정전협정을 평화체제로 대치

ий с обоим корейским государствам) 근거를 두고 있다. Игорь Иванов, Новая Росийская Дипломатия(Москва: Олма-Пресс, 2001), c.158-159.

19) 문흥호·고상두, "중국과 러시아의 한반도 안보전략" 대한민국 육군·한국국제정치학회, 2001년 육군 정책세미나 『21세기 군사력 건설과 육군의 과제』(2001), pp.40-42.

③ 한반도 내 신뢰 증진방안 도입

④ 모든 종류의 대량살상무기로부터 자유로운 한반도의 비핵지대
의 창설

⑤ 회담 참여 국가 사이의 관계 정상화(예를 들면 북한과 미국,
그리고 북한과 일본)[20]

결국, 푸틴 러시아 대통령 취임 이후 러시아가 남북한 균형외교
를 표방하면서 표명해 온 한반도 중시정책은 한반도외교에서 북한
보다 한국에 경사되었던 초기 옐친 외교와는 크게 대별되지만, 전반
적으로 볼 때, 푸틴의 대한반도 정책은 1990년대 후반 옐친의 대한
반도 정책 목표와 상당히 유사한 측면을 갖고 있으며, 러시아가 구
상하는 한반도문제의 원칙적인 측면들을 표명하고 있다고 볼 수 있
다. 즉 그 내용은 ①한반도에서의 평화와 안정 확보 ②한반도가 군
사충돌에 휩쓸리는 것을 방지 ③남북한 통일문제의 평화적 해결 ④
북한의 핵개발 저지와 한반도의 비핵화 실현 ⑤경제력을 가진 한국
과의 우호관계 구축 및 한국에의 무기 판매 ⑥북한과의 우호관계
확립 및 한반도에서의 영향력 회복 ⑦대북한 무기 수출에 대한 소
극적 자세 ⑧한반도에서의 미국 및 중국의 배타적 지위 확립 저지
로 요약될 수 있다. 이와 같은 주요 목표는 가까운 장래는 물론이
고 향후에도 장기간 지속될 가능성이 높다고 하겠다.

---

20) Утверждение представителя россий ского Министерства Ин
остранных Дел, Россиисй е Вести, March 24, 1994, p.1

3. 북핵문제에서의 러시아의 역할 분석

1) 제1차 핵위기에서의 러시아의 역할: 참여에의 배제

1993년 3월 12일 북한이 핵확산금지조약(NPT) 탈퇴를 선언함으로써 촉발된 제1차 북핵위기는 한국정부가 북한을 압박하기 위한 '국제공조'의 대의와 더불어 러시아의 협조를 적극적으로 구하고 러시아가 한국의 요구대로 북한에 압력을 행사하는 과정에서[21] 러시아가 제안한 '8자회담'(남북한, 러시아, 미국, 중국, 일본, 유엔, IAEA)을 통한 다자협상이 제기되었다는 점에서, 3자회담에서 6자회담으로 구성주체를 확대시킨 제2차 북핵위기의 해결형식과 차이가 드러난다.

1993년 3월 24일 츄르킨(V. Churkin) 외무차관이 제안한 8자회담은 당시 북한 핵문제 처리과정이 북미간의 협상만으로 전환되면서 러시아의 참여가 원천적으로 배제됨과 동시에 러시아가 주장하기 시작한 다자주의적 국제회의 소집의 구체적인 표현이었다. 당시의 상황을 감안할 때, 러시아가 8자회담을 통해 북한 핵문제를 해

---

21) 모스크바는 한반도에서의 핵 확산 예방을 위해 서울과 협력했으며, 부시 대통령과 더불어 북한으로 하여금 NPT체제하의 국제적 의무를 준수할 것을 요구하는 공동성명도 발표했다. 북한은 이에 한때 러시아가 동해에 핵폐기물을 버리고 있다고 공개적으로 비난하는 등 맞대응(it for tat) 전술로 러시아에 맞서기도 했다. Evgeniy P. Bazhanov, "Russian Views of the Agreed Framwork and Four-Party Talks" James Clay Moltz and Alexandre Y. Mansourov(2000), pp.222-223.

결할 수 있다는 실질적인 평가를 바탕으로 이를 제안하였던 것은 아니었던 것으로 여겨진다.22) 러시아는 대북 재제에 참여하지 않으면서도 북한 핵문제에 대한 영향력을 행사할 수 있는 수단을 모색하고자 했던 것이다. 동시에 북한 핵 문제 처리과정이 미·북간의 직접 협상으로 귀착되어 가면서 러시아는 한미와의 공조체계보다는 다자주의적 국제회의 소집을 주장한 것이었다. 북한에 대한 국제적 제재가 논의되고 있는 상황에서 이에 대한 찬반을 명확하게 표명하기 어렵기 때문에 실현은 불가능하지만 국제회의를 통한 평화적 해결을 주장함으로써 러시아의 평화이미지를 선양하는 동시에 남북한에 대한 외교적 균형을 취한다는 것이었다.23)

러시아의 8자회담 제의에 대해 북한은 처음에는 소극적인 반응을 보였으나 그 후 긍정적인 입장으로 태도를 전환하였다. 한국도 정부 일각에서는 긍정적인 반응을 보이는 등, 북한과 더불어 공히 긍정적인 반응을 보였고, 러시아 역시 8자회담 제의를 북한 핵문제 해결의 가장 적합한 수단으로 계속 주장하였으나, 북한 핵문제는 러시아의 의지와는 전혀 무관하게 IAEA와 UN같은 국제기구 차원에서 미·북 간 쌍무협상 차원으로 전환되면서 북미간의 직접 타결로 일단락되었다.24) 러시아가 제안한 국제회의를 공식적으로 받아들인

---

22) 강원식, "한소 수교 이후 북·러 관계: 회고와 전망" 『아시아문화』제 17호(2001.8), p.18.
23) 김덕중, 『미중관계와 러시아: 전략적 동반자 관계에서 안보 협력으로』 (서울: 태학사, 2002), p.245.
24) 1994년에 논의되었던 한반도 4자회담의 무산된 중요한 이유 중 하나는 전통적인 이해당사자인 러시아가 배제되었기 때문이라는 러시아 내

나라나 국제기구는 하나도 없었지만 러시아는 제재의 발동에 앞서 먼저 그런 회의를 개최해야 한다고 계속 주장했다.

결국, 1994년 3월 당시의 상황에서 8자회담 제의는 미·북간 쌍무협상으로 진전되면서 비로소 자국의 입지 확보를 위해 서둘러 제안한 것에 불과하다는 인상을 남겼으며, 이로 인해 8자회담 자체의 실현 가능성은 희박할 수밖에 없었다.[25]

제네바 합의 이후 4자회담이 제기되고, 러시아가 4자회담에서도 배제되자 러시아 내에서도 6자 내지 8자회담에 대한 비판이 제기되었다. 그 대표적 인물인 공산당 의원, 미트로파노프(Mitrofanov) 같은 정치인은 러시아의 6자회담 개최 제안은 일본의 참여에 대한 한국과 북한의 부정적인 태도 때문에 비현실적이었다고 비판하였다. 대신에 미트로파노프는 북한과 고위급 정치회담을 재개하고, 북한 정권에 대한 비판을 중단하고, 그리고 경제협력 특히 에너지 부문에서의 협력을 재개할 것을 제안하였다.[26]

1990년대 말에는 공산·비공산계를 포함한, 러시아 내 상당수의

의 견해도 있다. В.П.Ткаченко, *Корейский полуостров интересы россии* (Москва: Восточная Литература РАН, 2000), с. 166 -167.

25) 김덕중 (2002), p.246.

26) Vasilii V. Mikheev, "Russian Policy toward Korean Peninsula after Yeltsin's Reelection as President" The Journal of East Asian Affairs, Vol.11, No.2(summer/fall 1997), pp.369-372. : Elizabeth Wishnick, "Russian-North Korean Relations: A New Era?", Samuel S. Kim and Tai Hwan Lee, North Korea and Northeast Asia(New York: rowman & Littlefield, 2001), pp.147-148.

유력한 관리와 학자들은 북한과 러시아의 관계가 악화되었고, 러시아가 아시아에서 영향력을 상실했다는 데 동의하였다. 보리스 자네긴(B. Zanegin)같은 공산주의 성향의 학자들은 옐친정부의 대한 정책을 신랄하게 비판하였고, 알렉세이 보가투로프(Alexei Bogaturov)는 러시아의 아시아 정책을 다양화하기 위해 북한과의 관계개선을 주장하면서, 러시아 정부의 기존입장인 아시아에 대한 중국 중심의 접근법에서 탈피할 것을 주장하였다.27) 이와 더불어 일-러 관계가 곤경을 겪고 있는 상황에서 한국문제에 있어서의 더 큰 러시아의 역할은 아시아의 이슈들에 대한 더 커다란 발언권을 확보할 것이며, 해당지역에서의 미국과의 협력에 새로운 전기를 제공할 것이라는 견해가 대종을 이루었다.28)

러시아가 1993년 당시에 지녔던 입장은 제네바 합의의 틀 속에서 무산되었지만 2000년대에 들어와서 견지하고 있는 인식과 동일한 맥락 속에서 유지되고 있다고 하겠다. 즉 '한반도의 비핵화'라는 대원칙에 동의하면서 동시에 이를 실현하기 위한 방안으로 북한에 대한 국제적 '제재에 대한 반대'라는 일관된 자세가 1차, 2차 위기 시에 공히 드러난다. 과거에 러시아는 북한이 1-2개 정도의 핵폭탄

---

27) А. Вогатуров, Великий жерзавы на тикхом океан(Москва: Институт США и Канада, 1997), с. 297-298.: Elizabeth Wishnick (2001), p.148.

28) Gennady Chufrin, "Asia As a Factor in Russia's International Posture" G. Chufrin, eds., Russia and Asia: The Emerging Security Agenda(Oxford: Oxford University Press, 1999), pp.475-476.

제조에 충분한 플루토늄을 보유하고 있지만, 핵 연구와 개발을 은폐한 가운데 속도만 늦추고 있다고 판단해 왔었다.[29] 따라서 북한의 핵개발 방지를 위해 한미일 등과 협력하면서도 핵문제로 미국 등이 북한에 군사제재를 가하거나 강제사찰하는 데는 반대했었고, 협상에 의한 평화적 해결을 주장해 왔다.

2) 제2차 핵위기에서의 러시아의 역할: 중재와 개입

가. 러시아의 대응과 진행경과

2002년 10월 초 부시 미국 대통령의 특사, 켈리(James A. Kelly) 차관보가 방북했을 때, 북한은 비밀리에 핵 개발을 수행한 사실을 사실상 시인했다. 그 직후 러시아가 북한의 핵 개발에 관여했다는 보도가 일부에서 나왔지만, 러시아정부는 정부 수준의 관여를 부정하면서, 1993년에 북한이 핵확산금지조약으로부터 탈퇴할 의향을 표명한 이후 평화적 목적의 원자력 에너지 이용조차 협력하고 있지 않다고 강조하였다.[30] 이에 덧붙여 지적할 수 있는 점은 러시아가 제2차 북

---

29) 여인곤, 『러북관계 변화추이와 푸틴의 대북정책 전망』(통일연구원, 2000), pp.54-56.
30) 알렉산드르 루미안체프(A. Rumianchev) 러시아 원자력부 장관은 2003년 1월 12일 '네자비시마야 가제타'와의 인터뷰에서 "우리는 북한의 핵무기 보유와 관련한 정보는 거의 갖고 있지 않은데, 우리가 지난 10년간 고도의 핵기술 분야에서 북한과 협력하지 않았기 때문이다. 우리로서도 이는 크게 유감스런 일로 생각하고 있다. 그러나 본인은 북한이 핵무기를 보유하는 것은 아직은 요원한 일로 간주하고 있다"고 언급한

핵위기의 발생 이후 줄곧 북한의 핵 보유 여부에 대해 부정적 입장을 취하고 있는 입장으로서, 이것은 다른 주변국들의 입장과 비교할 때 특기할 만하다.[31]

바 있다(Независимая газета. 2003. 1. 13). 이와 관련하여 2002년 10월에 발생한 북핵문제의 원인을 북한 내에서의 경수로 건설 공정의 부진으로 지목하면서, 이 문제를 해결하는 원자력발전소 건설에 러시아의 참여를 강조하는 시각도 대두하였다. 이 시각은 더 나아가서 북한 핵문제로 인한 갈등의 근본적인 원인이 북한의 만성적인 에너지난이라는 경제중심적인 시각을 많은 러시아인들이 갖고 있다는 점을 드러낸다. 또한 루미안체프 장관은 2003년 7월 중순에 미국 언론이 북한이 핵무기 제조에 충분한 플루토늄을 폐연료봉에서 추출했다는 사실을 보도한 것과 관련해, "러시아는 북한에 핵무기 제조용 물질이 있는지에 관한 객관적 증거를 갖고 있지 않다"고 밝혔다(Новость.2003.7.16). 북한의 핵무기 제조여부에 대한 러시아 당국의 공식입장은 루미안체프 장관의 일관된 입장이 제시하는 바와 같이, 그와 관련한 객관적인 물증이 없음을 강조해오고 있다. 아울러 러시아 측의 이와 같은 반응을 토대로 한국 정부 내의 주요 인사들이 북한핵무기 제조가능성에 대해 회의적인 태도를 취하면서, 북한 핵문제의 심각성에 대해 회의를 품는 입장도 존재했었음도 지적할 수 있다.

31) 이 점과 관련하여 1950년대부터 원자력에너지 체계 구축을 북한에 전수했던 러시아 내에서도 여러 의견들이 개진되어 왔다. 북한의 독자적인 핵무기체계 구축 가능성을 부정하는 인사도 있었지만, 그 가능성을 예견하는 전문가도 있었다. 과학아카데미 극동연구소의 알렉산드르 제빈(A. Zhebin) 같은 사람이 대표적이다. 그러나 양 견해 간에 공통적인 점은 북한이 독자적인 핵구축 체계를 갖춘다 할지라도 그것을 위해 러시아가 조력했다는 점에 대해서는 극구 부정해왔다는 사실이다. Alexander Zhebin, "A Political History of Soviet – North Korean Nuclear Cooperation" James Clay Moltz and Alexandre Y. Mansourov, eds.(2000), pp.27 – 40.

러시아의 알렉산드르 로슈코프(A. Roshkov) 외무차관은 2003년 1월 18~21일에 푸틴 러시아대통령의 특사로서 평양을 방문하여 20일에는 김정일 총서기와 약 6시간에 걸쳐 회담하고, 러시아의 포괄적 중재안을 둘러싼 협의를 했다. 귀국 후 밝힌 기자회견에 따르면, 로슈코프 차관은 러시아, 중국, 미국의 3개국에 의한 체제보장을 북한에 제안했으며, 이에 대해 북한 측은 우선 미국이 체제보장을 약속하는 것이 필요하다고 주장하고 미국과 직접 교섭할 용의를 표명했다고 한다. 그 후 북한은 미국과 불가침조약 체결과 핵개발 문제의 동시교섭을 명확히 요구했지만 미국은 이에 응하지 않았다.

러시아가 2002년 10월, 북한 핵문제가 제기된 후의 초기과정에서부터 2003년 말 현재까지 일관되게 보여주고 있는 입장을 정리해보면, ⅰ)IAEA와의 협력 촉구와 NPT복귀 ⅱ)북핵문제의 유엔 안보리 상정 반대 ⅲ) 포괄적 타결방안의 채택으로서, 각각의 내용을 살펴보면 다음과 같다.

2002년 12월 26일 로슈코프 러시아 외무차관은 박의춘 러시아 주재 북한 대사와의 회담에서, 한반도 정세의 정상화를 위해 북한이 IAEA와의 협력을 계속하는 것과, 미국-북한 간의 건설적 대화가 중요하다는 점을 역설하였다.[32] 이 입장은 2003년 3월 진행된 3자 회담을 전후해서는 두드러지게 제기되지 않았다.

러시아의 초기 반응에 있어서, 두 번째 강조점은 북핵 문제의 유엔 안보리 상정 반대를 들 수 있다. 이 점에 있어서 러시아는 중국

---

32) *Новость*, 2002. 12. 27.

과 의견이 일치하였다. 2003년 1월 17일 러·중 외무차관, 외교부 부부장 회담에서 "양측이 새로운 결의안 채택과 같은 방식으로 경쟁해서는 안 된다는 견해를 갖고 있다"고 언급하였으며, 2월 4일 알렉산드로 야코벤코(A. Yakovenko) 러시아 외무부 대변인은 국제기구를 통한 문제의 해결이 '비효율적'인 것이 될 수 있다는 견해를 밝혔다. 더불어 "(북한에 대한) 보장 방식에 있어서 러시아를 포함한 다른 국가들도 참여하게 된다 할지라도, 북한 핵문제의 외교적 해결의 주요 요소는 북-미 간의 직접대화가 되어야 한다고 우리(러시아)는 확신하고 있다"고 강조하였다.33) 2월 12일 IAEA의 유엔 안보리 회부 결정에 대해서도 러시아외무부는 분명히 시기상조라고 밝혔다.34)

러시아는 줄곧 유엔안보리로의 북핵문제 이관에 반대했을 뿐 아니라, 유엔 안보리에서의 대북 제재에 대해서도 반대입장을 표명해왔다. 2003년 3월 17일 게오르기 마메도프(G. Mamedov) 외무차관은 북한 핵 프로그램과 관련하여 유엔 안보리가 대북 제재 결의안을 채택할 경우, 이를 결코 용인할 수 없을 것 이라고 밝히면서, "이것은 다만 긴장을 고조시킬 뿐으로 어떠한 긍정적 결과도 가져오지 못할 것"이라고 언급한 바 있다.35) 마메도프 차관은 현재의 긴장상태는 북한만 책임이 있는 것은 아니며, 따라서 문제의 해결은 포괄적 성격을 지녀야 할 것이라는 견해를 표명하였다. 더불어 북핵 문제해결을 위

---

33) http://www.strana.ru/news/189221.html, 2003. 1. 18.
34) http://www.strana.ru/news/200123.html, 2003. 2. 13.
35) *Новость*, 2003. 3. 17.

한 정치적 노력에는 미국과 북한 양자 간의 대화가 포함되어야 하며, 다자간의 기초 위에서도 대화가 이루어져야 한다고 지적하였다. 북한의 김정일 위원장이 높이 평가했다는[36], 이와 같은 포괄적 해결에는 모든 이해 당사국들의 안전보장이 포함되어야 하며, 한반도에서 핵확산금지조약이 다시 유효하게 되어야 한다는 점이 강조되었다. 러시아가 북한에 한반도 비핵화, 대북 안전 보장, 대북 경제 지원 재개 등을 골자로 하는 '일괄 타결안'은 미국이 쉽게 통제하기 어려운 러시아의 개입을 꺼려하여 러시아가 큰 역할을 수행하기 어려웠기 때문에 한계를 지니고 있다는 지적도 있다.[37] 이 점은 러시아가 중국과 더불어 북한에 대해 보조적 안전보장을 할 수 있다는 제안에 대해서 북한이 거부반응을 보이고 있는 데에서도 드러나는데, 이는 러시아가 북한에 대해 통제불가능한 영역이기도 하다.

2차 위기에 있어 러시아는 북한의 핵개발 문제에 대해서 신중한 입장을 보인 중국과 달리 처음부터 적극적으로 해결책을 모색해왔다. 2003년 1월 10일 북한의 NPT탈퇴에 곧바로 뒤이은 1월 15일 러시아 대통령 특사 로슈코프 외무차관의 북한 파견과정에서 제시된 러시아 정부의 '포괄적인 해결제안'은 이미 북미를 축으로 한 다국 간 합의를 전제로 하는 것으로서, 첫째, 북한의 NPT와 북미 제네바 합의 준수를 기초로 한 '한반도 비핵상태'의 유지, 둘째 미국 등에 의한 '한반도 안전 보장', 셋째, 대북 중유 제공 재개를 포함

---

36) 『人民日報』, 2003. 1. 21.
37) 홍현익, "6자회담과 러시아"세종연구소, 『정세와 정책』86호 (2003. 9), p.20.

한 경제원조 실시 등 3가지 항목으로 구성되었다. 그러나 북한은 미국과의 직접교섭을 고집하면서 러시아의 '포괄적 해결안'은 받아들이지 않았지만, 전반적으로 북한과 러시아의 입장이 보조를 이루어가는 측면을 보이면서, 회담에 이르는 과정이 진행되었다.

나. 다자 회담과 관련한 러시아의 입장과 6자 회담의 전개

2002년 10월 이후 2003년 말 현재까지 북핵문제의 해결을 위한 주변국가간의 회담 주체를 놓고 많은 논의가 있었다. 일례로 북-미 양자 회담을 제외한 다자간 회담으로 이미 미국, 중국, 북한 간의 3자회담이 치러졌으며, 여기에 일본과 한국을 더한 5자회담의 가능성도 제기되었고, 결국 2003년 8월에는 러시아까지 더한 6자회담이 성사되어 1차 회담이 베이징에서 열렸다.

러시아는 국제사회에서 3자회담이 확정되면서 다자회담에 대해 지지를 표명하기 시작했다. 이고르 이바노프(I. Ivanov) 러시아 외무장관은 4월 23일 "러시아는 언제나 한반도 정세의 정치적 해결을 지지해 왔다"고 언급하면서, "대화 형식은 당사국들이 선택할 문제"임을 강조하였다.38) 2003년 4월 23~25일 베이징에서 열린 미국, 북한, 중국 간의 3자회담 이후에도 러시아는 미국-북한-중국 간의 회담 재개 필요성을 표명했다. 5월 23일 로슈코프 외무차관은 러시아를 방문한 이수혁 한국 외교통상부 차관보와 만난 자리에서, 베이징에서 개최되었던 북한-미국 및 중국 간의 회담이 재개되어 장차 이 회담

---

38) *Известия*, 2003. 4. 23.

이 다자회담으로 확대되는 것을 지지한다고 밝혔다. 이 차관보는 한반도가 비핵지위를 유지하는 조건하에서 북한 핵문제를 평화적으로 해결하려는 한국의 노력을 확인하였고, 러시아 측은 "북한에 대해 다자간의 토대에 입각한 보장을 포함하여, 확실한 체제안전과 불가침을 보장하는 것은 북한 핵문제와 관련한 국제적 우려의 해소에 중요한 역할을 하게 될 것"이라는 입장을 밝혔다.[39]

러시아 당국은 북한 핵문제의 해결과 관련하여 러시아의 국익을 고려하지 않고, 또한 러시아의 참여 없이 이루어지는 것은 있을 수 없다고 점차 강조해왔다. 이것은 미국이 북한 문제의 해결 과정에서 마치 러시아를 배제하려고 시도하고 있다는 일부 보도가 나오자 이에 대한 러시아측의 즉자적인 반응으로서 이루어졌다. 다시 말해, 로슈코프 외무차관은 오늘날 한반도 정세는 러시아의 참여 없이는 해결이 불가능할 정도로 복잡하기 때문에 러시아의 참여는 필수적인 것임을 역설하였다.[40]

로슈코프 차관의 언급에 더해, 푸틴(V. Putin) 러시아 대통령은 6월 24일 영국 방문을 앞두고 크레믈린궁에서 가진 영국 BBC 방송과의 회견에서, 러시아는 북한 핵문제로 야기된 사태의 해결을 위한 회담 개최에 직접 나설 용의가 있음을 표명하면서 "러시아는 회담과 협상을 위한 장소를 제공할 용의가 있으며, 북핵 관련 사태 정상화를 위해 어떤 형태로든 협력할 준비가 되어 있다"고 언급하였다.[41]

---

39) *Новость*, 2003. 5. 23.
40) *Новость*, 2003. 6. 11.
41) *Новость*, 2003. 6. 22.

푸틴 대통령의 이와 같은 발언은 2003년 1월 로슈코프 러시아 외무차관을 북한에 특사로 파견해 핵문제의 '일괄 타결안'을 제시하는 등 북핵문제 해결을 위한 외교적 노력을 기울여왔음에도 불구하고, 러시아가 2003년 4월 베이징 3자회담에서 배제된 데 이어 그 후속 회담(3자 내지, 5자 회담 형식)에서도 배제될 것이 확실시되자 북핵 회담에서 더 이상은 소외될 수 없다는 판단에서 나온 것으로 여겨졌다.

이와 같은 근거에서 2003년 7월 31일 모스크바에서 박의춘 러시아 주재 북한 대사가 유리 표도토프(Y. Pedotov) 러시아 외무차관과 만난 자리에서 북한 지도부의 위임을 받아 북한이 한반도 정세 정상화를 위해 러시아를 포함한 6자회담 개최에 동의한다는 입장을 밝힌 데 대해 러시아 외교의 승리라고 자평했던 것도 무리는 아니다.[42] 이전에 북한은 미국과 먼저 회담을 가진 후 다자회담을 갖기를 희망해 왔지만, 미국은 이에 대해 서두르지 않고 북한과 한 단계씩 나아가는 과정을 거쳤다. 그 결과 7월 30일에는 부시 미국 대통령이, 7월 31일에는 고이즈미 일본 총리가 최초로 러시아의 다자회담 참여 지지 입장을 밝히기에 이르렀다.

6자회담에서 북한은 외무성 부상 김영일의 기조발언을 통해 미국이 북한에 대한 적대시정책을 바꾸고 북한을 위협하지 않는다면 북한도 핵계획을 포기할 수 있으며, 미국이 적대시하지 않는다는 판단의 기준은 조미사이에 불가침조약이 체결되고 조미외교관계가 수립

---

42) *Время новостей* , 2003. 8. 1.

되며 미국이 조선과 다른 나라들 사이의 경제거래를 방해하지 않는 때로 볼 수 있다면서, 이른바 '일괄타결 도식, 동시행동순서'를 밝혔다. 한편 회담의 기조 발언을 통해, 러시아는 "조선반도에서 긴장 격화를 해소시키기 위한 긴급대책이 필요하다고 하면서 호상 조치들을 일괄적으로 작성하여 ≪로정도≫를 마련하는 것이 중요하다"고 강조하였다.[43]

2006년 말까지 제5차 2단계 회담으로 이어진 6자회담의 전기가 마련된 것은 2007년 1월 16~18일 크리스토퍼 힐(K. Hill) 미 국무부 동아태차관보와 김계관 북한 부상 간의 베를린 회담의 성사를 통해 제5차 3단계 6자회담으로 이어져 (2005년의) 「9·19 공동성명 이행을 위한 초기조치」(「2·13 북핵 합의」)를 도출한 시점이다. 북한은 2·13 합의에 따라 영변과 태천 5개 핵시설 폐쇄 및 봉인, 「국제원자력기구(IAEA) 사찰관 복귀 및 감시 작업 허용과 관련한 구체적 이행 사항을 실행에 옮기게 되었으며, 미국은 이에 상응하여 중유 5만 톤 상당의 대북지원 약속을 이행하였다.

이와 같은 초기의 이행사항은 순조롭게 진행되었으나, 2·13 합의 60일 이후 진행되기로 예정되었던 이른바 '핵불능화' 시행 단계에서 북한이 2007년 말로 예정된 모든 핵프로그램에 대한 완전한 신고를 하는 문제에 있어 2008년 북·미 간에 이견이 심하게 노정되었다.

2·13 합의 이전에 6자회담의 진행과정에서 가장 큰 위기는

---

43) <6자회담> 조선중앙통신 보도, "일괄타결도식, 동시행동순서 밝혀" 『조선신보』, 2003. 8. 30.

2006년 10월 9일 북한이 핵실험을 단행한 사태로서, 북한을 제외한 6자회담 참가국들이 당혹과 충격속에서 북한에 대해 경고를 할 때, 러시아는 대체로 북한의 지하핵실험에 대해 놀랍다는 반응을 보이면서도 북한에 대한 제재에는 신중해야 한다는 입장을 줄곧 견지하였다. 러시아는 핵실험과 관련한 유엔의 대북 제재 결의안에 안보리 상임이사국으로 동참은 했으나, 북한에 대한 무력제재에 대해서 반대하면서 북핵프로그램과 정권교체 문제를 연계해서는 안 된다는 확고한 입장을 강조하였다.44)

러시아의 다자회담에서의 입장은 북한의 주장을 다분히 개괄적인 틀에서 동조하고 있는 것처럼 보인다. 다만 세부적인 측면에서 볼 때, 러시아가 주장하는 다자간 안전보장 제의를 북한이 거부했지만45), 한반도의 비핵화와 평화와 안정을 이룩하고 핵문제를 평화적으로 해결하기 위해 북·미사이의 모든 우려사항들을 일괄적으로 동시행동 원칙에 따라 단계별로 이행해나가야 한다는 데에 대해서는 의견의 일치를 보였다. 다자안전보장과 관련한 러시아의 제안은

---

44) http://president.kremlin.ru (검색일: 2007. 3. 10).

45) 러시아와 중국의 대북 다자간 안전보장 제의에 대해 북한 외무성은 인접 국가들의 보장은 북한 측으로서는 '불필요한' 것으로 여기면서 이들 국가 중 어느 국가가 북한을 위협하는 것이 아니며 북한은 이들 모든 국가들과 다소간의 차이는 있으나 공고한 외교적 접촉을 갖고 있기 때문이라고 밝혔다. Время новостей (2003. 8. 14). 북한은 6자회담을 통해서도 "우리가 요구하는 불가침조약은 그 무슨 ≪안전담보≫가 아니라 법적구속력 있는 호상 공격하지 않는다는 불가침조약을 체결하는 것이다"라고 분명히 밝혔다. 『조선신보』, 2003. 8. 30.

미국의 부시 대통령이 2003년 10월 태국에서 개최된 APEC 회의 기간에 제안한 '불가침서면담보'를 통해 사실상 미국이 수용의사를 표명한바 있다.[46)]

한편, 러시아가 북한과 더불어 북핵문제의 한쪽 당사자라고 할 수 있는 미국과 비교할 때 북한에 대한 기본적인 인식을 달리하고 있다는 점도 북·러 간 일치점을 이해하는 데 도움을 준다. 즉 북한을 악의 축으로 규정한 부시 정부의 견해에 대해 러시아는 근본적으로 반대하고 있다. 기본적으로 러시아는 한반도의 비핵화에는 미국과 마찬가지로 찬성하지만, 북한정부에게 핵개발 계획의 포기를 강요하는 것은 역효과가 발생할 수 있다고 본다. 이러한 관점에는 미국으로부터 실질적 양보를 끌어내려는 북한 지도자를 기본적으로 이성적인 인물이라고 보는 시각이 깃들어 있기 때문이다.[47)]

---

46) 북한도 이에 대해 '서면불가침담보'가 일괄타결에 긍정적으로 작용한다면, 다자안전보장 제의를 수용할 수도 있다는 견해를 피력하였다. "조선외무성 대변인 서면불가침담보 고려할 용의가 있다"『로동신문』, 2003. 10. 26.

47) 이 점에 있어 옐친 정부 초기에 정부 내에 반공주의적 시각이 득세했던 것과 달리 90년대 후반에 이르면 러시아가 북한과의 관계 개선에서 걸림돌이 되어 왔던 이념적인 장벽이 상당히 약화되었다. 러시아 지식인들도 더 이상 김정일 정권에 대해 거부감을 드러내지 않고 있는 상황이며, 공산주의자들이나 애국주의 노선의 야당 일부 의원들조차 북한을 자국의 '총아'로 보고 있다는 것이다. 즉 러시아 공산주의자들은 이념적인 연대감을 바탕으로 북한에 관심을 가지며, 반면에 일부 공산주의자들과 국수주의자들은 스탈린 체제의 반미·반일 잠재성에 흥미를 보이고 있는 것이다. 동시에 야당에서는 한국을 부정적인 시각으로 보고 있다고 한다. 대표적인 한국 전문가들 중에서는 극동연구소 한국학센터 전 소장인 트

대부분의 러시아인들은 '존경하는 지도자'(김정일)의 정권이 본질적으로 전체주의라는 것을 이해하고 있고, 확실히 자신들이 스탈린주의적 전체주의의 역사적 경험을 지니고 있기 때문에 그것을 특별히 좋아하지는 않는다고 볼 수 있다. 그러나 러시아는 외부의 개입을 통한 '정권 교체'(regime change), 혹은 북한으로의 '민주주의 혁명 수출'을 반대한다. 그보다는 현재 진행되고 있는 평양에서의 경제적 자유화와 정치적 억압의 완화가 체제를 점차 이완시켜줄 것이며, 시간이 지나면 김정일 무리가 역사의 뒤안길로 사라질 것이며, 그렇게 되면 자연스럽게 통일의 단초가 조성될 것으로 보고 있다.[48] 또 한편으로 러시아정부는 내면적으로 핵문제는 북한과 미국 양 정부의 문제로 보는 경향이 있다. 대화촉진에는 기꺼이 조력하겠지만, 러시아가 미국의 대리인은 아니라는 점에서 그러한 경향은 나타나고 있는 것이다.[49]

카첸코(V. Tkachenko), 동방학연구소 한국분과 위원장 보론초프(A. Vorontsov) 같은 사람들이 미국이 김정일 정권을 비도덕적으로 규정하는 데 찬동하지 않는다. Evegeniy Bazhanov, "Russia and North Korea" Report of Seminar on "Relations Between the DPRK and the Great Powers"(Seoul: Kim Dae-jung Peace Foundation, November 26, 1996), pp.12-14.

48) Алексей Арбатов, "Разумная защита требуется для устой чивого мира", interview at http://www.smi.ru. July 28, 2003. (검색일: 2003.8.10): Михаил Титаренко, "американцы непосредственно strngthen Северокорей ский Режим" http://www.smi.ru. September 2, 2003 (검색일: 2003.9.15): Alexandr Y. Mansourov, "Russian National Security Under the Post-9/11 Pax Americana: Dillemmas in Northeast Asia, The *Journal of East Asian Affairs*, Vol.17, No.2 (Fall/Winter 2003), pp.311-312.

4. 한반도 평화 구축과 가능한 러시아의 미래 역할: 정직한 중개자?

2차 북한핵 위기에 있어서 러시아가 자임하는 중재외교의 목적은 무엇인가? 이에 대한 추정의 근거로 가장 일반적으로 제시될 수 있는 것은 '영향력 확보'라는 관점이다. 북핵문제에서 러시아가 중재에 나서서 성공할 가능성이 높다고 할 수 없는 상황에서도 러시아가 조정에 적극적으로 임하는 것은 러시아의 대동아시아(내지는 동북아)외교에 이익이 된다는 관점이 깃들어 있다. 이런 측면에서 볼 때 러시아가 북핵문제의 유엔안보리 회부를 가능한 한 회피하고자 했으며, 북미 간 직접교섭에 의한 해결을 추구했던 것을 이해할 수 있다. 유엔안보리에서 경제제재 발동이 논의되는 상황에까지 이르게 되었을 때 러시아가 거부권을 사용하면서까지 저항하리라는 점에 대해서 러시아의 외교가에서는, 그렇게 되면 러시아가 곤란해질 것이라고 보는 경향이 지배적이다. 이미 북한이 자신에 대한 제재발동을 '선전포고'로 간주한다고 경고하고 있고, 제재발동은 북한과 러시아의 관계에 결정적인 타격을 입힐 수 있기 때문이다.[50]

이와 같은 관점은 사실상 러시아가 북한에 대해 미칠 수 있는 실제적인 영향력은 적다는 시각과 상통하는 견해이기도 하다. 러시아는 중국과 마찬가지로 유엔안보리에서의 대북제재안에 대한 토의에

---

49) 드미트리 트레닌, 앞의 글, p.138.
50) 게오르규 쿠나제, "북핵문제와 러시아의 중재외교" 『극동문제』290호
　　(2003. 4), pp.148 - 149.

서 반대할 수 있다는 사실이 북한에 대한 지렛대로 작용한다. 이런 측면에서 북한에 정치적으로 협력할 수 있다는 이점과, 이와 같은 영향력에 근거한 역할을 할 수 있다는 '관계의' 측면을 지니고 있다.

이에 더해 러시아는 북한과 대화할 수 있는 통상의 채널이 있으며, 김정일 총서기와 푸틴 대통령 사이에는 개인적인 신뢰관계나 연결라인이 있다고 볼 수 있다. 그러나 핵문제에 대해서 북한은 러시아의 희망에 대해 진지하게 귀를 기울였던 적은 없었다는 지적[51]은 러시아의 노력에도 한계가 있는 것은 확실하다는 점을 입증해 준다.

이에 더해, 러시아가 중국과 비교하여 북한에 대한 영향력을 어느 정도 가지고 있는가의 문제도 러시아의 역할을 규정하는 데 하나의 근거가 될 수 있다. 중국은 러시아와 달리 과거 북한과 체결한 군사동맹조약을 유지하고 있고, 북한에 대규모 경제 원조를 제공하고 있는 사실상 유일한 국가이기도 하다. 실제로 러시아 당국은 북한과의 소규모의 군사·기술 협력 분야에서의 진전은 있으나 대규모 프로그램은 계획하지 않고 있다고 수차례 언급한 바 있다.

옐친 시대 러시아는 한반도의 평화와 안정을 확보하기 위해 남북한, 미국, 중국의 4자에 러시아와 일본을 포함한 6자회담을 제안했지만 북한을 포함한 관련국들은 냉담한 반응을 보였다. 그러한 경험은 푸틴에게 한편으로는 6자회담을 요구하면서, 다른 한편으로는 남북한, 북·미, 북·일의 중개역할을 자처하게 했다. 푸틴시대의 러시아는 옐친시대의 소외를 교훈삼아 중재를 통한 한반도에 대한

---

51) Ibid, p.151.

영향력 행사에 전력을 다하고 있는 것이다.[52]

러시아는 북한과의 관계에 있어 2000년부터 2002년 사이에 3년 연속으로 정상회담을 개최하였고, 양자 간 정치·경제 대화를 강화해왔다. 러시아는 옐친 대통령 말기부터 공식적으로 남북한 균형외교정책을 구사해 왔으며, 북한 핵문제의 해결책에 있어서 북한의 입장에 사실상 근접해 있기 때문에 러시아가 주창하는 중개자 역할의 실효성은 의문시될 수 있으며, 러시아의 입장에서 한국과 북한, 그리고 미국을 충족시키는 대안을 마련하기에는 곤란한 점들이 많을 것으로 예상된다. 따라서 이와 같은 견지에서, 북한핵문제를 둘러싸고 러시아가 중재외교를 통해 북한, 나아가 한반도 정세에 대한 영향력을 계속 유지할 수 있을지 러시아는 중대한 갈림길에 서있다고 하겠다.

5. 맺음말

소연방 붕괴 이후 러시아의 동북아 인식은 점차 현실성을 띠고 제고되어왔으며, 동북아의 전략적 중요성을 인정하는 추세로 전개되어 왔다. 동북아는 무엇보다도 세계적 군사강국들의 집결지로서 재

---

52) 이에 대해 러시아의 '네자비시마야 가제타'(독립신문)지는 러시아가 자국의 이익을 확보하기 위해, '정직한 중개자' 역할을 담당하고 있다고 했다. *Независимая газета*, 2002. 7. 29.

래식 및 핵 군비가 고도로 밀집해있어 역내뿐 아니라, 세계적 차원의 안보·군사적 균형에 영향을 미치는 지역으로 부상하였다. 러시아의 동북아 정책 목표는 역내 다른 주요한 행위자들—미국, 중국, 일본 등—과 동등한 참여를 보장받으면서, 한반도 문제, 특히 북한 핵문제에 있어 포괄적인 해결 방식을 추구해왔다. 이와 더불어 러시아는 지역 국가들과의 현안에 대한 쌍무적 협의의 관계를 추구해왔으며, 이 과정에서 북한과의 관계 개선을 1990년대 중반이후의 대한반도 정책에 있어서의 주요한 전환점으로 삼아 한반도 문제에서 적극적인 역할을 수행하였고, 그 결과 러시아는 과거에 비해서 비중을 지닌 행위자로 참여하게 되었다.

러시아의 입장에서 냉전종식 이후에 국경선을 마주하고 있는 한반도 문제에 한동안 배제되어 오다가 지역문제에 참여할 수 있었을 뿐 아니라, 4자 대화 틀을 완전히 탈피했다는 측면에서 6자회담 성사는 성공적이었다고 여길 수 있다. 더구나 6자 구조 속에서 적어도 당분간 지속될 회담으로 인식한다면, 러시아외교의 아시아태평양 정책, 특히 동북아 정책에 있어서 중요한 희망의 단초를 마련했다고 볼 수 있다.[53]

그럼에도 불구하고, 푸틴의 대한반도 정책은 2차 핵위기가 진행 중인 시점에서 눈에 띄는 성과를 올렸다고 하기는 어렵다. 푸틴은 이미 2001년 당시에 중국카드와 북한카드 등을 통해 미국의 ABM 제한 조약 이탈을 저지하려고 했지만, 그것은 실패로 끝난바 있다.

---

[53] 고병철 (2003), p.19.

그 후에도 시베리아 철도와 한반도 종단철도의 연결을 동해선을 통해 실현하려고 노력해 왔다. 그러나 남북한의 반응은 그렇게 좋은 편이 못되는 상태이다. 다시 말해 중개외교에서도 6자회담 참여 외에 아직은 커다란 성과를 보이지 못하고 있다.

이와 같은 경과에 근거해 볼 때, 향후에 동북아 지역에서 한반도 문제에의 적극적인 개입을 통해 실리외교를 달성하려는 러시아의 의도가 관철되기 위해서는 아직 많은 고비가 남아 있으며, 이를 극복하는 것은 여의치 않은 과정이 될 것이다.

이와 같은 한계에도 불구하고 러시아가 한반도 문제 해결을 위한 다자간 협의 방식에 동참하게 된 상황은 참여와, 보다 적극적인 개입을 통한 중재역으로 활동할 수 있는 공간을 확보하도록 만들었으며, 이 공간은 축소의 여지보다는 확대의 그것이 훨씬 넓은 영역으로 미래에 작용할 것이다. 다시 말해 한반도 문제에 대한 러시아의 본격적인 개입의 신호탄이 될 가능성이 농후하다. 러시아가 참여하는 이 길이 그들이 주창해오던 방식이기 때문이며, 그렇기 때문에 기왕 참여하게 된 러시아의 인식과 행동반경은 북한 핵문제 이외에 다른 한반도의 문제들—남북 관계의 증진, 평화체제로의 전환, 핵 이외에 미사일 등 대량살상무기 규제, 6자 회담 참여국가들 간의 관계 정상화 등—에 있어서도 더욱 확대될 것으로 예견하는 것은 그리 어려운 일이 아닐 듯하다.

결국 21세기 초, 러시아의 한반도 접근에 있어서의 지표인 한반도 등거리, 균형외교가 한국에 실익으로 작용하려면 어떤 모습을 띠어야 하며, 그렇게 되기 위해서 한국은 어떻게 대처할지에 대한 고려가 심각하게 이루어져야 된다고 본다. 한반도 문제의 현안으로 대두한 북한 핵개발에 대해서는 원칙적인 수준에서의 단호한 거부와 더불어, 북한이 미국과 대결적자세로 정세를 이끌어가는 데에 대한 경고를 러시아가 표명할 때 러시아의 중개 역할에 효용성을 더할 수 있을 것이다. 중국과 더불어 러시아는 북한 정권으로 하여금 올바른 선택을 할 수 있도록 적극적으로 대화하고 설득하고 또한 필요하면 압박도 해야 한다고 본다.

한국의 경우, 향후에 러시아 요인(Russian factor)의 긍정적 역할과 부정적 요인을 설정하여 대러 정책의 기조로 삼아야 할 것이며, 동시에 러시아가 북한의 대미 흥정외교에 동조하여 이득을 취하려 할 경우, 한반도 안정에 저해가 될 수도 있다는 점을 인식·대비하여야 할 듯하다. 이와 함께, 6자회담이라는 다자 협상의 틀은 북 핵 문제 해결을 위해서 유용한 도구이며 한반도 평화체제 구축에도 기여할 수 있음은 물론, 더 나아가서 분단 체제의 종식을 실현하는 과정에도 긍정적인 역할을 할 수 있도록 노력해야 할 필요가 있다.

김정일 – 푸틴 시대의 북·러관계*

1. 들어가는 말

소련 붕괴 이후 북한과 러시아 간의 관계는 심대한 변화의 파고를 겪으면서 2000년 이후 푸틴 대통령과 김정일 위원장 간의 세 차례에 걸친 정례적인 정상회담을 통해 우호적인 양국관계를 맺기에 이르렀다. 소연방 붕괴 이전의 소련과 북한과의 관계는 양국의 상대방에 대한 기본 입장과 인식, 그리고 사안별 대응 등 여러 가지 요인들에 의해 결정되는 양국 관계의 측면을 분석할 수 있지만 우선적으로 냉전체제하의 동맹국이라는 기본적인 성격의 범주에서 규정한 뒤 구체적인 내용을 살펴볼 수 있었다. 하지만 1991년 말 소연방 체제의 와해와

---

* 본 장은 『북한조사연구』제8권 제1호, pp.145 – 177에 게재되었던 논문을 보완하였음.

러시아의 자본주의 체제 채택과 체제 전환과정에서 빚어진 대북한 관계에서의 소원함과 반목에서 드러나듯이 더 이상 양국 관계는 체제나 이데올로기적 요인에서 설명할 수 없는 관계로 발전되기 시작했다.

냉전시대를 포괄하는 북·러 관계는 이데올로기적 동질성을 바탕으로 하는 동맹관계였지만 이와 같은 동맹관계의 균열과 와해는 소연방의 붕괴에 의해서 본격화되었다는 점에서 사실상 북·러 관계의 변화의 양상을 살펴보기 위해서는 소연방 붕괴의 시점에서부터 살펴보아야 할 것이다. 그렇지만 북한 측 입장에서 시대를 구분할 때 우선되는 '김일성 시대'와 '김정일 시대'라는 일반적인 시기 구분에 따라 김정일 시대, 구체적으로 1997년 10월 8일 김정일 조선노동당 총비서 추대 이후의 상황과, 그리고 2000년 푸틴 대통령 취임 이후 본격적으로 활성화되는 북·러 관계의 추이를 반영하여, 김정일-푸틴 시대가 접합되는 시기에 국한하여 본 장에서 다루려고 한다.

이와 더불어 본 장에서는 기존 북·러 관계로부터 새로이 변화된 요인들을 통틀어서 '국가이익'이라는 탈이데올로기적, 실용적 범주에서 파악할 수 있으며, 이 섬은 기존의 북·러 관세라는 양자 관계에서 러시아가 한국과 수교함으로써 한반도에서 교유하는 대상이 북한과 한국이라는 두 나라로 확대됨에 따라 더욱 구체화된다는 관점에서 파악하려 한다. 이를 위해 제2절에서는 북·러 관계 결정의 주요 변수와 변화·지속의 측면을 제시하고, 제3절에서는 김정일 시대 북·러 관계의 전개과정을 살펴보고, 그리고 제4절에서는 북·러 관계의 한계와 향후 변수를 지적할 것이다.

2. 북·러 관계 주요 변수와 지속·변화의 측면

1) 북·러 관계 결정의 주요 변수

북·러 관계를 결정하는 데 있어 주요 변수는 정치·외교적 변수, 경제적 변수, 군사적 변수, 그리고 기타 변수로 세분화할 수 있다.

가. 정치·외교적 변수

김정일 시대 북·러 관계의 기본 성격은 과거의 동맹 관계로부터 우호관계로 변모했음에도 불구하고, 양국 간에 정치적인 유대감을 돈독히 하고 있다는 점에서 그 특성을 발견할 수 있다. 특히 북한 핵문제를 비롯한 한반도 안보와 관련한 사안들에 있어 러시아가 과거 소련의 한반도 정책의 중요사항들을 답습하는 경향이 있으며[1], 이와 관련하여 한반도 주변 열강들 중에서 러시아의 독자적인 입장을 고수하고자 하는 의지와도 관련이 있다. 물론 북한과 러시아의 의견이 이와 같은 사안들에 있어 완전히 일치하는 것은 아니지만,

---

1) 한반도문제를 포함한 동북아 안보를 다루는 다자간 협의체의 창설이나, 한반도 통일의 당사자주의 원칙에 대한 주장 같은 것이 대표적인 정책이다. Alexander Zhebin, "Russia – North Korean Relations: The State and Prospects"『중소연구』, 제16권 제3호 (1992 봄), pp.128 – 137: Игорь Иванов, Новая Россий ская дипломатия: десять лет внешней политики страны. (Москва: Олма – пресс, 2001), с. 158 – 159.

그렇다고 해서 뚜렷하게 상충되는 입장만을 고수하거나 대립해 온 것도 아니다. 따라서 1993년도에 비롯된 제1차 북핵 위기의 전개 과정에서 나타났던 러시아와 북한간의 의견 대립의 경우를 제외하고는 러시아, 북한 양국이 어느 정도 보조를 맞추는 경향이 있었다.

러시아는 전통적으로 한반도 지역에서의 발언권을 갖지 못한 데 대한 자신의 입장 회복과 극동 지방의 경제적 활성화를 위한 지역의 현상유지, 극동 쪽 국경의 안정화 등을 위해서, 다시 말해 지정학적 이익과 경제적 활력의 제고를 위한 조건으로서 한반도 내지는 북한과 관련된 역내 지역에 대한 영토적 현상유지와 정치적 유대를 내세우고 있으며, 이와 같은 경향은 김정일 시대에 더욱 강화되고 있다. 북한 역시 러시아 정부와 우호관계를 유지함으로써 얻는 효과들을 굳이 배제할 필요가 없으며, 이는 옐친 대통령 재임 시기에 경험했던, 양국 관계의 악화가 초래한 문제들을 극복하고 러시아 같은 '대국'을 우군화한다는 의미를 담고 있다.[2]

이와 같은 양국관계의 결정체는 과거와 같은 동맹의 형태는 아니지만 2002년 1월에 체결된 새로운 우호선린조약이라고 할 수 있으

---

[2] 이 점은 북한이 기대한 1998년 러시아 대선에서의 공산당 후보의 집권이 수포로 돌아간 것도 작용하여, 옐친정부와의 교섭이 불가피하다는 것을 깨달았기 때문이기도 하다. 보론초프(A. Vorontsov)는 '옐친 요소'(Yeltsin factor)라는 심리적 장벽(psychological barrier)이 푸틴 대통령 집권 이후 사라졌기 때문에 양국 관계가 가속화되었다고 보았다. A. Воронцов, "Россия и корейский полуостров: Современные Факты и Перспективы" *Проблемы Дального Востока*, No.3(2002), с. 52.

며, 또한 푸틴 대통령 집권 이후의 북한정상과의 정례적인 회담으로 표현할 수 있다. 이와 더불어 양국의 접촉 과정에서 빼놓을 수 없는 주요한 요소로써 푸틴 대통령과 김정일 위원장 간의 친분(personal friendship)을 들 수 있다.3) 양 지도자는 콘스탄틴 풀리코프스키(K. Pulikovski) 러시아 극동지역 전권대행이나 안드레이 카를로프(Andrei Karlov) 주북 러시아 대사를, 특히 김정일 자신이 자주 접촉함으로써 친교를 다지며, 양국 간 현안에 대한 의견교환을 수시로 허심탄회하게 하는 것으로 알려져 있다.

나. 경제적 변수

소연방 붕괴 이후 북·러 양국 관계의 지렛대라 할 수 있는 양국의 이익에 있어 경제적 측면은 핵심을 이루고 있다. 양국 간의 경제적 관계는 소연방 붕괴 이전에 동맹대국인 소련으로부터 북한으로의 사실상 일방적인 원조가 주를 이루었지만, 김정일 시대에는 그 양상을 달리하고 있다. 즉 러시아로부터의 일방적인 시혜나 원조는 사라졌고 부분적인 원조만이 간헐적으로 있을 뿐, 양국은 '경제협력'이라는 틀에서 양국 간의 협조를 규율하고 있다. 과거의 경제적 요인은 소련이 공산주의 종주국으로서 제3세계에 대한 원조정책의

---

3) 풀리코프스키 러시아 극동지역 대통령 전권대행은 김정일이 자신에게 푸틴이 없었더라면 양국 간의 관계 복원 역시 없었을 것이라고 말했다고 전했다. Акоров, П. "Константин Пуликовский : Создание друзей на Президентских инструкциях－Берет интервью с Константеном Пюликовским" *Известия* 25 April. 2002. 2.

일환으로 북한에 대한 원조를 하였고, 또한 그것은 소련과 중국간의 경쟁을 이용한 북한 외교술의 결과로서 가능하기도 했다.

러·북 간의 경제협력은 공간적으로 러시아의 시베리아·극동지역과 북한 내의 개발 가능성이 있는 지역을 대상으로 하고 있으며, 러시아의 원료 내지는 기술과 북한의 노동력이 결합하는 형식을 취하고 있다. 러시아 당국은 극동지역의 개발을 북한 북부지역의 개발과 연계해서 검토해왔으며, 극동 지방 정부와 북한 측과의 협력 역시 활기를 띠어 왔다.[4]

북한 노동자의 극동지역 진출 이외에도 제조업과 수산업 등에서의 북·러 간 합작기업 운영 경험이 북·러 간에 축적되어 있으며,[5] 현재 여건상 이와 같은 협력이 확대될 가능성이 높다고 할 수 있다.

반면에 북한 내의 지역개발은 최근에 나진항을 현대화하는 데 합의한 사례에서처럼,[6] 북한이―지하자원 공동 채굴 사업 같은―스스로 감당할 수 없는 북한 내 개발에 러시아가 타당성을 검토하여 사안에 따라 적극적으로 참여한다는 입장을 취하고 있다.

---

4) 북-러간 교역량 가운데 약 70퍼센트가 지역 간에 이루어지고 있으며, 그 양은 점차 증가하는 추세이다. 양국 간에 성과 있는 경협의 양상도 바로 이 부문, 지역 간 협력에서 이루어지고 있으며, 이와 같은 경협 프로젝트는 러시아의 극동투자사 '달인콤'과 북한의 국제무역촉진위원회 간에 체결된 경제협력 양해각서에 잘 나타나 있다. 콘스탄틴 폴리코프스키, 성종환 역. 『동방특급열차』(서울: 중심. 2003), pp.228－229.

5) 콘스탄틴 폴리코프스키 (2003), pp.80－84.

6) 『중앙일보』, 2004. 10. 11.

러시아내의 많은 분석가들, 특히 극동지역 담당자들은 북한이 제공할 수 있는 노동력[7]이 북한이 러시아에 제공할 수 있는 주요상품으로 여기고 있으며, 기존에 북한이 러시아에 진 빚에 대한 부분적인 보상으로도 될 수 있으리라고 보고 있다.[8] 극동 러시아처럼 북한 국경과 가까운 인접 지역을 주요 대상으로 하는 북·러 간 경협의 측면은 과거에 볼 수 없었던 양국 간의 실리 대 실리의 결합으로 향후에도 보다 확대될 것으로 관측된다.[9] 더불어 경협이라고 보기는 어렵지만, 경협과 사실상 연관된 중요 분야로써 과학기술 협력도 진행되고 있기에 함께 포함시킬 수 있다.[10]

---

7) 북한 노동자들이 연해주와 사할린 섬에서 농업, 어업, 혹은 건설업에 종사하며, 그리고 1만 명 이상의 북한인들이 하바로프스크 지역에서 벌목 일을 하고 있는 것을 말한다.

8) James Clay Moltz, "The Renewal of Russian－North Korean Relations." James Clay Moltz and Alexandre Y. Mansourov, ed. The *North Korean Nuclear Program: Security, Strategy, and New Perspectives from Russia.* (New York and London: Routledge, 2000), pp.201－202

9) 김정일 위원장의 잦은 러시아 극동지역 방문과 현장 시찰이 러시아라는 '시장경제의 창'을 통해 체제전환과정과 경제개혁의 단면을 직접 접하고 있으며, 이것이 의도된 것이라는 견해도 있다. 이와 같은 시각은 북한이 2002년 7·1 경제관리 개선 조치 이후 제한적으로 도입하고 있는 시장 경제적 요소를 확대시키는 데 영향을 미칠 것이라는 견해와 상통한다. 반면에 북한의 극동러시아와의 협력관계가 러시아 쪽의 요인이 아닌 북한 내부의 문제로 인하여 그 전망이 밝지 않다는 평가도 있다. 이지수, "북한과 극동러시아의 협력관계 연구: 대외경제협력관계에서 북한의 내부적 한계에 대한 사례연구" 세종연구소. 『국가전략』, 제10권 제1호 (2004), pp.145－168.

10)『로동신문』, 2003. 9. 22, p.4.

<표1> 북한 경제대표단이 제시한 러시아 극동지역 경협
프로젝트안(2002.4)

	경협 프로젝트	내용
연해주	승리화학공장 시설 현대화 전력 교환 나진항 확장 야쿠치야 공화국 석탄 공급 공동벌목 및 목재 가공 북한의 건설인력 공급 수산물 가공 농업협력	−구소련 기술과 자본으로 건설된 공장설비의 현대화 −러시아 또는 북한 측에서 유휴전력 존재 시 상호 공급(북, 러시아에 40만 K조 공급 요청) −구소련 당시 러시아 화물 처리를 위해 건설된 나진항 확장 −북한이 280만 달러를 투자하여 개발한 석탄 공급 −북한의 벌목 인력 공급 확대
하바로프스크주	무역, 건설, 원유 가공, 목재 분야에 대한 의견 교환	−목재 생산량, 연간 50만㎥로 확대 가능성 −의약품 산업분야 협력 −관광 협력 평양−하바로프스크 항공노선 재개
아무르주	벌목량 및 북한 인력 확대 농업협력 건설, 무역, 관광분야 상호 협력	−3,000ha 농지에서 북한 노동력을 활용한 농업 착수

출처: http://www.kotra.or.kr/main/trade/nk/research/econo−37/jsp.
(검색일: 2004.1.30).

다. 군사적 변수

북·러 관계의 군사적 요인은 1996년 이전 역사적으로 존재했던 동맹관계의 부산물로 볼 수 있다. 소비에트 시기에 이루어진 북한에 대한 군사적 지원과 그 결과 나타난 북한 무기체계의 대러시아 의존도 심화가 상존하고 있기 때문에 경협과 마찬가지로 이 부문에 있어서의 양국 간 협력도 필수불가결한 성격을 띠고 있다. 그렇지만 군원은 당연히 러시아로부터 북한으로의 원조를 북한이 요구하는 형태로 이루어지며, 러시아가 비용 문제로 쉽게 수락하기 힘든 구조가 존재한다. 이와 같은 점은 물론 소연방 시기에는 동맹구조상 보다 용이하게 이루어질 수 있었겠지만, 아직 러시아에 대한 채무가 남아 있고 러시아가 구매 시 경화 결제를 즉시 요구하는 현재와 같은 상황에서는 북한이 원하는 군원이 성사되기 힘들다는 점을 시사하고 있다.[11] 또한 군사적 측면에서 국제체계의 수준에서 과거에도 그랬듯이 러시아의 최첨단무기 유출이나, 주로 미사일 등 대량살상무기에 대한 판매 제한 같은 본원적이고, 구조적인 제약 역시 존재하고 있다.

라. 기타 변수

앞서 언급한 정치적, 경제적, 군사적 변수 이외에도 양국 관계의 부문별 요소들은 여러 가지가 있을 수 있다. 소련이 건재하던 시기

---

11) 러시아는 북한이 경화로 지불할 경우, 북한의 재래식 군 장비 현대화 사업(방어용 무기 및 기존 보유 무기의 부품 교체)을 지원한다는 입장이며, 이는 푸틴 정부 들어 북한의 대량살상무기의 확산 반대 정책과 맞물려 더욱 강화되었다. 하지만 김정일과 군 및 군수산업 관계 고위 인사들의 극동 지역 소재 군수 공장의 방문은 북한이 러시아의 도움을 받아 노후화된 재래식 무기의 교체 및 첨단 무기 구입을 통한 군사력 강화를 적극 모색하고 있음을 증명해 준다고 볼 수 있는 측면도 있다. 『김정일의 극동 방문 평가 및 러·북 관계 전망』, 외교안보연구원 주요국제문제 분석 (2002. 9. 24), p.7.

에는 무엇보다도 이념적 요인이 양국 간의 관계를 이어주는 제1의 접목요소로 기능했을 것이나, 현재 달라진 현실에서 그 자취는 찾기 힘들다. 분만 아니라, 북한이 1990년대 중반 이래 러시아와 접촉을 활성화하고 관계정상화로 나아가는 과정에서 더 이상 러시아 내 공산당의 부활을 기대하면서 기다리는 것은 무리라는 현실을 인정한 사실도 양국관계에 영향을 미쳤을 것으로 여겨진다.

그 결과 북한은 러시아 내 공산당과의 교류 이외에도 친북적인 사회단체나 이념단체, 친북 지식인 그룹과의 협력을 중심으로 하면서 러시아 정부와 러시아 내 각급 기구와도 교류를 확대해왔다. 특히 푸틴 대통령 취임 이후 북한과의 정상회담을 정례화하면서 각 부문 간에도 접촉이 활발해졌다. 그중에서 특기할 만한 것은 러시아와의 문화 교류의 일환으로 연중 수시로 이루어지는 러시아합창단이나 무용단의 북한 공연,[12] 러시아 정교회의 방문·교류,[13] 그리고 평양주재 러시아 대사관의 활발한 대민 활동 참여 같은 사례[14]가 돋보인다.

재강화된 현 시대의 북·러 관계 결정 요인에 있어 중요한 요인과 부차적인 요인으로 구분하는 것은 밀접하게 연관된 상호관계의 맥락에서 불필요하다고 할 수도 있으나, 과거 동맹 구조와 달리 양국이 확고한 이익의 기초하에서만 협력을 구체화하는 현실에서 과거와 다른 점도 분명히 내포하고 있다는 점을 강조할 수 있다.

---

12) 『로동신문』, 2003. 9. 11.

13) 『조선일보』, 2004. 11. 11.

14) 『로동신문』, 2003. 10. 10.

북한의 입장에서는 정치적·안보적·경제적 지원 세력으로서의 러시아가 대미·대남한 관계에서 도움이 될 수 있는 점이 우선되며, 러시아는 한반도 및 동북아 지역에서 실추된 위상을 만회하고 한반도 전역에 대한 영향력을 확보하기 위해 북한과의 협조가 필요했고, 이와 더불어 경제적·군사적 측면에서의 북한과의 교류·협력이 해당 부문에서의 활력을 제고하는 데 필요했기 때문에 양국 관계가 정상화되게 만든 결정요인으로 중요하게 꼽을 수 있다.

2) 북·러 관계의 지속변화의 측면

북·러 관계 변화의 기점은 소연방 말기 소련과 한국의 수교, 그리고 잇따른 연방의 붕괴였다. 북한은 옐친 정부의 친서구·친한국 정책에 실망하여 러시아를 비난하였고, 러시아 역시 북한을 전체주의 체제 하의 독재정부로 간주하는 정부 내 인사들의 득세로 인해 북한을 외교적 실리 획득의 대상으로 간주하지 않는 변화의 추세가 역력했다.[15]

양국은 이념적으로 대립하는 경향이 있었을 뿐 아니라, 경제협력에 있어서도 기대할 것이 없는 대상으로 인식했다. 무엇보다도 러시아는 기존의 원조성 수출물품에 대한 국제시세의 경화 즉시 지불을 요구했고, 북한은 외화난으로 인해 이에 호응할 수 없는 입장이었다. 이와 같은 양국관계의 악화는 결정적으로 푸틴대통령 취임 이후 해소

---

15) 여인곤, 『러·북관계 변화추이와 푸틴의 대북정책 전망』(서울: 통일연구원, 2000).

되기에 이르렀고, 양국 관계는 소연방 해체 이전의 양국관계의 양상과는 다르게 진행되고 있는 측면들을 노정시키게 되었다.

우선 양국 관계에 있어서 지속성의 측면은 양국의 지정학적 입장에 기반한 동북아에서의 협력 유지, 구체적으로 미국의 일방주의 노선에 반발하는 공통적인 이해관계를 지니고 있다. 이런 점에서 양국은 냉전 시대에 유지했던 대외적 '자주'의 측면에서 협력할 수 있으며, 이점이 유일한 지속성의 측면으로 평가할 수 있다. 냉전시대에는 정치적 관계가 경제적 관계에도 그대로 반영되어 정치적 관계가 악화되면, 경제관계도 곧바로 악화되는 현상을 나타냈기에 이데올로기적 유대감에 기초하였다 하더라도 시기에 따라서 관계의 기복을 나타냈다. 반면에 현 시대의 북·러 관계는 강대국과 약소국 간의 동맹이 아닌 동반자적 협력 관계로써 지정학적 입장에서 공유하는 국가이익과 상호협력의 기초를 공통적으로 인정하고 있다. 따라서 북한 내의 획기적 변화 내지는 한반도를 둘러싼 이상 기류가 조성되지 않는 한 별다른 기복 없이 현재와 같은 우호관계를 유지·강화시킬 수 있을 것이다.[16] 또한 양국 간의 당면한 외교적 현안 이외에도 경제적 요소가 양국관계를 이어주는 긴밀한 지렛대로 작용

---

16) 러시아는 남북관계에서 남북한 균형정책을 구사하면서 북한과 친밀한 관계를 계속 유지하면서 남북한 사이의 중재자 역할을 자임하고 때로는 이를 넘어서서 영향력을 행사하는 적극적 개입정책을 구사할 것으로 전망된다. 그 대표적인 사례가 북핵관련 6자회담과 남북정상회담을 러시아 극동지역에서 개최할 의향을 러시아가 공공연히 밝히는 것 등이다. 『중앙일보』, 2004. 11. 30.

하고 있다는 점도 소연방 시대와는 다른 점이라 할 수 있다. 북한
이 러시아에 갚아야 하는 채무가 있기는 하지만, 양국에 호혜적인
경제적 이익을 추구하고 있으며, 경제적 협력이 가능한 작은 부분부
터—철도 연결 사업 같은—큰 프로젝트에 이르기까지 그 가능성을
모색해 나가도 있다는 점에서 과거보다 협력이 기능적이며 유기적
인 측면을 지니고 있다.

3. 김정일－푸틴 시대 북·러 관계의 전개과정: 1997.10~2004.10

북·러 간의 관계 악화가 최고조에 달했던 90년대 초반이 경과하
고 90년대 중반에 들어서면서 북한과 러시아 양측이 서로의 뜻에
부응하려는 움직임을 보이기 시작했다. 러시아는 남북한과의 균형
잡힌 관계 발전의 중요성을 다양한 차원에서 표명하였고, 러시아의
표현에 따르면 북한은 '미국 및 기타 서방 국가들의 반북한 행위'에
대한 러시아의 '중재'작업을 더 이상은 경계의 눈으로 보지 않게 되
었다.[17] 그리고 이와 함께 다른 국가들의 한반도 정책에 대한 러시
아의 영향력이 증대되었다. 1994년 가을부터 북한 지도부는 러시아
를 적대적으로 대하던 종전의 입장을 바꾸어 '우방'으로 간주하기
시작하였으며, 이 무렵부터 이념과 사회체제의 차이와 상관없이 러

---

17) Г. Толорая, "Россия－Республика Корея: после саммита в с
еуле" *Проблемы Дального Востока*, №.2 (2001), с. 14－19.

시아와의 관계를 발전시키려는 북한 지도부의 입장이 정립되었다.

양국 간 협의를 통한 접근 추세는 표면상으로 볼 때 1998년 가을 외교적 협의 과정에서부터 두드러지게 나타났다. 이 과정에서 북한이 양국 간의 새로운 조약의 토대를 논의하기 위한 회담에 임하는 데 있어 적극적으로 나섰다. 러시아는 1990년대 중반부터 양국 간 관계 회복과 정상화의 방향을 제안해 왔으며, 이에 대해 북한이 결정을 하고 응하는 형태로 진전되었다. 그 결과 나타난 98년 이후의 북·러 관계에 있어서의 진전을 세 가지 계기로 나누어보면 다음과 같다.

가. 「우호·선린 및 협력조약」의 체결

2000년 2월 9일 평양에서 체결된 「조·러 친선·선린협조조약」은 새로운 단계에 접어든 양국 관계에 대한 정치적·법적 상징이자 공식 토대가 되었음을 선언하였다. 조약은 UN 헌장의 목적, 원칙을 존중하고, 특정의 3국을 향한 것이 아니라고 되어 있으며, 동 조약 제2조에서는 양국 간의 정기적인 협의 방식과, 쌍방 중 일방에 대한 침략 또는 평화와 안전을 위협하는 사태가 발생하는 경우 쌍방이 지체 없이 상호접촉을 가진다고 규정하고 있다.[18] 러시아 측은 이것이 사실상 완화된 형태의 정치적 안전 보장임을 역설하면서, 러시아가 북한을 둘러싸고 있던 '외교적 고립'이라는 얼음을 깨는 '쇄빙선'의 역할을 하였다고 자평하였다.[19] 이처럼 북한과 러시아 간의

---

18) *Дипломатический вестник* (2000). с. 15

10년 동안의 냉각을 깨는 중요한 돌파구 역할을 조약이 했음은 분명하지만 61년도에 체결한 동맹조약과는 성격이 전혀 다르다는 것역시 분명하다.

1961년 7월에 체결된 「조·러우호협력상호원조조약」은 양국 중일방이 군사공격을 받았을 때에는, 즉각 상호군사원조와 지지를 행한다고 규정하였다. 이 조약은 특정한 상대국이 지정되어 있지 않으며, 공격과 동시에 즉각 동맹관계가 발생한다는 자동적인 성격 또한특이한 것이었다. 따라서 소련 측 입장에서 조약 당시의 공동 커뮤니케에 입각하여 이 조항을 될 수 있는 한 협의로 해석하려 했었다는 시각[20]에서 볼 때, 북한이 2000년 조약의 성격을 놓고 벌인 교섭과정에서, 성립된 문안보다 더 한층 높은 수준의 안전보장상의 언질을 요구했을 가능성이 높다고 하겠다.

러시아는 북측이 요구했을지도 모르는 군사동맹조항의 적용은 거부했으며, 북·러 양국관계의 개선이라는 목적을 우선시하는 태도를드러냈다. 러시아의 정책은 1996년 1월 프리마코프(E. Primakov)외무장관의 취임 이래 유라시아 중시 외교와 다극외교의 제창과 더불어 한반도에 있어서의 '남북균형외교'에 입각하여 한국·북한과의우호선린관계를 유지하겠다는 기조가 적용된 것이었다. 따라서2000년의 조약체결이 가지는 의미는 러시아 측의 수사적 발언과는

---

19) Толорая (2001), с. 58.

20) В. Петров. & А. Стасов, *Северная Корея: Полковобечу власть* (Москва. 2004).

달리 다분히 상징적이며, 양국관계의 기초를 선언적으로 규정한 것으로 인식된다.

나. 양국 정상회담 개최

2000년 2월 신조약 체결 이후 북한과 러시아는 2000년 7월 19~20일 푸틴 대통령의 방북과 2001년 8월 4일 모스크바 정상회담, 그리고 2002년 8월 23일 블라디보스톡 정상회담 등 3년 동안 세 차례에 걸친 정상회담을 통해 냉각된 양국 관계를 완전히 정상화하는 데 성공하였다. 특히 2000년 7월의 방문은 소련과 러시아 역사를 통해 러시아 최고 지도자가 북한을 처음으로 찾은 것이며, 이 방문에서는 많은 것들이 처음 있는 일들이었다. 즉 김정일 국방위원장이 직접 초청한 외국 원수의 첫 북한 방문이자, (남북한 정상회담을 제외하고는) 김 위원장의 집권 후 평양에서 공식적으로 열린 외국 지도자와의 첫 정상회담이었으며, 그리고 신우호·선린 및 협력조약 역시 김 위원장이 최초로 서명한 국제조약이었다는 점이 그러하였다.

최초의 방문을 총결산하는 '공동선언'에서 양국 지도자는 신조약에서 표명된 상호 교류의 원칙들을 재확인하였다. 공동선언에서는 UN의 역할 강화의 중요성이 강조되었고, UN의 범주 내에서 상호 협력할 용의가 표명되었으며, 내정간섭 관행에 대한 단호한 반대 입장이 강력하게 피력되었다.[21]

---

21) "Текст Совметной россий ско - корей ской декларации"(조로공동
   선언2000), www.ln.mid.ru/ns-rasia.nsf/OpenDocument (검색일: 2003.11.12).

한편 공동선언에서 북한이 1972년 구소련·미국 간에 체결된 '탄도탄요격미사일(ABM)제한조약'의 유지와 '전략무기감축협정'(START Ⅱ)의 이행 및 '전략무기감축협정'(START Ⅲ)의 조속한 체결을 위한 노력을 포함하여, 전략적 및 지역적 안보 강화를 위한 러시아의 노력을 지지한 것은 러시아의 입장을 강화시켜주었다. 반면에 러시아는 "6·15 남북 공동선언에 따른 한반도 통일 문제의 남·북한 자주적 해결과 외부의 불간섭"에 대한 북한의 입장을 지지함으로써 한반도 문제에서의 북한의 입장을 강화시켜 주었다. 결국 2000년의 제1차 정상회담은 관계회복의 상징적 사건이었을 뿐만 아니라, 양국의 정치, 안보적 측면의 강조점을 공히 인정하면서 쌍무적 협력 관계의 기틀을 다지는 성과를 남겼다.

제1차 회담에 이은 협력관계의 발전은 2001년 7월부터 8월까지의 (7.26~8.18) 김정일 방러와 정상회담에서 이어졌다. 정상회담 결과 발표된 '북·러 모스크바 선언'은 기존의 '평양선언'을 재확인하거나, 국제환경의 변화에 따라 추가되거나 변경되는 내용들, 그리고 보다 구체성을 띤 (철도 연결 사업 같은) 경제협력안을 담고 있다. 양국 간의 정치·안보적 이익은 "ABM조약의 준수 및 보존"(제2항), "6·15선언의 지지와 외세 불개입"(제7항), "주한미군 철수를 지지"(제8항) 등으로 표현되었으며, 경협에 있어서는 "양국 간 합작기업 특히 전력부문 기업의 재건을 우선적으로 실현하고, 이를 위해 러시아는 북한의 양해 하에 외부재원을 유치하기로 합의하였으며"(제5항), "TKR과 TSR의 연결사업이 실현단계에 진입했음을 선포"(제6

항)했다는 표현에서 구체화되었다.[22]

제2차 회담은 양국 간 협력의 구체적인 방향을 제시함으로써, 앞선 제1차 회담의 선언적 내용과 더불어 양국에 보다 실익 모색의 기회를 제공했다는 데 의의를 둘 수 있다. 이에 대해 불리체프(G. Bulichev)는 김정일의 방러가 남긴 의미를 첫째, 김정일 위원장이 최초로 탈공산주의 국가를 방문하였으며, 둘째, 방문 결과 러시아가 북한의 적이 아니라고 느끼게 만들었으며, 셋째, 평양과의 관계개선이 한반도 및 아시아에 대한 러시아의 정치적 지위를 강화해주는 효과를 갖게 해주었다고 평가하였다.[23]

제3차 회담은 김정일 국방위원장이 러시아연방 극동지구 대통령 전권대행인 콘스탄틴 풀리코프스키의 초청으로 2002년 8월 20일~24일 기차를 이용해 콤소몰스크-나-아무례, 하바로프스크, 블라디보스토크 등 극동 주요 도시를 방문하는 중, 8월 23일 블라디보스토크에서 푸틴 대통령과 개최한 '비공식 정상회담'을 통해 이루어졌다. 이 회담은 비공식 회담이기 때문에 별도로 공식 문건화하지 않았지만, 앞선 두 차례의 회담과 북·러 관계의 정황을 추론할 때, 정치·경제적 협력을 통한 양국관계의 심화가 한 번 더 확인되는 계기로 여겨졌다. 정치적 측면에서 북한은 비공식 방문임에도 불구하고 푸틴 대통령과 정상회담을 개최함으로써 대내외에 국제적 지도자로서의 선전 효과를 극대화시킬 수 있는 기회를 가졌으며, 푸틴은

---

22) ibid.
23) Буличев (2001), с. 7-9

김정일과 연례 정상회담을 개최함으로써 북한 문제 해결에 러시아가 일정한 영향력을 행사할 수 있다는 인식을 대내외에 확산시켰다.[24]

경제적으로도 제3차 회담은 TSR-TKR 연결 사업을 조속히 추진할 수 있는 계기를 마련하였으며, 이에 대한 양국 간의 공감대를 더욱 굳건히 하였음이 드러난다.[25] 러시아는 이미 2001년 정상회담 직후부터 사전 조사 작업에 착수했으며, 그 결과를 바탕으로 북한 철도 현대화와 동해선 연결사업에도 참가를 희망해왔다.

또한 군사적인 측면에서도 김정일이 러시아의 수호이 전투기 제작 공장, 잠수함 건조 공장 등을 방문하면서 첨단 전투기는 물론 기존 보유 러시아제 무기의 부품 조달 및 노후한 북한 군사 장비의 현대화를 위한 협력을 모색하였던 것으로 여겨진다.

블라디보스톡 정상회담은 결국 북한과 인접한 러시아 극동지역을 시찰하고 정상 회담을 함으로써 극동지역을 중심으로 북·러 간 경협의 구체적인 가능성을 모색하는 데 의미를 두었으며, 특히 TKR-TSR 연결 사업을 구체화한 계기로 볼 수 있다. 3차에 걸친 양국 간의 연례적인 정상회담은 양국 관계의 복원은 물론 공고한 기반위에서 지향해가는 양국관계의 초석을 놓았다고 할 수 있다.

다. 북핵 문제와 6자회담

1993년 3월 12일 북한의 NPT 탈퇴 선언에 뒤이은 제1차 북핵

---

24) 외교안보연구원 (2002), p.5.
25) 『연합뉴스』, 2002. 8. 25.

위기 당시에 문제해결을 위한 국제협상에서 러시아는 참여가 제한되었지만, 2002년 10월 북한의 우라늄 농축 핵무기 개발 시인 이후 불거진 제2차 북핵 위기를 둘러싼 해결책의 모색 과정에서는 6자회담의 틀에서 러시아가 참여를 보장받게 되었다. 러시아는 이를 통해 구소련시대부터 한반도와 동북아 안보에 관한 다자간 회의(multilateral conference)를 일관되게 주장해 왔고, 다자간 협의를 통해 한반도 문제의 포괄적 해결방식을 선호해왔던 입장을 관철시킬 수 있었다.

러시아는 북핵 문제의 해결과 관련하여 러시아의 국익을 고려하지 않고, 러시아의 참여 없이 이루어지는 것은 있을 수 없다고 강조해왔다. 이와 관련하여 로슈코프 외무차관은 오늘날 한반도 정세는 러시아의 참여 없이는 해결이 불가능할 정도로 복잡하기 때문에 러시아의 참여는 필수적임을 역설하였다.[26]

그럼에도 불구하고 러시아는 2003년 1월 로슈코프 차관을 북한에 특사로 파견해 핵문제의 '일괄 타결안'을 제시하는 등 북핵문제 해결을 위한 외교적 노력을 기울여왔음에도 불구하고, 러시아가 2003년 4월 베이징 3자회담에서 배제된 데 이어 그 후속 회담(3자 내지, 5자 회담 형식)에서도 배제될 것이 확실시되자 북핵 회담에서 더 이상은 소외될 수 없다는 판단에서 적극적으로 대북한 설득과 협상에 임하게 된다. 그 결과 2003년 7월 31일 모스크바에서 박의춘 러시아주재 북한 대사가 유리 표도토프(Y. Pedotov) 러시아 외무차관

---

26) *Новость* June 11, 2003.

과 만난 자리에서 북한 지도부의 위임을 받아 북한이 한반도 정세 정상화를 위해 러시아를 포함한 6자회담 개최에 동의한다는 입장을 밝힌 데 대해 러시아 외교의 승리라고 자평하였다.[27]

러시아는 2002년 10월 북핵문제가 국제사회에서 재론되기 시작한 시점부터 중재자 역할을 자임하면서 2003년 8월 제1차 6자 회담에 이르기까지 적극적으로 북한과 접촉하였으나, 소기의 목적이었던 중재 역할은 사실상 미흡한 상태로 남았다. 2004년 2월의 제2차 회담에서 러시아는 제1차 회담에서 공개적 중재 역할을 시도하다 실패했던 경험을 거울삼아, 북한 및 미국 측과의 사전 접촉을 통해 물밑 중재를 시도하면서 회담에 임했으나, 이 역시 러시아가 의도한 성과는 달성하지 못하였다.

반면에 북한은 중국과 러시아를 비롯한 회담 참가자들이 자신들의 제안에 지지와 이해를 표시했다고 주장하면서, 미국이 북한의 모든 핵계획을 "검증가능하고 돌이킬 수 없게 완전히 포기"하여야 북한의 제안을 논의할 수 있다는 식으로 '선핵 포기'를 또다시 들고 나와 회담에 큰 장애를 조성했다고 비난하였다.[28]

제2차 회담에서 러시아는 북한이 핵계획을 포기하는 대신에 에너지 지원을 비롯한 보상책들을 요구한 데 대해 중국과 더불어 지지했으며, 전반적으로 미국의 강경한 입장이 누그러지지 않았으며, 그것이 2차 회담의 결렬 요인으로 작용한 듯하다는 뉘앙스를 로슈코

---

27) *Новость*, June 6 and 22, 2003
28) 『로동신문』, 2004. 3. 1.

프 차관이 표명한 바 있다.[29]

2004년 6월 23~26일에 베이징에서 열린 제3차 6자회담 역시 회담의 교착 상태를 타개하지 못했다. 그러나 미국은 처음으로 북한 핵 이슈를 해결하기 위한 자신의 제안을 상세하게 제시하였다. 미국 측 대표인 제임스 켈리(James A. Kelly) 차관보는 북한이 자신의 핵활동을 완전히 동결하고, 국제 사찰에 응하며, 그리고 3개월의 준비기간이 지난 후에 핵 프로그램을 제거하기 시작할 것을 제안하였다. 그는 북한이 이 조건들을 만족시킨다면, 에너지 원조, 상호 안전 보장, 그리고 일부 제재의 해제와 같은 조치를 취할 것이라고 언급했다.

북한 역시 자신의 "동결에 대한 보상"(reward for freeze) 공식에 대해 세부적으로 안을 내놓았다. 북한의 협상 대표자인 김계관은 북한이 핵 프로그램을 동결할 준비가 되어 있으며, 핵동결은 핵무기 프로그램을 해체하는 데 있어서 첫 번째 조치가 될 것이라고 언급하였다. 결국, 김계관은 2,000 킬로와트의 에너지 원조와 제재 해제를 포함한, '보상'을 미국이 제공할 것을 요구하였다.[30] 3차 회담은 양자 간의 차이를 좁히지 못한 채, 9월 말에 4차 회담을 여는 데 합의하고 종결되었다.

세 차례에 걸친 회담을 통해서 6자회담은 북한의 핵 문제 지속에 따른 어떠한 해결책도 얻지 못했다. 6자회담에서 미국과 북한이 주

---

29) 『매일경제신문』, 2004. 3. 1.
30) Koh (2004): Kelly (2004).

요한 행위자들인 한, 일단 다른 참가자들은 부차적 의미를 가지고 있음은 부정하기 힘들다. 러시아의 경우 미국과 북한 간에 중재 노력을 계속해왔다. 그럼에도 불구하고, 북한과 러시아는 세부사항에 있어 일치하지 않는 점도 있었지만, 전반적으로 공조의 틀을 유지하고 있다고 볼 수 있는 측면도 보여주었다. 북한은 미국에 대해서 자신의 의사를 관철시키는 데 있어 중개 역할을 러시아를 통해 할 수 있었고, 러시아는 6자회담에 참여함으로써 한반도 문제에 있어서 러시아의 이익을 주창할 수 있는 기회를 가졌으며 그것을 향후에 확대할 수 있는 발판으로 만들었다는 점에서 북·러 양국은 실리를 추구할 수 있었다.

4. 북·러 관계의 한계와 향후 변수

2000년 이후 정상회담을 통해 증대되어 온 북·러 협력 관계는 양자 관계를 강화시키는 요인과 반대로 제약하는 요인이 동시에 존재하고 있다. 우선, 강화 요인으로는 푸틴과 김정일 양국지도자의 접근 필요성 인식, 러·중·북 간 공동의 안보이해, 한·러 경협의 부진과 남북관계 진전, 러시아 좌파 인사들의 친북한 로비 활동 등[31]을 들 수 있으며, 제약 요인으로는 양국의 경제난과 약 50억 달러에 달하는 북한의 대러 채무문제, 한국에 대한 러시아의 군사무

---

31) 홍민식 (2001), p. 170.

기 제공, 그리고 미·북 및 일·북 접근 등을 들 수 있다.

이와 관련하여 추가적으로 첫째, 북한과 러시아가 당면한 근본적인 문제점이 침체된 경제상황 내지는 경제발전에 주력해야 한다는 점, 둘째, 러시아와 북한의 서로에 대한 관심은 적어도 우선적인 것이 아니라는 점, 셋째, 양국 간에는 한반도 문제에 대한 전략적 이해에서 차이를 보이고 있다는 점, 넷째, 러시아의 대북대미 영향력이 아직은 결정적이지 못하며, 다섯째, 러시아 극동시베리아 지역의 경제발전을 위해서는 접경지역인 북한 및 한반도 지역의 안정이 필요한 러시아의 입장에서는 북한과의 군사협력은 제한적일 수밖에 없다는 이유 등을 들 수 있다.[32]

북·러 관계의 한계를 논하는 데 있어 기준으로 삼아야 하는 것은 지역 관심사를 포괄하는 전략적 입장과 경협과 지역개발의 이슈는 사고의 차원을 달리하는 측면이 있다는 점이다. 예를 들어 러시아는 한반도의 현상유지와 안정화, 남북문제에 있어서의 '당사자 해결원칙'을 고수하면서, 더불어 한반도 비핵화 문제와 평화체제 구축 문제는 러시아가 참여하는 다자회의를 주창해왔다.

반면에 북한은 북핵 문제를 포함한, 한반도 안보와 관련된 문제들

---

32) 그럼에도 불구하고 러시아내에는 모스크바가 소련시대의 잔여무기를 평양에 계속적으로 원조해야 하며, 또 일부에서는 북한과 러시아가 여전히 미국과 남한의 군사배치 위성사진들을 공유해야 한다고 주장하는 보고서와 주장이 제기되어 왔다. 이 경우에도 물론 북한이 경제적 대가를 지불한다는 단서 하 에서이다. 이동형 (2002), pp.174-175: Motlz (2000), p.202.

을 대미협상을 통해 해결하고자 하는 의지를 줄곧 피력해왔다.[33] 러시아가 6자회담에 가담하긴 했지만 궁극적으로 북한이 관심을 다자회담보다는 북·미 협상에 의존하는 경향이 유지되어 왔다. 이와 같은 측면에서 러시아는 북한에게 있어서, 대한 내지는 대미 협상의 지렛대로 다분히 활용되는 속성도 지니고 있다. 미헤예프(V. Mikheev)도 정치적 영역에서 북한이 러시아 카드를 활용하는 것이 러시아가 북한 카드를 활동하는 것보다 훨씬 성공적이었다고 평가하고 있다.[34]

이와 같은 사실은 북한의 생존과 안보 환경과 관련한 국제적 이슈를 다루고 해결책을 모색하는 데 과연 러시아가 북한에 정치적 영향력을 미칠 수 있는가 하는 보다 근본적인 문제와 직결된다. 다시 말해 북한이 러시아를 한반도 주변 국가들 중에서 중요한 행위자로 인식하지 않고, 남한과 미국에 대한 외교적 게임에서 러시아 카드로 활용하려 한다는 점을 지적해야 할 것이다. 예를 들어 러시아가 2003년 8월 처음으로 6자회담이 수용되고, 러시아의 참여가 보장되었을 때, 분명히 러시아는 그동안 주장해오던 한반도 평화 안보 관련 다자회의 방식(6자, 8자, 혹은 10자)이 현실화되는 외교적

---

33) 한반도 문제에 대한 러시아의 원칙과 북한의 입장이 구체적으로 일치하는 부분이 물론 있기도 하다. 예를 들어 2000년 6·15 남북 공동 선언은 한반도 문제의 당사자 간 해결원칙과 남북한 간 협력을 통한 평화통일 노력이라는 러시아의 기존입장에 부합되며 이를 환영한다고 러시아가 표명한 것을 들 수 있다. 하지만 러시아는 자신이 참여하는 한반도 안보 관련 회의체에 임하는 국가이익이 있으며, 북한 역시 러시아의 요구사항과 부합하지 않는 주장을 되풀이하고 있다.

34) Mikheev (2001), pp.37-38: 트레닌 (2003), pp.150-151

승리로 자인할 수 있었다. 러시아의 참가를 수용한 미국과 북한은 다른 의도를 충분히 가졌을 것으로 추정된다. 부시 행정부는 핵 프로그램을 북한이 해체하는 데 있어 러시아의 지원을 바랐으며, 반면에 북한은 러시아의 참여가 미국의 대북 군사적 위협을 중화시키고, 협상테이블에서의 북한의 입장 강화를 원했기에 러시아의 참여가 가능했던 측면이 있다.35)

북한이 러시아를 6자회담에 끌어들여 자신의 입장을 강화하려 했음에도 불구하고 회담 진행 과정에서 러시아가 독자적인 주장을 하여 관철시키거나, 북한이 넘을 수 없는 한계를 단호하게 제시하는 역할을 했음도 드러난다. 이에 해당되는 사례로는 제2차 6자회담에서 채택된 '실무그룹'(working groups)의 제안과 채택을 들 수 있는데, 이 안은 사실 1997년 러시아가 한국 문제에 관한 10자 회담(한국, 북한, 유엔 안보리 상임위 5개국, 일본, 유엔 사무총장, IAEA 사무총장)을 제안한 데서 유래한다. 당시에 러시아는 특정한 이슈 영역들과 그 작동을 관장하는 실무 그룹 형성에 관한 조항을 포함시켰다.36) 더 나아가 러시아는 6자회담 과정에서 북한에 대해 '레드 라인'(red‑line) 과 '무력 과시'(saber‑rattling)를 묘사함으로써 북한에 대한 강경 입장도 표명하였다. 즉 북한이 핵무기 실험을 시도하거나 핵무기 소유를 시위한다면 그것은 레드 라인을 넘는 것이며, 러시아는 결코 이를 수용할 수 없으며, 그렇게 된다면 미국이 주도하는 북한에 대한 국제적

---

35) Pan (2004), pp.41‑43
36) Moiseev (1997).

재제, 혹은 군사 공격까지도 협력하지 않을 수 없다고 발언하였다.[37] 그리고 정부 관계자의 공식 입장은 아니지만 「이즈베스찌야」지의 보도를 통해 러시아군이 북한에 대한 예방적 공격 계획을 수립하고 있다는 기사가 게재되기도 했다[38].

결국 푸틴 대통령 취임 이후 김정일 시대 북·러 관계의 현안 중에서 몇 가지의 경협 관련 사항을 제외하고는 실제로 진척된 결과는 없으며, 정치적 입장 지지도 북한의 ABM조약 지지나 러시아의 한반도에서의 미군 철수 지지와 같은 상징적이고 선언적인 입장 지지를 천명한 것 이외에는 드러나지 않기 때문에 이런 점을 뒷받침해주고 있다. 특히 북핵 관련 6자회담은 양국관계의 제한된 협력 체제가 상징적으로 나타나는 국제회의로 진행이 되어 왔으며, 그 특징적인 양상들은 차후에도 지속될 것으로 여겨진다. 북한은 미국에 대해 의사를 전달하고 입장을 관철하는 통로로 러시아가 역할 하기를 바라며, 러시아는 러시아의 한반도 정책의 큰 틀 속에서 북한의 현상유지를 고수하면서 극동의 경제 발전을 도모하는 기조를 상당 기간 유지할 것이다.

---

37) *Interfax* March 4, 2003.

38) 보도에 따르면, 북한이 서울을 핵공격하면, 몇 시간 내에 방사능이 연해주(Primorye)와 하바로프스크(Khabarovsk) 변강주(Krays)까지 도달할 것이라고 예견하면서, 러시아 군의 고위 장성들이 러시아 극동 지역의 방사능 오염을 예방하기 위하여 예방적 선제공격(preventive strike)을 고려하고 있다고 언급하였다. 이 기사는 더 나아가서 북한에 대한 미국과 러시아 간의 합동 군사 작전의 가능성도 피력하였다. *Известия* August 1, 2003; *Известия* August 3, 2003.

본 장에서 거론한 북·러 관계의 한계들은 차후에 전개될 한반도 정세 변화와 한국의 대러시아, 대북 경협의 참가도와 같은 변수에 의해 영향을 받게 될 것이다. 우선 북·러 군사·안보 협력은 남북 관계, 한·러 관계, 북·미 관계의 전개 양상에 따라서 영향을 받을 것이 자명하다. 따라서 제한된 군사·안보 협력 관계를 축으로 하면서, 미국이 수행하는 대테러전쟁의 명분에 러시아가 동의하는 협력 관계가 유지됨에 따라 북한에 대한 대량살상부기의 비확산 강요에 대한 러시아의 원천적인 동의는 유지될 듯하다. 다만 북한 체제의 붕괴 내지는 김정일 정권 교체를 원치 않는 러시아의 입장에서 러시아의 국익에 부합하는 선에서 북한의 요구를 들어주거나, 절충하려는 시도가 과거와 마찬가지로 지속될 것으로 전망된다. 이 과정에서 러시아는 북한의 과거와 같은 후견자가 아니라 동반관계에 있는 제한적 협력자로 계속 남아 있을 것이다.

극동지역을 둘러싼 한국의 경협 참가 역시 북·러 관계의 변수로 작용할 수 있을 것이다. 2004년 10월 노무현 대통령의 방러에서 TKR-TSR 연결에 노력하기로 선언적으로 천명한 상태이며, 아직 한국 성부의 구체적인 극동시역 경세협력과 개발의 청사진이 없는 상황이기에 한·러·북 3각 경제협력의 장래를 예측하거나 낙관하기는, 현재까지 힘든 상태이다. 러시아는 지난 2000년 이후 승리석유정제공장과 평양화력발전소, 동평양화력발전소, 청진화력발전소, 북창화학발전소 등 북한 내 발전소와 제철소 가동을 논의해 왔으나 북한 측의 차관 및 현금지급 거부 등 주로 북한 측의 경제적 형편상의 문제로 답보상태에 머물러 있다.[39]

<표2> 현대화 대상 화력 발전소와 김책제철소 내역

시설명	연 혁	생산능력
북창 화력 발전소	• 1961년 10월 착공, 중소분쟁으로 중단 • 1968년 재착공, 1970년 120만Kw로 증설 • 1978년 3월 증설위해 북한기술진 소련파견	160만Kw
평양 화력 발전소	• 1960년 조·소원조협정에 의거 1961년 착공 • 1965년 12월 1단계 완료(1-4호기) • 1966-68년 5-8호기 가동 • 1970년 10kw급 9호기 가동	50만Kw
선봉 화력 발전소	• 1967년 조·소경제기술협정 의거 1968년 착공 • 1973년 10월 1호기 완공 • 1977년 12월 10만Kw 증설	20만kw
청진 화력 발전소	• 1980년 착공, 84년 1,2호기 완공(각 5만Kw) • 1986년 12월 3호기 증설완료(5만Kw)	15만Kw
동평양화력발전소	• 구소련으로부터 6,500만 루블 차관, 발전설비, 기술지원 제공으로 1989년 2월 착공. • 1994년 초 1호기 가동 • 1938년 미쯔비시와 일본제철 합작으로 설립된 청진제철소가 모체	5만Kw (당초계획 20만Kw) 제선216.7만톤 강철 250만 톤
김책제철연합기업소	• 해방 후 10여 년간 가동중단, 1954년 조업 재개 • 70년대 구소련 지원으로 연산 100만 톤 강철 직장, 연산85만 톤 열간압연직장이 1976년 완공되어 일관제철소 면모 갖춤.	압연강재 147만 톤 열간 107만 톤 냉간 40만 톤

출처: http://www.kotra.or.kr/main/trade/nk/research/exter-21.jsp
(검색일: 2004.1.15).

---

39) 정성임 (2004), p. 19

양국 간 경협의 장기적 내지는 대규모 프로젝트로써 한반도 종단 철도와 시베리아 횡단철도 연결 프로그램을 러시아, 남한, 북한이 참여하는 3각협력안을 러시아 측이 남과 북을 향해 제안해왔다. 이 문제에 대해 2002년 8월 제7차 남북장관급회담에서 경의선 및 동해선 연결공사 동시 착공 합의가 있었고, 그해 11월에 북한과 러시아는 평양에서 동해선 철도복원 및 현대화 작업에 관련된 양해각서를 체결한 바 있다. 러시아는 2004년 4월에 북측 구간의 실사를 끝마쳤으며 그 결과를 북측에 제시하였다.

그 결과 북한은 내륙을 관통하는 경원선보다 동해선을 선호하는 것으로 의사를 표명하였으며, 아직 사업의 진척여부는 미지수인 채로 남겨져 있다. 이 철도연결 사업에는 러시아 측 추계로 2억 5000만 불 이상의 재원이 소요되며,[40] 추진여부도 러시아와 북한의 합의 못지않게 남북관계의 진척상황에 달려 있다. 단지 3각 협력의 틀이 명확하게 드러나고, 개발이 본격화되는 시점이 도래하면, 경협의 효과가 다른 부문에까지 파급되는(spill-over) 국면으로 전화될 것이지만, 북한 핵문제에 대한 타결이 이루어지지 않는 상태에서는 그 전망이 대단히 불투명하리라고 예상된다. 그리고 체제의 전폭적 개방이 요구되는 3각 협력의 특성상 북한 지도부가 쉽게 참여하려 할 것인가도 의문시된다.[41]

북·러 간 경협의 현안 중에서 철도 연결 사업 이외에 중요한 부

---

40) *Известия* April 1, 2001.

41) 정은숙 (2004), pp.3-4

문으로는 북한 산업의 복구와 현대화와 관련한 내용을 들 수 있다. 소비에트 시대에 북한에 건설된 시설들에 대한 기술적인 지원 대상으로는 러시아가 적임자이며, 러시아 측도 이에 대해서 기본적으로 동의한 바 있다.[42] 이 점은 러시아 내에서 다수를 이루고 있는 시각, 즉 북한의 경제적 부활 내지는 회생이 러시아의 국가이익에 부합하며 그 과정은 개혁과 개방을 통해 이루어져야 한다는 시각과 사실상 일치한다. 물론 미헤예프처럼 동북아와 아태지역에서 러시아의 안전을 확보하기 위한 주요한 수단으로 평양에 대한 (엄격하게 조정된) 압력이 필요하다는 시각도 있지만, 이런 견해는 대체로 소수에 그치고 있으며, 그보다는 러시아가 북한을 한층 고립으로 몰면서 미국, 일본, 한국과의 협력을 추구하는 것은 한반도에서의 러시아의 독자적 역할을 포기하는 것이며, 이 지역에서 자신의 독자적인 정책 역시 포기하는 것을 의미한다고 보는 견해가 대세를 이루고 있다.[43] 따라서 북·러 간 경협의 추구는 양국 간의 지리적 여건과 더불어 북한이 존립하는 한 지속될 개연성이 높으며, 잠재적으로 국제환경의 변화에 따라 확대될 수도 있는 분야로 볼 수 있다.

---

42) Суслина (2001), pp.30 – 31.

43) Материали 2002: Корейҷкая проблема 2002: Российҷкая политика 2002

5. 결론

소연방 붕괴 이후 10여 년간 냉각기를 가졌던 북·러 관계는 양국 간 정상회담을 통한 관계정상화와 협력 증대로 그 면모를 일신해왔다. 특히 푸틴 러시아 대통령 취임 이후, 이른바 '옐친 요소'가 사리진 이후 양국 관계는 전례 없는 우호 관계를 유지해왔고, 이와 같은 추세는 당분간 지속될 듯하다. 양국 관계는 강화 요인과 제약 요인을 동시에 지니고 있으며, 이와 같은 특징은 경제적 측면에서의 대폭적인 협력의 확대와 군사·안보 면에서의 제한된 협력, 그리고 북핵문제와 같은 지역 안보의 중요 이슈에 대한 양국의 독자적인 입장의 고수에서 구체화되어 왔다. 이를 종합해 볼 때, 양국관계는 전반적으로 우호적인 동반자 관계를 지향하면서 경우에 따라 제한된 협력을 행사하는 실체라고 볼 수 있다.

북한은 러시아에 대해 한반도 문제에 있어 강력한 지원군을 얻음으로써 북한이 국제적으로 고립되지 않았음을 과시할 수 있었으며, 러시아는 한반도 문제에 개입할 수 있는 단초를 북한과의 우호관계를 통해 확대함으로써 기존의 한국 편향의 외교에서 오는 불리점을 극복하고자 했다.

푸틴 정부의 대북 정책은 부시 행정부와 달리 북한이 국제적 공동체로 통합되는 데 장기적 목적을 두고 있으며, 이를 위해 평양에 조절된(moderate), 혹은 강경하지 않은(gentle) 영향력을 행사하여야 하며, 이를 통해 북한의 정치체제상에서의 점진적인 변화를 가져오게 할 수 있다는 관점이 투영된 것이라고 할 수 있다. 물론 이 변화과정에서 중요한 축을 차지하는 분야가 북한의 경제적 회생이며, 이 점에 있어 러시아의 경제발전과 연계되는 경협이 추구되어야 한다는 실용주의적 사고가 깃들어 있다.

2000년 이후 북·러 관계가 완전 정상화되고 협력이 확대되어왔음에도 불구하고 양국 간에는 제약도 존재한다. 북한과 러시아는 중국과 북한과의 관계와 달리 동맹국도 아니며, 러시아는 북한에 대한 경제적, 혹은 군사적 원조 제공자도 아닌 상태이다. 결국 러시아가 북한을 강제할 수 있는 힘과 여력이 있는지 의문을 가질 수 있지만, 북한을 설득할 수 있는 힘은 가지고 있다고 하겠다. 러시아가 강대국이라 할지라도 한반도 문제에 대한 영향력은 간접적이고 부차적인 상태이며 3자회담이나 6자회담 같은 한반도에 관련된 이슈들을 다루는 회의에서 주최국과 중재자로서 중심적인 역할을 수행하고 있는 미국과 중국의 그늘에 가려져 왔다.[44]

향후의 북·러 관계는 관계정상화 이후 수년 동안 그러했듯이, 동맹이 아닌 우호관계의 틀 내에서 양자 모두 최대한의 운신의 폭을 가질 것이며, 분야에 따라, 즉 경제, 과학기술, 문화 같은 분야에 있어서 전면적인 협력을 하거나, 군사, 안보적 측면에서 제한된 협력을 할 것으로 예상되며, 이러한 기조는 남북한 통일 때까지 러시아의 남북균형정책을 통해 유지될 가능성이 높다고 할 수 있다. 따라서 러시아의 역할을 어떻게 긍정적으로 만들 것인가가 한국의 입

---

44) Joo (2004), p.27

장에서도 관건으로 남을 것이고, 러시아와 북한 관계의 위치와 장래
의 특성은 한반도 안정을 위하여 중요한 주제로 남아 있을 것이다.
결국 이와 같은 북·러 관계의 성격을 반영하여 한국의 대러, 대북
정책이 수립되고 동북아 지역 질서를 둘러싼 외교 전략의 형성을
필요로 한다고 볼 수 있다.

제 3 부

러시아 극동개발과 대외관계

러시아 극동지역의 에너지 자원을 둘러싼 일본-중국 간의 경쟁과 한국의 진로*

1. 머리말

러시아 극동 지역(Russian Far East, RFE)은 시베리아(Siberia) 지역과 더불어 전통적으로 러시아의 변경지대로서 러시아의 산업 발전과 지역 개발에 있어 혜택을 받지 못하면서 주로 러시아의 다른 지역에 풍부한 에너지와 광물 자원을 공급해주는 공급처 역할을 해왔다. 제정 러시아 시대는 물론이고 소비에트 시대에도 이어져온 이러한 정책의 지향에 따라 RFE 지역은 러시아의 다른 지역들보다 사회·경제적으로 현격하게 낙후되었으며, 소연방 해체 이후 러시아인 인구의 다수가 이주해나가는 지역으로 되고 있다.[1] 이와 같은 지역적 낙후성과 개발의 필요성을 절감한 러시아 정부는 소연방 해체 이후에 본격적인 극동·시베리아 개발계획의 청사진을 마련하고 이를 추진하기 위해 노력해왔으나, 체제전환의 이행기에 러시아 체제가 정립되지 못하고 국가적으로 혼란을 거듭했던 1990년대의 옐친(B. Yeltsin) 대통령 정부하에서 이 계획은 원 안의 근사치에도 접근을 못한 채 표류하다가 사실상 용도폐기되었다.

1990년대의 혼란과 정체의 시기를 보내고 2000년 집권한 푸틴(V. Putin) 대통령의 '강력한 러시아' 재건의 기치를 따라 새로이 모색되기 시작한 국가발전의 대계는 어김없이 RFE 지역에도 영향을 미치게 되었다. 푸틴 대통령의 대외 정책의 기조가 서구 지향적이라 할지라도, 국내적 발전의 원동력을 극동·시베리아 지역을 발전시켜 러시아 전체 발전의 축으로 삼는다는 전략이 새롭게 채택되고 이에 따른 대책들이 후속적으로 나타나기 시작했다.

대외적으로도 RFE의 가치가 푸틴 정부에 의해 중시되면서 동북아지역에서의 미국의 독주를 막아내는 지정학적 의미를 갖고 있는 점도 작용하였다. 즉 푸틴 시대 동북아 전략은 중국의 성장 잠재력을 예견하면서 이를 견제하고 동시에 중국과 동반자 관계를 맺어

---

* 본 장은 『세계지역연구논총』제23집 제2호 (2005), pp.139-163에 게재했던 논문을 보완하였음.

1) 2002년 현재 극동지역의 인구는 7,038,000명(러시아 전체의 4.9%), 동시베리아는 9,207,000명(6.4%)로, 면적은 러시아 전체의 60.5%로 매우 광활하나, 인구는 11.3%에 불과하여, 경제적 수요의 결집이 곤란하다. 그럼에도 불구하고 소연방 붕괴 이후 체제전환과정에서 이 지역은 지정학적 가치뿐만 아니라 지경학(地頸學)적 가치가 높아져 가고 있다.

미국에 대항하는 최적의 요건을 갖춘 지역으로서 RFE/시베리아 지역의 가치가 재평가되고 이를 전략적으로 개발하도록 자극하고 있다. 러시아 극동지역에 부여되는 군사·안보정책의 기조는 크렘린의 극동에 대한 인식을 반영하고 있는데, 그 골자는 다음과 같다. 첫째, 러시아는 현재 동아시아 국가들 중 그 어느 국가들보부터도 군사적 침략의 위협을 받지 않고 있다. 둘째, 아시아-태평양 지역에 있어서의 인구 변화 및 경제성장 추이를 볼 때, 세계시장에 있어서의 러시아 극동 및 시베리아 자원에 대한 수요 및 요구는 증대될 것이다. 셋째, 러시아 극동의 경제, 정보, 정치적 고립은 이 지역의 경제발전을 저해할 뿐만 아니라, 테러리즘이나 WMD 확산, 마약 밀수, 어로자원의 밀렵, 그리고 지역 분리주의의 위협에 대한 취약성을 증폭시킬 분이다, 넷째, 이와 같은 환경하에서 러시아 인구의 지속적인 감소와 중국계 인구의 대규모 이민 가능성은 이 지역에 있어서의 러시아 안보를 위협한다는 사실이다.[2]

이와 동시에 러시아의 극동지역을 동북아 지역 국가들과 특히 경제적으로 연계하는 공간으로 활용할 의도를 숨기지 않고 있다. 이러한 정책 기조가 대표적으로 구현된 분야는 국가 기간산업인 에너지 분야에 대한 통제력 강화와 외국자본의 러시아 극동 지역 투자로서, 그 실현계획을 강력하게 추진해왔다. 국민의 높은 지지를 바탕으로 한 푸틴 대통령의 강력한 리더십과 더불어 2000년대 들어서서의 국

---

2) Mikhail A. Alexseev, "The Security Outlook for the Russian Far East: Challenges, Capabilities, and Strategies" 『전략연구』(한국전략문제연구소), 제10권 제2호 (2003), pp.88－134.

제유가의 지속적인 상승을 바탕으로 한 러시아의 에너지 대국화 움직임과 러시아 경제 회복 현상이 동시에 나타났으며, 러시아 정부는 이를 가속화 내지는 본격화시켜 에너지 초대강국으로서의 면모를 확립하기 위해 진력을 다하고 있는 실정이다.

국제 석유시장과 자원시장에서 러시아가 차지하고 있는 위상이 제고되고 이에 따른 러시아의 발언권이 강화되면서 열강의 러시아 자원시장에의 접근도 본격화되고 있다. 기존의 중동시장에 석유 수급을 의존해온 많은 강대국들, 특히 미국, 중국, 일본 같은 태평양 연안의 대국들이 미래의 안정적인 에너지 자원을 확보하기 위해 러시아에 제휴하고자 하는 움직임은 이미 구소련이 해체된 후부터 시작되었지만, 2000년대 들어와서 더욱 활발해지고 있으며, 국가들 간의 자원 확보를 둘러싼 경쟁은 점차 심화되고 있다.

러시아의 원유 파이프 라인망은 시베리아의 앙가르스크(Angarsk)까지 부설되어 있으며, 이 송유관은 튜멘과 티만-페초라 지역까지 연결되어 유럽까지 연결되어 있다. 중국은 러시아의 원유를 앙가르스크에서 열차를 이용해 수입해왔으나, 그 양의 한계 때문에 수입량이 제한적이었다. 따라서 현재 중국의 경제발전과 함께 늘어난 원유 수요를 충당하기 위해서 중국은 내륙 수송을 연장하기를 희망해왔고, 그 결과 러시아의 유코스사(Uykos)와 함께 1994년부터 앙가르스크에서 다칭(大慶)에 이르는 2,400Km의 원유 파이프라인 건설을 추진해왔다. 동시에 RFE 지역에서 러시아 당국이 계획하고 있는 외국자본을 활용한 에너지 개발 계획은 천연가스와 유전, 송유관 연결 사업 등 여러 건들이 동시에 진행되고 있다. 러시아는 1996년부터 동시베리아 송유관 건설에 관련된 구체적인 논의를 시작하여, 러시아 석유회사인 유코스(Yukos)와 중국 국영석유회사(China National Petroleum Company, CNPC) 간 앙가르스크-다칭 송유관 건설 계획부터 검토하였다. 그밖에 부존자원 개발을 위한 사업으로 이르쿠츠크 프로젝트·사하 프로젝트·사할린 프로젝트를 제기하여 그 타당성과 시행여부를 검토해왔다.

본 장에서는 이 중에서 현안이 되고 있는 시베리아 송유관 연결 사업의 노선 확정 문제, 즉 중국노선(앙카르스크-다칭)과 일본노선(앙카르스크-나홋카) 중에서 어떤 것을 선택할 것인가의 문제를 놓고 중국과 일본이 벌이고 있는 경합의 측면들을 살펴보는 데 목적을 두고 있으며, 이와 같은 경합 구조의 외연으로 동북아 지역에서 중국과 일본을 중심으로 러시아와 관계 속에서 나타나고 있는 경쟁 구조를 파악하려고 한다. 이를 위해 동북아 지역에서 중국과 일본, 러시아와 더 나아가서 후발 주자로서 한국의 이익이 교차하는 지역으로 RFE 지역을 택해 RFE에서의 일·중 간 경쟁이 한국에 미치는 영향과 한국이 그로부터 취해야 할 시사점이 무엇인지에 대해 제시하고자 한다. 이와 같은 측면에서 본 장에서 다루는 내용으로는 제2절에서 탈냉전기 극동지역 질서와 일본과 중국의 초기 진출 노력을, 제3절에서는 러시아의 에너지 정책과 파이프라인을 중심으로 한 중-일, 중-러 관계를, 그리고 맺는말에서는 러시아 극동지역 질서와 한국에의 시사점을 서술하려 한다.

2. 탈냉전기 극동지역 질서와 일본과 중국의 초기 진출 노력

1) 극동지역을 둘러싼 러-중-일 관계의 전개

소련 붕괴 이후 새롭게 출범한 러시아의 대아시아 외교정책의 핵심은 중국과 일본에 대한 정책으로 설정되었으며, 이 점은 러시아 외교정책의 개념인 아시아·태평양 지역 정책의 일환으로 동북아지역에서의 다자간 안보협의체 구성 노력과 더불어 국가 간의 쌍무적 협력 관계를 구축해 나가려는 노력으로 구체화되었다. 이 중에서 다자간 안보협력체를 구성하는 것은 장기적인 과제이며 단기적으로 난점이 많은 사안이기 때문에 즉각적으로 가능한 쌍무적 협력관계 구축을 중심으로 러시아의 대중국 및 일본 관계를 주로 경제적 측면에 국한하여 살펴보면 다음과 같다.

냉전 종식 이후 동북아의 열강들 간의 관계가 변화하는 추이 속에서 러시아는 소연방 붕괴 직후 옐친 대통령의 통치 기간 동안에 동북아의 질서변화를 주도하는 역할을 제대로 수행하지 못하고 동떨어져 있었다. 주로 국내문제의 어려움에서 기인하는 이 시기 동안 러시아는 미국, 중국, 일본 등이 주도하는 동북아 질서 구축 과정에서, 특히 한반도 문제에 대한 영향력에 있어서 뒤처지는 인상을 주었지만, 중국과 일본 간의 경쟁이 가열되고 푸틴(Vladimir Putin) 대통령이 가열되는 동북아의 지역주의 속에서 적극적인 역할을 행사하기 시작하면서 상황이 변모하기 시작했다. 러시아는 동북아 지역에서 전적인 영향력의 확대를 원했을 뿐 아니라, 러시아 극동 지역에 유리한 자신의 경로를 채택하기 시작했다.

동북아가 경제적으로 통합된 지역으로서 면모를 나타내기 시작할 때 일본과 중국은 모두 러시아 극동 지역을 동북아의 리더십을 구축하기 위한 자신들의 전략을 뒷받침해줄 지역으로 기대했다.[2] 동북아 지역에서 일본과 중국, 러시아가 영토 분쟁에 관심을 집중하는 동안 러시아 극동지역의 방대한 공간은 러시아의 주권 공간이긴 하지만 영향력 행사의 확대라는 측면에서 일본과 중국에 매혹적인 목표로 설정되기에 충분한 의미를 지녔다. 러시아 주변 국가들의 강력한 흡인력에 맞서서 러시아는 변방의 이 지역을 활력 넘치는 새롭게 출현하는 지역으로 삼으면서 강력한 통제력을 확보하려고 하였다.

이와 관련하여 소연방 붕괴 이후 초창기 러시아 중앙 정부와 지방 정부와의 접촉에 있어, 중국과 일본은 서로 다른 계산을 하면서 접근을 했다는 측면이 있다.[3] 중국은 15년 이상 과거 이슈보다는 러시아의 국경을 가로지르는 개방에 치중하여 모스크바에 최대한의

---

2) Gilbert Rozman, "Sino-Japanese Competition over the Russian Far East: Is the Oil Pipeline Only a Starting Point?", Siberia and the Russian Far East in the 21st Century: Partners in the "Community of Asia", 2004 COE Summer International Symposium, The Slavic Research Center of Hokkaido University (July 14-16, 2004), p.2.

3) Gilbert Rozman, "China, Japan, and the Post-Soviet Upheval: Global Opportunities and Regional Risks", Karen Dawisha, ed., *The International Dimension of Post-Communist Transitions in Russia and the New States of Eurasia* (Armonk, NY: M.E. Sharpe, 1998), pp.147-176.

개방을 요청하였다. 반면에 일본은 러시아와의 북방 4개 섬을 둘러싼 영토분쟁으로 인해 주저하였으며 그 결과 양국관계가 러·중관계보다는 돈독하지 못하였다. 이러한 차이점에도 불구하고 양국은 1990년대 초반에 탈중앙집중화의 기운이 생성되기 시작하는 러시아 극동 지역에 경제적 활력을 불어넣는 데 기여하였다.

러시아 극동 지역을 둘러싼 러-일, 러-중 관계의 축은 러-중 관계가 러-일 관계보다 앞서서 이끌어나가는 형세를 취하고 있다. 러·중 관계는 냉전 시대에 경쟁자 내지는 잠재적 적으로까지 규정될 수 있을 정도로 악화된 적도 있지만, 중국의 개혁·개방 정책이 가속화되고 소련의 개혁과 연방의 붕괴되는 시점에서 양국 관계는 정상화와 우호적 관계 개선의 징후를 나타내면서 이후 동반자 관계로 격상되어 현재에 이르고 있다. 러시아인들의 인식 속에서 중국의 이미지는 지속성과 변화의 측면을 나타내고 있으며, 포스트-소비에트적인 환경에서 성장한 세대는 기존의 소련 정치 문화와 지정학적 상황에 입각하여 해석된 과거의 중국에 대한 이미지를 벗어나고 있다는 시각4)도 있을 정도로 러·중 관계의 상황은 변모하였다. 무엇보다도 중국과 러시아는 양국관계의 난제였던 국경선 문제를 2004년 10월 14일 푸틴과 후진타오간의 부속협정을 통해 그동안 양국 간 국경분쟁의 대상이었던 우수리강과 부속섬들에 대한 영토경계를 확정지었다.5) 이 협정의 체결로 1991년 당시 미해결상태로 남아있

---

4) А. В. Лукин, "Образ китая в россий ском общественном созна
    ним: преемственность и эволюция" Полис, No.6 (2004), c. 80.

던 양국 간 국경획정문제가 최종적으로 타결되었다. 또한 그보다 앞
선 2001년에는 러중우호협력조약을 체결함과 동시에 전략적 동반자
관계의 기반을 구축하였다.

러·중 간의 전략적 동반자 관계로의 상승은 국경지대의 안정화와
경제적 상호이익 추구를 목적으로 한 공동 협력 대응의 양상을 나
타내고 있으며, 이것은 전략적 공동이익과 안보적 이해의 공유로까
지 이어지는 등, 양국의 이해가 일치하고 있다. 양국 간의 군사·안
보·경제적 이해의 일치와 보완관계는 에너지 자원 협력을 매개로 한
전방위외교가 전개되면서 역시 상호 협력을 증진시켜왔다. 결국
RFE를 둘러싼 양국관계의 기초는 러시아가 중국과의 국경분쟁 종
식을 통해서 중국의 서부 대개발에 협력하는 대신 중국이 시베리아
및 극동 개발에 참여하는 데 이해를 같이함으로써 성립되었다.6)

반면에 러·일 관계는 러·중 관계의 역동성에 비할 때 활력이
떨어지고 관계 개선의 여지가 아직 많이 남아있는 상태로 진행되어

---

5) 러·중 양국은 1991년 아무르 강 일대의 국경을 획정할 때 미해결 지
   역이었던 이 섬들을 절반씩 나누기로 합의하였다. 그 결과 러시아 동부
   하바로프스크 인근 아무르 강(헤이룽장, 黑龍江)에 있는 타라바라이 섬
   (중국명 인룽, 銀龍) 전체와 발쇼이 우스리스키 섬의 일부가 중국으로
   귀속되었다.『중앙일보』, 2004. 10. 22.

6) Стратегическое взаимодей ствие России и Китая и проблем
   ы двусторонних отношений (Материалы Международной ро
   ссий ско - гитай ской   научно - практической конфенции), Пол
   ис, No.5(2004), с. 141 - 161; 윤영미, "아무르강 국경획정을 둘러싼 갈
   등", 교양사회, 『시대의 논리』(2004. 6), pp.145 - 136.

왔으며, 그 구체적인 양상에 대해서는 다음과 같다.

2) 러-중·러-일 관계와 중국과 일본의 RFE 진출

중국과 일본은 각기 다른 방식으로 극동지역에서의 사업을 추진하였는데, 중국은 주로 상인 그룹이 물밀 듯이 들어가는 '국경 열기'(border fever)와 두만강 지역 델타 프로젝트 같은 해양합작투자 계획을 통해 목적을 관철하고자 하였다. 일본은 인도적 지원에 우선권을 두었으며, '일본해경제지역'(Sea of Japan rim economic zone)에로의 소지역 통합 약속 같은 사안에 주력했다.[7] 특히 중국은 소연방 붕괴 이후에 일본보다 유리한 지리적 조건, 즉 러시아와 접경한 위치에서 오는 이점을 적극 활용하기 시작했다. 소비에트 시대에 산업 중심지인 유럽 러시아 지역으로부터 주로 수입하던 것이 소련붕괴와 더불어 높은 수송 가격 때문에 유럽 러시아보다 가까운 아시아 국가들로부터의 수입선 확보는 러시아 극동지역의 사회적·경제적 안정을 위해 중요한 요소로 대두하였으며, 이 점에서 중국은 지리적 이점과 자신의 경제 여건, 즉 수출 시장 확대의 측면에서 다른 어떤 나라보다도 강력하게 러시아 극동지역에 자신의 몫을 확대시킬 수 있었다. 중국은 1990

---

7) Gilbert Rozman, "Backdoor Japan: The Search for a Way Out via Regionalism and Decentalization", *Journal of Japanese Studies*, Vol.25, No.1 (Winter 1999), pp.3-31; Gilbert Rozman, "Northeast China: Waiting for regionalism", *Problems of Post-Communism*, Vol.45, No.4 (July-August 1998), pp.3-13.

년대 초부터 흑룡강성과 길림성을 중심으로 러시아 극동과 경제적 연계 구조를 강화시켜왔다. 이 성들은 중앙정부의 임해경제 지역 강조에서 소외되어 있었기 때문에, 러시아 극동시장을 새로운 수출시장으로 인식할 수 있는 여건이 조성되었다.

지역적으로 러시아와 구소련의 다른 지역으로부터 중국에 수출되는 상품의 재수출을 담당하는 지역인 아무르 주(Amur Oblasti)에서의 중국의 활동은 가장 중요하다.[8] 1992년에 아무르 주의 전체 수출 중 87%, 수입 중 98%가 중국과 관련된 것이었다. 마찬가지로 하바로프스크(Khabarovsk)의 대외 교역의 84%, 연해주(Primorskii Krai)의 57.3%가 해당되었으며, 마가단 주(Magadan Oblasti)만이 13.5%를 기록했다.[9] 그러나 1994~1995년에 국경무역에 따르는 여러 가지 부정

---

8) 중국의 헤이헤(Heihe, 혹은 Hei‒Hei)는 아무르 주의 주도인 블라고베쉬첸스크(Blagoveshchensk)로부터 아무르 강을 가로질러 불과 1km밖에 떨어져 있지 않다. 이 경계를 따라 주로 바터 무역이 이루어지고 있는데, 겨울에는 아무르 강의 결빙을 이용하여 건너며, 여름에는 페리 호를 이용하고 있다. 지난 몇 년간 보따리 무역은 감소하고 금융 교역이 증대하였다. 중국으로의 수송연계와 비자문제 등으로 중국인들의 교역은 문제점을 안고 있으며, 이를 반영하듯 아무르 지역의 외국인 투자 중에서 중국의 비중은 5%밖에 안 되며, 약 절반가량이 미국 회사이며, 영국, 한국이 뒤를 잇고 있다(2001년 1월 현재). Sue Davis, *The Russian Far East: The Last Frontier?* (London and New York: Routledge, 2003), pp.70‒71.

9) Elizabeth Wishnick, "The Regional Dynamics in Russia's Asia Policy in the 1990s", Judith Thornton, Charles E. Ziegler, Russia's Far East: A Region At Risk (Seattle and London: NBR, The National Bureau of Asian Research, 2002), pp.301‒303.

적 결과로 인해 국경 통과 요건이—비자 발급요건 강화와 국경무역에 대한 제약—강화되면서 교역이 큰 폭으로 감소하였다. 이러한 경향은 1995년 이후 중·러 국경 무역이 다시 회복되기 시작하면서 반전되었으나 기대만큼의 교역 증대는 이루어지지 않았다. 그럼에도 불구하고 중국의 동북 3성과 러시아 극동의 개별 행정 단위에서는 교역량이 증가되는 추세를 보이기도 했다. 1997년 중국 측 통계에 의하면 중·러 무역의 전반적인 감소에도 불구하고 흑룡강성과 RFE간의 국경무역은 10억 달러에 이르고 있으며, 1996년보다 42% 증가하였다.[10)]

<표1> 국가별 극동지역 외국인 투자동향

(단위; US$ 백만)

	'98년 말 누계		1999년		2000년		2001년		2002년	
	금액	비중 (%)	금액	비중 (%)	금액	비중 (%)	금액	비중 (%)	금액	비중 (%)
미국	716.1	48.0	1,020,0	94.1	105.9	29.9	40.3	7.8	11	1.4
일본	183.7	12.3	15.9	1.5	99.9	28.2	193.7	37.4	254.8	31.9
영국	152.9	10.3	10	0.01	2	0.6	71.7	13.7	121.4	15.2
화란	–	–	–	–	–	–	106	20.5	165	20.7
바하마	–	–	–	–	–	–	52	10.0	177	22.2
한국	130.2	8.8	37.3	3.5	44.4	12.5	32.2	6.2	28.3	3.5
중국	11.6	0.8	5.03	0.4	3.5	0.1	0.7	0.1	15.1	1.9
계	1,490,1	100.0	1,084,0	100.0	354.6	100.0	515.5	100	797.8	100

출처: 대한무역투자진흥공사,"극동러시아경제현황"(2003),p.7.
http://www.kotra.or.kr/ktc/vvo.market.(검색일: 2004.12.1)

---

10) 박정민·A. 스타리치코프, 『러시아 극동을 주목하라』(서울: 한울, 2005), pp.99 – 100.

<표2> 중국과 러시아 극동지역 및 연해주와의 교역액 추이

(단위: 백만 달러)

	1992	1993	1994	1995	1996	1997	1998	1999	2000
극동지역의 교역액	996	1,188	254	328	926	663	1,049	515	1,125
연해주의 교역액	427	303	83	111	202	315	250	244	276

출처: 국토연구원 2003 - 6, "러시아 연해주에서의 자원·인프라 개발을 위한 한·러 협력방안"

중국의 RFE 지역에서의 경제활동은 러시아보다는 중국 측에 훨씬 득이 되는 쪽으로 진행되어왔다.[11] 1990년대 동안에 이루어진 중국의 경제 성장에 있어 러시아와의 국경 쪽에 증대된 시장도 한 몫을 했으며, 국경지역에서의 중국의 성장은 러시아 측의 정체와 대조적으로 보이게 하면서 러시아인들의 중국에 대한 부러움과 그에 따른 자신들의 요구사항을 중국 측에 제기하고 있다.[12] 반면에 중

---

11) 다만 중국산 소비재와 관련하여, 중국은 정부 차원에서 1980년대 말 이래로 저가의 중국산 소비재를 통해 러시아 시장을 장악하려는 의도가 1990년대 초반의 RFE 진출 초창기에는 관철되었으나 점차 중국산 제품에 대한 평가가 낮아짐에 따라 러시아 소비자들이 일본, 한국, 싱가포르 등의 나라에서 수입되는 보다 고가의, 그리고 양질의 제품을 선호하게 되었다.

12) 러시아인들은 중국인들의 사기업 확대와 부동산 투자, 중국인들로 인한 아파트 부족현상, 중국사업가들과 러시시아 관료 간의 부패 구조 형성, 저가에 구입해가는 러시아의 원자재, 러시아내 값싼 중국제 소비재의 판매 증가, 중국인 (불법) 이주자들의 범죄 증가, 중국인들의 희귀 동물 남획과 건강식품 판매와 그에 따른 환경문제 대두 같은 구체적인 불만을 제기하고 있다. 이러한 문제제기의 근저에는 중국인들의 유입 인구가 급증하는 사실 자체가 문제가 되고 있다는 관념이 강

국 측은 러시아의 세금 체계와 수시로 변하는 법률적 환경이 중대한 장애가 되고 있다고 불평을 해왔고, 해외 교역에 대한 러시아의 중과세는 국경지역에서의 부패의 온상이 되고 있다. 그러나 극동지역을 포함한 러·중 간의 양국 관계는 상호 보완적으로 작용하면서 경제적으로 협력이 잘 이루어져 왔다. 러시아는 중국에 무기를 다량으로 판매하고 있고 핵발전소 건설에 조력하고 있으며, 극동에서 아시아 지역으로 연결되는 송유관도 결국 중국 측에 유리하게 해주는 등 중국과의 관계를 돈독하게 다지고 있으며, 중국 역시 RFE 지역에서 무기, 석유, 목재 등을 수입함으로써 극동지역 경제에 큰 도움을 주고 있다.[13]

러시아와 중국이 서로 관련된 문제로써 중요한 것이 국경문제이다. 즉 국경통제와 관련하여 많은 문제들이 생겨나고 있다. 국경 일대에서 불법행위들이 만연하고 있으며, 다수의 RFE 주민들은 모스크바의 중국에 대한 영토적 양보에 대해 반대하고 있다. 국경 침해와 다툼도 빈발하고 있다. 양국은 2001년 7월에 체결된 선린우호협력조약에 근거하여 현 상태의 국경을 인정하고 있다.

그 밖에 중국은 러시아와의 접경지대에서 민족 문제를 야기하고 있다. 중국의 동북부와 인접한 RFE 지역은 노동집약산업의 발전이

하다. Vladimir Shlapentokh, Russia, "China and Far East: Old Geplolitics or a New Peaceful Cooperation?", *Communist and Post-Communist Studies*, Vol.28< No.3 (September, 1995), p. 315.

13) 2000년 계약에 의거하여 중국은 2001년도에 러시아로부터 2억 불의 무기를 구매하였다고 한다. Lyuba Pronina, "Fired Up About Arms", *The Moscow Times*, September 12. 2001.

이 지역의 노동력 부족으로 인해 중요성을 띠면서 중국인들의 유입을 촉진하였다. 1992년 여름에 연해주의 전체 외국인 노동자 7,076명 중에서 중국인이 6,000명에 달했으며, 1993년에는 정확한 통계가 없지만 40,000명에서 150,000명으로 추정되었다. 중국인들이 주로 이용하는 관광비자 체류 기간인 3달이 지나서 체류하는 중국인들의 숫자는 알려지지 않았는데, 이는 러시아 경찰이 상황을 모니터할 수 있는 능력을 결여하고 있기 때문인 것으로 보인다.[14] 현재 비공식 추계로 RFE와 시베리아 지역까지 합쳐 약 일백만 명을 상회하는 중국인 숫자를 가정하고 있는 상태이다. 이 중 불법 체류자가 작게는 10만, 많게는 일백만 명까지 있는 것으로 추산된다. 이를 반영하듯, 블라디보스토크나 연해주 같은 지역에서는 종종 불법체류자—사실상 중국인을 검거하는 데 목적을 둔—색출과 체포가 행해졌으며, 연해주에는 중국인 비자를 체크하고 불법 이주자들을 검거하는 특별경찰을 두고 있다. 이와 같은 단속은 러시아 중앙 정부와 무관하게 지역 정부가 독자적으로 단행하는 것으로 알려지고 있다.[15] '황색 위협'(Yellow Peril)으로 표현되는 중국인들의 유입은 근래에 책임 있는 러시아 당국자들과 지식인들의 우려를 자아내고 있으며,[16] 그중에는 사실적인 부분도 있지만 중국에 적대적이거나

---

14) В.Шичерваков, "Великий врат к нам тианет ркки", Владивос
    ток, September 1, 1993, p.5

15) Sue Davis, *The Russian Far East: The Last Frontier?* (2003), pp.90－91.

16) 연해주 주지사 나즈드라텐코(Evgenii Nazdratenko)나 푸틴 대통령의 극
    동전권대행 풀리코프스키(Konstantin Pulikovskii) 같은 지도자는 '중국

중국을 폄하하려는 목적에서 과장된 부분도 없지 않다고 할 수 있
다.17) 이와 관련하여 블랴헤르(Л.Е.Бляхер)는 러시아 극동지역에
서의 반중국 정서는 해당 지역에서의 외지인 '유입'과'유출'의 균형
을 통해 중앙집권화된 이주흐름을 통제하는 메커니즘이 와해될 때
불가피하게 나타나는 민족주의의 필요성으로 볼 수 있다고 강조한
바 있다. 즉 '적 이미지'라는 수단을 통해 유입과 유출의 불균형이
초래하는 문제를 해결하려는 시도로 볼 수 있다는 것이다.18)

의 위협'이 중국 국내정치적으로 이점을 가질 것으로 언급했으며, 러시
아과학아카데미 미국·캐나다연구소 부소장 보카투로프(Alexei Bogaturov)는
"러시아 극동에서 우리가 볼 수 있는 것은 중국인이 점령한 러시아 영토 내에
서의, 평화적이고 점진적인 식민화이다. 여기에 중대한 문제가 있다고 생
각한다"고 말한 바 있다. 뿐만 아니라 푸틴과 대부분의 극동지역 주지사
들과 유사한 맥락에서 발언들을 한 바 있다. Vitalii Shlykov, The Crisis
in the Russian Economy, Strategic Studies Institute, US Army War
College(Carlisle Barracks, PA), p. 14; 러중국경에서의 중국인 유입 문
제가 21세기의 가장 중요한 지정학적 문제가 될 것이라는, 러시아 내의
대표적인 견해는 Dmitri Trenin, *The End of Eurasia: Russia on the
Border Between Geoplotics and lobalization* (Washington, D.C., and
Moscow: Carngie endowment for International Peace, 2002) 참조.

17) 중국 측에서는 RFE로의 중국인 유입이 결코 중국정부의 정책에 의해
서 진행되지 않았다고 강조한다. 중국 당은 중국인 불법 체류자를 단
속하는 조항들을 적용하고 확대함으로써 단속에 앞장서고 있으며, 러
시아 당국과 협조하에 이를 잘 진행시켜왔기 때문에 중국인 유입 인
구 확대 정책은 근거가 없는 것이라고 주장하고 있다. Ni Xiaoquan,
"China's Security Interests in the Russian Far East", Siberia and the
Russian Far East in the 21st Century: Partners in the "Community
of Asia", 2004 COE Summer International Symposium, The Slavic
Research Center of Hokkaido University (July 14 - 16, 2004), p.60.

<표3> RFE와 중국 동북부의 인구 통계학적 지표

	RFE(남부지역)	중국 동북부
인구(백만)	5.0	104
인구밀도(per sq.km)	3.8	132
인구성장률(000)	-40	1,000
지역 GDP성장률	-8%	13%
산업/농업 성장률	-12/-15	14/8

출처: Петр Бакланов, "Гиографические, социально-economические и гио-политические факторы китаиской миграций на россий ск ий Дальный Восток" *Перспективы Дальновосточного региона: китаис кий фактор* (Moscow: Carnegie Endowment for International Peace, 1999), c. 37

일본의 극동지역 진출은 상위 개념인 일본의 러시아 외교정책에 종속되지만 RFE 지역의 중요성이 강조되고 탈냉전기 협력의 시대 정신에 따라 경제협력을 병행하는 전략을 수행해왔다. 일본의 러시 아 외교정책의 기본목표는 첫째, 북방영토문제를 해결하는 데 최대 한 노력하는 것이다. 이것에 의해 러시아와 평화조약을 체결하고 완 전한 관계정상화를 이룬다. 둘째, 국제사회와 협력하에 러시아의 개 혁노력에 대한 필요한 도움을 제공하는 데 있다.[19] 이와 같은 견지 에서 탈냉전의 도래 이후 일본 정부가 러시아 외교정책의 전환을

---

18) Л.Е.Бляхер, "Потребность в национализме, или национально е самвсознание на Дальнем Востоке России" Полис, No.3 (2004), cc. 44-54.

19) 최태강, "21세기를 앞둔 러-일관계: 영토문제를 중심으로", 한국국제 정치학회, 『국제정치논총』제39집 2호 (1999), p.275.

모색했던 가장 큰 계기는 1997년 7월 하시모토 총리의 '신뢰, 상호 이익, 장기적 관점'이라는 전행적인 '대러시아 외교 3원칙'의 발표였다.

이후 진행된 러·일 양국 간의 수차례의 정상회담은 대체로 외교·안보적 차원에서의 난항을 노정했지만, 그럼에도 불구하고 일부 영역에서, 그리고 일정한 수준에서 일본이 러시아를 경제적으로 지원하면서 대러 경제 전략의 틀을 설정해왔다. 그렇지만 일본 역시 러시아 극동과 인접하였음에도 불구하고 중국만큼 적극적으로 활기 있게 일본 정부 수준에서의 대극동 경제 전략의 조직적인 지원은 사실상 결여되어 왔다.[20] 일본 당국 차원에서 RFE와의 협력 증대를 위해 노력을 하지 않은 것은 아니었다. 예를 들어 남·북한, 중국 동북부, RFE가 참여하는 '일본해경제지역'의 개념적 타당성 검토는 실패로 돌아갔는데, 그 이유는 일본의 개념 창안자들이 지나치게 이상적이었고, 러시아 측 파트너들에 대해 잘 알지 못했기 때문이었다. 초기의 러시아 측 상대역이 개혁 지향적 지식인이었던 반면에, 그들의 뒤를 잇는 주지사들과 관리들은 상대적으로 시장 지향적 감각이 약한 인사들이라는 점을 일본이 제때 인식하지 못했으며,

---

20) 노부오 아라이(Nobuo Arai)와 추요시 하세가와(Tsuyoshi Hasegawa)는 RFE에 대한 일본의 정책은 기껏해야 '의도적 무시'(benign neglect) 정도라고 비판하고 있다. 그것은 RFE지역에서 심화되고 있는 경제적 곤경에 대한 인식을 전제로 하지 않았다고 한다. Nubuo Arai and Tsuyoshi Hasegawa, "The Russian Far East in Russo-Japanese relations", Tsuneo Akaha, *Politics and Economics in the Russian Far East* (London and New York: Routledge, 1997), pp.168-169.

RFE에서 심화되는 경제적 빈곤화도 일본의 재정적 부담을 가중시켰다.[21] 한편 로즈만(G. Rozman)은 러시아의 기간산업이 사유화되면서, 동시에 강대국으로서의 국가적 자존을 재강조하면서 러시아가 처한 위치가 마치 식민유형의 노동 분화에 입각해있다는 러시아 내의 기류가 더 크게 작용했다고 보았다.[22]

소연방 붕괴 이후 초기의 양국 간 관계 개선 노력은 일본이 러시아의 환경에 대한 연구와 준비가 미흡하여 실패한 측면도 있지만, 러시아의 경제 사정과 외국 자본 유치를 위한 내부 시스템 구축 노력이 미흡한 점도 크게 작용했다. 그 결과 일본 기업들이 개별적으로 현지에 진출하였으나, 1998년 8월 러시아 정부의 모라토리엄(moratorium) 선언 이후 러시아의 취약한 경제현실을 절감하며 러시아를 이탈해왔다.[23]

1998년 러시아의 경제 위기 상황의 도래 이후 러·일 양국관계에서의 경제적 협력이 곤경을 겪기도 했지만, 2000년 푸틴 대통령 집권이후 양국 수뇌부 간의 빈번한 접촉 결과 양국 간 경협의 구체적인 계기들이 형성되었다. 그중 대표적인 분야가 에너지 자원의 개

---

21) Gilbert Rozman, "Cross‐Border Relations and Russo‐Japanese Bilateral Ties", Gilbert Rozman, eds., *Japan and Russia: The Tortuous Path to Normalization, 1949‐1999* (New York: st. Martin's Press, 2000), pp.210‐212.

22) Gilbert Rozman (2000), p.211.

23) 우평균, "러시아 극동지역과 러·일관계의 경제적 측면" 『국제지역연구』(한국외국어대학교 외국학종합연구센터), 제7권 제4호 (2003년 가을), pp.41‐47.

발에 일본이 참여하는 문제인데, 러시아의 입장에서 RFE 지역에 일본의 자본이 더 많이 투자되기를 바라는 마음이 강하다고 할 수 있다. 러시아는 일본으로부터 투자와 기술, 자원 시장을 확보하며, 일본은 자국에 절대적인 에너지를 얻을 수 있는 양자 간의 윈-윈 시나리오임을 강조하면서 일본의 투자 논리를 제시했다. 또한 RFE 현지에서는 일본이 세계최대의 개발원조(ODA) 지원국임을 들어 RFE에 상당액을 지원해주기 바랬으나, 일본 정부가 러시아연방을 개발도상국으로 간주하지 않았기 때문에 ODA를 받지 못했다. 그럼에도 불구하고 일본은 러시아 전체적으로 볼 때, 미국, 독일에 이어 3번째로 많이 러시아를 지원하였으며, RFE에서도 다른 어떤 나라보다도 가장 많은 지원을 해왔다.

<표4> 일본의 극동지역 개별 주체에 대한 투자 현황

(단위: 백만 달러)

지 역	1998	1999	2000	2001	2002	2003
사할린주	1.2	2.7	85.2	175.5	233.4	783.8
하바로프스크주	4.3	1.1	3.1	5.8	2.2	1.8
연 해 주	13.0	15.0	11.0	29.7	19.8	25.9
캄차트카주	–	2.0	3.6	11.1	7.2	6.8
계	18.5	20.8	102.9	222.1	262.6	818.3

출처: 한국 수출입은행 해외경제연구소(2003)

일본은 경제적 관계, 국경 문제, 민족문제 등이 러시아와의 관계에서 주요하게 작용하고 있는 중국과 달리 북방 영토 문제를 제외하고는 경제 협력이 러시아와의 관계에서 현안으로 작용하고 있으며, 정부 차원에서는 천연가스와 원유 개발 프로젝트 및 송유관 프로젝트에 주력해왔다. 다시 말해 중국은 러시아와 국경을 맞닿고 있는 최인접한 지리적 요건을 기초로 러시아 국경지대에 물량적으로 진입하여 결실을 보고 있는 반면에 일본은 수산업과 목재가공업, 담배 회사의 진출, 그리고 러시아로의 일본산 중고 자동차 수출 등, 민간차원에서의 진출이 있어왔지만 그 과정에서 시행착오를 거쳤으며, 그 결과 러시아가 바라는 일본의 RFE 진출을 위해 러시아에서의 요구 조건 개선을 원하고 있는 상태라고 할 수 있다. 이와 같은 상황에서 중국과 일본 간의 송유관을 둘러싼 국가 간의 경쟁이 중국 쪽으로 승세가 기울어짐으로써 중국이 RFE 진출과 경협의 성과, 그리고 에너지 자원 경쟁에 있어서 훨씬 유리한 요건을 확보하게 되었다고 할 수 있다.

3. 러시아의 에너지 정책과 중-일 관계: 파이프라인을 중심으로

탈냉전기 동북아 질서를 형성하는 과정에서 전통적인 안보적 관심사와 더불어 경제 협력, 혹은 갈등의 기제로서 에너지 확보를 둘러싼 경쟁이 신국제질서의 중요한 요소로서 등장하고 있다는 점을 간과할 수 없다. 2005 상반기를 기점으로 국제유가가 계속 치솟고 있으며 고유가 기조는 지속될 가능성이 높은 것으로 판단되고 있다. 에너지 확보에 각국이 총력을 기울이면서 에너지의 '정치화'가 가속화되고 있으며, 이를 둘러싸고 국제질서에 거대 변화마저 예상되는 시점이기도 하다. 이 변화의 기조는 우선 공급국 측면에서 기존의 최대 자원 공급지인 중동지역의 정치적 불안정성이 심화되면서 제2의 자원공급지로 러시아가 급부상하고 있다는 점을 지적할 수 있다. 향후 증가하는 천연가스에 대한 수요도 자원시장에서 세계 1위의 천연가스 매장량 보유국이자 생산국인 러시아에 막대한 힘을 줄 것으로 예상된다.

<표5> 중국의 석유 수요 및 수입 전망

(단위: 천b/d)

구분	2002	2010	2020	2030
석유소비	5,362	7,000	9,400	12,000
석유수입	2,040	4,200	7,300	9,900
수입의존도 (%)	38.0	60.0	77.6	82.5

출처: *World Oil Trade*, 2003.

또한 수요국 측면에서는 미국, 중국, 일본 등 거대 에너지 소비국들이 에너지 확보를 둘러싸고 새로운 에너지 동맹관계를 형성하고 있다.[24] 세계최대의 에너지 소비국 미국은 러시아와의 에너지 동맹을 가속화하고 있으며, 1993년 석유 순수입국으로 전환했고 2002년 세계 2위의 석유 소비국으로 부상한 중국은 석유공급안보에 대한 우

---

24) 김현진, "에너지 확보를 둘러싼 신국제질서: 전망과 시사점" 삼성경제연구소, *Issue Paper* (2004.10.1). p. i .

려가 확대되면서 에너지 확보를 위한 대내외적 대책을 적극적으로 추진하고 있다. 자원소국인 일본 역시 석유의 중동의존도를 낮추기 위해 자원생산국에 대한 전방위 외교를 강화해왔다. 그렇기 때문에 중국과의 마찰에도 불구하고 중국이 먼저 협상 중이던 시베리아 송유관 프로젝트에 참여하여 일본노선(나홋카 노선)을 관철시키려 한 것이다. 이와 같은 상황 인식을 전제로 하면서 동시베리아 유전 개발 및 파이프라인 건설을 둘러싸고 치열한 경합을 벌여 온 중국과 일본 간의 경쟁을 살펴보기 위해, 우선 러시아의 에너지 정책의 기조를 살펴보려 한다.

1) 러시아의 에너지 정책의 기조

러시아는 2000년대 들어서서 석유 및 천연가스의 수출 증대에 힘입어 세계 에너지 시장에서 중요한 행위자로서 그 위상을 높여 왔다. 그 결과 에너지 자원 수출은 침체된 러시아 경제에 활력을 불어넣어 주는 역할을 하였고 높은 경제성장의 견인차가 되었다. 러시아의 에너지 수출은 단순히 러시아 경제발전의 동력으로 작용하고 있다는 차원을 넘어서서 세계 에너지 유통과정에 적극적으로 관여하는 글로벌 에너지 공급자가 되고자 한다. 에너지 자원 중에서 특히 석유는 1990년대 동안 러시아의 국내 정치경제 발전과 외교정책에서 큰 비중을 차지한 문제로 자리 잡았다. 옐친 정부는 외국인투자정책, 석유 기업에 대한 규제정책, 세제개혁, 석유 운송망 확충 등 국내 석유 통제체제 확립에 실패해 석유생산량 증가, 외국인 투자유인, 정부 수입 증가 등 모든 면에서 실패했으며, 석유외교(oil deplomacy) 측면에서도 중동/석유수출국기구(OPEC), 미국, 유럽, 아시아 국가들과 어떤 전략에 입각해 관계를 형성해야 하는지에 대해 뚜렷한 방향을 잡지 못하였다. 반면에 푸틴정부는 국내 석유 지배체제를 굳건히 확립하고 이를 바탕으로 9/11 이후의 변화된 국제석유정치 구조 속에서 석유외교를 통해 러시아의 위상을 제고하려고 노력해왔다.[25]

2003년 8월 러시아 에너지 정책의 미래 청사진으로 정부 승인을 받은 「에너지전략 2020」보고서는 동시베리아와 극동지역의 에너지 자원 개발에 관한 계획을 담고 있다. 이 보고서는 미개발 상태인 동시베리아와 극동지역의 에너지 수송 간선망을 확충해 기존 시설이 편중된 서시베리아 에너지 수송 간선노선과 연결시키는 문제와 그동안의 유럽 시장 편향을 탈피해 동북아 지역에 수출을 늘려 나가는 것을 기본 구조로 삼고 있다. 이 보고서에 따르면, 2020년까지 동북아 지역 석유 수입의 3분의 1, 천연가스 수요의 6분의 1을 공급할 것을 목표로 하고 있으며, 서태평양지역까지 대규모 송유관과 가스 파이프라인 건설을 추진하겠다는 원대한 목표를 세우고 있다.[26]

동시에 러시아 정부는 국내 수준에서 2004년부터 사실상 정부가 에너지 산업을 독점하려는 의도를 나타내면서 성공적으로 이 작업을

---

25) 김연규, "탈냉전 국제석유정치 구조변화: 왜 러시아는 사우디아라비아가 될 수 없는가?" 한국정치학회 2005 춘계학술회의 자료집 (2005.5.19), p.149.
26) 박정민 · A.스타리치코프 (2005), pp.24 – 25.

추진하였다. 소연방 해체 이후 1993년에 시작된 구소련 석유산업의 해체와 석유산업 사유화개혁이 진행되는 과정에서, 러시아 정부는 지방 세력과 기업가들로부터 석유자원을 규제할 수 있는 제도적, 행정적 장치를 마련하지 못했다. 러시아에서 국가 기간산업이자 국부의 원천인 주요 에너지 자원에 대한 통제를 국가가 주도적으로 담당하지 못하는 구조에서 기업들이 단기적 수익을 극대화하고 장기적인 석유개발 장비에 투자하지 않는 폐단이 발생하였지만 정부가 가진 통제권은 수출 파이프라인에 대한 규제뿐이었다.[27] 이처럼 사유화된 에너지 산업 분야의 대기업에 무력하던 국가가 이들에 대해 강력한 규제를 넘어서서 기업 독점화의 경향마저 나타내면서 통제력을 발휘하기 시작한 것은 2004년 푸틴 대통령의 재집권 이후였다.

국가의 에너지 산업 독점화 경향은 푸틴 대통령이 신흥재벌인 '올리가르히'(Oligarch)에 대한 길들이기 과정에서 2003년 10월 러시아 최대석유회사 '유코스'(Ykos)의 사장으로 세계 굴지의 대부호인 미하일 호도르코프스키(Mikhail Khodorkovsky)를 횡령, 탈세혐의로 체포한 데서부터 비롯되었다. 소비에트 붕괴 이후에 대규모로 단행된 국영기업의 민영화 과정에서 과거 소비에트공업부의 관할 아래 있었던 석유, 천연가스, 광물자원을 생산하는 일련의 기업들이 거대기업으로 성장하였으며, 이러한 기업의 간부들은 엄청난 부를 취득할 수 있었다. 호도르코프스키는 석유수출량을 늘리기 위해 유

---

27) Catherine Locatelli, "The Russian Oil Industry between Public and Private Governance", *Energy Policy,* p.7.

전과 대미수출의 거점인 북극해의 무르만스크를 연결하는 파이프라인, 시베리아를 통해 아시아로 연결하는 파이프 라인의 부설을 정부에 요구했다. 호도르코프스키의 안은 러시아의 전 파이프라인을 소유, 관리하는 국영독점 기업 '트란스네프찌'(Transneft')에 정면으로 도전하는 안이었으나, 호도르코프스키는 필요하다면 자신이 파이프라인을 부설할 것이라는 의욕마저 보였다.[28]

푸틴대통령을 추종하는 끄레믈린 내의 세력들은—구소비에트국가보안위원회(KGB), 경찰, 군 출신 등—에너지 부문의 올리가르히들이 미국 자본을 포함하여 점점 많은 외국의 다국적 기업과 제휴하여 광물자원 채굴권이나 소유권을 가지는 것에 위기감을 느끼게 되었다. 이들은 러시아의 전략적으로 중요한 에너지 기업의 대부분이 외국기업으로 넘어갈지도 모른다는 위기감을 갖게 되었고, 이를 바탕으로 호도르코프스키 체포가 전격적으로 이루어졌다. 이와 더불어 러시아 정부는 유코스 주식의 40%를 차압했으며 유코스 소유권을 러시아정부 또는 정부의 입장에 가까운 러시아인에게 양도하도록 강력하게 요구했다.

유코스 측에서 이를 거부하자 2004년 12월, 유코스의 핵심 자회사인 유간스크네프테가스에 대한 경매가 강행되어 국영 가스프롬네프

---

28) 국가가 사유화에 의해 인수·합병을 막을 수 있는 방법은 존재하지 않지만 국가가 석유회사를 통제할 수 있는 효과적인 방법은 수출 파이프라인에 대한 규제이다. 석유운송을 담당하는 송유관 회사만은 100퍼센트 국가 소유로 남아 있다. 마샬 골드만, "푸틴의 강권정치와 러시아경제의 행방"『시대의 논리』(교양사회, 2005년 8월), pp.174－189.

티를 제치고 러시아 국내 투자회사인 바이칼파이낸스 그룹(BFG)이 2,600억 루블(약 93억 달러)에 낙찰 받았다. 2005년 1월에는 국영 석유회사인 '로스네프찌'가 BFG의 주식을 100% 인수했다. 로스네프찌는 가스프롬과의 합병을 이미 선언한 바 있다. 결국 러시아 정부의 의도대로 대형 국영 에너지 기업을 만들려는 시도가 현재까지 성공적으로 진행되고 있으며, 이는 푸틴대통령의 의중과도 무관하지 않은 것으로 보인다.

<표6> 러시아 에너지 산업 소유권 현황

100%	러시아 정부 - Transneft
75%	압도적 지분(overwhelming stake) Gazprom - Sibneft
50%	다수 지분(majority stake) TNK - British Petroleum - - - ->63% in Russia Petroleum
25%	일정 지분(blocking stake) Shell - in Sakhalin - 2
5%	이사회 지분 소유(seat in Directors Board) Conoco - Lukoil

출처: Oleg Sinyugin, "The Successful Implementation of International Energy Project: Russian Perspective" Korea Energy Economics Institute & Korea University, *International Conference on New Partnership for Energy Cooperation in Northeast Asia*, October 28, 2005, p.101.

<표7> 가스프롬의 역할

역 할	□ 2002년 이후 LNG 시장에 진입하면서 가스 개발 업체의 지위 획득 □ 2005년 6월, 지분소유자 회합: '세계 에너지 기업으로 가는 길') □ 2005년 6월, 현재 정부 보유 지분 50%에 10.74% 추가 □ 2005년 7월, Shell과 지분교환: Zapolyarnoe/Neokom의 50%에 대 　해 Sakhalin 2에 25% □ 석유로 사업 다각화: '시브테프찌' 취득

출처: Oleg Sinyugin (2005), p.102.

　푸틴 정부하에서 드러난 행태로 볼 때, 국가 경쟁력강화에 기여하지 못하는 에너지 부문의 올리가리히들에 대한 부정적인 여론을 바탕으로 이들에 대한 정리 작업을 하는 동시에 소유권을 국가 부문으로 이전하고 있으며, 대외적으로는 세계 원자재 부족 현상을 틈타 국가가 풍부한 자원을 독점한 뒤 경제발전의 토대로 삼겠다는 의도가 드러난다. 이에 대해서는 기존의 유코스 사태뿐만 아니라 가스프롬이 서방은행들로부터 120억 달러의 차관을 들여오기 위한 협상을 하고 있으며 이 돈으로 러시아 최고 재벌로만 아브라모비치(Roman Abramovich)가 소유한 민간 석유기업 '시브네프티'(Sibneft)를 사들이려 한다는 기사를 통해서도 확인된다. 만일에 이것이 현실화되어 가스프롬이 시브네프티를 인수하면 러시아 전체 석유 산업의 30% 이상이 사실상 국유화되며, 국유화 행진이 지속될 것이라고 관측할 수 있다. 결국 소유권 구조(ownership structure)는 러시아에서 에너지 프로젝트가 이행되는 데 있어 결정적인 역할을 할 것으로 전망되며, 그러한 현상들이 현실화되고 있음을 보여주고 있다.

2) 파이프라인 확보를 위한 일·중간의 경쟁

러시아 극동 및 시베리아 지역에서의 일·중 간 자원 개발 경쟁은 파이프라인 건설을 둘러싸고 가장 첨예하게 나타났다. 파이프라인 계획은 빠른 속도로 경제개발에 매진하고 있는 중국이 지속가능한 성장에 필수적인 에너지를 확보하고 조만간 다가올 부족 현상에 대비하기 위하여 중국은 1996년부터 러시아와의 정기협의를 통해 파이프라인 건설 계획을 검토하였고, 2001년도에 러시아와 기본적으로 합의한 바 있다. 중국라인은 러시아 앙가르스크—바이칼호 남쪽—다칭을 잇는 노선으로 정해졌다.

러시아는 2002년 12월 푸틴-장쩌민, 2003년 5월 푸틴-후진타오 간의 두 차례에 걸친 정상회담을 포함한 수차례의 국가 간 회담과 관료, 석유회사 간의 문서에 서명했지만 일본이 중국 노선에 대한 대안으로 러시아 앙가르스크—바이칼호 북쪽—나홋카를 잇는 일본라인을 제시하자 쉽게 중국 노선을 결정을 못하고 망설였다. 2002년 말을 기점으로 일본의 최고위층 인사들이 모스크바와 러시아 극동의 도시들을 방문하면서 수십억 달러의 일본 차관과 여러 가지 제의를 했으며,[29] 2003년 5월 러시아를 방문한 일본의 고이즈

---

29) 당시에 일본이 제안한 내용은 파이프라인 건설비용으로 50억 달러 재정지원, 나홋카로 이어지는 주변의 러시아 극동 도시들의 재건 비용으로 10억 달러 제공, 동시베리아의 석유개발에 75억 달러 투자 등이다. 김경순, "한·러관계의 안보동학", 『평화연구』제11권 4호 (2003 가을), p.178.

미 수상은 러시아와 일본을 잇는 원유 파이프라인 건설의사를 공식적으로 표명하기에 이른다.

<표8> 중국노선과 일본노선의 비교

구분	중국노선(도착지: 다칭)	일본노선(도착지: 나홋카)
제안사	중국석유천연가스집단공사 (CNPC) 러시아(Yukos)	러시아 국영송유관회사(Transneft)
연장거리 (Km)	2,213	3,765
수송규모	1단계: 40만b/d 2단계: 60만b/d로 확대	100만b/d
추정투자비	17억 달러	52억 달러

출처: 동북아경제중심추진위원회, 「동북아에너지협력 전문가토론회자료」, 2004. 5.

<표9> 앙가르스크 – 다칭 파이프라인의 경제적 효과

	파이프라인연장 (km)	투자액 (백만 달러)	세입 (백만 달러)	건설고용 (명)	서비스고용 (명)
이르쿠츠크주	108.0	114.0	85.0	620	775
브리야트공화국	552.3	554.0	320.0	1,120	453
치타주	792.1	453.0	427.5	1,415	462
합계	1,452.4	1,121.0	832.5	3,155	1,690

출처: 블라디미르 I. 이바노프, "러시아의 석유와 동북아시아: 가능성, 문제점, 전략" 『극동문제』293호 (2003.7), p.77.

중국은 해상을 통한 에너지 공급의 안전성을 군사적 측면에서 확보하지 못하고 있는 상황이다. 따라서 현재 건설 중이거나 가동 중인 파이프라인을 통한 수송을 확보할 수는 있지만 앞으로도 대부분은 해상 수송 루트에 의존할 수밖에 없는 현실이다. 따라서 중국의 입장에서는 미국과의 관계 개선을 유지하면서 러시아와 에너지 공동 개발내지는 협력 정책을 취할 수밖에 없는 것으로 추정된다. 중국은 이런 면에서 에너지 확보를 단순히 경제적 측면에서만 접근하는 것이 아니라 에너지 안보의 측면에서 고려하면서 협력적 측면의 에너지 전략을 수립해 가는 과정에 있다고 할 수 있다.

일본의 경우, 국가적인 차원에서의 4대 에너지 전략을 수립하여 강조해왔다. 그 내용은 다음과 같다. 1) 국제 에너지 전략의 형성은 아시아 지역에서 늘어나는 에너지 수요에 기반한다. 2) 에너지 절약 증대와 민간 부문에서의 환경 보호 3) 에너지 자원의 다각화 4) 국내 에너지 공급 체계의 유연화 실현.[30]

이와 같은 에너지 전략의 기조 하에서 운영되는 파이프라인 연결에 따른 일본의 전략은 여섯 가지로 압축할 수 있다. 1) 러시아와 정치적 관계 심화 2) 평화조약 체결 협상 3) 국제관계에서 러시아와 협력 구도 구축 4) 러시아와 교육·경제 분야에서 협력 강화 5) 국방과 안보 무제에서 관계 발전 6) 인적 교류 증진이 활성화가 그것이다.

일본은 러시아 극동시베리아 지역 개발에 투자하고 이 지역을 시장으로 활용하고자 한다. 또한 이 지역을 통과하는 앙가르스크-나

---

30) Kazuhiro Iwatani, "Energy Cooperation in Northeast asia: Japanese Perspective" Korea Energy Economics Institute & Korea University, International Conference on New Partnership for Energy Cooperation in Northeast Asia, October 28, 2005, p.81.

홋카 라인을 건설하여 중동 의존적 에너지 공급에서 탈피해 에너지 공급의 다변화를 꾀하려 하였다. 이것은 표면적인 경제적 이해이고 일본은 궁극적으로 이 지역 협력에 적극 참여함으로써 북방 영토 문제 해결이라는 이면의 궁극적인 목적을 달성하고자 한다.[31]

중국에 비해 뒤늦은 일본 정부의 참여 결정은 무엇보다도 중국에 대한 고려가 우선되었다고 보여진다. 즉 중국이 러시아 석유자원을 확보하는 데 있어 우선권을 획득하게 된다면 중국의 급증하는 석유 소비량 추이를 감안할 때 일본이 러시아 석유자원을 수입할 수 있는 길은 좁아질 수밖에 없었다는 것이다. 이와 같은 '중국요인'에 대한 전략적 고려가 일본이 러시아 석유자원을 둘러싼 중국과의 경쟁에 있어 가장 중요한 역할을 한 것으로 보인다.[32] 따라서 일본 정부가 주도적으로 관여하면서 가열된 러시아 석유자원 확보전은 2002년 말부터 일본 정부차원에서 구체적으로 나타나기 시작했다. 일본은 2003년 1월 러·일 정상회담에서 니홋카 송유관 건설의 타당성 검사에 대한 합의를 이끌어냈으며, 2003년 4월에는 동시베리아 석유 개발을 위한 대러 차관 제공 의사까지 밝힌 바 있다.

일본과 중국 간의 경쟁 속에서 결정을 내려야 할 러시아 정부는

---

31) 『월간중앙』(2004.6), http://monthly.joins.com/asp/print.asp?aid=212937. (검색일: 2005. 9. 19).

32) Edward C. Chow, "Russian Pipelines: Back to the Future?" *Georgetown Journal of Inrernational Affairs* (Winter/Spring, 2004), p.31: 이유신, "러시아 동시베리아 송유관 정책결정 요인에 관한 비판적 고찰" 한국 슬라브학회 2005년 제3차 학술회의 (2005. 9. 24), p.7.

그 시기를 최대한 늦추면서 중국 노선과 일본 노선이 각기 우호적인 조건을 내걸면서 경합하는 과정을 주관해왔다. 일반적으로 나홋카 노선은 지리적으로 동시베리아 일대의 연계적 개발이 가능하며, 일본 외에도 한국, 미국 등 수출시장의 확대가 가능하다는 점이 장점으로 제시되었다. 반면에 다칭노선의 경우 수출대상이 중국 일국에 집중되어 향후에 러시아가 가격 주도권을 빼앗길 가능성이 제기되었다. 무엇보다도 일본이 제시한 경제적 지원의 혜택도 러시아에게는 무시할 수 없는 이익이기도 했다. 일본은 나홋카로 연결되는 송유관 노선이 확정될 경우 송유관 건설비를 지원하겠다고 밝힌 바 있으며, 2004년 초 고이즈미 총리는 러시아 측에 70억 달러 이상의 개발 지원금을 약속하였다.

그 결과 2005년 초까지만 해도 일본의 입장이 러시아에게 더욱 강하여 작용하여 일본 노선이 잠정적으로 결정되는 추세였으나[33], 2005년 4월을 기점으로 러시아가 최종적으로 중국의 안을 사실상 지지하는 쪽으로 기울었다는 관측이 나오기 시작했다. 푸틴 러시아 대통령은 2005년 7월 초 G8정상회담을 마치면서 가진 기자회견에서 시베리아 원유를 수송할 송유 간 건설과 관련하여, 결국 중국에 대한 공급을 우선하겠다고 밝힘으로써 중국노선이 승리하는 것으로 인정되었다. 푸틴 대통령은 연내에 송유관 건설을 시작하여 3년 이내에 완공할 계획이며, "중국에 연간 3천만 톤을 수송하고 극동에는 1천만 톤을 수송하겠다"고 밝혔다. 일본이 요청한 태평양 연안까지의 송유

---

33) 『조선일보』, 2005. 4. 19.

관 연장은 동시베리아에서 새로운 유전개발이 이뤄질 경우 '2단계 사업'으로 검토하겠다고 공식화하였다.[34]

러시아의 이와 같은 입장 변화에 대한 분석에 있어 여러 요인들이 있을 수 있으나, 러시아의 결정에 배경으로 작용하는 요소들을 살펴봄으로써 이해를 높일 수 있을 것이다. 우선 송유관 건설 자체에 고려되는 경제성과 손익계산이다. 일본 노선은 앞서 지적했듯이 주변 국가들에 이르는 대규모 시장에 접근하기가 용이하며, 석유 수출과 관련된 항구와 선적작업 업무에 종사하는 일자리 창출이 가능하다는 이점이 있으며, 중국 노선은 총연장이 2,400km 정도로 건설비용이 적게 들고, 연 3,000만 톤의 원유를 20년에 걸쳐 중국에 안정적으로 수출할 수 있다. 반면에 중국노선은 극동지역 개발에는 별로 도움이 않는다는 단점이 있다. 반면 일본, 한국, 미국까지 석유 공급이 가능한 태평양 라인을 건설할 경우 극동지역 개발 효과를 기대할 수 있다. 그러나 총연장이 3,800km나 되기 때문에 건설비용이 많이 들고 중국과의 관계 훼손을 감수해야 할 입장이었다.

송유관 건설 자체와 관련한 입장을 포괄하는 보다 폭넓은 차원에서의 러·일, 러·중 관계의 측면은 보다 복잡하게 얽혀 있다. 러·중관계는 에너지 분야의 협력을 경제협력의 중대한 요소로 간주하고 있지만, 러·중 간의 교역에서 가장 큰 몫을 차지하고 있는 것은 중국의 러시아 무기 수입이다. 1992년 12월 양국 간에 군사기술 협력에 관한 협정이 체결된 이후 중국은 총 무기수입액의 절반 이

---

34) 『동아일보』, 2005. 9. 9.

상을 러시아로부터 구입하고 있다.[35] 러시아는 핵기술 부문에서도 중국과 협력하고 있으며, 1999년에 중국에서 두 번째로 짓는 원자력발전소를 건설하는 계약을 체결한 바 있다. 러·중 간에는 무기구매를 뒷받침하는 군사·안보적인 협력 관계도 과거 어느 때보다 확고하게 구축되어 왔다.

양국은 1995년에 국경조약을 체결하여 양국 간 잠재적 분쟁의 근원이던 국경문제를 사실상 해결하였으며, 중앙아시아 국가들까지 포함하는 국제협력체제(상하이협력기구, SOC)를 1996년 4월에 체결하여 안보협력을 강화했다.[36] 따라서 러·중관계의 전반적인 협력기조는 전례 없이 강화되어 최초의 합동군사훈련을 시행할 정도로 진행이 된 상황에서 러시아의 변경인 RFE의 개발이익을 일본에게 넘겨줌으로써 중국과의 관계에 금이 가게 하는 것 보다는 중국의 안이 관철됨으로써 일본의 안을 받아들이는 것보다 장기적으로 유리하다는 판단이 작용할 수 있다.

이와 관련하여 송유관의 노선이 일본 라인보다 중국 쪽으로 정해질 확률이 높다는 보다 세부적인 주장들 중에서 유력한 설은 일본의 경제적 지원 내지는 무리한 요구와 연관되어 있다. 즉 중국보다 늦게 러시아 송유관에 관심을 가지기 시작한 일본이 송유관 경쟁에서 승

---

35) U. S. Defense Department, *Annual Report on the Military Power of the People's Republic of China* (Washington D.C.: 2002), p. 40.

36) 러·중 협력의 포괄적 측면은 고상두, "러시아와 중국의 유라시아동맹: 동북아 지각변동의 예감" 『한국정치학회 연례학술대회 자료집』(2004.12.3), pp.209－221, 참조.

리하기 위해 자국이 보유한 막강한 경제력에 의존했는데, 이 과정에서 일본은 러시아에 무리한 요구를 했고 이는 러시아가 앙가르스크-나홋카 송유관 건설계획에 대해 미온적으로 반응하게 했다는 시각이 이를 대변한다.37)

러시아 입장에서 일본과는 북방영토 문제가 계속 걸림돌로 남아 있지만 일본정부가 RFE 지역을 다루는 데 있어서는, 특히 에너지 확보문제를 영토문제와 사실상 분리시켜 접근하고 있는 데 대하여 나홋카 파이프라인 건 이외에도 향후의 RFE 개발계획과 에너지원 개발 사업에 있어 일본이 참여할 여지가 많기 때문 일본을 어떤 식으로든 참여시키려는 노력을 병행하면서 중국의 입장을 고려했다고 볼 수 있다.

사실 러시아와 일본 간의 자원개발 프로젝트는 계속되어 왔으며, 대표적으로 사할린 인근 연안의 해저 석유/가스전 개발과 이용에 관해서는 양국 간의 사업추진이 논의되고 있다. 일본은 현재 사할린-1과 2 프로젝트에 활발하게 참여하고 있다. 사할린 프로젝트는 단일 프로젝트 중에서 가장 규모가 크며, 일부 프로젝트의 경우 개발을 완료하고 석유를 생산하는 등 활발하게 사업을 추진하고 있다. 다시 말해 러시아는 중국과의 전체적인 우호관계를 유지하면서 일본으로부터의 경제적 지원의 끈을 놓지 않는 방식으로 RFE의 에너지 자원을 통제하면서 국부를 증대시키려는 일련의 계획과 행동으로 나서고 있다고 볼 수 있다.

---

37) 이유신 (2005), pp.13 - 15.

4. 러시아 극동지역 질서와 한국에의 시사점

1990년대부터 동북아 지역의 개별 국가들이 국가 안보 차원에서 에너지를 장기적으로 확보하는 방안을 마련해오고 있다. 즉 에너지의 안정적 공급과 유가 관리라는 측면에서뿐만 아니라, 에너지 보유국과 동맹 강화, 군사와 외교 등을 포괄하는 에너지 안보 구조를 만들어가는 방향으로 그 모색이 이루어지고 있음을 어렵지 않게 목도할 수 있다. 이러한 구도 속에서 중국과 러시아간의 동반자 관계의 전반적인 강화와 그 하위단위로서의 에너지 협력 체계의 구축이 눈에 띄게 활발해지고 있다. 일본 역시 지역 협력을 강화하면서 러시아 극동지역에 전략적으로 협력 체계를 구축하려고 노력해왔으며, 러시아산 에너지의 도입을 그 수단으로 삼고 있다.

러시아는 중국과 일본의 에너지 확보를 둘러싼 각축 속에서 중국과 일본을 견제하면서 동시에 지역 발전을 이룩한다는 전략적 구도 속에서 움직여왔다. 러시아는 원유 파이프 라인망 구축을 매개로 중국과 일본을 견제하면서 중·일간의 경쟁 구도를 이용하는 측면을 나타내왔다.

2000년대 들어선 현재, 아·태지역에서 에너지 수요가 가장 큰 국가는 미국이며, 그다음으로 중국, 일본, 캐나다 및 한국 순이다. 그중 미국과 캐나다는 러시아 극동지방에서 지리적으로 멀리 떨어져 있고 에너지의 수입 의존도도 낮으며, 중국은 지리적으로는 인접해 있으나 에너지 자원을 거의 자급자족하고 있으므로 극동지역 에너지 자원에 대한 수요가 가장 큰 나라는 일본과 한국이 해당된다고 할 수 있다.[38] 그러나 장기적으로 볼 때 빠른 경제성장을 하고 있는 중국이 극동지방으로부터 에너지 자원을 수입할 가능성이 높으며, 이점은 현실화되고 있다. 중국은 러시아 극동 지역에서의 자원 확보 경쟁에 우위에 섰음은 물론이고 중앙아시아 지역에서도 경쟁사들을 물리치고 자원 확보 전쟁의 승자로 입지를 굳히고 있다.[39] 이와 같은 현실 인식을 바탕으로 현재까지 형성되고 있는 극동지역의 질서와 관련하여 한국이 갖는 의미와 진출방도에 대해 논할 때, 두 가지 측면에서 이를 거론할 수 있다.

첫째는, RFE로의 진출문제이다. 특히 한국의 RFE 진출과 관련하여 유리한 점으로 러시아의 중국인 유입에 대한 반감과 해당 지역의 '중국화'에 대한 우려가 한국을 선호하게 할 것이라는 점을 강조되곤 한다. 중국인들의 유입에 대해 러시아 지방 정부가 규제를 하고 중앙정부에서도 비자 요건 강화를 통해 경계를 하고 있음에도 중국인들의 늘어나는 RFE 진출에 대해 러시아인들이 반감을 가지고 있기 때문에 한국의 RFE 진출에 유리하다는 주장은 논리적으로는 타당한 측면이 있으나, 현실적으로는 실현가능성과 무관하다고

---

38) 이창재, "극동지방의 자원과 아시아태평양 경제" 정한구 편, 『러시아 극동지방: 개방과 발전 전망』(성남: 세종연구소, 1995), pp.119 - 120.

39) 중국석유천연가스공사(CNPC)는 인도 국영 석유 천연가스공사(ONGC)와 치열한 경쟁을 벌인 끝에 인도 측을 제치고 카자흐스탄 3위의 석유 회사인 페트로카자흐(PK)를 인수하기로 합의하였다. 카자흐스탄의 석유 매장량은 396억 배럴로 미국보다 35% 많으며 중국은 PK 인수로 카자흐스탄 전체 석유의 12%를 확보하게 되었다. 『중앙일보』, 2005. 8. 24.

하겠다. 중국은 투자 액수가 미미하며 인력 투입을 통해 현지 거주하며 번 돈을 중국으로 송금하기 때문에 이를 한국인들이 대체하기에는 무리이다. 한국인들이 중국인들처럼 대거 진출하여 상업과 바터 무역에 종사하지는 않을 것이기 때문이다. 또한 중국 진출을 러시아인들이 꺼려한다고 해서 자동적으로 한국의 진출이 보장되는 것은 더더욱 아닐 것이다. 스스로 노력하지 않고 반사이익만 얻기에는 국제사회의 논리가 냉혹하기 때문이다. 따라서 러시아가 원하는 한국의 투자 확대를 위하여 다각적인 모색을 할 필요가 있다.

RFE 진출을 위해서는 여러 가지 난점이 아직까지는 장점보다는 더 크게 작용하고 있는 것이 사실이나 기업차원에서의 진출을 정부가 뒷받침하고 RFE와 시베리아 지역에 대한 국내 연구와 조사를 강화해야 할 시점이라고 판단된다. 이와 관련하여 일본에서 정부와 의회, 민간이 혼연일체가 되어 나홋카 송유관 확보를 위해 투자하고 노력해왔음을 상기할 수 있다. 에너지 확보를 위한 단기적인 노력뿐만 아니라 한반도 통일 이후에 국경을 접하게 될 영역에 대한 탐사와 대비를 위해서도 필수적인 작업이기 때문에 이를 강조할 필요가 있다.

둘째는 에너지 확보를 위한 국제적 경쟁이 한국에게는 어떤 의미를 가지며, 한국은 향후에 무엇을 하여야 하는가의 문제이다. 1990년 한·소 수교 이후 한국은 안정적인 에너지 공급망의 확보 및 에너지 자원 수입선 다변화라는 에너지 정책의 목표 달성을 위해 러시아 극동 및 시베리아 지역을 대상으로 하는 자원협력 사업을 모색해왔다. 그 결과 한국이 참여하기로 합의된 사업으로 이르쿠츠크 (코빅틴스크) 가스전 개발 및 파이프라인 프로젝트, 사하공화국의 가스전 개발 사업(야쿠츠크 프로젝트), 사할린 1, 2 프로젝트 등이 있지만 조사 결과 타당성이 없는 사업으로 판명이 난 경우도 있고, 합의했지만 사업이 진척이 안 된 경우도 있고, 참여를 결정하지 못한 사례도 있다.

한국의 경우, 시베리아와 사할린의 유전/가스전 개발을 위한 기존의 논의 구조에 미국, 일본, 중국 등의 행위자가 깊숙이 개입하고 있지만, 한국 역시 RFE 지역 개발에 공동으로 참가하여 일익을 담당해야 할 동등한 행위자라는 사실에서 현실 인식의 기저가 깃들어 있다. RFE 지역 개발을 위해 절대적으로 필요한 자본과 노동력은 어느 한 나라가 절대적으로 공급할 수 있는 성격과 구조가 아니기에, 한국의 몫은 언제나 사실상 열려있는 개방형 구조라고도 할 수 있다. 특히 러시아 극동의 연해주 지방은 남북철도가 연결되는 핫산역과 시베리아 철도의 출발역인 블라디보스토크가 있다. 굳이 시베리아횡단철도(TSR)와 한반도종단철도(TKR)가 연결되어 물동량을 증대시킬 개연성이 아니더라도 한국의 미래 국경지역으로서의 경협 개척지라는 의미는 충분하다. 그럼에도 불구하고 지금까지 특히 자원개발 분야에서 가시적인 성과가 도출되고 있지 못한 데에는 장기적인 관점에서 접근해야만 하는 대규모 사업에 대한 접근이 아직 충분치 못하다는 데에 원인이 있는 듯하다. 거기에 더해 주요 에너지 소비국은 정상들이 직접 나서서 에너지 확보를 위한 선을 구축하기 위해 노력을 해왔지만 한국은 주로 실무진만 오가고 있다. 보다 전향적인 한국 정부의 역할이 요구되는 상황이다.

자원 확보를 위한 국가 간 경쟁 사례 이외에도 정부의 역할은 RFE 지역으로의 민간기업과 공기업의 진출과 적응을 위해 더욱 확대되어야 하며, 우리 기업의 자유로운 활동을 위해 장애가 되는 현지에서의 문제들을 해소하는 데 주력해야 할 것으로 보인다. 특히 좌절된 코빅타 유전 개발 참여에 대한 대안으로서 사할린 가스전이 한국에 더 중요한 것으로 나타나고 있기에, 한국 정부가 사할린 정부와 협력적인 채널을 구축할 필요가 있다.[40] 중국과 일본이 극동 진출을 위해 정부 차원에서 지원책을 강구하여 꾸준히 시도해온 경험을 외면할 필요는 없을 것이다. 한국 기업이 러시아 극동/시베리아 진출을 모색하는 것은 위험성이 높은 시도이기에 그 만큼 정부 차원의 배려가 수반되어야하는 것은 필지의 사실이다. 한국은 일본 (일부 지역 제외)과 미국보다도 지리적으로 RFE에 인접해있으며, RFE를 인적으로 점령해가고 있는 중국에 비해 경제적 야욕이 없고 국경문제와 민족문제에 있어 러시아와 충돌할 가능성이 훨씬 낮은 나라이기 때문에 아직 RFE 진출을 위해 일·중간의 경쟁을 통해 배우고 우리의 활로를 모색해나갈 수 있는 충분한 능력과 시간이 있다고 여겨진다.

---

40) Gi Chul Jung, "Natural Gas Development Projects in Northeast Asia" Korea Energy Economics Institute & Korea University, *International Conference on New Partnership for Energy Cooperation in Northeast Asia*, October 28, 2005, p.138.

러시아 극동지역과 러·일관계의 경제적 측면*

1. 머리말

러시아 극동지역(Russian Far East)은 태평양 연안에 인접한, 수도 모스크바와는 여덟 시간의 시차를 두고 있는 지역으로서 20세기 초만 해도 국제교류가 활발했던 곳으로서 일본, 중국, 한반도 등 인접 지역과 교역을 통해 경제발전이 기대되던 곳이었다. 그러나 소련 체제하에서 극동지역은 안보적 요청에 따라 변방의 일개 초소로 전락한 가운데 외부와 완전히 차단되고 말았으며, 소련 붕괴 직전에서야 이 지역이 다시 개방되었다.[1]

---

* 본 장은 『국제지역연구』(한국외국어대학교 외국학종합연구센터) 제7권 제4호, pp.31–60에 게재했던 논문을 보완하였음.

소련사회에서 페레스트로이카(perestroika)의 도입 이후 소련의 붕괴에 이르기까지 가속화된 경제적 침체의 지속이 러시아 전역에 걸쳐서 진행되었지만, 시베리아와 연해주를 포함하는 러시아 극동지역만큼 심대한 타격을 입은 곳도 드물다. 결국 위기라고 여길 정도로 악화된 경제 상황은 정치적, 환경적 재난을 수반하였고, 러시아는 물론이고 일본을 비롯한 서방국 등, 러시아 외부 세계에서 이러한 결과에 대한 충분한 대비를 하지 못했던 것도 사실이다.[2]

러시아 극동지역은 풍부한 천연자원과 경제발전의 잠재력을 갖고 있지만 인구밀도가 매우 낮은 심각한 불균형 상태에 있어 거대한 내수시장을 형성하고, 인프라 건설 및 천연자원 개발에 소요되는 대규모 자본투자를 자체 조달하는 것이 사실상 불가능하다. 더구나 중앙정부와 지방정부의 재정여건이 매우 취약한 상태에 있어 결국 막대한 자본투자를 요구하는 지역개발사업의 성공여부는 외국자본의 투자 등, 대외적 요소가 결정적인 역할을 할 수밖에 없다.

이와 관련하여, 극동지역에 대한 외국자본의 투자 중에서도 중요성을 지니고 있는 일본의 러시아 극동지역에 대한 '관여'(involvement)는 두 가지 요소의 조합을 특징으로 하고 있다. 정책(policy)의 측면에서, 일본은 소연방의 붕괴 시까지 극동의 잠재력에 대해서 무관심했다. 일본이 러시아에 관심을 가지기 시작했을 때, 많은 문제들에 봉

---

1) 정한구, 『러시아 극동지방: 푸틴 대통령과 지역개발 정책의 장래』(세종연구소, 2002), p.6.

2) John J. Stephen, *The Russian Far East: A History* (Stanford, CA: Stanford Univ. Press, 1994), pp.14 – 19.

착하였고, 그것은 극동에 대한 적극적인 지원을 시작하기가 불가능하게 만들었다. 현재까지도 러시아 극동에 대한 총괄적인 정책이 없는 실정이다. 반면에 실재적인(practical) 측면에서, 일본은 극동지역이 아시아-태평양 지역으로 통합되면서, 의식하지 못하는 사이에 주요한 행위자로 되어 인정받아 왔다.[3] 더욱이 다른 어떤 나라보다 일본 경제가 침체할수록 러시아 극동지역이 곤경에 처할 개연성도 높아진다는 점에서 수긍할 수 있다.[4]

본 장에서는 일본의 이와 같은 입장에 기초하여 일본의 극동지역 투자의 추이를 통해 주요하게 드러나는 러·일관계의 경제적 측면에서의 특징과 의미를 살펴보고자 하며, 이러한 점들이 러시아의 시베리아·연해주 개발을 위시한 극동지역 발전전략과 어떠한 상관관계를 맺고 있는지에 대해 설명하려 한다.

2. 극동지역의 개발 현황

소연방 붕괴 이후 본격적인 자본주의 제도 도입을 추구했던 옐친

---

3) Nobuo Arai and Tsuyoshi Hasegawa, "The Russian Far East in Russo-Japanese relations" Tsuneo Akaha, *Politics and Economics in the Russian Far East* (London and New York: Routedge, 1997), p.155.

4) Gilbert Rozman, "Japan and Russia: Great Power Ambitions and Domestic Capabilities" in Gilbert Rozman, *Japan and Russia: The Tortuous Path to Normalization, 1949-1999* (New York: St. Martin's Press, 2000), p.375.

정부는 러시아연방 내 극동·시베리아 발전을 위한 구체적인 경제
정책과 경제개발 프로그램을 갖고 있지는 않았다. 연방정부는 급격
한 시장경제로의 이행으로 인해 중앙 수준에서 곤경을 겪으면서 이
지역까지 관리할 여력이 사실상 없었기 때문이다. 러시아 연방 정부
는 극동·시베리아 지역을 아·태지역과 유럽을 연결하는 대륙 간
교량(land bridge)의 역할을 강조하면서 지방정부와 공동으로 자유
경제지대 설정, 블라디보스토크 대광역 개발프로젝트, 두만강 개발
프로젝트 등의 개발의지를 표명했다. 또한 중장기 사회간접자본의
확충, 사하-야쿠티야 가스전개발 및 파이프라인 프로젝트, 사할린
대륙붕 석유·가스개발 프로젝트, 동시베리아 이르쿠츠크 가스전 개
발 및 파이프라인 프로젝트 등의 사업안이 전개됐지만 사할린 광구
Ⅱ 프로젝트를 제외한 모든 사업은 더디게 진전되었거나 혹은 타당
성을 조사하는 수준에 머물렀다. 이 프로젝트들은 서방자본의 유치
를 통해 이 지역에서 부족한 사회간접자본의 확충과 자원개발을 원
활히 하는 데 목적을 두고 있었다.[5] 자유경제지대도 설정은 되었지
만 제반 물적 및 법적 시설과 조치가 뒤따르지 못해 해외자본과 기
업의 유치는 잘 이루어지지 않았다.[6]

---

5) 한종만·성원용, 『21세기 러시아의 시베리아 극동지역 개발 전략에 관
　　한 연구』(대외경제정책연구원, 2001), pp.33-34.
6) 나호트카가 1990년대 초에 자유경제지대로 선포된 이후 차례로 대표부
　　를 개설한 다른 나라들의 기업은 그다지 기반을 잡지 못했다. 그곳에서
　　는 겨울철에 하루 18~20시간씩 전력 공급이 빈번하게 중단되는 등 열악
　　한 환경이 방치되어 있어 근로의욕을 상실하게 만드는 상황이 존재하고
　　있다. 콘스탄틴 풀리코프스키, 성종환 역, 『동방특급열차』(중심, 2003),

옐친 행정부는 이러한 상황에서 제2대 대통령 선거를 겨냥해서 1996년 봄에 지방정부, 특히 경제적 어려움이 심각한 러시아 시베리아·극동지역을 무마하기 위해 '극동지방과 바이칼 지역의 경제·사회 발전을 위한 러시아연방계획, 1996 – 2005'을 제시했다.[7] 이 프로그램의 주요 목표치는 <표1>과 같다.

<표1> '극동지방과 바이칼 지역의 경제·사회 발전을 위한
러시아연방계획, 1996 – 2005'의 주요 목표치

(1995년 기준=100)

연 도	1995년	1996년	1997년	2000년	2005년
인구(연말기준)	100.0	98.9	98.1	95.7	93.1
GDP	100.0	103.8	110.5	126.9	145.9
1인당 GDP	100.0	105.1	113.3	132.6	157.1
국민소득	100.0	102.5	108.4	130.0	163.9
1인당 국민소득	100.0	103.5	110.4	135.6	176.0
공업생산	100.0	97.0	99.3	115.0	146.4
1인당 공업생산	100.0	98.1	101.8	120.4	157.4

출처: 이형근(1996), 「러시아 극동지역 장기발전프로그램 개요」, 『지역경제』9월호, p.122. 대외경제정책연구원.

이 계획에 따르면 2005년까지 극동지방의 지역총생산을 1995년

---

pp.80 – 81.

7) Выступление на совещании О перспективах развития Дальнего Востока и Забай калья, http://president.kremlin.ru/events/50.html (검색일: 2001. 12.23).

대비 49% 증가시키고, 주민 1인당 지역총생산은 목표 연도까지 57.1% 증가하도록 책정했다. 그러나 이 프로그램도 연방정부의 재원 부족으로 흐지부지한 상태가 되어버리고 말았다.8) 러시아 정부는 기존의 계획을 수정한 2010년까지의 극동지방 개발계획을 새로이 마련 중에 있는 것으로 알려지고 있다. 이전의 계획보다 사업 규모가 상당히 축소될 것으로 전해지고 있는 새로운 계획은 전체적인 틀에 있어서 이전의 계획과 큰 차이가 없는 것으로 전망되고 있으며, 극동지방의 연료 및 에너지 산업과 수송 부문의 집중적 육성 및 석탄산업의 현대화와 연해주 개발에 역점이 두어질 것으로 알려지고 있다.9) 지금까지 러시아 정부가 내놓은 장기발전 프로그램과 발전 전략 등에 나타난 극동·시베리아 개발 방향을 제시하면 다음과 같다.10)

---

8) "Перспективы социально-экономического развития Дальнего Востока", Вопросы экономики, Но. 10 (2000), с. 93.

9) http://www.kotra.or.kr/ktc/market/TC051S.jsp?inpt_no= 1102136&martcate_cd= 0010000&page=17&gs_l (검색일: 2003. 11. 15).

10) 이에 대해서는 다음의 글에 의존했음. V. V. 미헤예프, "러시아의 아태지역 통합가능성", 한양대학교 아태지역연구센터·러시아 과학아카데미 극동연구소 공동 주최 제11차 한·러국제학술회의, 『러시아 신정부의 경제정책과 지역경제협력』(서울, 2000.10. 5 - 6) 발표문: Резюме докла да Совета федерации федарального Собрания Россий ской федераци и "Стратегия развития России в АТР в 21 -ом веке" (по итогам Бай кальского экономического форма), http://www.forum.baikal.ru/about /strateg.htm: 한종만·성원용 (2001), pp.110 - 114.

□ 연료·에너지복합체의 발전

시베리아 지역에서 채굴되는 가스는 러시아 전체 생산량의 90%, 석탄은 72%, 석유는 67%를 차지한다. 따라서 석유·가스 산업은 러시아경제에서 가장 안정적인 산업이며, 재정과 외환보유를 충당할 수 있는 원천이 된다. 시베리아의 에너지전략은 다음과 같은 우선사항을 포함한다.

- 서시베리아의 석유와 가스 채굴의 안정
- 동시베리아와 사할린의 석유·가스전의 개발, 아·태지역 국가들과의 단일한 파이프라인 및 에너지체계 구축
- 석탄가공, 석탄화학 및 석유화학의 발전
- 새로운 기술 수준으로 나아가는 전력부문의 개혁과 이를 위한 구조조정
- 연료·에너지복합체 생산설비의 근본적 개선과 기계제작 및 군산복합체 기업과의 지역 간 협력 강화

□ 유럽과 아시아를 연결하는 교통망으로서의 시베리아의 역할

러시아의 단일한 경제공간을 구성하는 요소로서 시베리아·극동지역의 교통망 발전은 지리적 위치로부터 얻는 잠재적인 이득 외에도, 국민경제의 균형적 발전을 도모하는 데 기여한다. 러시아의 교통망은 국제수송 통과서비스를 제공하는 점에서 경쟁력이 있어야 하고, 러시아의 타 지역 생산자들에게도 가격 면에서 접근이 가능해

야 한다. 최근 전 세계적으로 항공수요는 꾸준한 증가 추세를 보여
왔는데 많은 최단거리 항로가 극동·시베리아 지역을 통과하므로 복
합수송망을 발전시켜야 하는 과제가 필연적으로 제기된다.

□ 첨단과학·생산 및 교육 잠재력의 활용

첨단과학·생산 및 교육 잠재력의 활용과 관련해서는 시베리아·
극동지역이 더 이상 원료공급지로서의 역할에만 머물러서는 안 되
고, 지역 내 군산복합체나 연구소, 교육기관 등에 다년간 축적된 첨
단과학·생산 잠재력을 적극 활용해야 한다는 측면을 제시한다.

이와 더불어 시베리아의 생산잠재력을 보존하고 활성화하는 데 중
요한 의미를 갖는 것은 역시 과학과 과학기술생산 분야이고, 여기에
서 가장 핵심적이고 우선적인 과제는 생산의 기술적 개선과 빠른 성
장의 토대로서 정보·과학 집적기술을 발전시키고 응용하는 것이다.
이러한 목표 아래 다음과 같은 구체적인 실천방안들이 제시된다.

- 시베리아 대도시(노보시비르스크, 톰스크, 크라스노야르스크, 이르
  쿠츠크 등)에 국립 소프트웨어 정보전산센터 설립
- 시베리아 주요 도시에 중국과 인도 등의 예를 따라 첨단과학생산
  을 활성화하기 위한 대규모 테크노파크 조성
- 군산복합체 기업들을 기반으로 몇몇 국가 프로젝트(규소 생산, 강
  전자 공학, 핵화학·레이저 및 기타 프로젝트)의 실행

이와 같은 전반적인 방향성에도 불구하고 극동·시베리아 지역에 대한 연방 정부의 정책은 재정상의 압박이 지속되어 극동지방에 대한 투자를 확대하지 못하는 상황과, 극동지방에 대한 연방 정부의 조정 기능이 푸틴 대통령 집권 이후 강화되는 추세에 있는 가운데 극동지방 개발계획은 장기적으로 낙관하기 힘든 현실에 놓여 있음을 지적하지 않을 수 없다. 2000년에 공표된 러시아 경제발전계획도 세제와 규제 개선을 약속했으나, 그 이행은 더디기만 하다. 경제개발부 장관 게르만 그레프(German Gref)의 "2010년까지의 러시아 발전전략"은 소유권 보호, 법의 지배 보장, 국가 능력 증대, 세제와 규제 개혁, 그리고 시장지향적 인프라스트럭처의 제공을 약속했다. 푸틴대통령은 PS 입법(production-sharing legislation)의 개선이 투자와 기술을 유치하고, 생산물분배협정(PSA: production-sharing agreement)의 이행을 촉진시킬 수 있는 기념비적인 제안이 될 것이라고 언급했다.[11]

---

11) 석유와 천연가스의 과세비율은 연방정부가 80%, 지역 당국이 20%를 징수하도록 되어 있다. 2000년 9월에 푸틴대통령은 게르만 그레프와 통상개발부에 PSA입법 조정 권한을 주었으나, 1년이 지나면서 많은 세력들이 이를 방해하였다. 연료에너지부와 재정부는 변화에 저항하였으며, 국가두마와 연방의회의 정치인들은 몇몇 지역에 우선권을 주는 조치들에 반대하면서 PSA리스트를 수정하는 데 중요한 역할을 담당했다. 뿐만 아니라, 높은 수출가격으로부터 혜택을 받아온 러시아 국내 석유회사들은 외국의 다국적기업과의 경쟁 증대를 불러올 입법상의 변화를 지지하는 데 거의 관심을 두지 않았다. Russian-European Center for Economic Policy, *Russian Economic Trends*, July 30, 2001, p.5: Judith Thornton and Charles E. Ziegler, "The Russian Far East in Perspective" Judith

2003년 6월 말 현재 외국인 투자누적액은 483억 불로 전년 동기 대비 26.7%가 증가하였고, 향후 러시아 투자 매력을 높이기 위해 행정 간소화 정책, 부가가치세 감세, 정부규제 완화 등 관련제법 개정을 추진하고 있다. 한편, 극동 및 시베리아 지역 투자 메리트를 높이기 위해 연방정부 사회인프라 구축 예산의 20%를 동지역 개발에 배정하여 2010년까지 에너지, 교통, 자원, 통신설비 개발 등에 142억 불을 투자할 예정이다. 그 밖에 외국자본을 이용한 치타-하바롭스크 간 자동차도로 건설, 시베리아 가스/석유관 연해주까지의 확장 매설, 극동 항구 물동량 증가에 따른 처리설비 현대화, 보관창고 확대 등 사회 인프라 확충에 관심을 기울이고 있다.[12]

이와 같은 러시아 정부 차원에서의 노력과 더불어, 러시아 극동과 시베리아의 개발과 발전에 가장 현실적인 대안으로 아시아·태평양 지역과 경제교류를 활성화하는 것이 현재로서는 부각될 수밖에 없는 실정이다. 이를 위해 경제교류의 가장 중요한 지표 중의 하나인 외국 자본의 참여 현황과 그중에서 일본이 차지하는 비중을 살펴봄으로써 그것이 가능할지에 대한 평가가 가능하다고 하겠다.

Thornton & Charles E. Ziegler (2002), p.11.

12) 대한무역투자진흥공사, "극동러시아 경제현황"(2003), p.10.
http://www.kotra.or.kr/ktc/vvo/market (검색일: 2004.1.12).

3. 극동지방의 합작사업과 일본의 투자 현황

1) 극동 지방의 합작사업: 연해주를 중심으로

소련 말기 진행된 개혁의 첫 단계에서 기대했던 것은 천연자원의 개발을 위해 해외 투자를 유치하면 극동지방의 생산구조를 개선할 수 있고, 이를 통해 수출 잠재력을 증진하고 대외무역을 확대하며, 동시에 외국, 특히 아시아·태평양 지역 국가들과 협력을 강화할 수 있으리라는 것이었다. 이러한 잠재적 목표와 더불어 진행된 연방정부의 정책은 개혁과정에서 많은 변화를 겪어왔으며, 과거 소련 시대의 보호정책에서 지방경제 운용에 대한 불간섭(невмешательство) 내지는 지방의 자력발전(саморазвитие)의 방향으로 나아가고 있는 것으로 평가된다.[13]

극동지역에서의 외국투자는 소련 붕괴 이후 지난 10년 동안 부침을 거듭했지만, 그 증가는 크지 않으며, 특히 실제로 사업에 착수한 합작회사의 수는 미미한 편이다. 외국투자자들은 극동지방에 매우 신중하게 자본을 투자하고 있으며, 그 투자 자본을 실제 사업에 투하할 때는 더욱 신중하다고 할 수 있다. 따라서 대규모 투자계획이 성사되는 경우가 상당히 드물게 존재한다. <표3>은 국가별 대극동지

---

13) Минакир (ред.), Экономическая политика: региональное измерение, cc. 12 – 13: ИЭИ ДВО РАН, Экономическая политика на Дальнем Востоке России: Концепция и программа, cc. 12 – 13.

<표3> 국가별 對극동지역 외국인 투자동향

(단위: 백만달러)

	98년말 누계		1999년		2000년		2001년도		2002년도	
	금액	비중(%)	금액	비중(%)	금액	비중(%)	금액	비중(%)	금액	비중(%)
미 국	716.1	48.0	1,020.0	94.1	105.9	29.9	40.3	7.8	11	1.4
일 본	183.7	12.3	15.9	1.5	99.9	28.2	193.7	37.4	254.8	31.9
영 국	152.9	10.3	10	0.01	2	0.6	71.7	13.7	121.4	15.2
화 란	–	–	–	–	–	–	106	20.5	165	20.7
바하마	–	–	–	–	–	–	52	10.0	177	22.2
한 국	130.2	8.8	37.3	3.5	44.4	12.5	32.2	6.2	28.3	3.5
중 국	11.6	0.8	5.03	0.4	3.5	0.1	0.7	0.1	15.1	1.9
계	1,490,1	100.0	1,084.0	100.0	354.6	100.0	515.5	100	797.8	100

출처: 대한무역투자진흥공사, "극동러시아 경제현황"(2003), p.7.
http://www.kotra.or.kr/ktc/vvo/market. (검색일: 2004.1.12).

<표4> 대연해주 외국인 투자 현황

(단위: U$ 백만)

구분	95년 이전	95년	96년	97년	98년	99년	00년	01년	02년	누계
한 국	4.5	5.8	41.4	34.8	23.3	20.6	43.4	30.6	21.3	225.7
일 본	9.9	0.3	0.3	18.3	13.1	15.9	11.8	29.7	19.8	119.1
미 국	10.1	13.7	9.3	16.1	3.4	4.4	12	38.9	8	115.9
스위스	0	0	4.3	3.9	0	0	0	0.2	0.5	8.9
영 국	116.4	21.4	14	0	1.1	10	2	0.1	1.4	166.4
싱가포르	24.8	7.8	10.8	2.9	6.9	0	0	0	0	53.2
중 국	4.9	0.7	0.1	0.5	0.1	0.7	1.9	0.5	0.6	10
기 타	16.8	3.7	16.4	17.1	8.4	2.4	7	8.6	5.7	86.1
전 체	187.4	53.4	96.6	93.6	56.3	54	78.1	108.6	57.3	785.3

<출처> 무역투자진흥공사, "극동러시아 경제현황"(2003), p.10.
http://www.kotra.or.kr/ktc/vvo/market (검색일: 2004.1.12).

역 외국인 투자동향을 제시하고 있으며, <표4>에서는 대연해주 외국인 투자현황을 나타내고 있다. 이에 따르면 전체 극동지역과 극동의 일부인 연해주에서의 외국인 투자현황 가운데 한국, 미국, 일본이 주요 국가이지만 그 외의 국가들의 구성은 다르며, 주요 국가들내에서도 양 지역에서의 투자 1,2,3 순위가 바뀌어 있음을 알 수 있다.

연해주의 경우, 1991년에 '외국인 투자법'이 제정되어 무역자유화 이후 외국 기업의 설립이 본격화되고 있다. 2000년 현재 연해주에 투자한 나라를 살펴보면, 중국이 176개 회사로 가장 많은 기업을 설립하여 1위를 차지하고 있으며, 한국, 미국, 일본 순으로 기업을 설립하였다. 연해주에 기업을 설립하는 외국인들은 투자위험으로부터 벗어나기 위하여 짧은 기간에 투자 자본을 회수할 수 있는 상업, 서비스, 또는 천연자원(목재, 수산물 등) 등 빠른 시일에 수익을 창출할 수 있는 산업에 집중되어 있다. 반면, 교육, 문화, 농업, 그리고 여행업에 대한 투자는 위험성이 높은 도박과 같은 투자로 생각하여 투자가 미미한 편이다.[14] 2002년 분야별 투자현황을 살펴보면 목재가공 및 제지업에 대한 투자가 19.1백만 불로 전체의 33.3%를 점유하고 있으며, 호텔업(12.9백만 불), 운수업(7.2백만 불), 섬유산업(4.8백만 불), 통신업(2.8백만 불), 식품산업(2.7백만 불), 무역업(1.0백만 불) 순이다.[15]

---

14) 윤재희·강명구 공저, 『극동러시아의 경제』(선학사, 2003), pp.59 - 60.
15) 대한무역투자진흥공사, op. cit. pp.27 - 28. http://www.kotra.or.kr/ktc/vvo/mar-ket (검색일: 2004.1.12).

연해주와 마찬가지로 극동지역 전체에 걸쳐 전반적으로 나타나고 있는 특징이 앞서 제시한 외국 투자 기업의 '중국화'가 지속되고 있다는 점이다.16) 그렇지만 중국 자본이 참여한 기업들은 정관으로 정해진 자본금의 규모가 그다지 크지 않은 경향이 있다. 일본 자본이 참여한 기업들의 자산 규모가 30만 달러 이상인 데 비해 등록한 러시아-중국 합작회사의 평균 자본금은 기껏해야 약 5만 달러 정도가 고작이다. 많은 합작회사들 특히 100퍼센트가 중국 자본으로 운영되는 회사들은 기업 본연의 활동보다는 부동산을 취득하거나 합작회사에 관한 법령에 규정되어 있지 않은 다른 활동에 열중하고 있다. 이와 더불어 외국 투자자들이 산업 생산의 영역, 특히 그 중에서도 천연자원의 가공 및 수입대체 품목, 특히 소비재 생산에 투자하도록 유인할 수 있는 여건은 좀처럼 호전되지 못하고 있다.17)

2) 일본의 극동지역 투자 현황과 문제점

탈냉전 시대의 도래와 더불어 일본 정부는 새로운 대러시아 관계를 정립시키기 위하여 1997년 7월 하시모토 총리는 신뢰, 상호이익,

---

16) 러시아인 700만 명이 거주하는 극동지역 일대와 중·러 국경을 따라 거주·이동하는 중국인 인구는 1억 명을 훨씬 상회하고 있는 실정에서 중국의 경제적 진출이 활발해지고 있다. Michael Wines, "Chinese Creating a New Vigor in the Russian Far East" *The New York Times*, Sep. 23, 2001, p.3.

17) 미나키르(P. A. Minakir), "극동지방의 경제와 개발전략", 정한구 편, 『러시아 극동지방; 개방과 발전전략』(세종연구소, 1995), pp.143-144.

장기적 관점이라는 전향적인 '대 러시아 외교3원칙'을 발표하면서 노력을 기울여왔다. 그 후 러·일 양국이 우호적인 분위기를 조성하면서 수차례 양국 정상이 회담을 했지만 번번이 쿠릴열도의 북방 4개 섬에 대한 양국 간의 견해차이로 원만한 타결을 보지 못하고 있다. 일본 정부는 러시아와의 영토문제로 인한 외교·안보적 차원에서의 난항에도 불구하고 일부 영역에서, 일정한 수준에서[18] 러시아를 경제적으로 지원하면서 대러 경제 전략의 틀을 설정해왔다.[19] 그럼에도 불구하고 일본 정부 수준에서의 대극동 경제전략의 조직적인 지원은 결여되어 왔으며, 개별적인 일본 기업들이 현지에 진출하였으나 1998년 러시아 정부의 모라토리엄 선언 이후 취약한 경제현실을 절감하며 러시아를 이탈해왔다.

일본은 동북아 경제협력에서 주도적 역할을 해야 한다는 기본인식에서, 러시아 극동을 동북아 경제에 통합시키려는 소위 '일본해 경제구역'(Japan Sea rim economic area) 프로젝트를 발표하였다. 그러나 러시아와 일본간의 영토 문제로 인한 갈등이 지속됨에 따라 양자 간의 상호신뢰 구축이 결여가 걸림돌로 작용하고 있다.[20] 결국 이러한

---

18) 요약하면, ①기술지원부문 ②인도주의적 지원 ③핵발전 산업의 안전분야에 대한 지원 ④러시아의 WTO가입에 대한 지원 ⑤일본 수출입은행과 무역보험으로부터의 차관제공을 들 수 있다. 손원일, "러·일간 외교정책 연구"『이문논총』제17집(1997), pp.181 - 182.

19) 임현수, "러시아의 신동북아 외교정책과 시베리아 개발"『한국시베리아학보』제2집(2000), pp.39 - 41.

20) Yoji Koyama, "Roles of the Russian Far East and Japan in Promoting Economic Cooperation in the Northeast Asia" *Вестник Хабаровско*

측면에서 러시아는 일본에 단지 작은 시장만을 제공하고 있으며, 시장의 혼란과 제도미비가 이를 부채질하고 있다. 따라서 극동지역에 대한 일본의 전략은 정부 차원보다는 민간차원에서 이루어진 양상을 살펴본 후 정부 개입의 필요성을 제기할 필요가 있다.

1988년에 소련은 합자 투자에 관한 법률을 채택했다. 빠른 회수를 기대하기는 어려웠을지라도, 러시아 비즈니스에 있어서 일본의 행동은 장기적인 투자 프로젝트와 미래의 시장 확대라는 관점에서 합작회사를 설립하려는 의도를 지닌 것이었다. 그러나 러시아 극동지역에 투자했던 합작회사들의 대부분은 러시아 측의 비현실적인 사업 관행으로 인해 실패로 끝났다. 예를 들어 1999년 초에 연해주 지역에 외국 자본이 참여한 532개의 회사들 중에 360개의 기업들만이 실제로 운영되었다. 많은 기업들이 러시아의 정치적·경제적 상황, 세금, 그리고 법률 체계 등의 불안정성 때문에 경영을 중단하였다. 합작기업 중에서 외국 자본이 차지하는 평균 비율은 점차 증대되어 1999년에 73%에 달했다.

일본 기업들이 참여하고 있는 주요 분야들은 목재 가공(STS Technowood 등), 자동차 수리(Autotest, Summit Motors, Haruyama Auto 등), 어업(Roshinka and Rosshini 등), 커뮤니케이션(Vostoktelecom), 그리고 호텔(Versalles 등)이다. STS Technowood는 해당지역의 벤처 합자회사 중에서 가장 성공한 사례 중의 하나로 꼽힌다. 1997년 이래로 이

<hr>

й государственной академииэкономики и правда, No.1(6), Октябрь: 엄구호·한홍렬, "부문별 동북아 경제협력 구상과 러시아의 역할"『국제지역연구』제7권 제2호(2003년 여름호), p.63. 재인용.

회사는 목재를 생산하여 일본에 수출해왔다. 공장 건설비용이 2000만 불이었고, 그중에서 1500만 불을 일본 측이 부담하였다. 종업원은 250명이다. 건조, 측량, 절삭, 그리고 채취의 과정을 포함하는 목재 가공은 고도로 자동화되어있으며 컴퓨터로 공정을 관리한다. STS Technowood는 1999년에 지역 내 최고의 투자자들 가운데 하나였다.21)

러시아 극동지역에서의 투자 환경은 앞서 언급했듯이, 러시아 연방의 다른 지역들과 비교해서도 결코 좋지 못하다. 사회간접자본의 상태는 유럽 러시아 지역보다 훨씬 낙후되어 있다. 인구가 적어 소매 시장 규모도 작다.22) 이 지역의 일본－러시아 합작 회사는 일반적으로 낙후했고 규모도 작다. 기업경영이 지속되기 어려운 이유들을 제시하면 다음과 같다. (1)합자회사 설립을 위한 다양한 인센티브들에 대한 약속이 폐기되었다. (2)세금부담의 급격한 증대를 수반하는 시스템 변화23) (3)합작 어업 회사들에 있어, 어업 쿼터를 보장하는 것이 매우 어렵게 되었다. (4)일－러 합작 회사들 중의 일부가

---

21) Kunio Okada, "The Japanese Economic Presence in the Russian Far East" Judith Thornton & Charles E. Ziegler, *Russia's Far East: A Region at Risk* (Seattle and London: University of Washington Press, 2002), pp.425－426.

22) 특히 연해주지역에는 기본적으로 중국이나 동남아시아처럼 근로자가 풍부하지 않을뿐더러 최근에는 그나마도 그 수가 지속적으로 줄어들고 있다.

23) 세제의 경우는 큰 애로사항 중의 하나이다. 세금은 선납을 해야 하는 경우가 많으며 이에 따른 환급은 매우 인색하다. 부가세의 경우에는 환급을 기약 없이 기다리는 경우가 다반사라고 알려지고 있다.

극동지역에서 곤경에 처하게 되었고, 그리고 합작회사들은 대개 러시아 측 파트너에 의해서 사업이 중단되었다. (5)많은 경우에 있어, 최초의 투자가 이루어질고, 모든 시설들이 조성될 즈음, 러시아 측에서 사업 파트너를 배신하는 경우가 있다. 이때 지역 정부는 일본 측 사업자에게 도움을 줄 수가 없다.

1997년 이래로 사할린에서의 석유와 관련한 거대 프로젝트 외에 극동에서의 일본의 주요 투자는 거의 없었다. 이것의 예외는 연해주 지역의 목재 가공 분야에 진출한 PTS Hastwood이다. 이 회사는 2000년 4월에 STS Technowood의 자회사로 설립되었다. 일본 측은 약 45%의 지분을 소유했고, 투자 규모는 약 420만 불 규모에 이르렀다. 일본 측이 두 번째 합작회사를 설립하기 위해 러시아 파트너를 선택한 근본적인 이유는 러시아 회사의 운영이었다. 이 회사의 한 일본인 투자자는 말하길, "우리는 매우 훌륭하고 신뢰할만한 파트너를 갖고 있다. 러시아 매니저는 우리와 동일한 아이디어와 목표를 공유하고 있으며, 그는 소비자들이 원하는 상품을 제공하기 위하여 우리가 제공해야 하는 것들에 대해 이해할 수 있다." 그렇지만 이와 같은 시장경제의 가장 기본적인 관념을 이해하는 극동지역에서의 파트너를 발견하기는 매우 어려운 실정이다.

목재산업에서의 합작 회사들은 러시아에서 목재 가공에 이점을 지니고 있다. 초창기에는 러시아에서 가공된 목재의 질이 대단히 조악했기에, 그것은 여러모로 일본의 기준을 충족시키지 못했다. 일본은 러시아로부터 가공되지 않은 나무들을 구입하기 시작했고, 일본인 노동력은 매우 비싸고, 일본에서의 공정 역시 비용이 많이 들었다. 그렇기 때문에 원목은 자신의 가격경쟁력을 상실했고, 결국 일본 시장에서의 러시아 목재를 팔기가 어려워졌다. 그러므로 러시아에서 나무를 가공할 필요성이 생겨났다. 목재 가공 분야에 종사하는 일본-러시아 합작 회사들은 대개 일본제 최신 장비와 품질관리, 적기(適期)수송 등의 관념을 지닌 사람이 운영하는, 적합한 경영 방식을 소유하고 있다. 그래서 러시아인들은 기술적인 지원과 경영상의 도움 모두를 얻을 수가 있다. 이것은 러시아로의 기술이전의 좋은 사례이기도 하다.

그러나 아직까지 합작회사 분야에 있어 심각한 문제들이 존재한다. 합작회사들은 주로 원목에 해당되는 원료들을 사기 위해 부가가치세(value-added tax)를 지불한다. VAT는 합작회사들이 자신들의 가공 상품을 수출할 때 환불받지만, 이러한 일은 발생하지 않는다. 러시아 연방법원이 일본 측의 입장을 옹호하는 판결을 내릴지라도 환불은 이루어지지 않았다.

가정용품 혹은 자동차 같은 소비재를 생산하는 일본 회사들은 또한 러시아에서 대규모 현지 생산(massive local production)을 위한 직접 투자로 간주되어 왔다. 러시아 당국은 지방에서의 생산을 장려하는 조치들을 거의 취해오질 못했다. 예를 들면, 1998년 5월에 국내 생산을 육성하기 위하여 허가를 내준 수입업자들에 의해서만 텔레비전 수입을 할 수 있도록 허용함으로써 수입품에 대한 통제를 시행했다. 일부 일본 회사들은 완제품에 대한 과세가 더욱 엄격하게 시행되었기 때문에 최소한의 생산시설만을 남겨두는 것으로 현지 생산 라인을 변화시키려고 노력하였다. 반면에 두개의 주요한 일본 가정용품 생산회사들이 러시아에서의 직접 생산으로의 전환 가능성을 포기하기도 했다.

이와 같은 경우는 일본의 자동차 산업에 대해서도 마찬가지로 적용할 수 있다. 1997년도에 미니밴을 현지 생산하고자 심각하게 검토한 주요 일본 회사들이 있었다. 몇몇 다른 일본 회사들은 소규모 현지 생산 라인 가동을 고려했었다. 그러나 이와 같은 계획들은 1999년 봄에 이르면, 취소되고 만다.[24] 일본 회사들은 러시아에서 자신들의 제품을 조립하거나 생산하는 것은 1998년 8월의 금융위기 이후 구매력을 상실한 상황에서 단기적, 혹은 중기적으로는 적합하지 않다고 판단하였다.[25]

일본기업들의 이와 같은 태도에 대해 많은 러시아 측 인사들은 일본이 지나치게 조심스럽고 늦게 현지에 관심을 두었기 때문에 자신들의 요구를 충족치 못하고 있다고 보는 경향이 있다. 그러나 유럽이나 미국의 기업들에 있어, 특정의 '불운한' 투자의 실패가 다른 기업들로 하여금 더욱 앞으로 진전해나가거나 수익을 올리도록 하는 데 도움이 되지 못했다. 예를 들어, 러시아의 자동차 산업은 가까운 장래에 대규모의 투자 유치가 기대되었다. 러시아 자동차 산업

---

24) Kazuo Ogawa, "Nichiro Keizai Kankei wo Saikenntou suru"(Review of Japanese‑Russian Economic Relations), Roisa Touou Bouekei Chousa Geppou (Monthly Bulletin on Trade with Russia & East Europe), August 1998, Tokyo, ROTOBO

25) Nihon Keizai Shinbun, February 5, 1999.

계는 최소한의 생산(screwdriver manufacturing 같은)을 할 수 있는 현지 생산 라인을 준비하였고, Fiat, BMW, Skoda, Daewoo, Ford, Renault, 그리고 그 외의 회사들을 포함하는 외국 자동차 회사들은 생산을 시작할 준비가 되어 있었다. 일본은 러시아 기업의 사유화에 거의 참여하지 못했으며, 그렇기 때문에 러시아 산업의 어떠한 영역 혹은 분야에서의 과정에도 영향을 미칠 수 있는 가능성이 전혀 없었다. 결국 일본 회사들은 러시아에서의 경제 개혁 과정에 늦게 참여하였다.[26] 이 부분은 적어도 러시아에서의 일본의 투자에 관한 러시아인들의 전형적인 의견이라고 할 수 있다.

상기한 점들을 고려할 때 전반적으로, 러시아에서의 일본의 투자는 사실상 그리 크지 않다. 2000년 말에 러시아에서의 일본의 투자는 3억 7천2백만 불에 달했으며, 일본은 미국, 독일, 그리고 다른 국가들의 뒤를 이어 열 번째 위치를 차지했다. 그러나 일본의 자동차 회사들이 충분히 공격적으로는 못 되었을지라도, 일본 회사들의 신중한 태도는 이성적인 것이었다고 자평하는 경향이 있다. 이 점은 외국 자동차 메이커들이 참여한 많은 프로젝트들이 아직도 시작을 못하고 있다는 점에서 드러난다. 반면에, 일본 회사들은 러시아에서 두 개의 가장 커다란 프로젝트를 주도하고 있는데, 사할린 석유 가스 개발과 Japan

---

26) 이러한 설명방식은 러시아 문헌에서도 드물지 않게 발견할 수 있다. 예를 들면, А. Родионов, *Краткие обзоры государства экономических связей : потенциал и его использавание: экономическое присутствие Японии в России* (Москва: Максимов Пабликэй шнс, 2000).

Tobacco(JT) International/RJR Reynolds 합작회사가 그것이다.

　JT Internatioal의 경우, 조금 예외적이라고 할 수 있다. JTI는 생산(1년에 4천 5백억 갑)과 판매(150억 불 이상)로 세계3위를 기록하고 있는 국제적인 담배회사이다. 이 회사는 도쿄에 본부를 두고 일본인이 운영하는 Japan Tobacco Inc.의 국제 지부이기도 하다. JT Internatioal은 Japan Tobacco Inc.가 미국 회사인 RJR Nabisco.의 국제 담배 비즈니스를 획득했을 때 창설되었다. 2000년 한 해 동안, RJR과 Japan Tobaco는 러시아 지사를 비롯하여, 구조조정을 지속적으로 단행하였다. RJR Nabisco는 1992년 이래 러시아에 진출해왔으며 생산과 판매의 측면에 있어 러시아 시장을 주도하였다. 러시아 담배 산업에 투자하고 있는 국제 담배 회사들 가운데 1위로서, 이 회사는 러시아 내에서도 가장 큰 투자자이기도 하다(직접 투자액 5억 불을 러시아 경제에 투자). 상트 페테르부르그에 있는 생산 단지 Petro는 러시아 내에서 가장 현대적인 생산 시설을 갖추고 있으며, 유럽에서 가장 큰 담배 공장이기도 하다(1999년 한 해 동안 440억 불어치의 담배를 생산). 이 회사는 러시아에 3,000명 이상의 고용 인원을 갖고 있다. 따라서 JT International이 RJR Nabisco를 사들였을 때, 일본은 러시아에서 자동적으로 메이저 투자자가 되었다.

　러시아의 관측자들이 앞서 언급한 사업들에 대해 논평을 하길, 그들은 일본 회사들이 어떠한 위험도 감수하길 원치 않으며, 그렇기 때문에 그들은 서구에 대해 더욱 관심을 가지고 주목하고 있으며, 그들은 굴지의 서구 파트너들과의 프로젝트만 실행하기를 선호한다

고 언급하고 있다.[27] 사할린 석유와 천연가스 프로젝트의 경우에서
처럼, 일본 회사들은 미국인들과 함께 일을 한다. 일본인들은 RJR
Nabico에서 그랬던 것처럼, 자신들의 회사를 설립하여 모든 단계를
거쳐나가는 것보다 잘나가는 회사를 사들이는 것을 선호하는 경향
이 있다. 러시아 소비자들은 실제로는 자신들이 '일본 담배'를 피우
고 있는지도 잘 모르는 경향이 있다. 그러나 이와 같은 두 가지의
사례들은 일본의 투자에 있어서의 대단히 수동적인 접근법을 보여
주고 있다고 말할 수 없도록 만든다. 어떻게 보면, 대기업을 포함
한, 일부 일본 회사들은 의도적으로 자신들의 투자를 '감추거나' 마
피아, 세무 경찰, 부패 관료 등에 의한 '공격'을 회피하기 위하여
러시아인들에게 경영자 역할을 부여하기도 한다. 러시아에 잔존하는
투자상의 주요한 장애들은 다음과 같다.[28]

- 정치적, 사회적, 그리고 경제적 상황의 불안정성
- 거시경제적 안정성의 결여
- 산업분야의 사회간접자본의 결여
- 외국자본에 대한 차별
- 법과 제도의 미비
- 복잡하고 대단히 일방적인 세금제도.

---

27) 예를 들어 람제즈(V. Ramzes)는 일본의 경영 시스템의 취약성을 언급
하면서 그것이 구식이라고 말했다. *Ведомость*, June 6, 2000.
28) Kunio Okada, op. cit, p.427.

이와 같은 현상은 물론 일본 기업들에게만 적용되는 독특한 현상은 아니지만, 투자 환경의 개선 없이, 더 이상의 외국 투자는 기대하기 힘든 상황이다.

결국, 일본-러시아 간 양국 간 교역, 특히 일본의 러시아로의 수출은 수년 동안 정체되어 왔다. 아직 세관 통계에 나타나 있지 않지만, 제3국을 통한 일본의 수출도 상당량에 이르고 있다. 더욱이 일본 회사들이 참여하고 있는 거대 프로젝트들 중의 일부가 이미 작동하기 시작했다. 그러므로 양국 간 무역의 가속화가 장기적으로 기대된다고 하겠다. 이러한 맥락에서, 일본-러시아 간 경제 관계는 일견 보기에 나타나는 것처럼 그렇게 정체된 것은 아니라고 할 수 있다. 러시아로부터의 주요한 수입품목들은 수산물 제품들, 목재, 그리고 알루미늄 등이며, 모든 제품들은 러시아 극동 지방에서 주로 생산된다. 러시아 극동지방은 일본이 대단히 필요로 하는 특정한 상품들의 중요한 공급처인 것이다. 동시에, 러시아 극동지역에 있어 일본과의 경제적 관계는 근본적으로 중요한 것이 현실이다.

3) 러·일 간 에너지 분야의 협력

중국, 일본, 한국 등 동북아 국가들의 에너지 수요가 날로 급증하고 있는 가운데, 이들 국가들은 에너지 공급원을 다각화하고 경제적으로 합리적이며 안정적인 공급이 가능한 방안을 찾기 위해 부심해 왔다. 그중에서도 시베리아·극동지역과 중앙아시아 지역의 자원 개발에 커다란 관심을 가져왔다. 이 과정에서 1991년 모스크바는 '보스토크(동방) 플랜'을 제안했고, 1990년대 중반에 일본은 아시아·태평양 에너지 공동체 안을 제안한 바 있다.[29]

러시아의 에너지 부존잠재력을 개발, 이용하려는 프로젝트는 동북아 지역의 개별 국가별로 다양하게 전개되어 왔는데, 지금까지 가시화되고 있는 주요 프로젝트는 크게 보아 이르쿠츠크 프로젝트, 사하 프로젝트, 그리고 사할린 프로젝트 등 3개이다. 2003년 11월 현재 동북아 천연가스 사업 중 가장 구체적인 사업 진행이 이루어지고 있는 곳은 사할린 프로젝트이고 동북아 3국 중 일본이 '사할린 프로젝트'에 주도적으로 참여하고 있다. 사할린 프로젝트는 사할린 인근 대륙붕에 매장되어 있는 석유 및 천연가스를 개발하여 파이프라인을 통해 사할린 최남단에 위치한 프리고로드예 LNG 생산기지로 수송한 다음 액화시켜 LNG 형태로 일본, 한국, 중국 등 인근 소비지에 공급하려는 프로젝트이다. 그동안 사할린-Ⅰ부터 사할린-Ⅷ까지 총 8개의 프로젝트가 추진되고 있으나 이 중 개발이 활발하게 진행되고 있는 사업은 사할린-Ⅰ, Ⅱ 2개의 프로젝트이다(〈표5〉참조).[30]

---

29) Vladimir I. Ivanov, "Prospects for Russia's Energy Diplomacy in Northeast Asia" Global Economic Review, Vol.28, No.2 (1999), p.98.

30) Victor Kalashnikov, "The Russian Far East and Northeast Asia: Aspects of Energy Demand and Supply Cooperation" Takashi Murakami & Shinichiro Tabata, eds, Russian Regions: Economic Growth and Environment (Sapporo: Hokkaido University, 2000). pp.320-324.

<표5> 사할린 - Ⅰ, Ⅱ 프로젝트 현황

	사할린 - Ⅰ 프로젝트	사할린 - Ⅱ 프로젝트
지역	Chaivo, Odoptu, Arkutun - Daginskoe	Lunskoe, Piltun - Astokhsoe
투자자와 지분	· Exxon Neftegsa(30%) · Japan's Sakhalin Oil and Gas Development Company (SODECO)(30%) · Rosneft' - Sakhalin(23%) · Sakhalinmomeftegas - Shelf(17%)	· Marathon Sakhalin Ltd.(37.5%) · Mitsui Sakhalin Development Company Ltd.(35%) · Shell Sakhalin Holdings B. V.(25%) · Diamond Gas Sakhalin B. V.(12.5%)
매장량	· 석유 - 324백만 톤 · 가스 - 4210억㎥	· 석유 - 100백만 톤 · 가스 - 4940억㎥
연간 최대 생산량 -1단계 -전체	· 석유 - 530만 톤 · 석유 - 2410만 톤 · 가스 - 197억㎥	· 석유 - 210만 톤 · 석유 - 790만 톤 · 가스 - 164억㎥
소요 총투자액	200억 USD	150억 USD
실투자액 (1996 - 98)	약 5억 3,500만 USD	약 10억 USD

출처: Victor Kalashnivov(2000), "The Russian Far East and Northeast Asia: Aspects of Energy Demand and Supply Cooperation" Takashi Murakami & Shinichiro Tabata, eds., *Russian Regions: Economic Growth and Environment* (Sapporo: Hokkaido University), p.321.

사할린 가스 유전은 사할린 섬 북동 연안에 주로 위치하고 있다. 8개의 계획 중 엑슨모빌사와 일본 회사가 공동으로 참여하는 가스 개발사업이 바로 사할린Ⅰ프로젝트로 예상 투자비 200억 달러, 연간 천연가스 생산량은 960만t(이르쿠츠크의 연간 생산량의 절반 수준)으로 추정되고 있다. 영국의 석유회사 쉘사와 일본 미쓰비시사가 공동 참여하고 있는 사할린Ⅱ 프로젝트는 예상투자비가 100억 달러며 역시 960만t의 천연가스 생산이 가능할 것으로 예상된다.

사할린Ⅱ 프로젝트의 경우 천연가스를 액화천연가스(LNG)로 만든 뒤 사할린 남부 유즈노사할린스크 지방의 항구에서 배를 통해 일본, 한국 등에 공급하는 기존의 항만이용 방식이다. 반면 파이프라인으로 천연가스를 수송하는 방식이 사할린Ⅰ 프로젝트인데 액슨모빌 등 참여사들은 사할린 유전지대에서 일본 홋카이도, 혼슈 섬까지 파이프라인을 새로 건설해 일본에 천연가스를 공급하는 방식을 계획했다.

이와 같은 계획 중에서 일본 내륙에 가스관을 새로 건설하는 작업은 일본의 비싼 토지보상비 문제로 난관에 부딪쳤고 일본 해안선을 따라 가스관을 연결하는 것도 공사기간 중 어업손실보상이 뒤따른다고 한다. 사할린Ⅰ 프로젝트는 사할린에서 러시아 연해주 지방으로 가스관을 연결하는 사업도 함께 추진 중이다. 그러나 연해주와 일본 내 수요가 예상만큼 크지 않을 수 있다는 점이 가장 큰 문제가 되고 있다. 그럼에도 불구하고, 일본이 천연가스를 수입할 경우 얻게 되는 효과는 다음과 같다.

① 연료 가격의 인하로 국제시장에서의 경쟁력 증대
② 낮은 비용의 에너지가 산업화에 유리
③ 위험한 핵개발의 극소화
④ 환경적 부담 현저히 감소
⑤ 동북아 천연가스 파이프라인 네트워크 형성에 기여[31]

천연가스 외에도 시베리아 천연자원의 또 하나의 축인 원유를 공급하는 송유관 노선을 둘러싸고 다른 어떤 국가들보다도 일본은 적극적으로 유치하려고 노력해왔다.

중국도 일본에 맞서 외교력을 총동원해왔다. 중국은 2003년 5월 후진타오 주석이 모스크바를 방문하여 시베리아에서 개발되는 유전의 송유관을 중국 쪽으로 건설하는 데 잠정 합의한 바 있다. 이 경우 이르쿠츠크 앙가르스크 유전에서 개발된 원유를 송유관을 통해 바이칼호수를 거쳐 헤이룽장(黑龍江)성 다칭(大慶)으로 연결시키겠다는 것이다.

일본은 이에 대응하여 2003년 10월 초순 가와구치 요리코(川口順子) 일본 외상이 러시아를 방문, 빅토르 크리스텐코(V. Khristenko) 경제 부총리를 만나 일본이 앙가르스크 유전에서 나오는 석유 송유관 라인을 극동 나호트카로 건설하는 조건으로 150억 달러를 지원하겠다고 파격적인 제안을 했다. 중국은 17억 달러를 부담하겠다고 제의했던 것으로 전해진다.[32] 현재로서는 일본 노선이 유력한 것으로 예상되지만, 러시아 측의 결단을 앞두고 있는 실정이라고 하겠다.

---

31) Дохара Ре, "Россий ско-Японское сотрудничество в области энергетики", Сибири и Япония в северо-восточнной азии, Межрегиналиый институт общественных наук(МИОН), Иркутский государственный университет, Университет Си манэ, Материалы Россий ско-Японского семинара 8-9 сент ября 2002., Иркуск, с. 112.

32) 『조선일보』, 2003. 11. 14.

4. 일본의 대극동·시베리아 정책의 함의

앞서 살펴본 일본기업의 투자현황과 일본 정부의 석유 프로젝트 참여를 포함하는 일본 정부의 대극동·시베리아 정책의 지향은 전반적으로 두 가지를 의미한다고 볼 수 있다. 첫째로, 일본 정부가 현재와 같은 코스를 그대로 밟아나간다는 것으로서, 이것은 일본 정부가 극동·시베리아 지역에 대한 포괄적인 정책을 갖고 있지 못한 상태가 지속되는 것으로, 러시아에 대한 원조의 일반적인 틀 내에서 일본의 지역 내 경제 활동을 유지하면서, 기본적으로 사기업의 주도권이 유지되도록 놓아두는 것이다. 두 번째 방도는 좀 더 공격적이고 전반적인 정책을 수립하는 것이다. 이를 위해서 일본 정부는 사적 부문에 맡겨놓을 것이 아니라, 정부 스스로 주도권을 쥐는 자세가 필요하다.

이와 같은 정책을 선택하면 나타날 결과중의 일부는 이미 암시되고 있다. 중국이나 한국에 비해, 일본은 극동지역에서의 산업화 구조의 현대화에 미치는 영향력이 심대하다고 할 수 있다. 만일 일본이 이러한 영향력을 사용하지 않기로 결정한다면, 극동·시베리아 지역은 오랫동안 근대화를 달성하는 데 곤경을 겪을 것이다. 원료 채취 산업을 예외로 하고, 단기적인 이익을 보장하는 모든 분야가 쇠퇴할 것이며, 그리고 결정적으로는 채취산업까지도 존립하기 어렵게 될 수도 있다. 아시아-태평양 지역에서, 거대한 빈곤 지역이 출현할 수 있으며, 이 경우 남-북 문제가 이 지역에 나타나게 될 것

이다. 아직까지 북부는 빈곤하고 저개발 상태로 남아 있다.[33]

경제적 존립의 욕구는 향후에도 러시아 극동지방 전역에서, 특히 아무르(Amur), 프리모예(Primorye, 연해주), 하바로프스크(Khabarovsk) 같은 지역에서 중국과의 경제적 협력내지는 통합을 추진하게끔 진행될 것이다. 이 점은 불가피하게 러시아인들의 자존심을 자극할 것이며, 실제로 이러한 현상은 나타나고 있다.[34] 러시아인들은 미국과의 협력을 가장 쉽게 수용할 것이며, 일본과는 열정이 덜 할 것이며, 중국과는 가장 심각하게 심리적인 어려움을 겪을 것이라는 것은 어렵지 않게 파악할 수 있다. 더구나 중국은 일-러 관계에서 무관심한 방관자 역할을 하려 하지 않을 것이다. 중국과 러시아 극동지

---

33) 이 점은 극동·시베리아 지방의 인구증가율 감소와 인구이동(동시베리아와 극동지역의 슬라브인들이 유럽러시아지역으로 역이주하는 東→西 인구이동)으로 가시화되고 있다. 러시아 인구학자들은 2010년까지 이 지역의 경제가 향상되지 않을 경우 극동지역을 포함한 전체 시베리아 인구 약 3,200만 명이 약 800~1,000만 명으로 감소될 것이라는 최악의 시나리오를 예견하고 있다. Известия, May 20, 1994: 한종만, "시베리아·극동지역 인구 추이에 관한 분석" 『한국시베리아학보』 제3집 (2001), pp.97-142.

34) 푸틴대통령도 2000년 7월에 동부 변경도시 블라고벳센스크에서 러시아 극동지방의 개발계획을 점검하면서, "가까운 장래에 우리가 극동지방의 발전을 위해 진정으로 노력하지 않는다면, 이곳에서 토착 러시아 주민조차도 몇십 년 뒤에는 번영하는 일본과 중국, 한국의 언어를 상용하게 될 것"이라고 언급하면서, 인접한 아시아·태평양 지역의 발전상을 대비한 가운데 극동경제가 낙후되고 있는 데에 경고한 바 있다. В.В. Путин, "О перспективах развития Дальнего Востока и Забайкалья" (2000.11.1) http://president.kremlin.ru/events/50/html (검색일: 2001.11.1).

역에서 일본의 자본을 놓고 러시아와 경쟁하는 입장에 있기에 그러하다.

일본의 두 번째 선택, 즉 정부의 적극적인 관여는 일본 정부가 스스로 부과한 공식개발원조(official development assistance, ODA)에 대한 장벽을 제거하도록 요구할 것이며, 러시아 극동 지역 투자에 상응하는 ODA 자금 사용을 허용하는 법안을 통과시켜야 한다. 이 경우, 일본의 직접적인 원조는 여러 가지 변화를 목표로 하여 설정되어질 것이다. 이에 대해 노부오 아라이(Nobuo Arai)와 추요시 하세가와(Tsuyoshi Hasegawa)는 다음과 같이 지적하고 있다. 그것은 무엇보다도, 사회기반시설의 구축, 특히 공항, 항구, 도로, 교량, 그리고 통신망의 건설과 보수에 초점을 두게 된다.[35] 러시아 국방 당국은 러시아 항공 수송을 위해 설정한 치토즈(Chitose) 공항 사용에 대한 시대착오적인 제한을 제거해야 한다.[36] 기존의 군사 전용 통신망과 운송 시스템을 민간 용도로 바꿔 효율적으로 사용해

---

35) 러시아의 조크 중에 "아스팔트 포장도로가 끝나는 곳, 그곳에서 러시아가 시작된다"는 말이 있다. RFE 도로의 90%가 흙, 자갈, 진흙으로 되어 있다. 도시 외곽에 있는 대부분의 도로는 비포장이며, 원활한 수송을 하기에 부적합하다. RFE의 북부 지역의 거의 대부분은 영구동토층(permafrost)이기 때문에 도로나 철로 건설이 어렵다. 이런 길들은 여름에는 습하고 질척거리기에, 겨울이 되어야 임시도로가 만들어진다. 이러한 도로를 1km 포장하는 데 $5,000이 소요되는 것으로 추정된다. U.S.Foreign Commercial Service, "Russian Far East Infrastructure/Road Development" May 31, 2002, http://bisnis.doc.gov/bisnis/isa/02053RFE Roads.htm (검색일: 2004.1.13).

36) *Hokkaido Shimbun*, 26 June 1996.

야 한다.

두 번째로, 일본의 원조는 의료 지원을 포함해야 한다. 병원을 짓는 대신에, 사할린과 남부 쿠릴 지역 거주민들의 응급상황에 대처하기 위해 네무로(Nemuro)에 헬리콥터 착륙장을 설립하는 것이 더욱 유용할 듯하다. 극동지역의 다른 장소들에는, 가장 긴급한 도움을 요하는 소아과와 산부인과에 초점을 맞추어야 할 것이다.

세 번째로, 일본은 핵폐기물을 포함하는, 환경보호와 더불어 러시아 극동지역에 지원을 해야 할 것이다. 일본의 지원과 더불어 지역 정부는 하수 처리와 쓰레기 폐기에 있어 각 도시들을 도와줄 수 있다.

넷째로, 일본은 1차와 2차 교육기관을 포함(교재 발간)한, 지적인 인프라스트럭처의 개발, 기술과 경영 정보 센터의 설립, 일본어 교사의 양성에 힘을 쏟아야 한다.

마지막으로, 일본의 원조가 시행되고 있는 지역에 법률적인 강제가 이루어져야 한다.[37] 일본 정부 차원의 보다 전반적인 정책 수립이 이와 같은 근거에 의해 이루어진다고 할지라도, 러시아 극동·시베리아 지역에서의 경제발전은 러 - 일 양자 관계의 틀을 뛰어 넘어 전개될 가능성이 농후하다. 이러한 차원에서 유럽에서와 마찬가지로(European Bank for Reconstruction and Development), 러시아 극동 지역에 있어서의 다자주의적(multilateral)인 접근이 필요하며, 그것은 '극동개발은행'(Far Eastern Development Bank)의 설립으로 구체화할 수 있다는 견해로 나타나기도 한다.[38] 이 점은 사실상 극

---

37) Nobuo Arai and Tsuyoshi Hasegawa (1995), pp.173 - 174.

동지역의 경제통합(economic integration)을 염두에 두는 것으로, 그 접근은 다자적 틀(multilateral framework) 속에서 추구되어져야 한다는 맥락과 일치한다.[39]

5. 맺음말

　러시아 극동·시베리아 지역은 소비에트 시대의 미개발과 낙후의 이미지에서 벗어나 러시아의 경제 발전을 보조하고, 현재보다 미래에는 잠재적인 발전의 여지가 무한한 지역으로 자리매김하기 위해, 소연방 붕괴 이후 러시아 정부 당국에 의해 과거보다는 한층 정책적 고려의 대상으로 간주되어 왔다. 그럼에도 불구하고 극동·시베리아의 낙후는 좀처럼 개선되지 못하고 있으며, 러시아, 일본, 중국, 한국 등 주변 국가정부 간 국책사업으로 대규모 석유·천연가스 개발·수송 프로젝트가 꾸준히 논의되고 부분적으로 성사되는 단계에 접어들었을 뿐이다.

---

38) ibid, p.175.

39) 일례로 2002년 9월에 러시아의 WTO 가입 협상 중 극동 러시아에 관세특구 설치 가능성에 관한 논의가 있었다고 티타렌코(Titarenko) 과학 아카데미 극동연구소 소장이 밝힌 바 있다. 그는 관세특구 지위를 갖고 있는 중국의 홍콩을 예로 들며 극동 러시아의 관세특구 설치안은 러시아를 유럽연합과 단일한 경제공동체로 만들려는 러시아의 전략 추진 시 예상되는 충돌을 방지하는 데 도움이 될 것이라고 주장했다. Итар Тасс, September 19, 2002.

러시아 극동 지역에 있어서의 주요한 투자국 중의 하나인 일본의 관여는 두 가지 형태로 요약될 수 있다. 하나는 현 상태의 기조를 유지하는 것이고, 다른 하나는 일본이 정부 차원에서 대대적으로 나서서 경제 투자와 지원을 단행하는 것이다. 여기서 유의해야 할 점은 설사 일본이 러시아 극동 지방에 적극적인 참여를 하게 될지라도 그 결실이 일본의 결정에만 의존하는 것은 아니라는 점이다. 다시 말해, 일본이 극동 지역에 대한 대규모 지원을 시작하려는 결정을 한다고 할지라도 러시아 측에서의 일정한 조건의 성숙 없이는 그 실행이 어려울 것이다. 그럼에도 불구하고 정치적·경제적 안정성, 루블화의 태환성, 사회기반시설과 법률 시스템의 구축, 공무원의 개선, 범죄적 요소의 제거와 같은 다양한 조건들이 일본은 물론이고 다른 투자국들과의 협력을 이끌어내는 데 필수적임은 새삼 강조된다.

이러한 기본적인 요건들 외에도 극동·시베리아에서의 투자환경이 개선되기 위해서는 무엇보다도 모스크바의 연방 정부와 극동지역의 지방 정부 지도자들이 극동지역의 경제 발전을 위한 기본적인 전략에 대한 합의를 이루어야 하며, 이러한 전략의 수행을 위한 메커니즘을 만들어내야 한다는 점이 전제되어야 한다.

모스크바와 지역의 지도자들은 지역 자원의 통제를 둘러싸고 오랫동안 제로섬 게임을 해왔다. 양측은 이와 같은 비생산적인 투쟁에서 상호 많은 것을 얻기보다는 상실한 것이 컸었다. 극동지역에서의 발전이 단순히 천연자원의 채취를 넘어서서 자원의 가공을 통한 부가적인 가치를 창출하기 위해서는, 중앙의 지원은 물론이고, 적어도 중·단기적으로 많은 투자를 필요로 한다. 그러나 중앙으로부터 투자 재원을 지원받는 것은 현 단계 러시아의 현실에서 요원하며, 주변 국가들의 경제교류 활성화와 투자 유치 개선이 더욱 긴요하고 절실한 상태라고 할 수 있다. 따라서 소연방 붕괴 이후의, 일본을 비롯한 주변 국가들의 투자가 기대보다 미진하다고 할지라도 극동·시베리아의 장래와 관련해서는 여전히 중대한 의미를 지닌다고 볼 수 있다.

한국과 일본의 러시아 극동·시베리아 정책 비교*

1. 머리말

시베리아와 극동지역을 포함한 러시아의 동쪽 변방에 대한 주변 국가들의 관심이 고조되면서, 그동안 불모지로만 인식되어 왔던 시베리아와 극동지역의 자원 개발 및 시장 선점을 위해 진출 중에 있거나 향후의 진출이 계획되고 있다. 소연방 붕괴 이후 러시아 극동지역은 악화된 경제적 조건, 부패의 지배구조, 중국, 일본 및 한반도와의 국경 관계에서의 문제들이 존재해왔다.[1]

---

* 본 장은 『슬라브학보』 제19권 제1호 (2004), pp.291-315에 게재했던 논문을 보완하였음.

1) Gilbert Rozman, "The Crisis of the Russian Far East: Who Is to Blame?" *Problems of Post-Communism* Vol.44, No.5 (September/October 1997),

러시아 극동지역은 러시아의 11개 경제지역 중 연해변강주, 하바로프스크변강주(유대인자치주 포함), 사하공화국(Republic of Sakha Yakutiia), 아무르주, 사할린주(Sakhalin Oblast), 마가단주(Magadan Oblast) 및 캄차카주(Kamchatka Oblast) 등 7개의 행정지역을 합친 지역이다. 극동지역은 면적(36.4%)에 있어 광활하지만, 인구는 전 러시아의 5.44%[2])에 불과하여 소비시장 규모는 매우 작은 편에 속한다. 하지만 극동지역은 광물, 임산, 에너지, 그리고 수산자원이 광대한 지역에 분포되어 있어 한국, 미국, 일본, 중국 등 인접 극동지역 국가들의 이 지역에 대한 관심이 높아가고 있다.[3])

시베리아 · 극동지역은 전반적으로 높은 잠재력에도 불구하고 1991년 말 소연방 붕괴 이후 10년이 훨씬 지난 현재까지 기대치만큼 발전되었다기보다 러시아의 다른 유럽지역보다도 모든 부문에서 어려움을 겪고 있는 실정이다.[4]) 그 직접적인 원인으로는 국내 및

---

pp.3 – 12.

2) 구소련이 붕괴하고 나서 이 지역에 정착하였던 러시아인들 중에 다수가 유럽 러시아로 이주하기 시작했다. 이 지역에 주둔하였던 병력이 감축되고 중앙정부의 지원이 사라지면서 경제상황이 악화되고 생활수준이 저하되었기 때문이다. 그 결과 1995년의 인구는 1991년보다 약 43만 명이 감소하였다. 문수언, "새로운 러시아와 중국관계: 전략적 동반자 관계의 허실"『중소연구』21권 4호(1997/8 겨울호), p.66: 임현수, "연해주에서 한 · 중 · 러 사이의 협력확대를 위한 공동재 확충방안 연구"『사회과학연구』18집(1999.2), pp.377 – 378.

3) 강길환, "러시아 극동지역의 한 · 러교역 활성화방안에 관한 연구",『산업연구』제11집(2000), pp.135 – 136.

4) 김영식: E. B. Преловская, "Великий Сибирский путь – вчера,

해외 투자가 이루어지지 않았기 때문이다. 소련 시대 시베리아와 극동지방은 소연방 중앙을 지원하는 배후 기지로서의 기능성이 우선적으로 고려되었지만, 소연방 붕괴 후 안보상의 고려가 과거보다 덜 중시되면서 새로이 정립되기 시작한 시베리아와 극동지역 개발에 대한 청사진과 구체적인 실행계획이 부재한 상태에서 일본과 미국, 한국 등 자본과 기술력을 제공할 수 있는 주변 국가들의 투자를 유치하려는 계획도 쉽게 달성되지 못하고 있다.

상황이 이렇게 전개된 데에는 여러 가지 이유가 있겠지만,5) 시베리아·극동지역에 가장 인접해있는 국가들인 중국, 일본, 한국, 그 중에서도 자본주의 경험이 앞선 한국과 일본의 진출 사례와 전략을 검토함으로써 현 상황에 대한 객관적인 진단을 하는 데 있어 용이하게 접근할 수 있다고 하겠다. 본 장에서 다루는 지역은 극동지방과 시베리아가 인접하여 있지만 다른 환경을 갖고 있는 지역임에도 불구하고, 극동지역과 대비되는 시베리아에 대한 외국인 투자가 특기할 만한 사항이 별로 없다는 점을 감안하여 시베리아를 포함하는

세고드냐, завтра: История, современные проблемы и перспективы развития" 『슬라브학보』제18권 1호(2003.6), pp.285 – 322: 한종만, "러시아 신정부의 대아시아 경제정책과 동북아 경제협력" 『중소연구』제24권 3호(2000), pp.79 – 107. 참조.

5) 10명에 달하는 극동지역의 지도자들(주지사, 시장) 중에 누구도 아시아가 자신들이 따라야 할 모델로 생각하고 있다고 공언한 적이 없었다. 그보다 파퓰리즘적이고 정치적인 이유로 중국과 한국의 영향력에 반하는 캠페인을 적극적으로 벌이기도 했다. 뿐만 아니라 극동지역 사회의 모든 부분에서 외국인혐오증(xenophobia)도 존재하고 있다.

극동지역에 대한 한국과 일본의 투자라는 관점에서 극동지역과 시베리아를 함께 묶어 제시할 것이다.

본 장에서는 소연방 붕괴 이후 시베리아 인접국으로서 경제적 이해관계를 지닌, 한국과 일본의 시베리아·극동 진출의 사례를 통해 양국의 전략적 상이점이 어떻게 도출되며, 향후의 지향점을 제시하는 데 목적을 두고 구체적으로 1990년대 대시베리아·극동 진출에 있어 양국 간의 차이를 제시하려한다. 이를 통해 양국 정책의 특징과 문제점을 살펴보고 미래의 정책 수립을 위한 근거가 될 수 있도록 하려 한다. 본 장에서는 이를 위해 제2절에서 러시아 정부의 시베리아·극동 정책의 개괄적인 특징을, 제3절과 제4절에서 한·일 양국의 시베리아 진출 현황과 경제협력 상황을, 그리고 제5절에서는 한·일 양국의 시베리아·극동 진출을 위한 환경과 전략을 비교한 뒤, 그로부터 도출되는 결론을 한국의 극동·시베리아 진출에 있어서의 시사점으로 제시하려 한다.

2. 러시아 연방의 시베리아·극동 정책

한국과 일본의 대시베리아·극동 진출은 사실 러시아 정부의 구체적인 시베리아 개발계획이 제시되고 이에 따른 실행방안이 구체화되면서 각국이 반응하고 진출 전략을 마련하는 것이 합당하다고 하겠다. 그러나 러시아 정부의 계획 자체가 옐친 대통령 시기부터 수립만 되었을 뿐 이행률이 극히 낮았을 뿐 아니라6), 푸틴 대통령 집권 이후에도 중앙과 지방간의 관계 설정의 문제, 그리고 전반적인 투자환경의 미개선 등으로 인해 러시아 정부의 시베리아 내지는 극동 정책을 거론하면서 논하기가 어려운 실정이다.

극동지역에 대한 기존 계획의 수행치와 업무평가가 정부차원에서 정확하게 나오지 않은 상태에서, 러시아 경제개발 및 무역부는 2002년에 중기 전망에 해당되는 '2004년까지의 시기에 있어서의 지역별 사회·경제적 발전 계획'을 공표하였다(<표1> 참조). 이 중에서 극동지역 전망에 따르면, 지역 경제의 구조적 재조정과 아시아 −태평양 국가들과의 호혜적 상호협력의 확대, 산업의 근대화 등을 목적으로 하며, 매뉴팩처 산업의 가치 증대와 엔지니어링, 특히 광산, 삼림, 어업 분야의 장비 개선 요구를 담고 있다. 이 계획에 있어 특기할 만한 점은 극동지역에 대한 투자비율이 연방 내 최고이면서, 산업성장률은 중간 수준밖에 되지 않는 것으로 설정해놓았는데, 이것은 낮은 출산율과 높은 사망률과 인한 인구증가율의 감소와 극동지역에서 다른 곳으로의 이주가 늘어날 것을 러시아 당국도 염려하고 있기 때문이라고 밝히고 있다.7)

---

6) 러시아 정부가 1996년 봄에 제시한 '극동지방과 바이칼 지역의 경제·사회 발전을 위한 러시아연방계획, 1996−2005'는 연방정부의 재원부족으로 목표달성에 훨씬 못 미치는 상태로 마감되었으며, 1999년까지 총 투자액 계획치의 6.8%에 불과한 실적만을 나타냈다. "Перспективы социально−экономического развития дального Востока" *Вопросы экономики*, No.10 (2000), с. 93.

7) Министерсто Экономического Развития и Торговли, "Территор

<표1> 2004년까지의 연방 지역별 투자 비율

(2000년 기준, 단위:%)

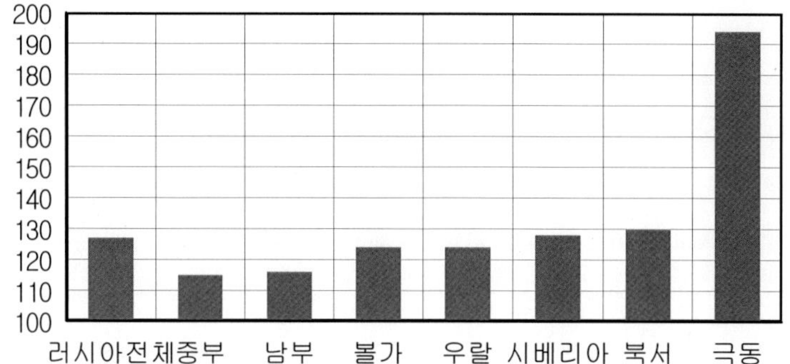

출처: Министерсто Экономического Развития и Торговли, "Территориа льное социально-экономическое развитие Россий ской Федераци и на период до 2004 года, p.10, http://www.economy.gov.ru./merit/socec2004.html(검색일: 2003.11.15).

이와 같은 정부의 전반적인 방향성 제시에도 불구하고 극동·시 베리아 지역에 대한 연방 정부 정책은 재정상의 압박이 지속되어 극동지방에 대한 투자를 확대하지 못하는 상황과, 극동지방에 대한 연방 정부의 조정 기능이 푸틴 대통령 집권 이후 강화되는 추세에 있는 가운데 극동지방 개발계획은 장기적으로 낙관하기 힘든 현실 에 놓여 있음을 지적하지 않을 수 없다. 따라서 러시아 정부가 자 체적인 계획을 수립하고 이를 성공적으로 집행하기 위해서는 향후

иальное социально-экономическое развитие Россий ской Фед ерации на период до 2004 года, p. 6. 12. http://www.economygov.ru./merit-/socec2004.html. (검색일: 2003.11.15).

에도 동북아 인근 국가들과의 경제협력 및 투자 유치가 절대적인 관건으로 작용하리라는 점은 자명하다.

3. 한국의 극동·시베리아 진출과 경제협력

극동·시베리아 지역이 지닌 잠재력과 한국이 지닌 대극동·시베리아 진출의 이점에도 불구하고 초창기에는 한국 중앙 정부 차원의 구체적인 극동·시베리아 정책은 구체적인 측면에 치중하기 보다는, 주로 러시아중앙정부 지향적인 대러 정책 차원에서 대응하였으나 점차 구체적인 측면에서 정책을 수립하는 방향으로 진행되고 있다.[8] 다시 말해 극동·시베리아 정책이라기보다는, 주로 민간 수준에서의 한국과 시베리아 간의 경제협력과 기업진출의 측면에서 진출을 도모해왔으며 이를 정부가 뒷받침하는 형식으로 할 수 있다.[9]

---

8) 2004년 상반기의 시점에서 한국정부가 시베리아·극동지역에 대한 정책적 차원의 대응은 큰 전략 없이 일단 시베리아 가스전 개발을 통해 나타나고 있다. 반면에 일본과 중국은 에너지와 전략 자원의 활용을 중심으로 치열한 각축을 벌이고 있으며, 한국정부는 기존에 제시한 동북아경제중심국가에 상응하는 비전을 충분히 제시하고 있지 못하다는 평가가 전문가들 사이에 대종을 이루고 있다. 권원순, "시베리아서 밀리는 한국"『중앙일보』. 2004. 4. 29.

9) 이러한 사례의 대표적인 경우로 한·러 극동시베리아 분과위원회의 개최를 들 수 있다. 외교통상부의 실무자가 담당하는 이 회의를 통해 한국 정부는 국내 기업의 러시아내 법인설립 인허가 및 체류비자 연장절차 간소화, 선납 관세의 조기 환급 등에 대한 개선, KOTRA 노보시비

특히 연방해체 초기의 정치적 접근에 비해 에너지·원자재, 통신, 어업 등의 협력을 총한 실질적 접근의 중요성이 보다 증대되고 있다. 이와 같은 경제협력도 양측의 기대수준에 이를 만큼 활성화된 것은 아니라는 평가가 주종을 이루고 있다. 이와 같은 사실에도 불구하고 시베리아를 포함한 러시아 극동지역과 한국 간의 교역은 1990년 한·소 수교 이후 꾸준히 증가해왔다. 1997년, 1998년 두 해에 걸쳐 한국과 러시아의 경제위기로 인해 전반적으로 한·러교역이 크게 감소한 것과는 달리 한국과 러시아 극동지역 사이의 교역은 증가세를 유지하였다(<표3>, <표4> 참조).

르스크 무역관의 조기개설 같은 사항을 요청해왔으며, 러시아 측은 서울-사할린 간 화물기 신규 취항 등을 한국 측에 요구해왔다. 『연합뉴스』, 2004. 2. 19.

<표2> 극동지역 대외교역 현황

(단위: 미$백만, 2003, 2004년은 %)

구분	2001			2002			2003			2004		
	수출	수입	교역규모	수출	수입	교역규모	수출	수입	교역규모	수출	수입	교역규모
연해주	1,259	522	1,781	993	811	1,804	914.5	935.7	1,850.2	1,043.3	1,668.9	2712.2
							22.2	53.0	31.4	22.6	55.9	35.6
하바롭스크	2,053	168	2,221	1,398	234	1,632	1,658.7	273.3	1932.0	1911.2	302.3	2,213.5
							40.2	15.2	32.3	41.3	10.1	29.1
사하공화국	1,278	60	1,338	1,361	41.	1,402	195.8	45.2	241.0	283.8	50.7	314.5
							4.8	2.6	4.1	5.7	1.7	4.1
크라스노야르스크	2,511	531	3,042	2,763	421	3,164						
아무르	66	22	88	71	24	95	76.1	36.8	112.9	103.0	61.4	164.4
							1.8	2.1	1.9	2.2	2.0	2.2
캄차 트카	398	172	570	337	88	425	373.8	49.3	423.1	370.2	37.6	407.8
							9.1	2.8	7.2	8.0	1.3	5.4
마가단	50	67	117	67	59	126	41.9	56.8	98.9	72.1	81.6	153.7
							1.0	3.2	1.7	1.6	2.7	2.0
이르쿠츠크	3,176	444	3,620	3,300	400	3,700						
사할린	729	202	931	701	274	975	852.9	363.8	1,216.7	853.1	780.3	1,633.4
							30.7	20.6	20.7	18.5	26.1	21.5
유태인자치주	10	4	14	8	4	12	8.4	3.6	12.0	5.3	5.1	10.4
							0.2	0.2	0.2	0.1	0.2	0.1
계	315.0	2,192	13,722	10,979	2,356	13,345						

출처: 연해주 주정부 대외경제위원회 발표자료, 대한무역투자진흥공사, "극동 러시아 경제 현황"(2003), p.6.
http://www.kotra.or.kr/ktc/vvo/market (검색일: 2004.1.12): Elena Devaeva, "The Foreign Trade of Russia's Far East" *Far Eastern Afairs*, Vol.33, No.4 (2005), p.55.

<표3>한국의 대극동 러시아 수출 실적

(단위: 미$백만)

구 분	'96	'97	'98	'99	2000	2001	2002
연해주	143.4	187.0	113.0	100.0	127	171	247.2
하바롭스크	31.2	32.1	24.1	10.9	14	21	21.6
사하공화국	12.0	4.3	1.9	3.2	N.A.	0.3	0.5
아 무 르	–	–	2.2	–	0.1	0.14	0.1
캄차트카	43.3	91.1	115.0	22.8	12.6	8	6.0
마 가 단	5.1	1.4	31.8	0.2	N.A.	N.A.	N.A.
사 할 린	80.0	93.1	296.0	16.8	15.2	14.4	20.7
계	315.0	409.0	584.0	152.2	168.9	214.84	296.1

출처: 각 주정부 대외경제위원회 발표자료, 대한무역투자진흥공사, p.8.

<표4>한국의 대극동 러시아 수입 실적

(단위: 미$백만)

구 분	'96	'97	'98	'99	2000	2001	2002
연해주	163.4	179.3	105.0	134.0	150	201	198.1
하바롭스크	50.0	65.3	100.4	54.7	61	N.A.	73.3
사하공화국	15.0	18.3	5.6	24.6	N.A.	5.4	16.1
아무르	2.1	2.6	0.2	–	0.8	0.86	0.77
캄차트카	47.0	27.8	49.0	53.0	48.2	61.9	58.6
마가단	1.4	5.9	9.7	10.9	N.A.	N.A.	N.A.
사할린	50.0	106.3	31.0	46.1	57.0	362.6	264.2
계	328.9	405.5	300.9	324.9	317	631.8	611.1

출처: 각 주정부 대외경제위원회 발표자료, 대한무역투자진흥공사, p.9.

한국과 러시아 극동지역과의 교역은 사할린, 캄차카주의 단기성 프로젝트 플랜트 공급을 제외하고 약 90%가 하바로프스크변강주, 연해변강주, 사할린주의 3개 지역에 집중되어 있다. 연해주의 경우 그 투자액은 2002년 말 누계 기준 미$ 225.7백만(28.7%)으로 투자 규모 1위국에 랭크되어 있다. 국가별로는 영국이 166.4백만으로 2위, 일본이 119.1백만으로 3위를 차지하고 있다.

연해주를 비롯한 3개 지역이 한국과 교역량이 많은 이유는 한국이 극동지역에서 차지하는 경제적 비중이 클 뿐만 아니라, 지리적으로 한국과 가깝고 항공 및 해상운송을 통한 운송서비스가 개설되어 타지방에 비해 경제교류가 활발하기 때문이다. 특히 러시아 극동지역의 입장에서 볼 때 한국은 수출대상국보다는 수입대상국으로서 보다 중요한 의미를 갖는다. 한국의 극동지역에 대한 주요 수출품은 전기·전자제품, 식료품, 자동차, 섬유, 의류 등이며 주요 수입품은 기타 수산물, 목재, 고철 등이다.[10] 한국의 IMF사태 이후 러시아의 모라토리움 선언이 겹쳐 전반적으로 한국기업의 대극동 러시아 진출이 위축되었으나, 2002년 이후 다시 활기를 띠고 있다. 구체적으로 현지의 저렴한 인건비(모라토리움 이전대비 4배 하락)는 물론, 한국으로부터의 신속한 원부자재 조달, 미국 등 최종 소비시장에의 적기 납품, 봉제업의 쿼타 미적용 등의 유리한 점이 많아 노동집약적 산업의 투자 검토 대상 지역으로 새롭게 부상해 왔다. 특히, 의

---

10) 한종만·성원용, 『21세기 러시아의 시베리아 극동지역 개발 전략에 관한 연구』(서울: 대외경제정책연구원, 2001), pp.142－143.

류 제조분야의 진출이 활발히 이루어지고 있어 현재 22개의 기업이 블라디보스톡(Vladivostok) 인근지역에서 의류를 제조, 전량 미국으로 수출하고 있다. 한국통신의 경우, 연해주지역의 낙후된 통신기반시설 확충을 위해 현지법인(NTC)을 설립하여 이동통신 및 고속 인터넷 사업에 참여하고 있다. 향후에는 사할린 및 하바롭스크주로 추가 투자 진출 예정이라고 한다.[11] 대극동 러시아 국가별 외국인 투자동향은 <표5> 및 <표6>과 같으며, 극동지역에 진출한 한국 기업의 업종별 현황은 <표7>와 같다.

<표5>대 극동 러시아 국가별 외국인 투자동향(1998 - 2002)

(단위: 미$백만)

	'98년누계		'99년도		2000년도		2001년도		2002년도	
	금액	비중(%)	금액	비중	금액	비중	금액	비중	금액	비중
미국	716.1	48.0	1,020	94.1	105.9	29.9	40.3	7.8	11	1.4
일본	183.7	12.3	15.9	1.5	99.9	28.2	193.7	37.4	254.8	31.9
영국	152.9	10.3	10	2	2	0.6	71.1	13.7	121.4	15.2
화란	–	–	–	–	–	–	106	20.5	165	20.7
바하마	–	–	–	–	–	–	52	10.0	177	22.2
한국	130.2	8.8	37.3	3.5	44.4	12.5	32.2	6.2	28.3	3.5
중국	11.6	0.8	5.03	0.4	3.5	1.0	0.7	0.1	15.1	1.9
계	1,4901	100.0	1,084	100.0	354.6	100	517.5	100	797.8	100

출처: 대한무역투자진흥공사, 『각 주정부 대외경제위원회 발표자료』, p.7.

---

11) 대한무역투자진흥공사, "극동 러시아 경제현황"(2003), p. 9. http://www.kotra.or.kr/ktc/vvo/market (검색일: 2004.1.10).

<표6> 러시아 극동지역의 국가별 교역 상황, 2003 – 2004

(단위: 미&백만, %)

	2003			2004		
	수출	수입	교역규모	수출	수입	교역규모
전체	4,122.1	1,764.5	5,886.6	4,622.0	2,987.9	7,609.9
	100.0	100.0	100.0	100.0	100.0	100.0
일본	849.2	441.8	1,291.0	1,201.8	1.194.6	2,396.4
	20.6	25.0	21.9	26.0	40.0	31.5
중국	1,517.2	487.5	2,004.7	1,491.7	654.1	2,145.8
	36.8	27.6	34.1	32.3	21.8	28.2
한국	722.8	299.2	1,098.0	811.2	352.4	1,163.6
	17.5	17.0	18.7	17.6	11.8	15.3
미국	182.0	155.4	337.4	185.4	198.3	383.7
	4.4	8.8	5.7	4.0	6.6	5.0
북한	80.2	0.3	80.5	133.5	0.3	133.8
	1.9	0.0	1.4	2.9	0.0	1.8
싱가포르	51.6	7.7	59.3	93.6	31.7	125.3
	1.3	0.4	1.0	2.0	1.1	1.6
타이완	56.3	7.0	63.3	104.7	7.6	112.3
	1.4	0.4	1.1	2.3	0.3	1.5
독립국가연합	3.5	16.6	20.1	9.1	9.8	18.9
	0.1	0.9	0.3	0.2	0.3	0.2

출처: Elena Devaeva, "The Foreign Trade of Russia's Far East" *Far Eastern Afairs*, Vol.33, No.4 (2005), p.58.

<표7> 극동러시아 한국기업 업종별 진출현황

무역업(15)	삼성전자, SP상사, LG전자, 유니콘, 다도, 파낙스, 한국야쿠르트, 신라, 삼영익스프레스, SK해운, 아쿠아보스톡, 롯데상사, 다우스틸, UP‑KAIT, KAPS
제조업(30)	성한물산, 세신, 뉴멕스, 약진통상, 정명물산, 미진양행, 세인트, 코멕스, 세진자수, J & R, 신우자수, 영진, 태평양, 삼일프린트, 미시간, 코러스, 진세 PARCE, 고려, 성진, 일양(의류 및 관련부품 제조), 피닉스(가구제조)
농업투자(4)	대경, 우정농장, 고합, 새마을운동
서비스업(3)	현대호텔, 보스톡익스프레스(여행사), 코리아하우스(식당)
운 송(3)	대한항공, 삼영익스프레스, 동서해운
통 신(2)	한국통신(NTC), 데이콤(POKOTEL, 나홋카)
건 설(1)	코리아플랜트

출처: 대한무역투자진흥공사, "극동러시아 경제현황 및 수출확대방안(Ⅱ)", pp.5‑6. http://www.kotra.or.kr/ktc/vvo/ market (검색일: 2004.1.12).

한국과 시베리아‑극동지역과의 경제협력 현황은 몇 가지 부문으로 나누어서 살펴볼 수 있다. 그중 가장 대표적인 사업이 석유와 천연가스를 비롯한 천연자원 개발에 관련된 건이라고 할 수 있다. 한국과 러시아는 이르쿠츠크(Irkutsk) 천연가스전 개발 및 파이프라인 건설 프로젝트에서 협력을 강화해왔다. 이르쿠츠크 가스전 개발 프로젝트는 러시아 연방 이르쿠츠크시 북방 약 450km에 위치한 코빅틴스크(Kovyktinskoye) 가스전을 개발하여 일부는 러시아에 공급하고 나머지는 총연장 4,115km의 파이프라인을 통하여 중국 및 한국 등 인근 국가에 천연가스를 공급하는 프로젝트이다. 코빅틴스크 가스전은 현재 확인 매장량만 약 8,700억㎥에 달하고, 1996년 12월부터 1997년 7월까지 진행된 예비타당성 조사결과 지리적 여건, 매

장량, 인프라 구축 면에서 경제성이나 실현성이 높은 것으로 평가되었다.[12)]

그러나 타당성 조사 결과 가스관을 북한으로 연결하는 것은 전설비가 많이 소요되어 경제성이 없는 것으로 판명되어, 그 결과 서해 해저 가스관을 통해 국내로 들여오기로 확정지었다.[13)] 이르쿠츠크 가스전 사업은 한국·중국·러시아 3개국 컨소시엄에 의해 성립되었으며, 컨소시엄이 채택한 서해 해저 노선은 이르쿠츠크~선양~다렌~서해~평택으로 이어지며 총 연장은 4천 2백 38Km로 아시아에서 가장 긴 노선이 되었다.

두 번째 경협의 대상은 TSR-TKR의 연계를 통한 운송협력 문제이다. 동북아 지역의 화물수송체계는 내륙수송과 항만시설이 부족하여 원활한 화물수송이 이루어지지 못해 왔다. 한국은 급속한 고도 경제성장 이후 급증하는 물동량을 원활히 수송하기 위해서 항만, 철도, 도로 등 사회간접자본 확충에 투자가 필요한 시점이고, 북한은 수송 인프라가 절대적인 투자 부재로 매우 낙후되어 있는 상황이다. 러시아의 극동지방도 교통시설 확충의 필요성을 지닌 지역으로 이를 타개하기 위한 대책이 마련되어야 하는 시점이다.

이와 관련하여 최근에 러시아와 한국에서 한반도종단철도(TKR)를 복원하고 이를 TSR과 연계하여 아시아횡단철도(TAR)의 북부노

---

12) 산업자원부 공보실, "러시아 이르쿠츠크 가스전 개발타당성 조사 추진 현황" 『보도참고자료』(2001.9.6), http://www.mocie.go.kr (검색일: 2003.8.1).

13) 『중앙일보』, 2003. 11. 15.

선을 완성하자는 구상이 활발하게 논의되어 왔다. 이러한 구상의 단초는 1991년 10월 6일 모스크바에서 체결된 한국과 러시아 간 철도협력 의정서에서 제기되었다.[14] 1996년 제52차 ESCAP 회의 중 개최된 인프라 각료회의에서 42개국이 아시아횡단철도 구축을 위해 남북한종단철도를 복원하는 데 최우선적으로 노력한다는 결의안이 채택되었고, 이어 1997년 가을 모스크바 회의에서는 ESCAP이 북한 측에게 TKR 복원 계획안을 전달하였고, 여기에서 TSR 활성화 계획에 연관된 국가들이 이 문제를 논의하였다.[15] 그리고 2000년 6월 남북한 정상이 경의선 철도 복원에 전격 합의함에 따라 TKR과 TSR의 연결이 본격적인 현안으로 대두되었다.

TKR의 복원과 이에 대한 TSR의 연결 사업은 동북아 지역의 물류체계를 효율적으로 작동시킬 수 있다는 점에서 중요한 의미를 갖는 구상이라고 할 수 있으며, 이 점에 대해서는 한국, 북한, 러시아 모두가 이해관계를 같이하고 있다. 러시아의 입장에서는 TSR이 진정한 의미의 육로연결망(land bridge)의 역할을 하기 위해서는 물동량이 많은 한국과 일본의 육로수송을 가능케 하는 남북한의 육로연결이 필수적이고, 만일 TKR이 복원될 경우 복합운송체제로소

---

14) 신영국, "시베리아철도와 동북아경제협력" 러시아연방철도부 · 시베리아횡단운송국제조정위원회 · 주한 러시아연방무역대표부 공동 주최 세미나 자료. 『21세기 시베리아 횡단 육상 교량. 러 - 한 운송부문 관계 발전에 대한 전망』(2001.2.12), pp.1 - 6.

15) 이재영, "한 · 러 운송협력의 의미와 전망: '철의 실크로드' 구상을 중심으로"『중소연구』. 제25권 제1호(2001). p.92.

TSR의 활성화와 효율성 증대를 촉진하고, 해상운송보다 강한 경쟁력을 갖출 수 있다는 전망을 하고 있다.[16]

북한의 경우 당초 남·북한 간의 철도연결은 반대하면서 TKR은 신의주, TSR은 나진을 기종점으로 하는 아시아횡단철도 북부노선 구축을 주장했으나 이후에 태도를 바꾸어 경의선 철도 복원에 전격 합의하였다. 북한의 이러한 태도는 남북 철도망 연결이 김일성 주석의 '유훈사업'이기 때문이기도 하지만, 무엇보다도 경제적인 관점에서 남북한 철도연결이 북한에 실질적으로 현금의 안정적인 취득을 가능케 하는 운송수입 증대를 가져올 것이라는 기대 속에서 러시아와 중국의 협조를 통해 노후화된 철도시설을 개량하려는 의도를 갖게 되었다고 추정할 수 있다.

한국의 입장은 이에 대해서 물류비용의 절감 등의 실리적이고 기능적인 이유와 남-북을 철도로 연결한다는 상징적인 '통일'의 의미를 담는 이상적인 측면에서 매우 중대한 의미를 갖는다는 점을 강조하면서, 김대중 정부 이래 정부 차원에서 일관되게 입장을 개진해왔다. 현재 TKR과 TSR의 연계가능성을 검토하여 나온 대안들 중에서 러시아 쪽과 북쪽 구간을 잇는 철도노선에 러시아와 같은 광궤철도를 부설해 TSR과 연결하기로 합의가 된 바 있다. 이와 관련하여 러시아는 일관되게 남북한 양자 간의 협의 절차만으로는 철도연결사업의 모든 문제를 해결하는 것이 불가능하다는 점을 수차례 상기시켜 왔다.[17]

---

16) 교통개발연구원, 한화그룹, 주한러시아무역대표부 공동주최 한·러 국제세미나, 『21세기 시베리아철도와 한국철도의 한·러간 협력방안』(2000.3.30~31) 발표논문집 참고.

이와 같은 거대 현안 외에도 한국은 시베리아와 극동지역에 진출하여 오호츠크 해의 조업, 항공협정, 현대 스베틀라야 삼림개발과 블라디보스톡 비즈니스센터 건설, 물동량의 극동지역 항구 선적과 한국과 시베리아 간의 무역과 인적교류의 증가 등 괄목할 만한 수준으로 발전했다. 그러나 애초에 가졌던 기대치만큼 이루어지지는 않았다.[18] 마찬가지로 나호드카 자유경제지역에서의 한국공단도 아직까지 큰 진전이 없는 것으로 알려지고 있다.[19] 현재까지 대부분의 한국 기업과 정부는 원자재에 관심을 갖고 있으며 그것은 천연가스와 원유 수송 등에 국한되어 있다. 일부 러시아과학자의 기술력을 바탕으로 한국 기업들이 신제품을 출시하는 등 과학기술 협력의

---

17) 한반도와 시베리아, 유럽을 잇는 철도부설사업에 대해 한국내의 전문가들과, 그리고 러시아 인사들 중에서도 그 실현가능성에 대해서 유보적이거나 부정적으로 인식하는 입장도 명백하게 존재한다. 예를 들어 이샤에프(Viktor Ishaev) 하바로프스크 주지사 같은 인사는 한반도와 연결하여 시베리아를 동서로 가로지르는 철도는 러시아의 태평양 연안 항구를 통한 화물 운송에 타격을 입히는 등 극동경제에 오히려 피해를 입히게 될 것이라고 이에 반대하는 입장을 취하고 있다. Pravda, July 20, 2001.

18) 한종만, "시베리아의 잠재력과 한국과의 협력 방안"『사회과학연구』18집 (1999.2), pp.18 - 19.

19) 나호트카가 1990년대 초에 자유경제지역으로 선포된 이후 차례로 대표부를 개설한 다른 나라들의 기업인들은 그다지 기반을 잡지 못했다. 그곳에서는 겨울철에 하루 18~20시간씩 전력 공급이 빈번하게 중단되는 등 열악한 환경이 방치되어 있어 근로의욕을 꺾는 상황이기에 그러하다고 한다. 콘스탄틴 풀리코프스키, 성종환 역, 『동방특급열차』(서울: 중심, 2003), pp.80 - 81.

기운도 제고되고 있지만, 아직은 기대를 충족할 단계는 아닌 듯하다. 그럼에도 불구하고 러시아와 러시아 극동지역은 남한의 자본과 기술력은 물론 북한의 노동력을 필요로 하면서 남북한과 공히 우호적인 관계를 유지할 의도를 지니고 있는 것으로 여겨진다. 북한의 경우도 붕괴 상태에 놓여있는 경제가 활로를 찾기 시작한다면 러시아극동지방에서 생산되는 물품의 잠재적인 소비시장으로서의 가치를 지니고 있기에 그러하다.[20] 남과 북이 이미 시베리아와 극동으로부터의 전력과 천연가스 구매에 관한 구체적인 타당성 조사에 착수했다는 점이 이를 입증한다.

결국 한국의 시베리아 진출은 초기 기대와 환상이 단기적인 이익을 산출하기 어려운 환경 속에서 무력화되면서, 한국정부의 다분히 정치적 이벤트의 성격이 짙은 몇몇 대형 프로젝트 위주의 사업을 전면에 부각시키게 되었고, 그 실현가능성의 타당성 여부도 아직 검증되지 않은 상태에서 아직까지 미래지향적인 여운만을 남긴 채 시베리아에 대한 인식은 남아있다. 이 점은 한국의, 특히 한국정부의 대러 인식 자체가 모스크바 중앙에 대한, 한편으로 정치지향적인 이익 확보의 차원에서 이루어져왔기 때문에 나타난 사실이라고 할 수 있으며, 최근에 철도연결부설 사업에 대한 관심이 높아지면서 중앙이 아닌, 러시아의 지역에 대한 관심이 과거보다는 높아지고 있다고 평가할 수 있다. 따라서 아직 한국 정부에 부재하다고 여겨지는 전

---

20) Sue davis, *The Russian Far East: The Last frontier?* (London and New York: Routledge, 2003), pp.98 – 99.

략적 사고에 대한 보충과 이에 기초하는 구체적인 대책 수립이 요구되는 시점이라고 판단되며, 이 점은 일본, 중국, 미국, 독일 등 인접 국가들과 대러 투자 상위국들의 행태에 대한 연구 속에서 면밀하게 이루어져야 할 것이다.

4. 일본의 대극동·시베리아 투자 현황

탈냉전 시대의 도래와 더불어 일본과 러시아는 과거의 적대적인 관계를 청산하고 새로운 우호적 관계를 조성하기 위해 노력해왔다. 러시아는 시베리아 및 극동지역의 경제개발과 동아시아 지역의 정세 안정을 위해 일본과의 관계 개선을 적극 추진해 왔다. 그러나 일본정부는 북방영토 문제와 경제협력 문제를 연계시키는 이른바 '정경 비분리 원칙'(政經 非分離 原則)을 견지하고 있어 일·러 간의 교류는 러시아의 기대에 못 미치는 실정이다. 그럼에도 불구하고 양국은 양자관계에 있어 본질적인 이해의 기반을 공유하고 있다는 점을 지적할 수 있다.

러시아의 입장에서는 무엇보다도 극동지역을 포함한 러시아의 시장경제체제로의 전환이 성공하기 위해, 그리고 극동지역의 경제활성화를 위해 일본의 자본이 필요하며, 정치적으로도 동북아의 신질서 형성과정에서 러시아의 참여와 안정을 위해 일본과의 관계개선이 필요하다고 여긴다.

일본의 입장에서도 북방영토의 해결을 위해서 러시아와의 평화조약을 포함한 관계개선이 필요하며 장기적으로는 이를 통한 러시아 시장의 확보도 충분히 고려할 만하다.

그러나 1990년대에 증가되었던 일본의 대러 투자는 대금 미지불, 미비한 법체계와 조세제도 등 전환기 러시아 경제의 미성숙한 측면들로 인해 초기에 비해 러시아 시장을 외면하는 추세가 증가해왔다. 이 점은 일본의 대러관계에서의 정치·외교적 측면과도 직결되는 사항이기 때문에 곧바로 효과가 나타난다고 할 수 있다. 다시 말해, 상당한 재정적 유인이 일본에게 없는 상태에서는 러시아와의 협상에서 북방 4개 섬의 반환을 반대하는 일본 내 세력이 논의의 주도권을 잡을 것이기 때문이다.[21]

일·러 관계는 옐친 대통령 재임기간 중 관계개선의 징후들이 많이 있었지만, 1996년 러시아의 북방영토에 대한 원칙의 재천명으로 소원해졌다. 그렇지만 1996년 이후에 일·러 관계는 근본적으로 개선되어왔다. 이 시기에 일본은 러시아 지역에, 특히 극동지역에 적극적인 진출을 모색했다. 일본은 1990년대 말에 약 60억 불에 달하는 투자와 대부를 하였으며, 이 중에서 상당 부분이 사할린의 원유와 가스전 개발에 투입되었다. 그러나 1998년의 아시아 경제 위기와 일본에서의 자민당의 패배, 그리고 지속적인 경기후퇴로 인해 대러 투자가 순조롭지 못했다. 동시에 러시아도 1998년 모라토리엄

---

21) Stephen Blank and Melvin Z. Rubinstein, *Russian Power in Asia* (New York: M. E. Sharpe, 1997), p.43.

선언 이후 경기침체, 루불화 폭락 등으로 국내문제 해결에 전념해야 하는 상황이 되었다. 이러한 환경은 2000년 푸틴(V. Putin) 대통령 집권 이후 양국수뇌부 간의 활발한 교류와 정부차원에서의 양국 간 경제 – 무역위원회 결성 등으로 다시금 활기를 찾고 있다.

일본에게 있어 시베리아 · 극동 지역의 가치는 에너지자원 개발이 핵심사항이라는 데에서 출발한다.[22] 러시아가 투자와 전문가를 받아들이고 시장을 열면, 일본은 절대적으로 필요한 에너지를 얻게 되는 구조라는 점에서 시베리아 · 극동 개발은 양쪽에 윈 – 윈 시나리오(win – win scenario)라고 볼 수 있다.[23] 일본은 무역에 의존하는 구조이며, 이 점에 있어 러시아와 극동지역은 극동의 항구와 러시아와 철도시스템을 통해 유럽으로 연결되는 보다 안전하고 값싼 무역 루트를 제공할 수 있다는 이점을 강조한다. 더구나 극동지역은 일본의 산업 발전에 결정적인, 풍부한 석탄, 원유, 그리고 천연가스를 간직하고 있다. 반면에 일본은 한국과 마찬가지로 이 지역에 대한 공식 정책(official policy)를 갖고 있지 않다. 다만, 대부분의 투자와 차관이 일본의 수입 – 수출을 보호하고 중대한 원자재에 대한 일본의 영향력을 확보하기 위해 이루어지고 있다.[24]

---

22) Дохара Ре, "Россий ско – Японское сотрудничество в области энергетики", Сибири и Япония в северо – восточнной азии, Межрегионалиый институт общественных наук(МИОН), Иркутский государственный университет, Университет Си манэ, Материалы Россий ско – Японского семинара 8 – 9 сент ября 2002., Иркуск, с. 112 – 113.

23) Sue Davis, The Russian Far East: The Last frontier? , pp.93 – 94.

<표8>극동·시베리아 지역의 해외투자 규모

제지역	투자액(1백만 달러)			백 분 율(%)		
	1997년	1998년	1999년	1997년	1998년	1999년
러시아연방(총)	12296	11773	9560	100	100	100
중앙지역	8740	6959	3358	711	591	351
서시베리아지역	862	932	1233	70	79	129
동시베리아지역	442	170	282	36	14	30
극동지역	271	554	1258	22	48	132

출처: Goskomstat of Russia, *Russian in Figures Official Publication* (Moscow: Goskomstat of Russia, 1999), p.346: Госкомстат России, *Россия в цифрах 1998* (Москва Госкомстат России, 1999), с. 336: Госкомстат России, *Россия в цифрах 1999* (Москва: Госкомстат России, 2000), с. 327.

러시아 극동지역은 일본이 오늘날 유일의, 그리고 가장 거대한 외부의 투자국이기에 일본으로부터 개발원조의 상당부분을 얻기를 희망하고 있다. 그러나 일본정부는 러시아연방을 개발도상국가로 간주하지 않기 때문에 일본으로부터 극동지역은 아직까지는 어떠한 정부개발원조(Official Development Assistance: ODA)도 받을 수 없었다. 그럼에도 불구하고 일본은 2000년도에 약 63억 불에 달하는 투자를 함으로써, 미국과 독일에 이어 세 번째로 러시아를 지원하는 국가로 자리매김하고 있다.[25]

---

24) Kunio Okada, "The Japanese Economic Presence in the Russian Far East" Judith Thornton and Charles E. Ziegler, *Russia's Far East: A Region At Risk* (Seattle and London: University of Washington Press, 2002), pp.419－423.

25) "Japan's Assistance Programs for Russia" www.mofa.go.jp/region/europe/ru-

일본 정부 차원에서의 극동지역에 대한 최대 프로젝트는 사할린 석유 개발 계획이라고 할 수 있다. 사할린 프로젝트에는 현재 개발이 진행 중인 1, 2, 3광구를 비롯해 앞으로 개발권 입찰을 진행할 사할린 4, 5, 6, 7, 8광구 등이 있다. 러시아 극동지역 오호츠크 해에 연해있는 사할린 섬 주변에는 총 7억 톤의 석유와 컨덴세이트, 2.5조㎥의 천연가스가 해저에 매장되어 있어 매장량 면에서는 북해 지역과 맞먹는 것으로 평가되고 있다.

사할린-1프로젝트는 구 소련당시 시작되었으나 러시아 출범이후 미 엑손, 일 사할린석유개발, 러 로스네프트 등이 컨소시엄을 구성(95.5), 러 정부와의 생산물 분배 계약 체결(95.6)을 계기로 구체화되고 있다.

사할린-2 프로젝트도 러시아 출범 이후 미 마라톤오일, 日 미쓰이 미쓰비시, 영 화란계 로얄더치쉘사 등이 컨소시엄을 구성(94.4)하고 러 정부와 생산분배계약 체결(94.6)을 계기로 개발이 가속화되어 왔으나 현재는 Shell, 미쓰이, 미쓰비시 등 3개사가 추진 중에 있다.[26]

극동지역에서의 일본의 존재는 수출의 80%가 일본으로 향하고 있으면서, 대부분의 합자회사가 일본과 합작하는 사할린(Sakhalin)에서 대단히 크게 느껴진다. 이러한 투자의 이유들 중에서 일본이 쿠릴(Kuriles)에서의 지역 여론을 유리하게 몰아감으로써, 해당 지역

---

ssia/assistance/index.html (검색일: 2003.7.15).

26) 김명남, "동북아 PNG프로젝트 및 에너지 협력" www.gasnews.com/news (검색일: 2004.6.7).

주민들이 일본과의 재결합을 선택하게 하려는 의도도 포함되어 있다고 볼 수 있다. 그렇지만 일본은 쿠릴 뿐 아니라, 다른 많은 지역에도 마찬가지의 투자를 하였다. 그리고 일본은 주로 러시아의 원료(raw materials)에 관심을 갖고 있기에 무역의 확대는 극동지역에 반드시 큰 이익을 가져다주는 것은 아니다. 원료는 일반적으로 커다란 이익을 가져다주지 않는 경향이 있기 때문이다. 대체로 이익은 완제품 공정과정(processing)에서 산출된다. 물론 극동지역은 원료이외에도 일부 완제품을 수출하고 있다. 예를 들어 전기가 곧 사할린을 거쳐 남부 사하(Sakha)에서 일본까지 전달될 것이며 그 비용은 25억 불에 달하는 프로젝트가 될 것이다.

결국 일본은 러시아와의 안정적인 상호관계 구축을 위해서 필요하다면, 그리고 경제적으로 이득이 되는 한 지속적으로 시베리아를 포함한 러시아극동 지역에 투자를 할 것이다. 일본인들 스스로 이 점을 원하고 있다는 사실은 일본에서 러시아로 향하는 전체 기금의 약 절반 정도가 러시아 극동지역에 집중되어 있다는 사실에서도 드러난다. 일본과 극동지역과의 관계를 증진시키기 위하여 일본인 센터가 이미 하바로프스크(Havalovsk), 블라디보스토크(Bladivostok), 그리고 사할린에 개설되었고, 일본 정부는 극동지역의 중소기업들을 지원하기 위해 5,000만 불에 달하는 '지역벤처기금'(Regional Venture Fund)도 조성해놓았다.27)

---

27) "Japan's Assistance Programs for Russia" www.mofa.go.jp/region/europe/-russia/assistance/index.html (검색일: 2003.7.15).

이상에서 살펴본 대로, 일본은 명확한 대전제 속에서 부분적으로 대러 투자 내지는 대극동 투자의 부침을 거듭했지만 일관된 입장을 드러내왔다고 할 수 있다. 이 점은 투자액에 대한 지표에서 입증이 되고 있다. 한국과 달리 일본은 러시아와의 안보적인 고려가 선행하면서 경제를 이에 연계시키는 전략을 활용하는 입장이지만, 이익이 날 수 있는 지역과 부문에 대한 투자의 측면에서 일관된 자세를 견지해왔다고 할 수 있다. 따라서 상대적으로 커다란 프로젝트성 사업을 제기하기보다는 지속적인 투자와 지원 대책을 제시해왔고, 이에 대한 호응도 광범위한 편이라고 할 수 있다.

5. 한국과 일본의 시베리아·극동 진출: 환경과 전략

소연방 붕괴 이후 10년을 경과한 시점에서 러시아는 여전히 이행기 체제의 면모를 곳곳에서 드러내고 있으며, 이 과정에서 극동·시베리아 지역의 가치가 재평가되고 있다. 러시아의 국내적 입장에서는 이 지역 개발을 통해 경제적 어려움을 극복하고 안정적인 경제발전을 이루는 초석으로 삼고자 한다. 또한 동북아 인접국들은 이 지역이 풍부하고 다양한 자원을 안정적으로 공급해주고 자국의 산업시설을 이전하여 해외산업기지로 삼을 수 있기를 기대한다.[28] 러

---

28) 한종만, "한반도 통합과정에서의 시베리아 및 극동의 중요성"『한국시베리아학보』제2집 (2000), p.183.

시아 극동지방과 시베리아 지역에서의 경제성장을 위해서 러시아의 입장에서는 중국과 남북한으로부터의 노동력 유입과 미국과 일본으로부터의 자본 유입은 자명한 우선과제라고 보여진다. 일본과는 일본이 원하는 대로 북방 4개 섬의 영유권 문제가 해결되지 않고 있기 때문에 지속적으로 일·러 양자 간 문제의 불씨는 남아 있겠지만 양자 간의 경제적 이익을 추구하는 실무적이고 실용주의적인 차원에서의 협력관계는 지속될 수밖에 없으리라고 예측가능하다.

반면에 극동·시베리아의 발전을 위해 필요한 중국과 러시아의 관계는 좀 더 미묘한 딜레마를 안고 있다는 점이 흔히 거론되곤 한다. 고르바초프(M. Gorbachev)의 서기장 취임 이래 소련과 중국과의 관계정상화 노력이 이어져 양자 간 화해의 기운이 결실을 맺고, 소연방 붕괴 이후 러시아와 중국 간에도 이러한 분위기가 지속되어 왔음은 주지의 사실이다. 양국관계는 전략적 동반자 내지는 전략적 파트너십의 관계 설정하에 우호관계를 유지하면서 유일 초강대국 미국에 때론 한 목소리로 문제제기를 하는 모습을 보여주고 있지만, 러시아의 입장에서 시베리아와 극동 러시아에 진출한 중국인들의 존재는 의구심을 사아내게 만들고 있다. 이미 소비에트 시절부터 극동지방의 중국인들의 진출에 대해 많은 러시아민족주의자들이 우려가 깃든 주의 사항 내지는 경고를 통해 환기시켜왔지만, 사실상 중국인들의 진출은 소연방 붕괴 이후 더욱 활성화되어 왔다. 러시아의 입장에서 극동·시베리아의 발전을 위해서는 한편으로 중국인 노동력을 필요로 하고 있지만, 다른 한편으로는 중국인의 대량 이주로 인해 중국인이 상권을 장악하고, 또한 궁극적으로 이루어질지도 모르는 '극동·시베리아지역의 중국화'를 두려워하고 있다. 러시아연방 이민당국 관계자는 현재 러시아 내에는 약 150만 명의 불법 입국자 가운데 중국인이 100만 명에 이르고 있다고 밝히고 있다.[29] 그들은 단기 비자를 받고 시베리아·극동지역에 들어와 중국산 소비재를 판매하면서 연간 55억 달러를 중국으로 송금하고 있다고 전해진다. 특히 1996–98년 사이에 연해변강주(Primorskii krai)에 거주하는 중국인의 비율이, 러시아인들과 우크라이나인들이 대부분인 전체인구 220만 중에서 0.3%에서 1.1%로 상승했다고 연해주 연방 이주국 당국자는 밝히고 있다.[30]

한국과 시베리아 지역 간의 관계 설정은 중국이나 일본의 그것과 달리, 상호 보완적인 성격을 띠고 있다고 지적된다. 그 이유로, 한국은 자원이 빈약한 반면에, 시베리아는 자원의 보고지역이며, 한국은 인구밀도가 높은 반면에 시베리아 지역은 인구밀도가 희박한 지역이고[31], 한국은 생필품과 소비재 상품 기술과 시설이 풍부한 반

---

29) "러시아에 중국인 불법 입국자 100만명" 『연합뉴스』, 2000. 7. 10.

30) Mikhail Alexseev, "Chinese Migration in the Russian Far East: Security Threats and Incentives for Cooperation in Primorskii Krai" Judith Thornton and Charles E. Ziegler, *The Russian Far East: The Last frontier?*, pp.322–323.

31) 시베리아의 인구, 특히 산업 인구 부족은 과거 소련시대부터 고질적인 경제의 문제로 심각하게 인식되어 왔다. 시베리아의 산업 인구 부족은 타 지역으로부터의 인구유입이라는 방식이 아니면 해결하기 어려우나, 그 전망은 늘 비관적이었다. 소련 시대에 시도했었던 인구과잉지역인 중앙아시아 지역에서의 인구유입도, 강한 인종적, 종교적 자의식과 이주에 대한 거부의식이 강해서 이주에 있어 난점이 늘 있었다. 결국은

면에, 시베리아 지역은 생필품과 소비재는 타지역으로부터 반입내지
는 수입에 의존하고 있다. 또한 한국은 기초과학 기술보다는 응
용·개발기술이 상대적으로 발전된 반면에 시베리아는 기초과학 기
술이 발달되어 있으며, 한국은 경작지 면적이 협소한 반면에 시베리
아, 특히 극동의 남부지역(연해변강주, 아무르주, 하바로프스크변강
주)에서 아직 개발되지 않은 넓은 경작지와 방목지를 갖고 있다.[32]
한국은 또한 일본과 달리 시베리아 진출의 당위적 측면에서 북한의
개방과 동북아 지역안보의 안정을 조성할 여건을 한반도통일이라는
대명제이라는 찾을 수 있다는 점에서 특수한 여건과 의무감을 지니

높은 봉급과 여러 가지 동기부여를 하여도 시베리아의 열악한 환경
때문에 인구유입은 거의 불가능한 상태이다. 또한 시베리아의 열악한
환경은 기후적인 요인보다 사회하부구조의 취약성이 더욱 큰 요인으
로 작용한다는 점도 제시되고 있다. 소련시대에도 비록 임금 수준은
시베리아가 높지만 식료품을 비롯한 기본적인 소비재의 가격이(특히
의류, 주거비) 타 지역에 비교해 볼 때 터무니없이 높고, 교통이나 문
화시설이 열악한 상태에 있기 때문에 사실상 시베리아는 러시아인들
에게 매력을 주지 못하는 지역으로 인식되어 왔다. Robert Cambell,
"Prospects for Siberian Economic Development" Donald Zagoria,
eds., *Soviet Policy in East Asia* (New Haven: Yale University Press,
1982), pp.229 – 240: Robert Taffe, "Soviet Regional Develoment",
Stephen Cohen, Alexander Rabinowittch and Robert Sharlet, eds.,
The Soviet Union Since Stalin (Bloomington: Indiana University
Press, 1980), pp.161 – 162: Leslie Dienes, *Soviet Asia: Economic
Development and National Policy Choices* (Boulder and London:
Westrive Press, 1987), pp.169 – 228. 참조.

32) 한종만, "한반도 통합과정에서의 시베리아 및 극동의 중요성", pp.183 –
184.

고 있다고 하겠다.

따라서 러시아 전역과 시베리아, 그리고 극동지역에서 진행 중인 시장경제체제로의 체제전환과정을 면밀히 고찰함으로써 한국은 통일 과정에서 나타날 혼란을 최소화하면서 이행기의 플랜을 설정할 수 있을 뿐만 아니라, 통일비용과 결부되어 있는 체제전환의 부담금을 최소화할 수도 있을 것이다. 소련과의 수교 이후 한국의 투자는 새로운 시장 러시아에 대한 환상과 단기적 이익의 획득 가능성 부재 상황, IMF구제금융 등이 이어지면서 시베리아 진출에 제동이 걸렸었지만, 21세기 통일 한국의 인접지에 대한 파악과 교두보 구축을 새로운 시장의 확보라는 차원과 결부를 시켜서 새로운 전략을 모색해야 할 시점으로 여겨진다. 이를 위해서는 지금까지 나타난, 한국의 극동러시아 진출상의 문제점을 개선할 필요가 있는데, 한국 기업을 포함한 외국기업인들이 처한 문제의 전반적인 내용과 더불어 한국이 처한 문제점들을 제시하면 다음과 같다.

□ 수출물품 통관상의 문제점과 통관 비리

지역 수준에서, 근본적으로 세관 통관절차상의 문제점과 속도가 모스크바 수준으로 개선되어야 한다는 것이 현지 바이어들과 외국인 기업가들의 공통된 요구이다.[33]

---

33) 특히 시베리아의 관문인 노보시비르스크 같은 도시는 통관이 어렵기로 악명이 나있다. 모스크바나 블라디보스톡에서는 2-3일 만에 통관되는 데 반해, 세금을 다 내고도 현지 세관의 각종 서류 요구로 수개

세관통관 규정 및 세율 등이 수시로 변경되고 세관원에 따라 자의적으로 해석하는 등 관세제도가 제대로 정비되어 않아 정상적인 통관이 어려운 실정이다. 뿐만 아니라 세관 시스템상의 부패도 문제이다. 세관원이 규정을 적절하게 적용시키기보다는 규정에 대한 자의적인 해석을 하는 경우에 문제의 소지가 발생하기 때문이다.[34]

□ 법률적인 문제들

외국투자로 설립되는 외국회사들에 대한 세제상의 혜택이 없다는 점이 지적되고 있으며, 거기에다가 등록 시의 복잡한 절차도 문제가 되고 있다. 그리고 지역 차원과 연방 당국 수준, 양자 간의 신뢰할만한 소통의 채널이 결여되어 있어서, 지역에서 중앙의 지침을 늦게 전달받거나 새로운 세금 관련 규정을 종종 모르고 있는 경우도 있다.[35]

□ 높은 운송비용

극동지역을 연결하는 해상운송(부산 – 블라디보스톡) 및 항공운송(서울 – 블라디보스톡) 비용이 너무 높아 가격경쟁을 약화시키는 요인으로 작용하고 있다.

월 동안 제품을 찾지 못하는 경우도 있다. "외국인 눈에 비친 시베리아 천태만상" http://russia.co.kr/MBoard/Imsi2.asp (검색일: 2004.6.6).

34) "Trade and Investment Barriers in the Russian Fae East"
http:// www.bisnis.doc.gov/bisnis/country/030123barrfe.htm (검색일: 2004.3.21).

35) Ibid.

□ 거래방식의 문제

러시아의 금융제도 미흡 및 무역거래 인식 부족으로 신용장 방식보다 T/T 및 현금거래가 보편적이며, 실거래 금액보다 낮추어 (undervalue) 세관에 신고하는 것이 관행화되어 있다. 또한 처음에는 선금지불 방식의 거래가 진행되지만, 이후부터 대부분 D/A 거래를 요구하기 때문에 이에 대한 위험부담이 상존한다. 이 경우 수출대금 미수 사례가 종종 발생한다.[36]

이와 더불어 한국 기업이 극동러시아·시베리아 지역에 수출을 확대하기 방안으로는 다음과 같은 사항들을 들 수 있다.[37]

□ 극동·시베리아 주요 거점 도시에 직매장 설치

이 경우, 시장개척이 유망시되는 거점도시에 직매장(도소매겸)을 설치하며, 야쿠치야, 이르쿠츠크, 크라스노야르스크 등 극동·시베리아 내륙도시를 중심으로 삼아야 한다.

□ 산업설비 및 플랜트수출 확대

98년 8월 러시아 정부의 모라토리움 선언 이후 점차 확산되고 있는 러시아 내수산업 진출을 위한 사양산업 설비, 유휴설비, 중고설

---

36) 대한무역투자진흥공사, "극동 러시아 경제현황 자료" pp.10-11.
37) 대한무역투자진흥공사, "극동러시아 경제현황 및 수출확대방안(Ⅱ)" pp.3-5. http://www.kotra.or.kr/ktc/vvo/market (검색일: 2003.11.12일) 참조.

비 등 수출기회 포착이 필요하다.

□ **지방정부 조달사업 간접 참여**

주정부, 시정부 등을 대상으로 한 관급공사에 소요되는 조달물자 납품 인콰이어리를 발굴, 국내 중소기업이 경쟁적인 가격에 한국산 제품을 수출할 수 있도록 지원한다.

□ **지역특성에 부합하는 협력사업 전개를 통한 교역규모 확대**

- 자원개발 투자 확대:
  콘소시움 및 개별기업 형태로의 투자－천연가스, 원유개발(콘소시움 구성 개발), 석탄, 목재, 어획 및 수산물 가공(개별 기업 투자)
- 자금난을 겪고 있는 국영공장과의 합작투자로 기업 경영권 확보:
- 군수산업 민수화 전환사업 참여
- 사회 간접설비 개발 프로젝트 참여 및 투자:
  공항, 항만, 도로, 봉신, 주택 등 각종 사회간섭 설비 개발 프로젝트 참여
  기존 설비 교체 및 신규 시설설치 시 중장기 연불수출 자금활용
- 한 · 러 · 북한/중국 3국간 협력사업 추진:
  연해주 등 극동 러시아에서의 농업, 수산업, 목재산업 및 각종 자원개발 사업과 구소련 러시아 기술진에 의해 건설된 북한의 각종 중화학공장 재가동 사업 등에 3국간 협력사업을 전개

일본의 경우, 이미 자신들이 진출할 시베리아와 극동지역의 문제점들을 파악한 상태에서 구체적인 문제에 대한 요구와 문제제기를 해오고 있다. 예를 들어, 일본정부와 일본전경련(Keidanren), 그리고 수많은 기업들은 바니노(Vanino)와 사할린 섬에 있는 항구들을 포함한 극동지역의 항구들의 시설을 대폭 개선하여 에너지 수송, 특히 일본으로의 석탄 수송을 촉진시킬 것을 제안해 왔다. 이러한 항구들의 개선은 일본의 러시아 철도로의 접근을 용이하게 할 것이며, 그렇게 됨으로써 일본과 유럽과의 교역에 있어 더욱 효율적이고, 안전하고, 비용이 적게 들 것이라고 예상한다. 일본은 북한과 남한이 철도체계를 재연결시키는 것 같은, 한국에서의 투자를 보장함으로써, 부산항을 통해(혹은 해저 터널 부설을 제안하여) 러시아로, 그리고 러시아의 철도망으로 자신들의 물건을 수송할 수 있다. 그러나 일본에게 있어 한국 루트(Korean route)는 한반도 정세의 불안정, 한국과 일본 간의 전통적인 ― 갈등을 유발하는 ― 문제들, 그리고 많은 분야들에 존재하는 사실들로 인해 덜 매력적이며, 일본의 상품들이 한국 것들과 경쟁하고 있으며, 운송관세도 더 상승할 수 있다. 그보다 바니노에 있는 항구는 일본에서 650마일도 채 안되며, 연중 운영되고 있다. 바니노는 또한 시베리아횡단열차로 접근이 용이하기에 더욱 선호되는 루트이다.[38]

그 밖에 일본이 러시아 극동지역과 시베리아 지역에 대해 민간과 정부 수준을 아우른 차원에서 전략적으로 접근할 수 있는 분야는

---

38) Sue Davis, The Russian Far East: The Last frontier?, pp.94－95.

다음과 같다.

□ **통신 하부구조(telecommunications infrastructure)와 위성송출 분야**

스미토모(Sumitomo)와 NEC가 2005년까지 러시아의 노후한 통신위성에서 기술적으로 보다 앞선 디지털 위성으로 대체하려고 계획 중에 있다.

□ **일본의 어업권**

일본이 러시아 수역 내에서 어로 행위를 하고 있다는 러시아 측의 문제제기로 많은 조약이 체결되었고, 이에 관한 논쟁도 지속되어왔다. 러시아는 극동지역에서 수산업을 활성화시킬 여지가 있다고 여기고 있으며, 일본도 수산업은 일본 경제에서 중요한 부문으로 자리잡고 있기 때문에, 일본 국내에서보다 가격이 싼 러시아산 수산물에 관심을 갖고 있다. 이 때문에 2001년에도 모스크바는 쿠릴열도에서의 어로행위에 관한 협상을 일본에 제안한 바 있다. 러시아는 일본시장에서 판매하는 러시아산 수산물의 밀어(密魚) 제품을 일본이 근절시켜준다면 어업쿼터를 완화시킬 것이라고 약속하고 있다.[39]

□ **환경분야(ecosystem)**

핵잠수함 폐기물, 방사능 물질, 기타 핵폐기물 투기 등 러시아 극

---

39) RFERL Security Watch(2.29), 29 October 2001.

동지역에서 이루어지는 핵과 관련한 환경문제에 대해 일본은 이미 재정적 지원과 더불어 기술적 원조도 적극적으로 해왔다. 일본은 극동에서 핵무기를 해체하기 위한 프로그램에 7,000만 불 이상을 투자해왔으며[40], 향후에도 지대한 관심을 갖고 이 문제에 대해 적극적으로 대처하려는 자세를 보여주고 있다.

이 밖에도 일본은 수력, 화력을 포함한 발전소의 개수와 건설에 참여하고 있으며, 사하공화국과 치타 주, 사할린 주 등지에서 철도, 도로, 공항 등 운수 분야에 참여하고 있으며, 또한 제지공장의 근대화를 통한 종이 펄프 산업 분야에도 진출하고 있다.[41] 일본이 한국과 전략적인 측면에서 다른 점으로 시베리아·극동지역의 인프라 스트럭처 구축에 초기부터 관심을 갖고 꾸준히 이 사업에 참여해오고 있으며, 한국은 고비용·고부가가치·장기적인 계획 부문에 있어 일본보다 덜 일관되며 덜 투자를 한다는 점을 들 수 있다. 결국 이와 같은 전략적인 사항들에 입각하여, 일본은 한국보다는 앞선 자본력과 기술력, 미래를 내다보는 계획성을 활용하여 전략적으로 극동·시베리아에 접근해왔으며, 향후에도 이러한 경향은 지속될 것으로 예상된다.

---

40) "Japan's Assistance Programs for Russia" www.mofa.go.jp/region /europe-/russia/assistance/index.html (검색일: 2003.12.1).

41) 정옥경, "시베리아·극동지역과 동북아의 발전방향" 『한국시베리아학보』제2집 (2000), pp.212-213.

6. 한국에의 시사점

1억 5천만 인구와 한반도의 77배(17,075천㎢)에 달하는 방대한 영토를 지닌 러시아는 유럽과 아시아에 걸쳐 각기 다른 지역 상권을 형성하고 있으며, 지역에 따른 발전 격차가 심하다. 이 중에서 러시아의 시베리아횡단열차(TSR)를 축으로 발달된 거점 지역(도시)들은 러시아에서의 물류 이동의 중심지이며, 지역 상권의 중심지로서 전략적으로 매우 중요한 도시들로서 이들 지방 시장 공략은 러시아 시장 진출의 성공을 가늠하는 척도로까지 작용한다고 판단된다. 따라서 정부와 기업 모두를 포괄하는 한국의 입장에서는 모스크바, 뻬쩨르부르크 등 중앙내지는 유럽지역에 집중했던 과거와 달리, 러시아 경제 및 지리적 특성을 살려 지방 도시별로 차별화된 진출 전략으로 경제 교류 활성화를 모색할 필요가 있다고 여겨진다. 또한 장기적으로 볼 때 한국과 가장 가깝게 인접한 러시아 극동 지역의 연해주의 블라디보스토크를 기점으로 TSR이 통과하는 거점 도시들을 전략적 대상으로 설정하는 것이 필요하다.[42]

현재까지 제기된 여러 가지 문제점들에도 불구하고, 태평양지역의 연안국가들은 러시아 극동·시베리아와의 거래에서 얻을 수 있는 것들이 많이 있다. 사실 천연자원에 대한 접근만 가지고도 인근의 아시아 국가들과 무역증대를 꾀할 수가 있는 것이 극동러시아의 실정이다. 태평양 연안의 인근 국가들 중에 많은 나라들이 자체적으로

---

42) "KOTRA 해외현장보고" (2002.7.10), p.2.

자원을 결여하고 있으며, 특히 원유와 가스가 두드러진다. 그중에 한국과 일본은 대표적인 나라이며, 이 나라들은 극동지방에 인프라스트럭처에 투자하는 것이 유럽으로의 교역에 좀 더 빠르고 싼 루트를 제시할 수 있을 것이라는 기대를 하고 있다. 그것이 항구를 통해서 할지, 철도체계를 통할지는 아직 이견이 있으며, 충분히 검토되지 못한 상태이다. 한국과 일본에게 미래를 위한 투자는 사실상 이 부분에 달려있다고 해도 과언이 아니다.

시베리아가 광대한 천연자원의 보고라는 데에는 의심의 여지가 없다. 그러나 이러한 자원의 개발에는 많은 장애요인들이 있어 다른 나라들로부터의 경제적 도움과 협조가 필요한 실정이다. 시베리아·극동지역은 태평양 연안 국가들과 인접해 있는데, 이 지역은 오늘날 세계에서 경제적으로 활발한 곳이다. 많은 태평양 연안 국가들의 눈부신 발전은 러시아 측 관측자들의 주목을 끌어왔고, 그 주에서도 러시아는 최첨단의 기술을 보유하고 있고 경제적으로 풍요로운 일본을 시베리아개발을 위한 경제적 파트너로 기대해 왔다. 그러나 초반에 불붙었던 일본의 시베리아 개발참여의 열망은 몇 가지 정치적, 경제적 이유로 식어갔던 것이 사실이었고, 한국의 경우도 유사한 답습을 하고 있다고 볼 수 있다. 따라서 초기의 열정과 무분별한 기대가 가라앉고 재검토의 시기라고 할 수 있는 21세기 초의 현시점에서 한·일 양국 모두 그간의 진출을 점검하고 정돈하여 새 전략을 구상하여 추진해야 할 시기가 도래한 듯하다.

러시아의 극동정책과 연해주 지역개발*

1. 머리말

러시아 극동지역은 러시아에서 가장 광대한 영역을 차지하고 있는 주변부의 영토이다. 러시아 전체 육지면적의 1/3에 달하는 지표면에 약 660만 명에 달하는 소수의 주민들이 살고 있으며, 동시에 인구 밀도 또한 낮아서(1평방킬로미터당 1명) 러시아뿐 아니라, 전 세계에서 가장 적은 수의 사람들이 거주하는 지역으로 존립해왔다.[1] 러시아 극동지역은 10개의 행정지역으로 구성되어 있으며 러시아

---

* 본 장은 『한민족공동체』제15호 (2007), pp.4 – 31에 게재했던 논문을 보완하였음.

1) 중국과 국경을 맞대고 있는 부랴티야 공화국의 경우 1 평방 km 당 인구비율이 3명이며, 일부 시베리아 지역은 인구비율이 1 평방 km 당 1

의 심장부인 모스크바와 지리적으로 멀리 떨어져 있어 전통적으로 중앙정부의 통제가 미치는 영향이 다른 지역보다 철저하지 못한 곳으로 인식되어 왔다.

1991년 소연방 붕괴 이후에 극동지역에서는 국유재산의 재분배가 러시아 중앙에서와 마찬가지로 진행되었다. 러시아의 과두재벌, 즉 올리가르히와 러시아 정부는 외국의 자본가 및 정부, 그리고 지방의 산업체 경영자들과 치열한 경쟁을 벌여서 승리를 차지하고 이권을 향유해왔다. 그동안 극동지역에 진출했던 외국 기업들은 자신의 자산과 투자상황을 재평가하고, 때로는 개별 기업들의 활동을 중단하기도 했다. 그럼에도 불구하고 천연자원이 풍부하여 세계 시장의 수요가 많기에 성장을 위한 잠재력은 충분하다.

러시아 정부 당국자들은 극동지역에서의 사회·경제적 발전의 수준에 관심을 기울이고 있다. 이 문제는 특히 푸틴 러시아 대통령의 극동 연방 지구(Far Eastern Federal District) 전권대사인 카밀 이스하코프(Kamil Iskhakov)와 해당 지역 내 주지사들 간의 2006년 8월의 회담에서 제기된 바 있다. 이 회담에서의 주요 의제는 2006년 상반기 극동 연방 지구의 10개의 지역 중에서 6개의 지역에서 기록한

명에도 못 미치는 곳이 있다. 러시아의 88개 지자체 중 71개 지자체에서 2006년 8월 현재 사망률이 출산율보다 약 50%가 높은 실정이며, 특히 인구밀도가 높은 니즈니 노브고로드(Nizhny Novgorod), 사라토프(Sarotov), 사마라(Samara) 등의 경우 사망률이 약 2~2.5배가량 더 높다. Alexander Zhelenin, "Counting the Missing People" *Moscow Times*, August 11, 2006, p.8.

생산량 감소에 관한 내용이었다. 마가단 오블라스트(마가단 주, 이하 주)에서는 전년 동기간에 비교하여 2006년 상반기 동안에 20.4퍼센트 감소하였다. 하바로프스크 끄라이는 15.4퍼센트, 츄코트카 자치 오크루그(Chukotka autonomous okrug: 추코트카 자치관구, 이하 자치관구)에서는 11.2퍼센트가 감소하였다.[2]

러시아 극동 지구 내에는 경제가 성장하고 있는 지역도 있다. 2006년 상반기에 기름과 천연가스가 풍부한 사할린 오블라스트에서는 56.2퍼센트가 증대하였으며, 연해주는 23.5퍼센트가 성장하였다. 이와 같은 지역 내 각각의 상황은 현재 전반적으로 감소하고 있을지라도, 미래에 경제성장이 가능하다는 점을 보여준다. 러시아 극동지역은 러시아 당국의 관심사일 뿐 아니라, 중국, 일본, 북한, 한국 등 인접 국가들이 경제적으로 진출하고자 하는 대상이기에 향후에도 동북아 주요 국가들의 전략적 관심대상으로 남아 있을 가능성이 크다.

러시아 극동지역 및 극동지역의 중요 거점 지역으로서의 연해주의 중요성에 주목하고자 하는 이유는 해당 지역이 한반도와 인접해 있을 뿐 아니라, 미래 한인들의 경제적 생활권으로의 확장이 가능하며, 이에 기초하여 러시아 및 한국의 경제협력 구조를 구축하고 극동지역을 비롯한 동북아 지역의 안정성을 확보하는 데도 중요한 역할을 창출할 수 있으리라는 기대와 이에 부합하는 현실적인 상황이 존재하기 때문이다.

---

2) Сергей Склуаров, "Задворки империй" *Независимая газета* (August 28, 2006).

따라서 본 장에서는 이와 같은 점에 주목하여 러시아 극동 및 연해주 지역의 지역개발과 관련하여 2000년대 이후에 추진된 정책들을 제시·평가하고 한국의 극동 및 연해주 진출과 관련하여 갖는 의미를 찾으려 한다. 이를 위해 극동의 경제·사회적 상황 및 연해주 동향, 러시아 정부의 극동개발계획과 연해주 개발프로젝트, 러시아 지방 정부의 평가 및 러시아 시민사회의 움직임, 연해주 개발과 한국의 참여에 관한 내용을 중심으로 살펴보려 한다. 이를 통해 결국 한국의 연해주 개발 참여는 충분한 의의와 전도 있는 미래전망을 가지고 있지만 낙관할 수 없는 요소들이 존재하며, 한국의 참여는 일본이나 중국에 비하면 늦었지만, 지금이라도 적극성을 띠게 되면 뒤늦은 참여를 극복할 수 있는 상황이라는 점을 강조하고자 한다.

2. 극동 지역의 사회·경제적 상황 및 연해주 경제 동향

1) 극동 지역의 사회·경제적 상황

1990년대 이후에 러시아 극동지역의 경제 현황을 거론하기 위해서는 전반적인 인구통계학적인 문제를 거론하는 것이 필수적인 요소가 되었다. 러시아 전체의 문제이기도 한 인구감소와 연관된 사회적 상황은 러시아 극동지역에서 심각한 상태로 진행된 지 오래되었으며, 이와 관련한 대책마련에 있어 중앙정부와 지방정부가 인식을 공유하면서 부심해왔다. 러시아 극동 지역은 출생률 저하와 인구의 노령화 비율이 러시아 평균보다 높으며 러시아에서 가장 빠른 속도로 진행되고 있다.[3]

러시아 정부는 과거 이주정책을 통해 적어도 경제적으로는 광대한 극동의 풍부한 지하자원 개발과 영토 보호라는 과제를 동시에 해결할 수 있었으나 극동 인구 대부분이 탈출을 지향하는 '일시 거주자'인 점을 간과하였다. 결국 최근 들어 과거 정책의 역효과가 나타나기 시작하였으며, 일부 전문가들은 러 극동사회가 현재 퇴화과정에 있고 그 퇴화의 직접적 징후로 1) 부의 빠른 축적을 위한 최소 비용 지출을 통한 지하자원 개발 및 자원의 불법적 해외 반출 2)높은 범죄율(통계상 극동지역 범죄건수는 인구 10만 명 당 2161건으로 러시아에서 1위이고, 연해주 마약중독자 등록수는 러시아 평균의 2.5배임)이라고 주장하고 있다.[4]

---

3) 러시아 극동지역 인구는 지난 15년 사이 150만 명이 감소하였으며, 이 중에서 120만 명은 극동을 떠난 이주자들이다. 전문가들은 2020년에는 극동지역 상주인구가 470만 명으로 감소하다가 2050년이 되면 400만 명 이하로 줄어들 것으로 예측하고 있다. 현재 극동인구가 660 만 명인 데 반해 접경국(중국) 헤이룽장성의 인구는 이미 1억 명에 달하고 있다. 인구감소는 곧바로 경제에 부정적 영향을 미치고 있다. 통계상 인구 1천 명당 1명이 감소할 경우, 극동지역총생산량이 1% 감소하는 것으로 나타난다. "블라디보스톡 총영사관 소식" http://www.kaprussia.com/news, 2007. 5. 1 0 (검색일: 2007.6.1).

4) 러 연방 대검찰청 자료에 따르면, 러시아에서 범죄발생 증가율이 가장 높은 지역은 연해주, 하바롭스크주, 사하공화국(야쿠티야), 마가단주, 캄차트카주 등이며, 인구 10만 명당 평균 약 3천5백 건의 범죄가 발생하

러시아 국경수비대의 보고에 따르면, 1989~2005년 사이 극동에서의 이민 역조로 인한 인구감소 규모가 83만 명에 이르렀으며, 특히 중국의 극동 진출에 대해 깊은 관심을 기울일 필요가 있음을 강조하고 있다. 극동 입국 전체 외국인 중에서 중국인의 비중은 60% 이상으로 알려지고 있으며, 중국인들의 대다수가 러-중 간의 무사증 출입국제도를 자신들의 극동 내 경제활동의 수단으로 이용하고 있다고 한다. 러시아 측은 이들의 입국목적이 관광뿐 아니라, 관세 등 일체의 세금을 회피하여 물품을 러시아로 반입하여 고가의 이익을 얻고자 하는 데 있다고 보고 있다.

러시아와 국경을 접하고 있는 중국 동북부 지역에는 1억 7백만 명이 거주하고 있으며, 중국 농촌 지역의 빠른 잉여 노동인구 증가는 러시아 극동지역과 무관하지 않다고 여기는 경향이 있다. 중국 농업인들이 우스리스크 근교에 약 200곳의 채소농장을 운영하고 있으며, 이들이 생산하는 채소가 연해주 시장에 납품되면서부터 중국산 채소 수입량이 30% 감소하였다고 한다. 현재까지는 통계적으로 '황색바람'(Yellow Peril)을 우려할 만한 수준은 아니지만, 현지에는 중국의 진출에 대한 사회적 우려를 지적하면서 중국인들에게 일자리 제공, 국적취득 및 토지불하를 일체 허용하지 말아야 한다는 입장을 표명하는 사람들도 많은 편이다.[5]

여 러시아에서 극동지역은 범죄 발생률이 가장 높은 지역이다. "블라디보스톡 총영사관 소식" http://www.kaprussia.com/news, 2006. 11. 30 (검색일: 2007.5.30).

5) Э.Э.Любаковский , О.Д.Захарова, и В.В.Миндагулов, *Незаконн*

하지만 일각에서는 극동에 거주하는 대다수 중국인 노동자들은 현지 러시아인들과 취업경쟁을 촉발시키지 않는 단순 노동자들로서, 소위 저임금 3D 업종에 종사하고 있는 중국인들의 러 극동 진출이 심각한 사회적 우려를 일으킨다는 것은 과장된 논리라고 주장하고 있기도 하다.[6]

이러한 양자의 입장을 떠나서 국경지역을 발전시키기 위해서 접경국과 협력해야만 하는 극동지역의 지방정부의 입장은 계속 유지될 것이고, 이와 같은 관점에서 극동으로의 중국인 유입은 앞으로도 계속 증대할 것이며 극동 지역 경제에 미치는 중국의 직·간접적인 영향력도 함께 증대할 것으로 보인다.

중국인의 극동지역 유입에 관한 논쟁과 더불어 러시아 정부 차원에서 이에 대한 해결책으로 제시되고 있는 중요한 문제는 해외동포

ое Перемещение в Пограничных рай онах Дальнего Востока: История, Существующие Дни, и Последствия (Москва: ISPR, RAS, 1994).

6) А. Г .Ларин, *Китай ы в России вчера и сегодня: Историческ ий вчерк* (Москва: Институт Дального Востока РАН, 2003), pp.182‒192 В.Н.Архангельский и др., *Стратегия демографич еского развития России* (Москва: Институт социально‒поли тических исследаваний РАН, 2005) В.Г.Гелбрас, *Россия в ус ловиях глобалиной китай ской миграции* (Москва, 2004), pp.146‒150 Дальний Восток и Забай калье в России и АТР, Дальневосточный международный экономический конгрес с (25‒28 сентября2005г) (Хабаровск: Ин‒т экономических ис следований ДВО РАН), p.78; Жанна Зай ончковская, "Перед лицом иммиграции" *Pro et Contra*, №.3 (2005), pp.72‒87.

들의 러시아 이민을 촉진하는 프로그램을 둘러싼 논의이다. 푸틴대통령은 2006년 6월 '해외거주 동포의 자발적 러시아 이주 협조 방안' 계획(대통령령)에 서명하였고, 그 결과 극동지역에서는 연해주, 하바로프스크주, 아무르주가 우선대상지로 선정된 바 있다. 이 프로그램은 CIS 국가에 살고 있는 러시아인들이 러시아로 돌아와서 정착할 수 있도록 하는 계획으로서 이를 위해 우선적으로 CIS 국가들에 해외사무소를 설치하여 러시아인의 귀환을 추구하고 있다. 2007년부터 3년간 30만 명의 귀환을 지원하기 위해 170억 루블(약6.5억 불)의 예산을 배정하였다. 이 계획은 2012년까지 3단계(2년 단위)로 나누어 실시될 예정이며, 1단계 기간 중 1,500명, 2~3단계 기간에는 매년 25,000명 유치를 목표로 하고 있다.

일단 2006년 9월 1일을 시한으로 러시아내 12개 해당지방으로부터 이민수용자수 신청을 접수한 결과, 지역별로 무관심하거나 주택부족 등의 이유를 들어 프로그램 시행에 부정적인 반응을 보이는 등 극동시베리아 지역의 경제성장에 있어 최대의 장애인 인구감소 문제를 해결하려는 프로그램의 당초의 목표달성을 어렵게 만들고 있다.[7] 일단 지방정부가 이 프로그램에 의하여 이민자들을 취업, 임금 및 주택 등의 혜택을 주어 수용할 수 있는 예산이 부족하며, 칼리닌그라드주 등 일부 지역에서는 이민자 급증을 예상한 주택가격 상승 등의 부작용으로 주택정책 등 여타 정책시행에 부정적 영향을

---

7) 모스크바와 상트 페테르부르그 양 지역으로의 고급노동력 유출현상으로 곤경을 겪고 있는 트베르(Tber)주 만이 7,300명의 이민자를 신청하여 프로그램이 시행될 수 있는 여건을 확보하였다.

미치는 것으로 드러났다.[8]

　러시아인 노동력 유입이 절실한 극동지역의 경우, CIS, 그중에서도 중앙아시아 지역으로부터 노동이민을 유치하는 데 있어 극동은 사실상 때를 놓쳤다고 볼 수 있다는 견해가 있는가 하면,[9] 유입대상지역을 확대하여 실시해야 한다고 보는 견해도 있다. 후자의 견해에 따르면, 러시아 극동지역 개발은 사실상 해외로부터 대량 이주민을 수용할 수 있는 역내 여건을 조성하는 데에서 시작되는 것으로서, CIS 지역에서의 단순 노동자 유치 차원이 아닌, 러시아 중서부 및 중국, 한국, 심지어 일본으로부터도 자발적 취업이민을 유치할 수 있을 정도의 해외동포 이주 장려 프로그램이 마련되어야만 향후에 극동을 보존할 수 있는 대안이 될 것이라고 평가한다.[10] 이와

---

8) 이 점은 동 프로그램이 형식적으로 진행되고 있는 측면을 드러낸다. 규모 면에서도 가까운 장래에 인구문제의 근본적 해결을 가져올 수 있는 가능성이 낮은 것으로 평가되고 있다. 연방정부는 이민자 1인당 이주경비(약 25만 루블, 약 9,600불)만 지불하고 나머지 주택 마련, 취업알선 등 대부분의 정착금은 지방정부가 부담해야 하는 등 지방정부가 대규모적으로 추진하기에는 어려운 측면이 많다. 연해주 정부는 약 3천 명의 이민자 수용 계획을 발표한 바 있다.

9) 미하일 쉰코브스키 블라디보스톡경제대 국제관계학장은 현재 러시아에서 노동인력이 충분한 지역은 모스크바를 제외하고 크라스노다르주, 스타브로폴에, 로스토프주 등 3곳밖에 없으며, 극동지역이 중앙아시아로부터 인력을 받기에는 이미 늦었으며, 현 중앙아시아 거주(약 2천2백만 명 추정) 러시아인들은 이미 현지에 동화된 사람들이거나 극동 경제에 반드시 필요한 인력이 아니라고 보고 있다. "블라디보스톡 총영사관 소식" http://www.kaprussia.com/news, 2006. 11. 30 (검색일: 2007.5.29).

10) "블라디보스톡 총영사관 소식"http://www.kaprussia.com/news, 2006. 11.

함께 지적할 수 있는 점은 정부의 이주정책을 통한 대안 마련도 중요하지만 현재로서는 이주한 지역에서의 일자리 창출이 더욱 시급하다고 하겠다. 일자리가 있는 곳으로 자연히 이동하게 되어있는 이주자의 속성상 극동지역에 대형 프로젝트가 실현된다면 국외 이민자들이 대거 유입될 가능성도 있다. 결국 극동지역의 중요한 과제 중 하나인 인구감소 억제 및 이민 유치는 동 지역에 유망한 경제 프로젝트가 실현되고 윤택한 생활환경과 근로자에 대한 다양한 혜택이 보장될 경우에만 가능할 것이다.

2. 연해주 경제 동향

연해주는 광업, 어업, 제조업 및 운수업 등이 발달한 러시아의 주요 경제지역 중의 한 곳으로서 시베리아 횡단철도의 종착지이며, 인구, 지역 총생산, 공산물과 농산물 등 극동의 사회적·경제적 잠재력의 30%가 집중되어 있다. 연해주가 극동지역에서 차지하는 분야별 연간 총 생산량 비중은 제조업 44.6%, 건설업 23.7%, 운송업 12.1%, 농업 6.2% 및 기타산업 13.4% 등을 차지하고 있다.[11] <표1>은 2005년 상반기 연해주의 경제 지표를 나타내고 있다. 이 중 제조업 생산이

---

30 (검색일: 2007.5.29).

11) 강명구, 윤재희, 『중앙아시아 및 극동러시아의 경제』(서울: 선학사, 2005), pp.158－161.

2005년에 비해 141.3%로 큰 폭으로 상승한 점이 두드러진다.

러시아 전체와 연해주의 경제 현황 비교는 <표2>를 통해 제시하고 있다. 연해주는 극동지역의 중심지인 하바롭스크보다 전반적으로 높은 수치를 보여주고 있으며, 특히 연해주의 공업생산 증가율은 122.3%를 기록하여 러시아 전체 평균인 104.1 훨씬 높은 증가율을 기록하고 있다. 연해주는 제조업을 중심으로 지역 경제가 빠르게 성장하고 있다는 점을 알 수 있다. 연해주는 시베리아 횡단철도의 종착지로 향후 물류 산업의 발전도 예상된다.

<표1> 2006년 상반기 연해주 경제동향

	2006년 상반기[12)
전년동기 대비 분야별 극동지역 산업생산증감지수	- 제조업: 96% - 유용광물 채굴업: 111% - 전기·가스·물 생산 및 공급: 101%
산업생산지수	△증가한 주 - 사할린주 56% - 연해주 24% - 캄차트카주 1% △감소한 주 - 마가단주 20% - 하바로프스트주 15% - 코랴크자치구: 15% - 추코트카자치구: 11% - 유대인자치주: 3% - 사하공화국: 1% ※ 전년동기 대비 실제가처분소득이 증가한 주는 8개 주
임업, 수산업 평가	불법적 밀수출이 자행되고 있는 산업으로 남아 있음

	2006년 상반기
연해주 인구동향	2,012,100명
연해주내 이민역조 현상	1,743명(6.3% 증가)
연해주 대외교역량	14억불(2001)=>38억불(2005), 총 교역대상국은 73개국이며 이중 중국, 한국, 일본 등 주요 교역국이 차지하는 비중이 85%.
연해주 수출·수입 품목	- 수출: 수산물, 목재, 흑색·유색 금속, 광물제품 - 수입: 자동차·자동기기, 식료품, 섬유·신발제품

출처: "블라디보스톡 총영사관 소식"http://www.kaprussia.com/news, 2006년 종합
(검색일: 2007.5.29).

<표2> 러시아 연방정부와 연해주의 2005년 주요 사회 - 경제 지표

(단위: 2004년과 비교한 증가율, %)

	러시아	연해주
소비자물가	111	112.4
공업생산	104.1	122.3
농업생산	101.7	100.4
고정자본투자	110.3	100.0
건설	110.2	97.9
실질가처분소득	109.1	114.0
실질임금	110.8	113.0
소매유통	111.8	117.8
유료서비스	107.2	101.3

출처: 조영관, "극동 러시아 지역의 경제 현황: 연해주와 하바롭스크주를 중심으로"『시베리아 극동연구』, 제2호(2006 겨울), p.113.

---

12) www.Deita.Ru (2006. 8. 25).

<표3> 연해주의 수출입 규모(2006년 상반기)

(단위: 백만 달러, 2005년 상반기 대비 %)

	수출		수입		교역액	
중국	336.5	118.7	377.2	128.0	713.7	123.4
한국	135.6	92.8	200.4	109.3	336.0	101.9
일본	71.8	91.7	520.5	123.7	592.3	118.3
미국	27.4	83.8	36.5	200.7	63.9	125.6
기타국가	135.9	116.3	173.0	223.7	308.9	159.0
합계	707.1	107.5	1307.6	131.7	2014.7	122.0

출처: Приморский край , январь - июнь 2006.

대외교역의 측면에서 연해주와 최대의 교역 국가는 중국이며, 일본, 한국 등이 그 뒤를 잇고 있다. 최근 교역은 중국과 교역액이 23.4% 증가(2004년=>2005년)했으며, 한국은 1.9% 증가했을 뿐이다. 한국과의 교역은 상대적으로 정체되어 있으며, 한국, 중국, 일본, 미국을 제외한 다른 나라와의 대외 교역이 크게 증가했다. 한국의 대연해주 수출품목은 현지 봉제투자업체용 의류 원자재가 제일 큰 품목이며, 소스류, 벙커유, 스프류도 수출하고 있다. 반면 한국은 고철, 목재 등 원자재를 주로 연해주로부터 수입하고 있으며, 전체적으로는 무역 적자 현상을 보이고 있다.

3. 러시아 정부의 극동개발계획과 연해주 개발프로젝트

1) 러시아 정부의 극동개발계획

소연방 붕괴 이후 본격적인 자본주의 제도 도입을 추구했던 옐친 정부는 러시아연방 내 극동·시베리아 발전을 위한 구체적인 경제 정책과 경제개발 프로그램을 갖고 있지 못했다. 연방정부는 급격한 시장경제로의 이행으로 인해 중앙 수준에서 곤경을 겪으면서 이 지역까지 본격적으로 관리할 여력이 사실상 없었기 때문이다.[13]

옐친 정부는 제2대 대통령 선거를 앞두고 1996년 봄에 지방정부, 특히 경제적 어려움이 심각한 시베리아·극동지역을 무마하기 위해 '극동지방과 바이칼 지역의 경제·사회 발전을 위한 러시아연방계획인 1996-2005'(일명 「극동·자바이칼 경제·사회개발 연방특별프로그램」)을 발표하였다. 원대한 목표치를 추구했던 이 계획은 연방정부의 재원 부족으로 흐지부지한 상태가 되어버리고 말았는데, 2000년 이전까지 총 투자액 계획치의 6.8%에 불과한 실적 미만을 보였던 점에서 여실히 이점이 드러났다.[14]

---

13) 우평균, "러시아 극동지역과 러·일관계의 경제적 측면"『국제지역연구』제7권 4호(2003년 겨울), pp.33-34.

14) "Перспективы социально-экономического развития Дальнего Востока", *Вопросы экономики*, No.10(2000), с. 93

<表4> '극동지방과 바이칼 지역의 경제·사회 발전을 위한
러시아연방계획, 1996 – 2005'의 주요 목표치

(1995년 기준=100)

연 도	1995년	1996년	1997년	2000년	2005년
인구(연말기준)	100.0	98.9	98.1	95.7	93.1
GDP	100.0	103.8	110.5	126.9	145.9
1인당 GDP	100.0	105.1	113.3	132.6	157.1
국민소득	100.0	102.5	108.4	130.0	163.9
1인당 국민소득	100.0	103.5	110.4	135.6	176.0
공업생산	100.0	97.0	99.3	115.0	146.4
1인당 공업생산	100.0	98.1	101.8	120.4	157.4

출처: 이형근, 「러시아 극동지역 장기발전프로그램 개요」, 『지역경제』9월호(1996), p.122. 대외경제정책연구원.

<표5> 연해주지역 주요투자사업

번호	사업명칭 (위치/회사)	설계규모 (생산력)	기간	투자액	잠정투자자/ 사업주체
1	석유항 「코즈미노」	연 1500만톤	2007 – 2008	109억 루블(4.3억불)	트란스네프트 495 – 950 – 8178
2	연해주 정유공장	연 2천만톤	2008 – 2012	4230억 루블(167억불)	로스네프트 495 – 777 – 4422
3	연해주 원자력발전소		2009 – 2013	253억 루블 (10억 불)	로스아톰 495 – 239 – 4545
4	블라디보스톡 – 우 수리스크 고속철도				극동철도공사 4212 – 38 – 4400
5	나홋카 – 보스토치 니 철도역 개량	1800만 톤 수송능력	2007 – 2010	7.7억 루블 (3천만 불)	극동철도공사 4212 – 38 – 4400
6	블라디보스톡항 재건	연 3백만 톤	2002 – 2010	2.1억 루블 (830만 불)	'Rosmorport' 495 – 926 – 1425

번호	사업명칭 (위치/회사)	설계규모 (생산력)	기간	투자액	잠정투자자/ 사업주체
7	해양선적콤플렉스 「Troitsa」		2007 – 2012	150억 루블 (5.9억불)	'알렉산드르 하우스' 495 – 926 – 1425
8	보스토치니 – 나홋카 물류 배후단지 조성	연 120만 TEU	2010	83억 루블 (3.3억불)	'보스토치니 로지스틱 컨테이너 터미널' 4232 – 207194
9	텅스텐 광산 개발	연 30만톤	2007 – 2010	7억 루블 (2700만불)	'연해주광산 · 선 광 콤비나트'
10	철광산 개발	연 50만톤	2007 – 2009	9800만 루블(390만불)	'달폴리메탈'사 (달네고르스크)
11	파르티잔스크 철광산개발	연 120만톤(아연 9.8% 포함)	2007 – 2010	1.8억 루블 (710만불)	'달폴리메탈'사 (달네고르스크)
12	Zabitoye 광산 개발	연 10만톤	2007 – 2011	8.7억 루블 (3400만불)	'연해주광산 · 선 광콤비나트'
13	원유 · 가스플렛 폼 제조시설 건설		2008 – 2013	68억 루블 (2.7억불)	'즈베즈다'
14	알루미늄 공장	연 60만톤	2008 – 2013	585억 루블 (23억불)	'루스키 알루미나' 495 – 720 – 5170
15	「아이르」사 기지 내 제재소 2기건설	연 25만㎡ 원목가공	2007 – 2010	12억 루블 (4700만불)	'아이르'사 4232 – 38 – 6722

출처: 외교통상부 홈페이지, http://www.mofat.go.kr/webmodule /htsboard/hbd (검색일: 2008.2.2).

푸틴 집권 이후 개별 부서 차원의 지역별 발전 계획이 수립되고 기존의 「극동 · 자바이칼 프로그램」을 거듭 수정하여 왔다. 2004년 3월초 푸틴 대통령은 시베리아와 극동지역 인프라 구축을 위한 계획을 마련하도록 정부에 지시했다. 푸틴 자신도 이 지역을 발전시키는 것이 러시아의 미래에 관건이 된다는 점을 인식하고 있다. 그럼에도 불구하고 러시아 정부의 극동지방 개발과 관련하여 말하자면,

새로운 계획은 이전의 계획과 큰 차이가 없다. 극동지역 개발 및 발전을 추구하는 것이 목표이기 때문에 주로 이 지역의 연료 및 에너지 산업과 수송 부문의 집중적 육성 및 석탄산업의 현대화 및 연해안 개발에 역점을 두고 있다.15) 러시아 정부의 극동 지역 개발의 요체는 에너지 개발전략과 극동지역 내 경제특구 설치로 구체화되었으며, 극동경제 발전정책의 구성 요소로 연료대책, 교통인프라의 근대화, 가공산업의 육성강화, 테크노폴리스형성 프로젝트 등으로 구체화되었다. 그럼에도 불구하고 극동개발에 대한 중장기 전략 수립은 여전히 어려운 과제로 남아 있다.

정부의 극동정책 추진의 난점은 프로그램 중에서 과거처럼 투자 관련 부문이 거의 대부분 이행되고 있지 않기 때문이다. 해당 지역에서는 중앙정부의 극동정책 목표가 부재하기 때문에 그 실행이 어렵다는 점을 지적하고 있다. 즉 옐친 정부의 극동정책이 극동 지역의 경제·사회 상황 안정 및 성장기반 조성에 중점을 두었다면, 향후에는 경제 외에 영토 및 주민 보호와 같은 물리적 측면에 초점을 맞추어야 한다고 강조한다.

러시아 정부는 2006년 12월 극동문제 관련 안보회의에서 극동 사회·경제 발전 전략을 수립하고, 현행 연방특별프로그램의 조속한 수정을 단행하며,'극동 경제·사회 개발 국가위원회'(위원장: 프라드코프 총리) 창설을 결정하였다. 러시아 정부의 극동개발전략 구상안

---

15) 최태강, "러시아 극동지역 개발전략"『시베리아 극동연구』, 창간호(2005년 겨울), p.45.

은 2007년 현재 전문가 그룹의 초안 마련에 이어 최종안이 검토되고 있다. 그동안 밝혀진 바 있는 구상의 면모는 다음과 같다.[16]

블라디미르 야코블레프(V. Yakoblev) 지역개발부 장관이 밝힌 개발전략 구상은 극동·바이칼 지역에 경제적으로 경쟁력을 갖춘 '광역지역'(macro region) 내지는 '광역도시'를 조성한다는 대전제 하에 작성되고 있으며, 특히 이르쿠츠크와 블라디보스톡, 두 곳을 극동·자바이칼 지역의 산업센터로 육성한다는 구체적인 계획이 포함되어 있다. 산업단지 육성을 위해서는 양 도시의 인구를 각 1백만 명 이상으로 끌어올릴 필요가 있으며, 이를 위해서 이르쿠츠크는 안가르스크시와 쉐렐호프시를, 블라디보스톡은 나홋카시와 우수리스크시를 각각 통합해야 할 것이다. 광역도시 건설과 고도 산업단지 조성으로 지역 주민들에게 보다 수준 높은 삶의 환경을 제공할 수 있을 것이며 나아가 인구감소 문제도 해결할 수 있을 것으로 기대하고 있다.

동 구상에는 극동이 물류 흐름을 주도하는 교통회랑(交通回廊, traffic corridor)의 역할을 보다 폭넓게 수행할 수 있도록 하는 방안도 포함되어 있으며, 이는 동 지역이 시베리아 횡단철도(TSR)와 국제 항공노선 등 경쟁력을 확보할 수 있는 교통인프라 환경을 보유하고 있음에도 불구하고 높은 원가로 인해 중국보다 크게 뒤처져 있는 현실을 감안한 것으로 여겨진다.

---

16) 구상에 대해서는 "블라디보스톡 총영사관 소식"http://www.kaprussia.com/news, 2007.4.1 (검색일: 2007.6.5) 참조.

러시아 지역개발부는 극동·바이칼지역 개발전략 구상과는 별도로 러시아 지방 대도시 14개를 중심으로 광역도시를 건설하는 사업을 향후 20년 계획으로 수립한 바 있다. 이 중에서 극동지역에 해당되는 지구는 극동·동시베리아지구 3개시로서, 블라디보스톡, 하바롭스크, 이르쿠츠크가 해당된다.[17]

결국 러시아 지역개발부의 개발전략 구상에는 두 개의 극동 발전 시나리오가 포함되어 있는데, 첫 번째는 '완만한 타성적 성장'으로서, 동 지역이 러시아와 아태지역 모두의 변두리 지역으로 남게 되는 경우이며, 두 번째는 '새로운 질적 성장'으로 극동지역이 고도화된 기술 도입, 각종 사회기반시설 개선, 현대화된 시장경제·상거래 체제 확립, 도시화 촉진, 새로운 산업분야로의 투자 유입, 가공산업 발전 등으로 인해 미국과 일본 시장으로 진출하는 거점지역으로 발전하는 경우이다. 전문가들은 두 번째 시나리오 실현을 위해서는 ① 블라디보스톡에서 APEC 정상회의가 개최되고 ②블라디보스톡에 「상품·원료거래소」가 개설되어야 한다고 주장하고 있으며, 「상품·원료거래소」는 러시아 국영기업들의 아·태 시장에 대한 신규 에너지상품 공급을 촉진시킬 것이라고 전망하고 있다. 이를 통해 알 수 있는 사

---

17) 지역개발부는 지방광역도시 건설비용과 관련하여, 구체적인 액수를 밝히지는 않았으나, 유사 프로젝트로 소치와 블라디보스톡 개발 사업을 거론하며 러시아 정부가 2014년 소치 동계올림픽 개최 준비로 3천억 루블(115억 불), 2012년 블라디보스톡 APEC 정상회의 개최 준비로 1천억 루블(38억 불)을 배정한 바 있으며, 광역도시 건설 사업에 수천억 루블이 소요될 것으로 시사하였다. "블라디보스톡 총영사관 소식"http://www.kaprussia.com/news, 2007.4.1 (검색일: 2007.6.5).

실은 블라디보스톡이 극동의 중심지역으로 발전가능성이 가장 높은 곳이라는 점이다. 피터대제(Peter the Great) 시기에 뻬쩨르부르그가 '서구로 난 창'(entry into the West)을 표방하며 건설되었다면, 푸틴 대통령 시기에 이르러 블라디보스톡은 '동방의 창문'(window on the East)을 구상하며 설계되고 있다.

현재의 극동개발 전략으로는 극동경제가 2006~2010년 사이에 5% 이상의 성장률을 달성하는 것은 불가능하며, 2011~2015년 사이에는 2.5~3% 수준의 성장에 그칠 것으로 분석하고 있다. 따라서 극동에서의 새로운 대형투자사업 실현만이 높고 안정된 성장을 보장할 것이라는 점을 역설하는 경향이 대세이다.[18] 2006~2020년 사이에 극동지역의 전략적 부문에 요구되는 투자 총액은 10조 8천억 루블(2003년 기준으로 3,767억 달러)로 평가되고 있다. 결국 예상되는 투자의 유입은 기술혁신, 노동생산성 향상, 원가절감 등을 가져와 결과적으로 극동의 경제를 보다 구조적으로 변경시킬 것으로 기대한다는 것이다.

향후 극동지역의 개발과 관련하여 연방정부의 정책은 재정상의 여력이 있는 한 국가차원의 경제발전이란 측면에서 소프트 중심의 지역집약형보다는 제조업 등 하드 중심의 전략적 투자와 광역지역화 추구 등을 확대할 것으로 보인다. 지역 개발정책은 국가 지원하의 자원기지로 발전함과 동시에 동북아국가들에 대한 자원 수출지로 병행 발전

---

18) "블라디보스톡 총영사관 소식" http://www.kaprussia.com/news, 2007. 3. 24 (검색일: 2007.5.29).

시키려는 의지는 변함이 없을 듯하다.[19) 물론 이와 같은 당국의 의지와 발전 전략의 방향성이 충족되려면 현실적으로 재정 확보가 관건이지만, 에너지 수출로 과거보다 한층 부유해진 러시아 정부의 재정 능력이 단기적으로 부각될 수 있지만, 프로젝트들이 거대하고 너무나 많은 재원을 소요로 하는 사업들이기에 그 가능성을 과거의 사례처럼 낙관할 수만은 없는 현실이다.

2) 연해주 정부의 개발계획

연해주는 에너지와 수산업 등의 분야 이외에, 극동에서 농·축산업이 가장 발달한 지역으로 나타나고 있다.[20) 연해주에서는 1991년에 '외국인 투자법'이 제정되어 무역자유화 이후 외국 기업의 설립이 본격화되었다. 연해주는 중국의 진출의 두드러지는 지역이지만, 연해주 당국 차원에서 새로운 개발계획들을 다수 계획함으로써 외국자본의 진출과 경제협력의 가능성이 커지고 있다. 그동안 수많은 계획들이 제시되어 왔지만, 그중에서 연해주 당국의 최근까지의 발표 사례 중 대표적이라 여겨지는 개발프로젝트의 내용은 다음과 같다.

세르게이 다르킨 연해주 주지사가 2006년 9월 밝힌 연해주 개발프로젝트의 주요 내용을 중심으로 연해주 개발프로젝트를 분류하면 다음과 같다.

---

19) 최태강 (2005), p.60.
20) 영농기업 469개, 농장 2,006개가 있다.

① 하산지역 국제생태관광지 조성[21]

연해주 하산지역에 국제생태관광지 조성과 동 지역을 국가 간 공동프로젝트하에서 종합적으로 개발하는 구상을 제안하였다. 이 제안에 대해 특히 중국 측의 왕민 길림성장이 지지를 표명한 것으로 보도되었다.

② 블라디보스톡−루스키 섬 연결교량 건설사업[22]

루스키섬[23] 개발 사업 차원에서 추진되고 있는 블라디보스톡−루스키섬 연결 교량 사업 설계사 경쟁입찰 결과, 러−독 콘소시엄이 최종 선정되었다. 동 콘소시엄에는 러시아에서 페테르부르그 소재 2개사, 블라디보스톡 건설회사 및 Leonhardt, Andre und Parter사가 참여할 계획이다. 블라디보스톡−루스키 섬 연결 교량은 총 길이 3km(6차선)로 졸로토이 로그 만을 통과하게 되며, 선박 항해가 원활하도록 일부구간은 약 70미터 높이로 건설될 예정이다. 연해주 당국자들은 루스키 섬 종합개발 차원에서 추진되고 있는 교량건설 사업은 러시아 국가두마 의장, 연방정부 장관들의 지지를 받고 있으

---

21) www.ptr.Ru/Internetnews (2006.9.5)

22) Востокмедия, September 6, 2006.

23) 루스키 섬은 블라디보스톡 남부 8km 지점인 피터대제 내해(內海)에 위치한 섬(면적 96.7㎢, 길이 18㎞, 폭 13㎞, 상주인구 5,500명)으로 오랜 기간 동안 일반인들에게는 출입이 제한된 폐쇄지역이었으나(함정 사령부 등 대규모 군부대 소재), 현재는 블라디보스톡 시민들의 대표적인 휴식처로 이용되고 있다.

며, 외형 면에서 러시아 최초가 될 것이라고 언급하고 있다.

③ 블라디보스톡 항만특구 조성 사업[24]

즈다노프(S. Zdanov) 러시아 경제특구청장의 언급에 따르면, 항만특구 조성과 관련하여 정부 관련부처 간 협의에 걸림돌이 되었던 세제·관세 특혜 부여문제가 타결됨에 따라 특구 법안을 제출하여 2006년 말까지 특구 지정이 가능할 것이라고 하였다. 특구 관련 법안에는 항만특구 참여회사에 5년간 지방세를 포함, 토지세, 교통세 및 재산세 납부 면제혜택을 부여하기로 되어 있으며, 노보로씨스크, 상트 페테르부르그, 블라디보스톡 항만 등이 항만특구 주요 후보지로 거론되고 있다고 밝혔다.

④ 연해주 컨테이너물류기지 조성 사업[25]

연해주 정부는 보스토치니 항 지역 일대(면적 약 50헥타르)응 철도·해상 운송과 연계하는 종합컨테이너물류기지로 조성하는 계획을 추진할 예정이며, 이것은 연방프로그램(「2002~2010 러교통시스템 현대화」)하에 추진되는 유일한 지역차원의 사업이라고 언급한 바 있다. 이 계획에 따르면, 약 50헥타르 부지에 조성될 물류기지에는 컨테이너보관시설(냉동창고 포함), 화물 통관 및 발송체제, 컨테

---

24) *Золотой Лев*, No. 80 (2006.9), www.zlev.ru (검색일: 2006.11.30).
25) Примамедиа, September 26, 2006.

이너·차량 수리시설 등이 들어서게 되며, 연간 컨테이너 120만 대를 처리할 수 있는 능력을 보유하게 된다. 물류센터가 가동되면, TSR(시베리아횡단철도) 적재량이 현재 50%에서 80%로 증가하게 되며, 2010년에는 연해주 화물 물동량이 8천만 톤으로 늘어날 것으로 예상된다.

⑤ 우스리스크 중국 경제·통상 구역(Chinese trade-economic zone) 조성 예정[26]

연해주 우스리스크시에 약 1천 평방미터 규모의 제조단지, 무역 및 서비스 회사가 들어서는 중국 통상·경제 구역을 조성하는 방안이 중국 측과 논의되었으며, 중국 투자가들이 이 프로젝트를 위해서 대규모 투자를 할 용의가 있다는 점이 표명되었다. 투자 규모는 2.5억 불로, 향후 4년 이내에 완공될 것이라 한다. 총 면적 2,280평방미터 규모의 경제·통상 구역에 목재가공, 의류·신발 및 가전기기 제조공장 등을 건설할 계획이며, 2006년 말 현재 특수철도구간 신설 및 제반 시설 인프라 구축을 위한 준비작업을 마친 상태다.

⑥ 블라디보스톡 종합개발계획[27]

블라디보스톡시가 2012년 APEC 정상회의 개최 도시로 선정되기

---

26) "블라디보스톡 총영사관 소식" http://www.kaprussia.com/news, 2006. 11. 1 (검색일: 2007.5.29).

27) http://www.mofat.go.kr/ek/ek_1214338_9767.html (검색일: 2007.5.29).

위한 러시아 정부 차원에서의 논의가 진행되어 왔으며, 이를 뒷받침하는 블라디보스톡 발전 총계획(general plan) 및 향후 추진 계획에 관한 보고서가 발표된 바 있다. 2012년 회의 결정은 2007년 가을 호주에서 개최되는 회의에서 이루어질 것으로 보인다. 블라디보스톡 내에서도 개최지로 루스키 섬이 유력하다. 니콜라예프(Nicolaev) 시장은 러 연방 및 해외투자재원을 유치하여 추진하고자 하는, 혹은 기추진 중인 주요 투자프로젝트를 다음과 같이 거명하였다.

- 유럽형 5성급 호텔(1,200명 이상 수용) 건설
- 일본식 4성급 호텔(800명 이상 수용) 건설
- 의료센터 구비 숙박단지(2,000명 수용) 조성
- 아무르만 연안 소재 요양시설 개보수
- 국제 박람센터 건립
- 경마장, 요트클럽, 골프장, 해양수족관, 얼음궁전 건설
- 블라디보스톡－루스키 섬·포포브 섬 다리 건설
- 풍력발전소 전설(포포브 섬), 우수리스크 타이가 서식 동물원 조성
- 신규 대규모 주택단지 조성

이 밖에 연해주 당국은 연해주 가스화 계획, 연해주 남부 지역에 거대 메가폴리스(Big Vladivostok) 건설 계획 등 많은 개발 프로그램을 계획하고 있다. 아울러 다르킨 주지사는 상기 전략과제 외에 APEC 정상회의 행사를 위해 향후 조성될 인프라의 사후 효율적 활용을 위해 루스키 섬 일대를 '관광레저특구'로 지정해야 하며 또

한, 루스키 섬에 기존에 계획된 사업의 원만한 실현을 위한 인적자원 확보 차원에서 아시아태평양연방대학교(대학생 1만 명 규모, 대학교 시설을 정상회의 행사장소로 활용 가능) 창설할 필요성이 있다고 강조하였다. 이러한 투자사업계획들이 모두 실현되면 동 지역에 120~150만 명 정도의 추가적인 노동력을 유치시키는 계기가 될 것으로 기대되며, 유입 노동이민자들은 블라디보스톡, 나호드카, 우수리스크 등 주로 신규 조성될 제조업 육성도시에 정착하게 될 것이라고 언급한 바 있다.[28]

상기한 일련의 연해주 개발 프로젝트는 결국 연해주를 러시아 극동 태평양 연안 지역에 경쟁력 있는 교통·물류 인프라를 조성하는 중심지로 삼고, 이를 기반으로 하여 아·태 지역 시장을 겨냥한 다양한 제조업 단지 조성지로 삼겠다는 발전전략임을 상징적으로 보여준다. 결국 이와 같은 조치들을 통해 연해주를 아·태지역 국가들과의 협력의 교두보로 개발하겠다는 의지를 표명하고 있다. 일련의 개발 프로젝트들은 아·태 지역에서의 연해주(및 블라디보스톡)의 지정학적 위치를 최대한 활용해야 한다는 명제에서 출발했으며, 이와 관련해서 블다보스톡에서의 APEC 개최 결정은 전략적으로 매우 중요한 사항임을 알 수 있다.[29]

---

28) "블라디보스톡 총영사관 소식" http://www.kaprussia.com/new/index_vie
   w2007. 2. 3 (검색일: 2007.5.31).

29) 푸틴대통령은 2007년 1월 27일 인도방문을 마친 뒤, 2002년 8월 러·
   북 정상 회담 이후 처음으로 블라디보스톡을 방문하였다. 다르킨 연해
   주 주지사를 만나 2012년 APEC 회의 개최에 대비해 1000억 루블(약

4. 러시아 정부와 시민사회의 평가

1) 중앙정부의 상황 평가 및 제시 해결책

2002년 푸틴 대통령은 극동 문제를 국가 안보회의 차원에서 다루도록 지시하였으나 극동의 상황은 오히려 심각해져서 정부 고위 당국자들은 러시아 전체 국가안보를 위협할 만한 수준이 되었음을 인식하게 되었다. 극동 지역총생산량(GRP)은 러시아 전체의 1/7 수준(중국의 1/47)에 지나지 않으며, 1990년대 말 이래 주요부문 산업생산 증가율은 2%에 머물고 있다. 극동의 전통적 기간산업인 조선, 선박수리회사 159곳이 폐쇄되었고 디젤선박공장(연간 780척 생산) 및 농기계제조회사(연간 3,200대 생산)가 가동을 멈추었다. 극동지역 주민의 공공요금 지출 부담은 러시아 평균에 비해 전력요금 및 난방비는 2배, 주택공영비는 3배, 교통비는 2배 정도 높은 실정이다. 뿐만 아니라, 러 연방 주체 중 극동 지역의 정부예산 확보율은 여타 지역의 50% 수준이며 극동 주민 연금수령액은 러시아 평균의 86% 선에 머물고 있다. 그 결과, 극동 주민 5명 중 1명은 극빈자(최저 생계비 이하 생활자)에 속한다. 이와 같은 상황은 긴급히 다루어야 할 과제로서, 해결책으로서 두 가지 방안이 모색되어야 한다. 첫째로, 러시아 평균 이상을 지불하고 있는 공공요금 차액을 매

3조5000억 원)을 연방정부에서 지원하기로 약속했다. 이 금액은 연해주 1년 예산의 3배가 넘는 규모다.『동아일보』, 2007. 2. 1.

월 국가가 보조금 형식으로 주민들에게 지원해야 하며, 둘째로, 극동 지역 주민 평균연금액을 최저생활비 이상으로 책정하는 것이다.[30] 이 밖에 경제적 대외관계 및 경제적 측면(극동개발전략 포함)과 관련한 정부 측의 평가는 다음과 같다.

□ 경제적 대외관계

과거에는 러시아가 극동지역의 인접 국가들과 비교할 때 경제적으로 대등하거나 일부 우세한 위치에 있었으나, 2007년의 시점에서 평가할 때 극동 접경지역에는 매우 빠른 속도로 발전하고 있는 국가군이 형성되어 있다. 2006년 극동 지역 주들의 수입 의존도가 1.5배 증가하였는데, 특히 아무르주, 하바로프스크주, 연해주 등의 접경국가들에 대한 의존도가 매년 늘어나는 추세이다. 반면에 극동 지역과 러시아의 다른 지역 간의 교류는 점차 축소되고 있는 경향이 나타나고 있다. 뿐만 아니라, 극동 전력체제의 러 통합전력시스템과의 단절, 과도한 항공·철도 요금으로 인한 인적교류 감소, 극동 소비시장의 탈러시아화 및 중국화 가속 등으로 인해 향후 러시아 지방-지역 간 교류 및 협력은 더욱 감소될 것으로 전망된다.[31]

---

30) 극동관구 러 대통령전권대표 카밀 이스하코프(Khamil Iskakov)의 인테르팍스와의 인터뷰, *Интерфах*, January 5, 2007.

31) *Интерфах*, January 5, 2007.

□ 경제적 잠재력 및 극동개발전략 관련(극동·자바이칼 경제사회개
　발 연방특별프로그램)

극동지역의 천연자원 매장량은 새삼 강조할 필요가 없으며, 극동
지역 내 천연자원 개발을 통해 러시아 국가 경제력을 증대시키고
국민의 삶의 질을 향상시킬 수 있다는 점을 러시아 정부는 줄곧 강
조해왔으며, 이 점은 2000년대에 들어와서도 변함이 없다. 러시아
주요 광물자원 매장량에서 극동지역의 비중은 주석 94%, 금강석
81%, 금 48%, 텅스텐 30%, 은 23%, 석탄 16% 등이 차지하고 있
다. 에너지자원 추정매장량은 원유 85억 톤, 천연가스 약 30조㎥이
며, 사할린 원유 매장량은 약 13억 톤으로 추정하고 있으나 전문가
들은 캄차트카와 마가단 지역 원유매장량이 사할린 지역보다 각각
2.5배, 3배 정도 더 많다고 보고하고 있다. 또한 극동 인근지역에는
대규모 자원 소비시장이 형성되어 있으며, 향후 15년 사이에 중국
의 원유 소비량은 3억 톤, 천연가스는 900조㎥로, 북미 지역도 원
유 1.5억 톤 및 천연가스 700조㎥ 수준으로 증가할 것으로 전망하
고 있다.

러시아 정부는 2006년 12월 극동문제 관련 안보회의에서 극동 사
회·경제 발전 전략을 수립하고, 현행 연방특별프로그램의 조속한
수정을 단행하며, '극동 경제·사회 개발 국가위원회'(위원장: 프라
드코프 총리) 창설을 결정하였다. 러시아 정부 차원에서 '극동전략'
을 수립하여 이를 개혁 추진의 강한 지렛대로 활용할 필요가 있으며,
극동전략의 실현을 위해서 구체적으로 인프라 사업에 대한 국가 차

원의 재정적 지원, 표준계획 수립, 특정 지역 및 특정사업에 대한 우
선권을 부여하는 시스템 조성 등 특수방안이 포함되어야 하며, 이는
기본적으로 '국가 대(對) 개인 파트너십 원칙'으로 이해될 수 있다.
또한 극동전략을 마련할 경우, 극동지역의 특수성, 국가 안보적 관점
에서의 가치 등을 충분히 고려할 필요가 있다는 점이 강조되었다.[32]

2) 지방정부 및 학자들의 견해

극동지역의 현지 지방정부 관계자들은 대체로 러시아 중앙 정부
가 추진 중인 국가주도 프로젝트는 극동지역의 낙후된 현실을 타개
하는 데 어느 정도의 도움은 되지만, 극동의 현 상황을 개선할 수
는 없다는 데에 의견이 일치하고 있다. 오랫동안 극동지역의 관료들
은 자원이 있기 때문에 가만히 있어도 외국인들이 자원을 가지러
스스로 몰려올 것이고, 자신들은 부유해질 것이라고 생각했지만, 이
제는 지역 인프라스트럭처의 종합적 개발을 통한 환경 조성이 선행
되어야만 투자가들이 들어오는 시대가 되었음을 인식하고 있기 때
문이다.[33] 극동지역 개발과 관련한 입장표명은 극동지역 대표들 중
에서도 빅토르 이샤예프(Victor Ishaev) 하바로프스크 주지사가 가
장 활발하게 의견표명을 해오고 있다. 2007년 3월 13일 모스크바에

---

32) Ibid.
33) 이샤에프 주지사와의 인터뷰, *Российская Газета*, August 29,
2006.

서 개최된 러시아 과학아카데미 정기 간부회의에서 "러시아 극동과 동부 지역의 발전"에 관한 주제 발표를 한 바 있으며, 동년 10월 5~6일 하바로프스크에서 열린 제2회 극동국제경제포럼에서도 중앙 정부의 인사들과 더불어 의견개진이 있었다.

이샤에프 주지사는 현재 동북아에는 '빅3 국가'(일본, 중국, 한국) 와 주변국(몽골, 북한, 러 동부)으로 분리 되어진 형세를 취하고 있 는데, G3 국가가 역내 기술, 제조, 서비스 산업을 독점하고 러시아 동부지역은 천연자원 개발·공급처 역할만 치중하고 있는 것은 러 시아 극동의 미래를 위해 결코 바람직하지 않다고 보고 있다. 러 극동 경제·사회 발전 프로그램의 성공적 실현을 위해서는 기존의 개발모델에서 과감히 탈피하여 극동을 남-북으로 나누어 인구가 밀집되어 있는 남부지역에 이노베이션 형태의 특구를 지정하여 경 쟁력 있는 제조산업을 배치하는 방안을 적극 고려할 필요가 있음을 역설하고 있다.34)

이와 같은 관점은 러시아 정부가 소연방 붕괴 이후 지난 15년간 분명한 목적을 추구하는 극동정책이 부재한 상태를 방치했기 때문 에 현재 상황은 어려워졌다고 보는 시각을 반영하고 있다. 그렇기에 만일 정부가 극동지역에 대한 기존의 입장과 정책을 바꾸지 않을 경우에 일각에서 우려하는 영토적 상실까지도 현실화될 것이라고 비관적 전망을 하기도 한다. 이샤에프 주지사도 확대되고 있는 러시

---

34) "블라디보스톡 총영사관 소식"http://www.kaprussia.com/new/index_iew
　　 2006. 10. 10 (검색일: 2007.5.31).

아의 지역 간 격차가 사회적 긴장과 지방정부의 국고보조금 의존도를 심화시키고 있으며, 러시아 지역 간 질적 성장의 차이를 감안할 때, 중앙정부의 천편일률적인 지역개발정책은 그 실효성을 기대하기 힘들다는 점을 강조해왔다. 당연한 이야기이지만 지역 특성에 맞는 발전 방향을 수립하고 필요한 예비자금을 확보하여 보다 어려운 상황에 처해있는 지역부터 성장의 발판을 마련할 수 있도록 해야 한다는 것이다.

통계상 지역총생산량에서 극동지역 주민 1인당 생산성이 러시아 평균치보다 약 10~11%가량 높게 나타나고 있는 점을 고려할 때, 극동경제도 결코 지역에 국한시켜서는 안 된다는 점을 공통적으로 지적하고 있다. 결국 러시아 지역 간 불균형 해소와 극동의 역동적인 경제·사회 분야 발전을 위해서 필수적인 전제조건은 지속적이면서 적극적인 국가의 지원을 꼽으면서, 이와 같은 조건 실현을 위해 구체적으로 몇 가지 사업들이 추진되어야 한다고 한다. 그 구체적인 내용들은 다음과 같다.

첫째, 2007~2010년 사이에 러 극동 및 자바이칼 연방특별프로그램 연간 예산을 최소 300억 루블(11.5억 달러)로 확대하고 매년 이 예산을 늘려가야 한다. 또한 약 1,800~2,000억 루블(약 66~77억 달러) 수준의 현재 극동 연간 투자총액을 7,000억 루블(약 270억 달러) 수준으로 끌어올려야 한다.

둘째, 극동 자바이칼 연방특별프로그램 하의 프로젝트와 '국가-

사기업 간 파트너십' 사업 개발 및 동 사업에 대한 다방면의 지원이 필요하다.

셋째, 극동북부(북방위도帶) 및 극동남부(남방위도帶)내 산업단지와 통합산업구역 배치에 관한 러시아 과학아카데미의 연구를 정부의 러시아 동부지역 개발 정책에 활용해야 한다. 이때 산업단지는 반드시 국내 및 해외 기업의 관심을 유발할 수 있는 가공 산업 중심지여야 한다.

상기한 과제 중에서 북방위도대의 개발은 러시아 동부지역 개발뿐 아니라 러시아 전체의 개발 차원에서도 중요하다는 것이 제기되고 있다. 남야쿠티야 통합산업구역, 콤소몰스크 통합산업구역, 바니노-가반 통합산업구역 등은 성장 잠재력이 매우 높은 지역이다. 또한 동북아시아 지역에서 러시아의 경제적 입지를 강화하고 러시아 동부지역의 잠재력을 실현하는 차원에서 극동 남부지역(하바롭스크주, 연해주, 아무르주, 유대인자치주)을 연계시키는 축을 형성할 필요가 있다는 것이다. 현재 러시아 극동지역 수출 중, 원자재 및 에너지 자원이 차지하는 비중은 원유·석유제품 45%, 목재 26%, 수산물 6%로 막대한 수준인데, 중국 지도부는 극동을 자국의 주요 자원공급처로 보고 있으며, 중국 동북부 지역에서는 러시아 자원을 기초로 하는 대형 정유·석유화학 단지, 목재가공 단지가 이미 조성되었고, 앞으로 그 규모가 더욱 확대될 전망이다.

극동의 현지 당국 및 과학아카데미의 분석은 극동의 산업과 사회·경제적 특수성을 고려할 때, 동북아 주변국가들과 경제적 통합을 이룰 수 있는 대형 산업인프라, 서비스 축을 극동 남부지역에 조성할 필요가 대두되며, 그 축을 잇는 거점도시는 블라고베쉔스크(아무르주), 하바롭스크, 콤소몰스크나아무레(이상 하바롭스크주), 우수리스크, 블라디보스톡, 나홋카(이상 연해주) 등이 될 것임을 제시하고 있다. 이 밖에 극동에 자유경제구역(산업특구, 기술특구, 관광, 레저특구 등) 조성과 임업, 철강업, 기계제조 분야 가공업 육성방안을 추진해야 할 것으로 생각한다. 반면에 러시아정부는 극동지역을 에너지생산 및 수출의 기지로서 인프라와 서비스 구축을 통한 동북아 지역 국가들과의 경제적 통합보다는 지역개발을 통한 잠재력 실현을 위주로 하고 있으며, 경제특구와 광역도시안 이외에는 제조업과 관광분야의 대형 프로젝트를 제시하고 있지 않다.

러시아 학자들 중에는 극동 경제발전을 이루기 위해 굳이 새로운 방식을 고안해낼 필요가 없으며, 중국인들이 하는 바를 관찰하고 그들의 발전모델을 본받아야 한다고 주장하는 사람도 있다. 이에 따르면 중국은 자국의 목재가공 및 정유 산업을 발전시키기 위해 러-중 접경지역에 상품 및 용역의 수출입 완충지 역할을 하는 소위 '접촉구역'(contact zone)을 조성하였다. 이와 유사하게 러시아가 구역을 설정하여 동북아국가들과의 접경지역을 조성해야 하며, 블라고베쉔스크(아무르주), 하바롭스크, 콤소몰스크나아무레(하바롭스크주), 우수리스크, 블라디보스톡, 나홋카(연해주) 등이 적합한 지역이 될 수 있다고 보고 있다.[35] 이와 같은 논리는 러시아 극동 지역이 우랄(Ural)지역을 경계로 지역적으로 고정되어 있어서는 안 되고, 우랄을 넘어서서 이웃 국가들, 특히 APEC 국가들과 협력 내지는 경제적 통합을 이루어야 한다는 견해까지 제기될 정도로 비약하는 측면이 있다.

앞서 지적했듯이, 러시아 과학아카데미 학자들은 극동지역을 북부(북방위도대)와 남부(남방위도대)로 분리할 경우에 극동의 투자 매력도를 높이는 결과를 가져올 것으로 평가하고 있다. 남방위도대 경제개발안은 시베리아횡단철도가 지나는 지역(극동 내 중심도시)을 제조업 단지로 육성하는 방안이며, 북방위도대 경제개발안은 천연자원을 기반으로 동 지역을 공업과 교통의 중심지로 개발하는 방안이다.[36] 이 안은 극동 현지에서 민관이 공유하는 대안으로 근자에 제기되고 있으며 점차 반향을 넓혀 가고 있다.

5. 연해주 개발과 한국의 참여

연해주의 투사 환경은 비교적 양호한 편이지만, 세도적 환경의 미비로 외국인 직접투자가 커다란 진전을 이루지 못했다. 그러나 연해주 지방정부 차원에서 외자유치를 위해 적극적으로 노력하고 있다. 한국은 연해주를 비롯하여 하바로프스크주와 사할린주와의 교역

---

35) 블라디보스톡 총영사관 소식, http://www.kaprussia.com/news, 2007.5.10
　　(검색일: 2007.5.31).

36) Ibid.

이 활발하며, 연해주와의 교역이 증대되어 왔다. 연해주를 비롯한 3개 지역이 한국과 교역량이 많은 이유는 한국이 극동지역에서 차지하는 경제적 비중이 클 뿐만 아니라, 지리적으로 한국과 가깝고 항공 및 해상 운송을 통한 운송서비스가 개설되어 타지방에 비해 경제교류가 활발하기 때문이다. 한국의 IMF 외환관리 위기 이후 러시아의 모라토리움 선언이 겹쳐 전반적으로 한국기업의 대극동 러시아 진출이 위축되었으나, 2002년 이후 다시 활기를 띠고 있다. 구체적으로 현지의 저렴한 인건비(모라토리움 이전대비 4배 하락)는 물론, 한국으로부터의 신속한 원부자재 조달, 미국 등 최종 소비시장에의 적기 납품, 봉제업의 쿼타 미적용 등의 유리한 점이 많아 노동집약적 산업의 투자 검토 대상 지역으로 새롭게 부상해 왔다. 특히 의류 제조분야의 진출이 활발히 이루어지고 있다.[37]

2000년대에 들어서서 연해주 지역에서 각종 종합건설 프로젝트가 시작되자 중국과 일본 등 주변국가들에서 원유와 가스전 등 에너지 개발을 중심으로 적극적으로 참여하고 있다. 동시베리아 송유관 건설 사업은 2006년 4월 말 시작되었으며, 연해주 남부해안지대에 대규모 석유·가스 정제공장, 화학공장, 부두 터미널 등 항만시설, 물류시설 등 종합적인 건설 계획이 동시적으로 진행될 것이기에 한국기업이 여기에 반드시 참여해야 한다는 견해가 제기되고 있다. 한국의 참여가 가능한 분야로 몇 가지 사업을 들 수 있는데, 그 첫째가 물류기지 연결사업이다. 대표적으로 연해주의 정유화학단지와 항만

---

37) 우평균(2004), pp.305－308과 본서의 제11장 참조.

터미널 건설사업이다. 둘째가 연해주의 시범 영농사업으로서 한국이 진출할 유망 분야로 손꼽히고 있다. 미래의 안정적인 식량 공급처를 확보하고 고려인의 정착 지원 차원에서도 의미가 있음을 역설하기도 한다. 이와 관련하여 일각에서는 한국이 영농 자금을 대고, 북한이 노동력을 공급하며, 러시아는 땅을 개간하는 이른바 삼각협력 체제의 영농사업을 주장하기도 한다.[38] 그러나 이에 대한 문제점 지적 및 비판도 상존한다.[39]

<표4> 연해주의 북한노동자(1992 - 2005)

단위: %, 연해주 전체외국인 노동자 중의 비율

연도	1992	1993	1994	1995	1996	1997	1998	1999	2000	2001	2002	2003	2004	2005
전체	1,779	1,181	1,421	3,956	4,144	3,119	2,134	2,373	1,369	2,013	2,089	2,020	3,126	5,693
%	20.1	15.2	25.5	30.8	30.6	27.6	20.6	23.5	12.5	13.6	14.0	13.0	17.6	16.7

출처: Larisa V. Zabrovskaya, "Economic Contacts between the DPRK and the Russian Far East: 1992 - 2005" *International Journal of Korean Unification Studies*, Vol.15, No.2 (2006), p.100.

---

38) 전대완, "전대완 블라디보스톡 총영사의 극동지역 개발론" 『신동아』 (2006.7), pp.446 - 453.

39) 한국은 1990년대 초반부터 새마을운동중앙회, 농촌지도자중앙연합회, 대화산업, 대경, 신성산연, 발해영농단 등이 진출했으나 사실상 실패하고 철수한 상태이다. 고합그룹도 1991년부터 현지법인 (주)프림코(고합지분 53%)를 세워 4700ha를 임차해 영농했지만 추가 투자를 못해 현재 700ha만 재배하고 있다. 현지법인 형태로 진출해 성공한 것으로 평가받는 업체는 한농(500ha, 150 만평 임차), 아그로상생(9만ha, 2억 7000만 평 임차), 남양알로에(2150ha, 645만 평 임차) 등이다. 전대완 (2005), pp.449; 신명철, "연해주 식량개발과 농업협력 방안" 『한경대학교 논문집』, 제36집(2004.12), pp.121 - 128.

한국의 극동 개발 참여에 있어 시사점을 주는 러시아 측의 반응도 나오고 있다. 극동 및 시베리아 개발협력을 넘어서서 러시아 극동지역의 지정학적 위기, 즉 인구감소와 중국화의 물결에 대한 러시아의 대안으로서 여러 방안들이 모색되고 있는 가운데,40) 블라디미르 수린(V. Syrin) 같은 학자는 러시아 인구감소로 인한 국가생존의 위기를 해결하는 유일한 방법은 주변국 중에 러시아에 위협이 되지 않으며 국민의 자질이 뛰어나 러시아 국가발전에 기여할 수 있는 이민을 받는 방법밖에 없으며, 중국 등 제3세계로부터의 이민은 차단하고 오직 한민족만을 받아들여야 한다고 밝힌 바 있다. 한국은 지정학적으로 러시아와 이웃하고 있으며 남북한 합쳐 인구가 7,200만 명으로 인구규모 면에서 러시아에 위협이 되지 않고 중국, 일본과 정치적 역학관계를 형성하고 있기 때문에 가장 적합한 파트너라고 주장하고 있다.41) 또한 자원이 없음에도 불구하고 세계 12위의

---

40) 러시아는 석유수출로 국부가 증대하고, 동시에 극동지역에서 중국화에 대한 우려의 목소리가 높아지면서 외국에 대한 견제를 강화하고 고액 투자자를 우대하는 정책을 시행하고 있다. 중국과 전략적 동반자 관계를 유지하고 있지만, 경제적으로는 중국 인력 쿼터제와 같은 견제의 방책을 구사하고 있다.

41) 러시아 정부는 중국과의 경제협력을 최우선적인 선택으로 추구하지만, 이에 대한 반발도 상당하며 수린의 입장은 이 점을 반영하고 있다. 중국은 예로부터 극동, 시베리아와 중앙아시아 일부 지역, 즉 1,500,000㎢가 중국의 영지라고 주장하고 있으며, 현재 인구가 희박한 러시아 극동지역에서 인구학적으로 중국인이 거주하면서 많은 문제점이 발생하고 있다. 그렇기 때문에 러시아의 대외 정책 엘리트들은 중국은 국가의 이해관계에서 위협적인 존재가 될 수 있다고 생각한다. 그러나 지금은

경제 국가를 이룩하였으며, 근면하고 법을 잘 지키는 국민성, 높은
교육수준, 서비스 중심이 아닌 제조업 위주의 경제구조, 과거 러시
아와 중앙아시아 지역에 이민한 경험 등을 장점으로 보고 있다.[42]

물론 이와 유사한 주장이 과거에도 간헐적으로 제기된 적이 있었
지만, 수린의 주장에 대해 러시아 당국이 관심을 갖고 있다는 점이
나타나기에 관심사가 되고 있다. 이 주장은 일견 한국의 극동개발
참여를 고무한다는 점에서 전향적이지만, 한국인이 대량 이주 내지
이민한다는 발상은 현실성이 떨어지는 것으로, 그보다는 러시아 당
국이 한국 자본과 기술이 참여할 수 있는 제도적 유인요소와 협력
의지가 선행해야 할 것이다. 타 지역에 진출경험이 있는 한국의 입
장에서도 러시아의 법적·제도적 여건이 미흡하여 투자를 미루는 태
도보다는 적극적으로 현지에 진출하여 성공의 교두보를 확보한다는
의식의 전환이 선행되어야 할 것으로 본다.

러시아는 경제 발전을 위해서는 양자택일을 할 수밖에 없는 상황이 되
었다. 동시에 전략적 발전을 위해서는 극동 지역에 일본을 끌어들이면
서 이 지역에 경제 활동을 확장할 수 있는 계기가 될 것이다. 일본은
거대한 자본을 가지고 있으며, 이는 러시아의 극동지역에 경제적 발전
을 촉진시킬 수 있다. 그러나 일본자본의 유입에 대해서도 일본의 거대
한 자본의 잠식으로 인하여 영토에 대한 분쟁이 제기될 소지가 있다는
반박도 존재한다. A. D. 바스크레센스키, "극동방면에서의 러시아의 대외
정책 전망, "『한국시베리아연구』제9집(2006), pp.229-231.

42) В. Сурин, "Корейский манифест", *Золотой Лев*, No.69-70 (2005.11),
www.zlev.ru (검색일: 2006.10.30).

6. 맺는 말

러시아 중앙정부와 극동지역 및 연해주 정부 간에 극동지역과 연해주 개발에 대한 접근에 있어 전제로 하는 인식이 같지 않으며, 특히 극동 현지의 지식인들의 대안적 발전 모델 수립에 러시아 정부가 큰 역할을 하지 못한 것으로 나타난다. 이 점은 한국의 극동지역 진출에도 시사점을 주는 사실로서, 한국 정부, 지방정부 및 기업이 러시아 극동지역 혹은 연해주에 진출할 때 세워야 하는 전략이 철저히 현지의 사정에 바탕을 두어야 하는 것은 물론이고, 광대한 러시아 지역을 권역별로 분할하여 러시아 극동지역에 적합한 접근방안을 수립하여야 한다는 점을 지적해 준다. 러시아는 하나라고 해도 지역으로는 결코 하나의 러시아가 아닌 것이다.

러시아 극동지역에 진출하는 문제와 관련하여 한국이 일본이나 중국, 미국 등의 국가보다 성과를 나타내지 못한다고 하여 너무 늦었다는 평가를 내릴 필요도 없다. 우리가 충분히 의지를 갖고 면밀하게 조사하여 참여한다면 지금이라도 결코 늦은 것은 아니며 나름대로 성과를 낼 수도 있다. 연해주 영농분야에 중국, 뉴질랜드, 호주 영농업체가 진출해 사업성을 검토하고 있다. 미래 식량을 확보하기 위해 적극적으로 극동지역에 투자하려는 움직임이 가시화되고 있는 것이다.

러시아 극동 지역은 향후에 어떤 형태를 취할지 불명확하지만, 동북아에서 점점 활력을 얻어가는 지역으로 나아가고 있다. 이제 러시아 극동지역의 동북아로의 통합은 해당지역에서 국경을 접하고 있는 나라들 간의 관심사가 되었다. 이제 다음 단계는 극동지역의 모든 주체들과 중국, 일본, 한국이 거래하는 기회를 확보하는 일이 되었다. 이미 상업은 공식화되었는데, 1990년대에 극동 지역 내 상업의 대부분은 개인들이 소량의 상품을 국경을 통해 가져와서 거래를 하는 셔틀 교역으로 이루어졌지만, 2000년 이후에는 합법적인 교역과 투자가 불법적이거나 유사법적인 교역보다 훨씬 더 중요해졌다.

러시아 극동지역은 자신의 미래에 대한 분명한 진로를 완전하게 정초하지 못하고 있다.[43] 자신의 경제적 생존 및 발전의 방식이 어떤 식으로 되어야 할지에 대한 감각도 결여하고 있는 점도 있다. 상황이 이렇게 된 데에는 인구통계학적인 문제, 부패, 중국화에 대한 두려움, 러시아 정부가 지닌 방향성의 불확실성, 지역의 모스크바 중앙과의 관계가 갖는 성격 같은 문제들이 영향을 미쳤다. 이와 같은 문제들이 다루어지지 않는 한, 극동지역은 인접한 아시아 국가들과 더욱 협력적인 경제적 관계를 구축하는 데 곤경을 겪을 수밖에 없다. 그럼에도 불구하고 러시아 극동은 에너지 부문에서 대단히 긍정적인 역할을 할 수 있다.

러시아 극동 개발은 러시아 극동 지역이 당면하고 있는 문제들을 해결하는 기회이자 또한 이로 인해 발생하는 난점들을 제공하는 계기이기도 하다. 극동 지역의 관리들은 자신들의 관할 지역이 중국의

---

43) Tamara Troyakova, "The Russian Far East: Isolation or Integration?", *Problems of Post-Communism*, Vol.54, No.2 (March/April 2007), pp.61 -71.

영토와 불가분하게 분리될 수 없음을 잘 알고 있으며, 중국과 협력하는 것이 보다 편한 것임을 잘 알고 있다. 동시에 그들은 중국의 잠재력은 무한정하며 인구증가의 요구가 극동지역을 압도할 수 있음도 알고 있다. 그렇게 되면 가까운 장래에 중국의 극동에 대한 자세가 예측가능해진다는 점에 유의하고 있다. 현재 러시아는 극동 경제의 가장 장기적인 파트너로 중국이 적합하다는 판단을 하고 있지만, 이에 대한 강한 반박의 논리도 제기되고 있다.

한국의 입장에서 극동지역에서의 중국이 차지하는 영역의 확대뿐 아니라 더욱 중요하게 염두에 두어야 할 것은 동북아에서의 러시아의 향후 지위 및 역할 확대에 관한 것이다. 극동지역에서 러시아가 계획한 대로 에너지 기반이 갖추어지고, 에너지와 동반하는 제조업도 성장시킨다는 극동 프로젝트가 성공적으로 달성된다면 아마도 러시아의 위상은 동북아에서 결정적으로 제고되고 명실상부한 동북아의 행위자로 올라설 것이다. 그렇게 되면 우려하는 중국화의 위협을 떨쳐내고 중국을 충분히 견제할 수 있고 북한도 러시아의 의도대로 활용하기 쉬운 상태로 될 것이다. 결국 러시아의 잠재력이 실현되어 강성해지면 지나간 한반도 주변의 역사를 되돌아 볼 때 한국이 힘들어진다는 사실은 자명하다. 통일에 대비하고 한민족의 경제권역을 확대해야 하는 임무를 지닌 한국의 정책결정자와 시민사회는 이제 이 문제를 우리의 문제 및 과제와 결부지어 정책적 사고를 할 때가 되었다고 생각하면서, 이에 관해 논의가 보다 활성화되기를 기대한다.

· 저자 ·

우평균　　·약　력·
　　　　　　현 고려대학교 평화연구소 연구교수
　　　　　　경기개발연구원, 국제평화전략연구원 연구위원 역임
　　　　　　고려대학교 정치학 박사

　　　　　　·주요논저·
　　　　　　- 저서
　　　　　　『남북협력과 동북아협력 연계 추진방안』(공저)
　　　　　　『21세기 동북아시아의 정치지형과 전략』(공저)
　　　　　　『동북아 NGO 백서』(공저)
　　　　　　『소련붕괴와 현대러시아정치』
　　　　　　- 논문
　　　　　　"Russia's Democracy and Economic Development"
　　　　　　"스탈린체제와 소비에트근대화"
　　　　　　"북한의 체제성격과 체제변화론"
　　　　　　　외 다수

푸틴시대 러시아정치외교와 극동개발

· 초판 인쇄	2008년 6월 5일
· 초판 발행	2008년 6월 5일
· 지 은 이	우평균
· 펴 낸 이	채종준
· 펴 낸 곳	한국학술정보㈜
	경기도 파주시 교하읍 문발리 513-5
	파주출판문화정보산업단지
	전화　031)908-3181(대표) · 팩스　031)908-3189
	홈페이지　http://www.kstudy.com
	e-mail(출판사업부)　publish@kstudy.com
· 등　　록	제일산-115호(2000. 6. 19)
· 가　　격	40,000원

ISBN　978-89-534-9309-4　93340 (Paper Book)
　　　　978-89-534-9310-0　98340 (e-Book)